MEDARDO MEJÍA

# HISTORIA DE HONDURAS

## TOMO II

ERANDIQUE
COLECCIÓN

**HISTORIA DE HONDURAS TOMO II**
MEDARDO MEJÍA

©Colección ERANDIQUE
Supervisión Editorial: Óscar Flores López
Diseño de portada: Andrea Rodríguez-Lilyana Gálvez
Administración: Tesla Rodas y Jessica Cordero
Director Ejecutivo: José Azcona Bocock

Primera Edición
Tegucigalpa, Honduras—junio de 2024

# CONTENIDO

*MEDARDO MEJÍA... MORAZANISTA* ................................. 5

*ESTADO FEDERAL, FEUDAL, DE CENTRO AMÉRICA* ..... 7

*VISIÓN GENERAL DE CENTRO AMÉRICA* ...................... 17

*CENTROS URBANOS DE CENTRO AMÉRICA* ............. 26

*LO TÍPICO DEL FEUDALISMO CENTROAMERICANO* 32

*LA ILUSTRACIÓN DEL SIGLO XVIII Y SUS CONSECUENCIAS EN CENTRO AMÉRICA* ....................................................... 45

*JOSÉ CECILIO DEL VALLE ELOGIA A LA ECONOMÍA POLÍTICA* ............................................................................. 56

*EL GOBIERNO PROVISIONAL* ....................................... 69

*EL ESTADO FEDERAL DE CENTROAMÉRICA* ............. 91

*CONSTITUCIÓN FEDERAL DE 22 DE NOVIEMBRE DE 1824* ................................................................................ 98

*ESTRUCTURA Y SUPRAESTRUCTURA FEUDALES DE LA REPÚBLICA FEDERAL DE CENTROAMÉRICA* ............. 130

*HACIENDA FEUDAL, AGRICULTURA Y GANADERÍA* 137

*MINERÍA, CASA DE MONEDA Y EXPORTACIONES DE ORO Y PLATA* ................................................................................ 153

*EL PRESUPUESTO GENERAL DE GASTOS DE LA NACIÓN Y SUS RENTAS FISCALES* ............................................. 159

*AFOROS, ADUANAS, EXPORTACIONES E IMPORTACIONES* ................................................................................ 163

*EL PRIMER GOBIERNO CONSTITUCIONAL, LA INFLUENCIA BRITÁNICA, EL CENTRALISMO POLÍTICO Y LA GUERRA CIVIL* ................................................................................ 170

*EL EMPRÉSTITO INGLÉS* ............................................. 178

ORGANIZACIÓN POLÍTICA Y ADMINISTRATIVA DE GUATEMALA (CENTRO AMÉRICA) HEREDADAS DE LA COLONIA, MÁS OTRAS INFORMACIONES ............... 190

LA REPÚBLICA FEDERAL DE CENTRO AMÉRICA INTEGRA LA CONFEDERACIÓN PERPETUA DE LA AMÉRICA ESPAÑOLA ...................................................................................... 195

BALANCE CULTURAL EN EL MOMENTO DE ESTABLECER LA REPÚBLICA FEDERAL ................................................ 228

LA GUERRA CIVIL (1826—1829) ................................. 237

HONDURAS BRITÁNICA ................................................ 238

LA GUERRA CIVIL DE 1826 a 1829 ............................. 306

CAUSAS FISCALES CONCRETAS DE LA GUERRA CIVIL 324

LOS PARTIDOS POLÍTICOS CENTROAMERICANOS, CONSERVADOR Y LIBERAL DEL SIGLO PASADO ..... 329

GENERAL FRANCISCO MORAZÁN ................................. 332

ASEDIO Y RENDICIÓN DE LA PLAZA DE GUATEMALA 461

CAPITULACIÓN DEL GOBIERNO DEL ESTADO DE GUATEMALA (Texto) ........................................................ 469

EL EJÉRCITO ALIADO PROTECTOR DE LA LEY ........... 471

MORAZÁN ANULA LA CAPITULACIÓN ......................... 473

MORAZÁN ASUME, PROVISIONALMENTE, EL PODER FEDERAL .................................................................... 474

EL GOBIERNO RESTABLECIDO PIDE ARMAS AL JEFE DE LOS EJÉRCITOS ALIADOS ......................................... 476

LISTA DE LOS PRESOS POLÍTICOS EN EL EDIFICIO DE BELÉN, CIUDAD DE GUATEMALA ................................. 477

REUNIDOS EL CONGRESO Y EL SENADO FEDERALES 479

DECRETO QUE CASTIGA A LOS RESPONSABLES DE LA REVOLUCIÓN DE 1826—1829 ......................................... 482

*DECRETO NÚMERO…* ....................................................... *482*

*EXPULSIÓN DEL ARZOBISPO CASSAUS Y RELIGIOSOS REGULARES* ................................................................. *490*

*JOSÉ FRANCISCO BARRUNDIA, PRESIDENTE FEDERAL DE CENTRO AMÉRICA* ........................................................ *503*

# MEDARDO MEJÍA... MORAZANISTA

Una vez conseguida la Independencia de España, la región centroamericana queda dividida en pequeñas y débiles naciones. ¿Por qué insisten en ser varios países si pueden ser uno solo, grande, fuerte y desarrollado?

Eso es lo que se pregunta Francisco Morazán, el joven estratega militar que se mete de lleno en la historia a punta de espada y valor.

Luego de vencer en la batalla de La Trinidad, Morazán escala desde abajo hasta llegar a la cima y se convierte en el político más importante en la historia de Centro América.

Con el lema Dios, Unión, Libertada, el ejército de la Federación arrasa a los sectores conservadores que, encabezados por familias oligárquicas y la iglesia, respiran con nostalgia por los días de la Corona, cuando gozaban de innumerables privilegios.

En este tomo (el segundo de seis), Medardo Mejía relata los intentos de Morazán por construir la Patria Grande, así como la férrea oposición de figuras como el marqués Aycinena, Milla, Arce y Rafael Carrera.

Mejía, quien nunca ocultó sus ideas federalistas, refuta todas las acusaciones realizadas en contra del vencedor de Gualcho, Las Charcas y San Pedro Perulapán, entre otras batallas, y lo defiende con la ferocidad que caracterizaba a su pluma.

El esfuerzo y dedicación de don Medardo Mejía por escribir la historia de Honduras en seis tomos son de admirar. Solo un hombre con el corazón ardiente de amor por su patria y su pueblo es capaz de llevar a cabo semejante tarea.

"Soy un mal historiador que suele escribir buenas páginas históricas y un buen poeta que escribe malos versos", señalaba Medardo Mejía.

Nada más alejado de la realidad. Pues Medardo Mejía fue, además de un gran historiador, un excelente constructor de versos.

En este tomo dos de su obra cumbre, Historia de Honduras, incluye "Historia del Benemérito General Don Francisco Morazán, ex Presidente de la República de Centro América", escrita por Ramón Rosa.

"Consideramos que debe aparecer íntegra en este libro, porque es más que todo un documento de un gran valor político", señalaba el Premio Nacional de Literatura "Ramón Rosa" en 1971.

Y agregaba: "Los escritores y los aficionados del país suelen publicar libros por vanidad, para muy poco o para nada. El Doctor Rosa, de alta estatura intelectual, redactó un libro para ofrecer a la juventud un modelo de hombre capaz de juntar estos cinco pedazos de patria y hacer con ellos una sola Nación, respetuosa y respetada en el Continente y en el mundo".

Ese ideal de construir un mejor país (llámese Honduras) o una Federación (llámese Centro América), está presente en cada uno de los seis tomos que forman Historia de Honduras de Medardo Mejía.

Y ese modelo de hombre adelantado al tiempo (Francisco Morazán) aparece en este libro, inmenso en sus victoria como en sus derrotas.

Al igual que con el Tomo I, ponemos el Tomo II en las manos del lector, con nuestras propias manos temblorosas de emoción.

En lo personal, agradezco una vez más a doña Victoria Mejía, hija de don Medardo, por su generosidad de otorgarle a Colección Erandique los derechos de publicación de Historia de Honduras.

De igual manera, mi agradecimiento al ingeniero José Azcona Bocock, fundador de Colección Erandique, por permitirme ser parte de este bello proyecto editorial que, al rescatar la historia, está haciendo historia.

**ÓSCAR FLORES LÓPEZ**
**Editor Colección Erandique**

# ESTADO FEDERAL, FEUDAL, DE CENTRO AMÉRICA

# HISTORIADORES CENTROAMERICANOS

De nuestra parte, y con el mayor acatamiento, es un deber inevitable, empezar la parte de este trabajo general, que ya lleva muchas páginas, rendir el más inclinado homenaje a los historiadores centroamericanos, que desearon dejar en libros que los inmortalizan el acontecer de lo que antaño fuera la Capitanía General de Guatemala y más tarde la República Federal de Centroamérica. Es muy seguro que la intención que les inspiró fue el desahogo personal, la pasión política ya de un lado ya de otro, la honrada declaración en juicio, el desinterés en la relación de los acontecimientos, la buena voluntad en el escribir, la defensa del progreso o del atraso, la simple satisfacción de ensayar una vieja rama literaria, lo que sea, pero, de todas maneras, no hacer mención de ellos en estas líneas, como ha sucedido siempre, es caer en la indiferencia cuando no en la ingratitud.

Entendemos por historiadores centroamericanos a los relatores del pasado y aun del presente de ellos, tomando en consideración el espacio (geografía) y el tiempo (cronología), amén de otros elementos auxiliares. Para así fijar los hechos en la memoria de las generaciones posteriores. Pero estos historiadores eran temperamentos, y como tales ofrecieron informaciones pasadas por el tamiz de su sicología individual. Eran hombres de su época, sujetos a las influencias contrarias del siglo, y así legaron escritos que iban en dirección del progreso humano o, a la inversa, se aferraban a las viejas instituciones, ideas y creencias regresivas. Y estos historiadores hablando en pasta, en unos casos eran amigos de la independencia, la República y el liberalismo, y en otros casos se inclinaban al mantenimiento del gran imperio hispánico (ya fuera absoluto o constitucional), a la monarquía y al conservatismo.

¿Qué era lo que los dividía a unos y a otros? Vamos a aceptar al filósofo Kant en este punto: "que existen dos abismos infinitos: arriba, el cielo estrellado, y abajo, la conciencia del hombre". Realmente, el animal bípedo es simple a primera vista, pero si se consideran sus millones de años, de evolución física y espiritual, venimos a caer en la cuenta de que allá en el fondo de su ser hay tantas luces y sombras como en el espacio infinito. Alexis Carrel, francés, escribió un libro notable: "La incógnita del hombre" Con mil perdones, el libro a nuestro entender ha quedado en rezago, porque las investigaciones subsiguientes de sabios de primera línea, encuentran en el hombre tantas zonas desconocidas, que en mucho se parecen con las afirmaciones de los astrónomos, observadores de las super galaxias, que lo infinito es cada vez más infinito. Y esto tiene que ser así, porque el microcosmos, como le llamaba Goethe, al hombre, es parte del macrocosmos, como él mismo nombraba al Universo, habiendo por lo tanto en el primero una insondabilidad pavorosa, pero a la vez alcanzable, según las afirmaciones de la ciencia y la filosofía. Es decir, y como palabra última que siendo el hombre parte del Universo, ofrece las mismas dificultades para comprenderlo. Así el hombre, en lo general, no es cosa de apreciación ligera y frívola.

Pero dejemos esto tan alejado; el hombre en la sociedad que fluía en los tiempos de la República Federal estaba sujeto a intereses económicos, a mirajes políticos, a tendencias culturales, a afirmaciones y negaciones religiosas, además de otros factores que sería prolijo enumerar. Por tanto, los historiadores, miembros de aquella sociedad, estaban sujetos a tales presiones, y así se les veía diferenciados en sus apreciaciones y opuestos en sus puntos de vista. En una palabra, en aquellos años de renovación y turbulencia había historiadores que eran partidarios de la revolución e historiadores afectos a la contrarrevolución. Distinguirlos en este sentido es situarlos en su propio pedestal.

En cuanto a la manera de relatar acontecimientos, casi todos seguían a los antiguos griegos y romanos: Herodoto, (Tucídides, Tito Livio, Tácito y los modernos: Carlyle, Macaoley, Montesquieu y Lamartine, sin dejar de estudiar al Padre Mariana para conocer la historia de España. Es decir, relación de pueblos, partidos, personajes, geografía, cronología y otros aspectos, sin tocar la base económica como se hace hoy ni avistar las supraestructuras correspondientes, porque ni había llegado la hora de este método ni los historiadores podían rendir culto a la ciencia histórica con renunciamiento de sus parcialidades individuales. Casi todos ellos eran hombres de carne y hueso metidos en el torbellino de las inquietudes colectivas. Lo que de otra parte indica, que no había en Centro América un historiador original que se apartara del común, sin Que se les quite a algunos de ellos su honradez, y su ponderación equilibrada.

Para completar este empeño, hagamos una diferencia inaplazable. Se refiere a la que existe entre el cronista y el historiador. La diferencia es importante porque separa lo separable. Con los españoles conquistadores y colonizadores vinieron cronistas que apuntaban los hechos, y nada más. Los cronistas no tuvieron la preocupación de interpretar la sociedad que visitaban. Con criterio peninsular, desde el lógico hasta el religioso, simplemente vieron bárbaros atrasados, con costumbres distintas, a los que convenía incorporar al vasallaje de su Majestad el rey de España, civilizar (tal como ellos entendían la civilización) y cristianizar (por medio de repartimientos, encomiendas, mitas y esclavitud). Abundan los cronistas de aquel tiempo. El más celebrado es Bernal Díaz del Castillo, que fue soldado, escribió una crónica bastante imaginativa de la conquista de México y siendo vecino de la Antigua Guatemala, allí dejó los huesos. El historiador, por el contrario, además de informar, enjuicia, y deja su enjuiciamiento para los críticos de la posteridad.

Los historiadores de la época de la República Federal, fueron:

Alejandro Marure, nació en la ciudad de Guatemala en 1809 y murió en 1851. Fue profesor en la Universidad de San Carlos Borromeo, lo que acusa su alta preparación en aquel medio y tiempo. De paso vamos a decir que la Universidad de San Carlos se había liberado en mucho de la escolástica y desde el buen tiempo de Fray José Liendo y Goicochea, costarricense, se había inclinado al método cartesiano y al estudio de las ciencias naturales. Marure, como Amigo de las Letras, escribió un tratado con el título de "Cuadro de la literatura de los griegos", título que huele a renacentismo, lo que es muy alentador. Y como historiador de sangre, como se dice, publicó el "Bosquejo histórico de las revoluciones de Centro América", concebido con honradez imparcialidad y talento. Es por este libro que nos damos cuenta de los inicios de la revolución de independencia, con el defecto de su brevedad en esta parte, y de la guerra civil que empezó en 1827 y terminó con el triunfo de Morazán en 1829. Después escribió otra obra titulada "Efemérides de los hechos notables acaecidos en la República desde el año de 1821 hasta el de 1842". Existe la duda de si fue la segunda parte del "Bosquejo" o fueron las "Efemérides" las que se perdieron por interés de que se ocultara la verdad sobre las responsabilidades negativas de ciertos personajes y la recta interpretación de los hechos acaecidos en la década treinta que dieron lugar a la ruptura de la Federación. Con la ocultación de esta parte de la obra se llegó a decir que Marue se había vuelto contra Morazán. Pero lo más probable es lo contrario, porque si así hubiera sucedido, la reacción feudal y clerical le habría dado amplia divulgación. No ocultamos lo que nos favorece. Escondemos lo que nos perjudica. Marure es narrativo, fluido, elegante, con el inconveniente de que describe los hechos y no los explica, pero en su elogio podríamos decir que es nuestro Herodoto Centroamericano.

Manuel José Arce nació en San Salvador en 1787 y murió en 1847. Gran revolucionario en favor de la independencia en sus primeros años. Sufrió mucho por la causa de la libertad. Cometió el error de haber ido a los Estados Unidos que entonces eran una pequeña República recién liberada de la poderosa Inglaterra, a pedir ayuda militar para echar de Centro América al ejército del emperador Agustín I, de México, cuando claro se ve que esta tarea correspondía a los propios patriotas centroamericanos. De regreso de los incipientes Estados Unidos entró a formar parte del Gobierno provisional, y dictada la Constitución, fue el primer Presidente de la República Federal de Centro América, mediante un fraude en el Congreso. Ganado por intereses inconfesables de dentro y fuera del país, dio un golpe de Estado desde el Poder, que produjo la guerra civil de 1827—29. Fue deportado a México donde vivió preparando invasiones sobre Centro—América. Da pesar que aquel héroe de 1811 y de los años siguientes perdiera la cabeza, hasta el punto de llegar a ser cofrade del vil Rafael Carrera para adueñarse del gobierno salvadoreño. De paso se dice esto, porque no se puede callar, para explicar después que Arce publicó en México una pequeña obra titulada "Memoria" en la que acusa a sus enemigos y pretende justificar su actuación. La obra está bien escrita, aunque llena de tergiversaciones, rencor y odio. De modo que no se puede pasar por alto esta publicación histórica de Arce, que tiene la originalidad de iniciar en Centro América la deformación de los hechos históricos, con los agregados penales de la injuria, la calumnia y la difamación. La "Memoria" más que documento histórico es un libelo, hecho disculpable porque Arce no fue un historiador sino un político.

Manuel Montúfar Coronado nació en Guatemala en 1791 y murió en 1844. Amigo de la independencia, posteriormente anduvo en las huestes imperiales de Vicente Filísola, comandante de Agustín I en Centro América. Fue diputado en la Asamblea Constituyente y consejero del

Presidente Arce. Tenía dos cualidades: era hombre de talento fulgurante y era militar de verdad, pero la causa que defendió imperio iturbidiano y golpismo arcista se las anuló. Fue desterrado en 1829 a México, donde escribió una obra titulada "Memorias para la historia de la revolución de Centro América", más conocida con el nombre de "Memorias de Jalapa", donde fueron tipografiadas. Cuando un hombre se conduce mal, su palabra no vale, así le ponga ritmo y rima. Las "Memorias" de Montúfar Coronado no son historia, son un panfleto. Después de haber escrito este papel, Montúfar Coronado se acomodó a la situación que se iniciaba en 1842 con la muerte de Morazán y fue representante de Carrera ante el Gobierno de México.

Francisco Morazán nació en Tegucigalpa (aunque algunos sostienen que nació en el pueblo de Morocelí, departamento de El Paraíso), el 3 de octubre de 1792 y murió asesinado en San José de Costa Rica (pues no fue juzgado por un tribunal de guerra) el 15 de septiembre de 1842. Morazán entra ampliamente en este estudio, por lo que sólo nos vamos a referir a él como escritor y como historiador. Morazán pertenecía a una familia de comerciantes de la provincia de Honduras. Aprendió las primeras letras con un cura que dirigía una escuela en el edificio que hoy ocupa el Cuartel de San Francisco. Allí, además, estudió Gramática latina, y posiblemente llegó a entender lo que decían los textos de los clásicos romanos, Julio César, Cicerón y Virgilio, por ejemplo. Pasadas las primeras letras tuvo colegio, aunque parezca extraño, con su tío abuelo Juan Pablo Morazzani, quien había sido soldado de Napoleón, le conversó de las hazañas del Capitán del Siglo y lo adiestró un poco en italiano, francés y en otras disciplinas. Y pasado el colegio, ingresó a la universidad de la Enciclopedia Francesa bajo la dirección del abogado Dionisio de Herrera. ¿Para qué más? Acaso, muchas veces, los centros oficiales que dan títulos y medallas de oro en vez de aclarar la mente la obscurecen. ¿Y quién, en su tiempo fuera de uno que otro, tenía más despejada la inteligencia que Morazán? Morazán como escritor, adoptó el estilo de los enciclopedistas, y muchas veces juntaba a la bella frase la mordacidad volteriana. Solo dejó el fuego de sus proclamas en los campos de batalla, la elegante visión de sus discursos patrióticos, y una vez alejado de Centro América escribió en Panamá las "Memorias de David", que dejó inconclusas. Estos documentos son antecedentes valiosísimos para la formación de la historia de Centro América en su época de la República Federal.

Lorenzo Montúfar nació en Guatemala en 1823 y murió en 1898. Como intelectual, Montúfar en Centro América sólo tiene igual en Álvaro Contreras y en la América del Sur en Juan Montalvo. No porque faltaran otros de parecida grandeza sino porque en aquel tiempo nadie como él supo unir la sabia inteligencia con la acción revolucionaria. Ante todo, fue un orador de recursos inmensos, un escritor de tema polémico y un político liberal (el liberalismo era progresista en aquel tiempo) sin vacilaciones, negligencias o componendas. Contrasta con su pariente Manuel Montúfar Coronado; fue enemigo acérrimo del vende patria Rafael Carrera, quien lo arrojó para El Salvador en calidad de emigrado. Habiendo pasado a Costa Rica, fue Ministro de Relaciones Exteriores del Presidente Juan Rafael Mora. Al triunfar la Reforma regresó a Guatemala, donde fue diputado y allí dio a conocer el huracán de su oratoria en competencia con hombres no menos dotados de la palabra tribunicia como el Padre Arroyo. Ocupó altos puestos, fue Ministro Plenipotenciario de Guatemala en Washington. Y cuando Justo Rufino Barrios, el revolucionario influido de las ideas de Benito Juárez y de la Europa avanzada, empezó a transformarse en lo contrario, es decir en un gobernante de componendas que lo condujeron a la tiranía, Lorenzo Montúfar, con el orgullo que le caracterizaba, abandonó Guatemala y volvió a Costa Rica. Anticlerical, escribió "El Evangelio y el Syllabus". Abogado de nota, redactó las "Nociones de Derecho de Gentes". Y, por último, siendo historiador, dejó a la posteridad la "Reseña histórica de Centro América", en varios tomos, que reanudaba la obra de Marure, y un pequeño libro polémico titulado "Morazán", en el que defendió con ardor al paladín de la Federación de Centro América.

Agustín Mencos Franco nació en Guatemala en 1862 y murió en 1902. No es como el doctor Lorenzo Montúfar un historiador que estuvo presente en los grandes acontecimientos de la República Federal. Pero se refirió a ellos. Escritor vocacional, publicó las siguientes obras: "Literatura. guatemalteca en el período de la Colonia", "Don Juan Núñez de García" (novela histórica), "Crónicas de la Antigua Guatemala" y "Rasgos biográficos de Francisco Morazán", en cuyo libro más que una crítica para el héroe, con sus aspectos positivos y negativos, hace gala de su poder difamatorio, hasta el punto de hacer afirmaciones de hechos cometidos por Morazán, que no sucedieron. Mencos Franco quedó bien con la reacción guatemalteca, feudal y clerical, pero posteriormente, con la aplicación del análisis moderno en historia, se concluye que Mencos Franco no pasa de ser un apasionado calumniador.

José Milla y Vidaurre nació en Guatemala en 1822 y murió en 1882. Fue buena persona, acomodaticio, sirvió a Carrera y a Justo Rufino Barrios. Como diputado se manchó la mano al firmar el tratado por el cual Guatemala reconocía los derechos de Inglaterra en Belice. Posteriormente por encargo de Justo Rufino Barrios escribió la "Historia de la América Central", que por cierto es objetiva, desapasionada y útil para la juventud de su tiempo. Fue además novelista, escribió muchas novelas históricas y de imaginación con temas de la Colonia. Fue profesor de la Universidad, y por su suave modo de ser se ganó la simpatía de sus alumnos. Don José Milla fue hombre viajado, quizás con cargo diplomático permaneció en Europa, donde cosechó muchas ideas para sus ensayos y muchas imágenes para sus cuentos y novelas. Lo particular en él es que quiso poner la primera piedra de la literatura nacional.

Agustín Gómez Carrillo nació en Guatemala en 1840 y murió en 1908. Fue aficionado a la historia. Escribió la "Historia de Centro América", con una imparcialidad que admira. Ni se fue del lado de los liberales ni del lado de los conservadores. Dijo lo que debía decirse, hecho por hecho, pero sin profundidad crítica ni alcance filosófico. Tuvo una desgracia: en cierto modo, como padre de Enrique Gómez Carrillo, el cronista de fama hispánica, fue obscurecido por éste.

Nos hemos extendido en la semblanza de los historiadores citados, unos porque vivieron los acontecimientos de la República Federal y otros porque detallaron aquellos acontecimientos en sus obras. Además, es público y notorio que son los más sobresalientes. En los demás países centroamericanos poco se ha cultivado la ciencia de Tito Livio, excepción hecha de pequeñas obras que no han decidido en nada. Y aquí en Honduras aparece la disciplina histórica, muy después con los doctores Antonio R. Vallejo, Rómulo E. Durón y Eduardo Martínez López, personajes de 1876 en adelante, pero que se refirieron a la Republica Federal en muchos puntos.

Repetimos que esta introducción bibliográfica tiene el significado de un homenaje para los historiadores de la República Federal y para aquellos que les siguieron en años siguientes, sin importar que unos levantan la mirada hacia el porvenir y otros hacia la negra Colonia Española, porque al fin y al cabo cada quien piensa según sus intereses y aspiraciones.

# VISIÓN GENERAL DE CENTRO AMÉRICA

Ha envejecido la teoría de Carlos de Secondat, barón de la Brede y de Montesquieu (1689—1755), quien sostenía en una de sus obras maestras el "Espíritu de las leyes", propulsora entre otras de la Revolución Francesa y luego de su organización política como Estado, que la geografía determinaba la sicología, las costumbres, la historia y el destino de los pueblos. Pero la expresada teoría, con ser negada posteriormente, sirvió de mucho desde el siglo XVIII hasta mediados del siglo XIX. Mediante ella, con ser falsa, los pueblos fueron adquiriendo el sentido de nación, de sicología propia de historia, de soberanía y de independencia. Duró la teoría geográfica hasta que se demostró que el elemento básico de los pueblos era la estructura económica con sus derivados, más o menos por 1848.

Posteriormente, el alemán Haushoffer pasada la primera guerra mundial fundó la escuela de la geopolítica, en la que, siempre apoyándose en la geografía, proclamaba que los pueblos poderosos como Alemania tenían derecho propio al expansionismo en Europa y en el mundo, y al que él llamaba "espacio vital" en su seudo—ciencia. En realidad, Haushoffer, maestro de Hitler, no hacía más que darle nombre distinto a una cosa ya conocida desde la antigüedad: el expansionismo a través de la conquista y la colonización por medios múltiples. En efecto, los imperios esclavistas del viejo Oriente fueron conquistadores y colonizadores. El Imperio Romano fue dueño de casi todo el Occidente. Más tarde, los árabes de una parte y el Sacro Imperio Romano Germánico de otra repitieron la hazaña conquistadora y colonizadora. Y al iniciarse los tiempos modernos, España conquista y coloniza a América; Portugal hace lo mismo, al rodear el continente africano, en la India y en otros lugares; les siguen en esta empresa, Holanda, Inglaterra, Francia y a las últimas, la propia Alemania, los Estados Unidos y el Japón. De modo que, los centroamericanos, al ser conquistados y colonizados por España en un término de tres siglos, conocimos en carne viva, dolor y muerte el "espacio vital" de Haushoffer. Pero lo desmentimos por falso como teoría y por anti—histórico como hecho.

Sentemos de una vez que la verdadera independencia de Centro América comienza el primero de julio de 1823. En efecto, existe un decreto del gobierno de Marco Aurelio Soto que así lo expresa. Es que el primero de julio de 1823, refleja el derrumbamiento del imperio feudal—clerical mexicano—centroamericano de Agustín de Iturbide, la anulación de los poderes imperiales del general Vicente Filísola en Centro América y la reunión de la Asamblea Constituyente Federal. Al fin habíamos conquistado la independencia nacional.

Geográficamente, Centro América en aquel tiempo contaba aproximadamente con 438,137 kilómetros cuadrados. Limitaba al norte con México; al sur con Colombia (dueña de la provincia de Panamá entonces); al este con el océano Atlántico, y al oeste con el océano Pacífico.

A causa de los trastornos que produjo el imperio iturbidiano, Chiapas, que pertenecía a la Capitanía General de Guatemala y por lo tanto a Centro América, optó por formar parte de México, perdiendo así la nación centroamericana un territorio de 74,400 kilómetros cuadrados.

Finalmente, instalados los ingleses en son de conquistadores en Belice, de 241 kilómetros cuadrados, en las Islas de la Bahía, en una amplia zona al margen del Río Tinto donde habían construido un castillo y en la boca del Río San Juan (que entonces se le llamaba el Desaguadero), Centro América perdía en esta segunda vez alrededor de 1,000 kilómetros cuadrados.

De no haber sucedido esas desgracias, Centro América al salir del coloniaje habría contado con una extensión de 513,137 kilómetros cuadrados.

Con aproximada exactitud, Centro América ocupaba (y ocupa) el centro del continente americano. Era (y es) un país delgado y largo, cruzado de norte a sur por la cordillera americana que baja de Alaska y termina en la Patagonia, y con la particularidad en este país de su poca altura, pues carece de la elevación de los Rocallosos de los Estados Unidos y de los Andes de la América del Sur. Pero la cordillera centroamericana abunda en volcanes, que se suceden aproximados a la costa del Pacífico, y advirtiendo que el único país que carece de ellos es Honduras.

Son frecuentes las erupciones de los volcanes. También son constantes los terremotos. Y a estos daños terribles se suman los huracanes que de tiempo en tiempo azotan el territorio con una fuerza destructora incalculable. Las erupciones, los terremotos y los huracanes fueron en épocas precolombinas los dioses infernales de que nos da cuenta el Popol Vuh, libro de los maya—toltecas.

De la cordillera se desprenden grandes y pequeños ríos, siendo más caudalosos los que van al Atlántico, y menos los que se derraman en el Pacífico. Pero los ríos caudalosos ofrecen un corto kilometraje de navegación en pequeñas embarcaciones.

Abundan los lagos, siendo el más extenso el Lago de Nicaragua, que los indios llamaban Cocibolca.

En Nicaragua existe la novedad de que el río San Juan que desemboca en el Atlántico, se comunica con el Lago de Nicaragua, y entre éste y el Pacífico media el Estrecho de Rivas. A esto se le llama la Zona Canalera interoceánica, a la que España no hizo caso, pero que despertó la ambición de Inglaterra desde los tiempos coloniales; más tarde la de los Estados Unidos, y muy después hasta el Japón imperialista pretendió apropiarse de este tesoro interoceánico.

Bajo el signo del Trópico, el clima es agradable y casi paradisíaco. Pero hay frío en las partes altas, calor templado en los valles y sofocante en las costas.

Centro América en 1823, sin los cercenamientos apuntados (más grandes que la España de hoy) era un país lleno de bosques, muchos de ellos casi impenetrables. Por ejemplo, en Guatemala, los del Petén; en Honduras, los de la Costa Norte; en Nicaragua, los de la Mosquitia Atlántica, y en Costa Rica, los de la margen derecha del río San Juan y los cercanos a Panamá (Colombia). Abundaban las maderas preciosas, los árboles frutales americanos, las plantas medicinales y las hierbas aromáticas.

Merecen mención especial las plantas alimenticias que constituían la dieta fundamental de la población desde los tiempos precolombinos, como el maíz, el frijol, el chile, el cacao, la yuca, el ñame, el plátano americano y otras que sería prolijo enumerar.

Cuando los españoles conquistaron y colonizaron a Centro América, no echaron en olvido traer de España, Europa y el Oriente numerosas plantas frutales, medicinales y aromáticas que vinieron a enriquecer los huertos centroamericanos. Pero no se olvide que, en medio de esta importación de ultramar, con vistas a impedir el desarrollo de la agricultura y la manufactura americanas que llegaran a competir con el monopolio peninsular, las autoridades de allá se inventaron ordenanzas por las cuales se prohibía incrementar el cultivo del trigo, de la vid, del olivo y del algodón. Los contraventores se sujetaban a castigos corporales, a grandes multas y a la destrucción de sus sembrados y talleres.

Centro América abundaba en minerales diversos, como sigue abundando hoy. Pero en tiempos de la Colonia, los más codiciados eran el oro y la plata. Por ejemplo aunque en grado menor, el Real de Minas de San Miguel de Tegucigalpa se anotaba en los mismos registros mineros de Nueva España y el Perú. Doce minas riquísimas componían esta zona, que venía desde Choluteca y Yuscarán y llegaba hasta Cedros. Las principales pertenecían al rey Felipe II. Pero como ya hemos hablado tantas veces de la crisis de los metales preciosos, cuyo precio bajó en los mercados europeos por la competencia metalífera de las naciones mercantilistas y colonialistas del resto de Europa, a mediados del siglo XVIII, la minería de Centro América fue reduciendo su producción hasta llegar a lo indispensable. Agravó la crisis el estallido de la Revolución Francesa, la presencia guerrera de Napoleón en los ámbitos de Europa y luego la victoria de los ingleses sobre franceses y españoles en la batalla naval de Trafalgar (1805), que determinó de manera absoluta el dominio de Inglaterra sobre los mares, dominio que acrecentó la piratería inglesa, la cual caía como el rayo sobre las naves españolas que de América iban cargadas de tesoros hacia la Península, no importaba que fueran poderosamente escoltadas por los galeones del Rey.

Por eso, Centro América en 1823 ya no era una nación minera en la forma que lo había sido en los siglos anteriores. De paso vamos a repetir que el cierre gradual de las minas suspendió el comercio negrero de África y los propietarios de negros esclavos empezaron a venderlos a precio de "gallo muerto". ¿Para qué los necesitaban si ya no había en qué ocuparlos? Por eso, adelantamos, que la petición del Padre Simeón Cañas, diputado a la Asamblea Nacional constituyente, si era humanitaria y libertadora en favor de los esclavos, también, en cierto modo, tenía el sentido económico de que se abandona lo que ya es inútil. En la etapa que iniciaba la República Federal, las fuerzas productivas que se apreciaban estaban constituidas por los siervos, los aparceros y los medieros de las haciendas feudales, así como los artesanos, los manufactureros y los mercaderes o comerciantes de las ciudades.

Cierto que se continuaba explotando algunas minas, pero con el objeto principal de satisfacer las exigencias del "cuño" para producir la moneda que reclamaban el mercado y la necesidad suntuaria.

La fauna de Centro América era abundante y variada. Los ríos y los lagos estaban llenos de peces diversos, desde la pequeña mojarra hasta el gigantesco cuyamel. Los pescadores se apropiaban de ellos con el anzuelo, la fisga y el "pate", un bejuco venenoso para los peces pero no para la gente, que machacaban los nativos y arrojaban a las aguas, adquiriendo de este modo pesca numerosa. Los bosques estaban llenos de animales salvajes, que invitaban a la caza. Los mayas habían domesticado el pavo, jolote o guajolote como dicen los mexicanos. Se asegura que los toltecas habían domesticado el perro, pero no se ha determinado cuál de los existentes, aunque se habla con frecuencia del "perro de indio", que puede ser el de los toltecas o también un can degenerado por la pobreza o el descuido de sus propietarios, y que tiene origen ultramarino. El venado es indomesticable. Pero los precolombinos los encerraban y hacían que se reprodujera dentro de amplias, poderosas, altas y puntiagudas estacadas. De este modo tenían carne permanente. Para enmelar el chocolate y la chicha y asistirse de confiterías, los nativos, solían dedicarse a la industria del colmenar con tanta pericia como los mismos europeos.

Los españoles trajeron el ganado vacuno, caballar y lanar. Trajeron el cerdo, la gallina, el pato, la paloma de Castilla, en fin, cuanto pudieron para completar la fauna americana y para satisfacer infinidad de necesidades adquiridas en la Península.

Por cierto que la Centro América de la República Federal, a más de agrícola con el maíz, el frijol y otros productos que constituían la alimentación básica, de las grandes masas, era ganadera. Los hacendados feudales, si eran agricultores, más eran ganaderos. No hay estadísticas de aquel tiempo, pero puede calcularse en centenares de miles las cabezas de ganado. En este aspecto, la región de Olancho era la más dotada, pues además de abastecer las ferias de San Miguel, los "tiangues" de San Salvador y las Compraventas de Jocotenango en Guatemala, exportaba grandes "partidas" hasta Chiapas en el norte y Costa Rica en el sur. Y como cumbre de tan importante negocio, abastecía de ganado vacuno a Cuba (que seguía siendo colonia española). Para exportar este ganado a la Perla de las Antillas, los grandes ganaderos olanchanos se valían del puerto de Trujillo y además contaban con potreros de engorde en el lugar llamado Baracoa, en la citada isla.

De todo lo expresado no ofrecemos estadísticas, bien porque se hallen en archivos inalcanzables o bien porque no existan, lo que es más probable.

La población de Centro América en 1823, había aumentado poco del dato que remitiera el general Vicente Filísola al emperador Agustín I, y que volvemos a insertar para que conste en esta parte geográfica. "La población es corta (quería decir reducida); apenas asciende a un millón de almas, según el cálculo formado por este Consulado en el año de 1811, siendo indios 646,666, y de las demás clases 353,334, deduciendo mujeres, viejos, niños achacosos y los dedicados al culto de Dios. De esto resulta muy limitado el número que puede ser útil para el comercio, la agricultura y la industria. Filísola en su informe al emperador pretendía demostrarle que en Centro América no podía formarse una gran fuerza militar y policíaca, porque de pretenderlo, entonces se desamparaba el trabajo productor.

Con la estadística poblacional del Consulado en 1811, ya podemos hacer un análisis de las razas, las combinaciones raciales y las clases en Centro América recién independizadas.

Es racional que de los 646,666 indios registrados en su totalidad estaban sujetos a servidumbre y esclavitud, no descartándose la existencia de tribus alzadas o rebeldes que se hallaban al margen del control estadístico. Los indios registrados trabajaban en la ganadería, la agricultura, y la minería, siguiendo el orden económico del Estado recién nacido. Eran "instrumentos parlantes" como decían los romanos; eran "bueyes bípedos, eran "mulas con perfil humano" y nada más.

En los restantes 353,334 habitantes de Centro América, sin mucho atrevimiento podríamos hacer la siguiente proporción: 40 por ciento, negros bozales (criollos e importados de África); 20 por ciento, zambos (mezcla de indio y negro); 15 por ciento, mulatos (cruce de negro y blanco); 15 por ciento, mestizos (combinación de indio y blanco), y 10 por ciento, blancos. Pero todavía hay que hacer una operación más: en el

10 por ciento de blancos, más o menos el 7 por ciento estaba compuesto de criollos, y 3 por ciento de peninsulares, de "chapetones" como se les decía en Centro América, de "gachupines", como se les llamaba en México.

Los negros seguían la condición social de los indios registrados: eran siervos o esclavos, estaban sujetos a compraventa y se les herraba como las bestias.

Ya dijimos que el padre Simeón Cañas, representante de la Asamblea Nacional Constituyente de 1823, pidió la abolición de la esclavitud, pero no de la servidumbre. La Asamblea dictó el decreto conforme a lo pedido, pero el Estado contraía la obligación de pagar el precio de los esclavos liberados a los propietarios. Y como el Estado era tan pobre en aquel tiempo, estaba imposibilitado para desembolsar tan fuertes cantidades, y las cosas quedaron como habían estado. Solamente los comerciantes, independentistas y federalistas, liberaron voluntariamente a sus esclavos. José Cecilio del Valle que era hombre rico dio este paso progresista en el mismo instante de publicarse el decreto.

Pero antes y después de 1823, los indios y los negros se liberaban por sí mismos, huyendo hacia las posesiones de los ingleses, es decir que huían hacia Belice, las Islas de la Bahía, Río Tinto y Río San Juan. No hallaban en dichos lugares una vida muy dulce, pero no la encontraban tan amarga.

Los zambos seguían la condición social de sus progenitores indios y negros. Eran siervos o esclavos. El decreto de la Asamblea Constituyente los favorecía de derecho, pero quedaban en la misma triste condición de hecho. Y como a la vez les había nacido el amor por la libertad, también escapaban hacia las posesiones inglesas.

Los mulatos y los mestizos por llevar sangre blanca gozaban de una situación mejor. En el campo, a diferencia de los esclavos o de los siervos que tenían amos o señores, gozaban de cierta libertad civil y eran aparceros, medieros, arrendatarios y campesinos libres con tierras e instrumentos de labranza propios. Y en la ciudad, los mulatos y los mestizos se dedicaban a los oficios y las artes, mediante remuneración. Propiamente hablando, estos dos grupos formaban el pueblo, gozaban de sensibilidad patriótica, tenían conciencia de sus derechos individuales y sociales y aspiraban a los beneficios materiales y culturales de una

República democrática. Los mulatos y los mestizos manifestaron y pelearon por la independencia, y más tarde, cuando la historia se los exigió, formaron las llamadas "juntas patrióticas", estuvieron presentes en los "cabildos abiertos", eligieron y salieron electos y fueron contribuyentes para sostener los servicios del Estado. Ambos grupos, formando una sola masa, habían llegado a ser la ciudadanía centroamericana.

Ya dijimos que los blancos criollos (o americanos) empezaron a conquistar el poder económico a mediados del siglo XVIII y alcanzaron el poder político en el primer cuarto del siglo XIX. Ganaderos, agricultores y comerciantes, desde 1823 fueron los dueños de la situación de Centro América de una manera total. No obstante, como lo vamos a ver después, los criollos tuvieron conflictos tan profundos que determinaron la guerra civil y la desgracia de Centro América. Es más, si para lograr la independencia de España habían formado un frente común, y posteriormente, bien que mal estuvieron unidos contra la forzada dominación de México, más tarde no supieron comprender la grandeza de la unidad patriótica para neutralizar las intrigas de la poderosa Inglaterra que fue la que dio el jaque mate a la República Federal.

Los "chapetones" (o peninsulares) que primero perdieron el poder económico y después el poder político, sintieron de mil modos las consecuencias de la derrota. Sostuvieron hasta donde les fue posible la colonia de España. Enseguida se confabularon con los imperialistas de México. En ambas acciones fueron vencidos. Entonces, cambiaron de táctica. Unos se acomodaron a las imposiciones de la República Federal, con el propósito de minar a ésta desde adentro, y otros, perdida la moral y llenos de pánico, mal vendieron o abandonaron sus bienes y huyeron hacia Cuba y hacia España. Como esta es una apreciación general, carecemos de tiempo para mencionar por sus nombres a los "chapetones" que salieron huyendo de Honduras, especialmente de Tegucigalpa y de Yuscarán. Con el tiempo, unos volvieron; otros no, pero sus bienes abandonados ya los encontraron en otras manos.

La Iglesia Católica se adaptó a la República Federal y siguió gozando de sus privilegios económicos y eclesiásticos. Con la sagacidad que le caracteriza, esperó mejores días para esgrimir sus armas contra la Federación, que no le disgustaba por la conducta un poco anárquica de los hacendados feudales sino por la presencia de los comerciantes de Marure en el Poder. Bien sabía la Iglesia Católica en aquel tiempo, que el cristianismo del capitalismo en desarrollo en el mundo era el protestantismo, y esta verdad le quitaba el sueño y la desesperaba.

A las clases sociales nos vamos a referir con alguna amplitud después, porque se impone como punto previo hacer un análisis más o menos concienzudo (en la medida de nuestras limitadas capacidades) del modo de producción, de las fuerzas productivas y de las relaciones de producción de Centro América en 1823. Sin eso, sin el conocimiento de lo que se abandonaba y luego se adoptaba, nada estaríamos haciendo.

A la altura del año que hemos tomado de punto de partida, la pobreza, la miseria y el desamparo en que vivían las grandes masas, no tenía nombre. La Colonia había mantenido el atraso productivo en la agricultura, en la manufactura, en el comercio, en todo. Eran limitadísimas las fuentes de producción y de trabajo. A esto, en los comienzos del siglo XIX se agregó la guerra de Napoleón contra España, estando la Colonia americana obligada a contribuir económicamente en favor de la libertad de la llamada Madre Patria. Después la piratería inglesa impidió casi por completo la comunicación con España, lo que significaba suspensión de abastecimientos. Y por último la guerra que provocó México a Centro América, casi suspendió las actividades productivas de nuestro país.

Así terminamos esta visión general de Centro América para que los lectores se formen un concepto inicial del Estado recién nacido.

# CENTROS URBANOS DE CENTRO AMÉRICA

Hay un tema que no lo han tocado los historiadores, y que nosotros queremos abordarlo en esta ocasión, así sea a la ligera. Nos referimos a los centros urbanos de Centro América, y haciendo cálculos hipotéticos, vamos a emitir algunos juicios al respecto. Lo anterior, no lo hacemos con el objeto de sentar una verdad histórica, sino de formar una idea en los lectores.

El gran investigador inglés Gordon Childe, ha incorporado la idea científica de la revolución urbana de los pueblos primitivos. Es decir, que los pueblos primitivos al llegar a la cumbre de su desarrollo, pasaron de la aldea tribal a la ciudad mediante la revolución urbana y la cual, con el correr de los milenios, llegó a ser la ciudad—Estado de los asirios, egipcios, griegos y romanos.

Es sorprendente que los americanos precolombinos, a fuerza de evolución llegaran al punto de realizar la revolución urbana, la que se prueba con los restos de la Antigua Copán, Tikal, Chichén—Itzá y Uxmal, que siguen siendo monumentos que llenan de admiración al observador. Pero como la conquista y la colonia de los españoles no fueron continuación evolutiva sino interrupción del proceso autóctono, tenemos que en la colonia no se concibió la revolución urbana española y al no concebirse no se presentó en ninguna parte de América.

Lo que hicieron en México y en el Perú fue aprovechar la revolución urbana de Tenochtitlán y de Cuzco, agregando iglesias y más iglesias, cárceles y más cárceles, palacios y más palacios. Pero con esto no añadían nada, porque la revolución urbana significa: a) máxima concentración humana; b) salto de un modo de producción inferior a otro superior, y c) visión más o menos clara de una nacionalidad autosuficiente y libre.

En lenguaje llano, los colonialistas españoles fueron incapaces de construir una gran ciudad en Centro América. Como la iban a construir, si en la propia España no tenían ese empeño en obsequio a su espíritu feudal, disociador, aislacionista, regionalista y si gracias llegaron a edificar "Villas", como ellos las llamaban, pues las ciudades españolas, pobladas; brillantes y comerciales las trazaron los árabes, los judíos y los catalanes. Para nadie es un secreto que los reyes españoles de fines del siglo XV y comienzos del siglo XVI, tenían una corte ambulante que iba de poblacho en poblacho, y que al fin llegaron a fijarse en un punto determinado hasta que empezó a llegarles el chorro de oro de América y a hacerse de los bienes de las razas no peninsulares. El propio Carlos, V, en los principios de su gobierno andaba de lugar en lugar, sin asentarse definitivamente en ningún punto. De repente apareció Madrid, pero más impuesta por el peso de la Edad Moderna que por decisión de los propios iberos. Madrid es una consecuencia de la revolución urbana capitalista que se imponía en Europa, muy a pesar de la resistencia feudal de la clase señorial que estaba siendo derrotada.

El castillo almenado era la imagen de la Edad Media, clavado en ásperos cerros, que acaso toleraba allá abajo pequeños caseríos donde se amontonaban los siervos de la gleba. Los señores feudales no querían contactos con nadie, porque así era su espíritu. La ciudad, producto de la revolución urbana del capitalismo, empezó a aparecer a fines del siglo XII, y ya en el siglo XIII, en Italia existían Florencia, Génova, Venecia; en Francia, Marsella, y en Cataluña, Barcelona, que dominaban el Mediterráneo y comerciaban con el Oriente. Para qué agregar más si esto habla su propio lenguaje.

Al llegar los españoles a América, por orden real, fundaron pequeños centros urbanos, con cabildo, iglesia, cárcel, cuartel y algunas veces hospital. Pero los fundaron en lugares donde había minas o creían que las hubiera: casos de Tegucigalpa, Yuscarán, Choluteca, Cedros, etc. Y fue hasta que pasaron los siglos del oro y de la plata por las causas explicadas, que empezaron a aparecer los pequeños centros urbanos de la ganadería y la agricultura. Pero los conquistadores en un caso y colonizadores en otro no vivían en los pequeños centros urbanos sino al borde de sus minas y en el centro de sus haciendas ganaderas y agrícolas. Tenía que ser así porque el verdadero urbanismo se derivaba de la manufactura, la industria y el comercio, cosas a que los españoles no eran adictos.

¿No los vemos todavía que cuando vienen a América, en vez de fundar una empresa industrial establecen un cafetín? ¿No los vemos que no vienen como hombres de trabajo productor sino como toreros, bailarines y actores teatrales? Y que nadie se disguste por lo que estamos diciendo, que así le queremos contestar a Pío Baroja, novelista de la generación del 98, aquel su libro en que llamaba a América el "continente estúpido". Si América es estúpida es porque los españoles trajeron la estupidez de su tierra a más no poder.

En Centro América, yendo de abajo arriba, había minas, haciendas; "reducciones" (que eran como campos de concentración impuestos a los indios alzados), caseríos (hasta de diez ranchos), aldeas (hasta de veinte), pueblos (hasta de cincuenta o cien) y villas (hasta de doscientas). Las casas eran de bahareque cubiertas con paja. Por excepción, sólo los personajes del lugar construían casas de adobes y tejas. En los pueblos y las villas existían los adornos del cabildo y de la iglesia en los extremos de una plazoleta, nunca faltaba la cárcel ni el albergue del resguardo con sus respectivos instrumentos de tortura.

El título de ciudad se le daba no a la población que realmente lo era sino en gratitud a sus regalos y envíos metalíferos a su Majestad. Con este criterio, existían ciudades de mil y dos mil habitantes. Y hay que imaginar cómo serían aquellas ciudades coloniales, en las que abundaban la ignorancia, la desnudez, la brutalidad, el temor al agente del rey, al cura, el pesquisante del Santo Oficio, al castigo de Dios, al fuego del Infierno. Pero dejemos esto que horroriza con sólo pensarlo.

¡Qué Centro América tuviera una ciudad de 300,000 habitantes en 1823, en Guatemala, en San Salvador, en Comayagua, en León o en Cartago! ¡Centro América con ello habría realizado la revolución urbana moderna, y hoy sería una nación poderosa dentro de las posibilidades de poder en la América Latina! ¡Con seguridad que esa ciudad de 300,000 habitantes, tendría hoy, millones y estaría cerca de Santiago, Río de Janeiro o Buenos Aires!

Tomando por base el censo que levantó el Consulado en 1811, si de los 353,334 habitantes no indios de Centro América, equitativamente dividimos en dos esta población, para dejar una mitad a las villas, los pueblos, las aldeas, los caseríos, las reducciones, las haciendas, las minas y al campo en general, y atribuyendo la otra mitad a los centros urbanos del país, tenemos que a estos corresponden 176,667 habitantes.

Ahora, los principales centros urbanos con título de ciudad eran Guatemala, Quezaltenango, San Salvador, Santa Ana, Comayagua, Tegucigalpa, León, Granada, Cartago y San José.

Pues bien: si dividimos estos 176,667 habitantes entre diez poblaciones principales, tenemos que a cada una corresponde 17,666 y fracción de vecinos.

Pero, aunque las matemáticas no mientan, el supuesto es falso, y vamos a razonarlo:

Primero: porque tal vez la ciudad de Guatemala podía tener ese número de habitantes en 1823, por ser la sede gubernamental y episcopal de la Capitanía General desde el siglo XVI. Pero las demás ciudades acaso llegaban a los 10,000, a los 5,000 y aun a menos pobladores.

Segundo: lo anterior demuestra que el urbanismo era raquítico, a tal punto que no podía desarrollar la manufactura, la industria, el comercio, la banca, cuanto en el resto del mundo ya era cosa corriente.

Tercero: este urbanismo incipiente, en lo económico ofrecía una normalidad saludable. Los hombres de la producción y el comercio se dedicaban a sus actividades, y nada más. Pero en el orden político existían las malquerencias de Guatemala con Quezaltenango; de San Salvador con Santa Ana; de Comayagua con Tegucigalpa; de León con Granada, y de Cartago con San José. Siempre había querellas entre estas poblaciones provocadas por las autoridades civiles, militares y eclesiásticas. El viejo historiador Jarros da fe de ellas en su historia. Se agravaron estas diferencias a la hora de la independencia, pues unas ciudades se inclinaban a ésta en masa y otras deseaban seguir perteneciendo a una España Monárquica, ya fuera absolutista o constitucional. Y más tarde, cuando la intervención de México en Centro América, unas ciudades fueron imperialistas, como Quezaltenango, Santa Ana, Comayagua y León, y otras fueron republicanas como Guatemala, San Salvador, Tegucigalpa y Granada. Esta malquerencia de las ciudades apuntadas tuvo repercusiones en el seno de la Asamblea Nacional Constituyente y, más tarde, en la gestión gubernamental, hasta que se produjo la guerra civil de 1827.

Natural, conviene aclarar que una ciudad es un conglomerado de clases. Un conglomerado de clases no puede ocasionar el amor o el odio hacia otro conglomerado de clases. Pero sí es determinante en este o aquel conflicto el interés y la pasión de la clase dominante de tal o cual conglomerado de clases. Por ejemplo, la clase dominante de Comayagua compuesta en su gran mayoría por peninsulares, era primero españolista y más tarde mexicanista. Esta clase dominante representaba al conglomerado social de la ciudad de Comayagua, aun contra la voluntad de la mayoría del conglomerado. En cambio, la clase dominante de Tegucigalpa, compuesta por criollos, que se había impuesto revolucionariamente, era anti—españolista y, posteriormente, anti—mexicanista.

Esta clase dominante representaba al conglomerado social de la ciudad de Tegucigalpa, aun contra la voluntad de la minoría del conglomerado. Resultado: que en aquellos años, Comayagua y Tegucigalpa se pusieron frente a frente, hasta con ejércitos comandado el primero por el español José Tinoco de Contreras, y comandado el

segundo por el olanchano Francisco Aguirre. No hubo combates sangrientos por la presencia de las tropas guatemaltecas mandadas por el Capitán General Gabino Gaínza, tropas que, obedeciendo órdenes precisas, unas se acantonaron en Gracias y otras llegaron hasta Tegucigalpa, Esto ya lo dijimos, pero no está demás repetirlo.

Lo mismo se vio entre San Salvador y Santa Ana y entre León y Granada.

Pero estábamos en el tema principal del urbanismo. Técnicamente el urbanismo de Centro América era casi nulo. El urbanismo es el que hace historia —tomando la palabra en este caso como ley social dinámica—. Si el urbanismo la hacía en el país centroamericano era con tan poca fuerza y vacilación, que no podía aparecer con una base económica floreciente ni con un Estado poderoso. Es triste decirlo, pero es la verdad.

Según el censo del Consulado que hiciera en 1811, en Centro América dominaba el campo. Si a los 646,666 indios sometidos, sin contar los alzados o rebeldes, agregamos 176,667, tenemos el resultado de una población de 823,333 campesinos (esclavos, siervos, aparceros, medieros, campesinos libres y artesanos en las pequeñas poblaciones). Estas gentes vivían en las peores condiciones físicas y culturales. Y tenían la misión de representar el atraso social de Centro América. El campo, con el mismo significado de la palabra, nunca ha hecho historia. Para salir, adelante, los campesinos siempre han necesitado de la colaboración de una clase avanzada. Está el ejemplo de que las rebeliones campesinas de Europa en los siglos XVI y XVII, que siempre fueron aplastadas. Y también está el ejemplo de que cuando los campesinos buscaron la libertad y la alcanzaron, fue porque contaron con el apoyo de una clase avanzada. Así fue que triunfaron en la Revolución Francesa y se adueñaron de la tierra que antes pertenecía a los señores feudales, a la aristocracia feudal.

Pero los campesinos centroamericanos estaban lejos de la rebeldía, y lo que hicieron fue seguir en la acción a los hacendados feudales, que, habiendo conquistado el poder económico, perseguían el poder político. Y a tanto llegaba su atraso social, que una vez llegado el triunfo fueron incapaces de hacer prácticas sus reivindicaciones específicas. Un acto legislativo de la Asamblea Constituyente abolió la esclavitud. Pero los campesinos no se movieron para que se dictara un decreto todavía más importante, como era la abolición de la servidumbre y de todas las cargas feudales que pesaban sobre sus espaldas.

Amigos de los campesinos eran los comerciantes de Marure. Pero los comerciantes eran tan débiles que no podían prestarles un apoyo decisivo para que pudieran salir de su aflictiva condición social.

Se levantaban voces en favor de ellos en la Asamblea Constituyente y en la prensa. Los diputados radicales los apoyaban con la elocuencia de Mirabeau y de Danton. Y Valle —periodista— escribía constantemente en favor de los desheredados, plenamente sabido de que en Centro América antes que siervos se necesitaban obreros y antes que hacendados feudales se requerían industriales. Este pensador se había nutrido de las ideas económicas de Adam Smith. Por eso entendemos que es éste el revolucionario esencial de Centro América y no los repetidores de Marat y Robespierre.

Si Valle había llegado al fondo del autor de la "Riqueza de las naciones", es claro que abogaba por el cambio del modo de producción existente, y él sabía que el nuevo modo de producción se desplazaba del campo a la ciudad y así le daba fuerza al urbanismo que mueve la máquina, multiplica la producción, intensifica el comercio interno y exterior y, a las últimas, consolida la economía nacional, pero siempre sin olvidar el derecho que tenían los campesinos a la tierra.

# LO TÍPICO DEL FEUDALISMO CENTROAMERICANO

Autores calificados aseguran que el feudalismo es una formación económico—social, segunda forma de la sociedad dividida en clases, precedida por el régimen esclavista y seguida por el capitalismo, última formación social basada en la explotación del hombre por el hombre. El feudalismo tiene algunas veces el sinónimo de servidumbre.

Comparadas con las fuerzas productivas del capitalismo, las de la sociedad feudal aparecen como poco desarrolladas y estancadas, pero en relación a las de la antigüedad, constituyen un gran paso adelante, con el perfeccionamiento de la fundición y del tratamiento del hierro, empleo generalizado del arado y otros instrumentos de hierro. así como el molino movido por el agua.

Decimos nosotros que este proceso se lleva mil años, dándose el caso que en los últimos se acelera, al punto que hace advertir una nueva época.

En determinado desarrollo de la sociedad feudal, se acentúa netamente la división del trabajo entre la agricultura y los oficios, mientras la producción artesanal de la ciudad crece con su técnica manual diferenciada.

Finalmente, en el grado superior del feudalismo, surge la manufactura. Antes de la aparición de la manufactura, las relaciones de producción feudales correspondían al carácter de las fuerzas de producción cuyo desarrollo favorecían. Las relaciones de producción feudales, podían desempeñar ese papel, ante todo, gracias a la liberación parcial del productor inmediato. Como no se podía matar al siervo (como se hacía con el esclavo), aunque se le podía vender y comprar, como este poseía una explotación y una familia, se mostraba algo interesado en su trabajo y daba pruebas de cierta iniciativa necesaria a las nuevas formas productivas.

Las relaciones de producción feudales tienen por fundamento la producción agrícola (y hay propietarios de ella), mientras que los trabajadores (siervos) son los desheredados. Lo que caracteriza también la forma de propiedad feudal de los medios de producción, es que el señor feudal es propietario parcial del trabajador y los trabajadores (campesinos y artesanos) propietarios de una parte, como resultado de su trabajo personal.

Las relaciones de los señores y los campesinos, clases fundamentales de la sociedad feudal, y su papel en la producción, derivan de la forma fundamental de propiedad. Bajo una u otra forma, los señores conceden tierras a los campesinos y los obligan a trabajar para ellos, se apropian de una parte de su trabajo o de sus productos (renta feudal o tributo). Los campesinos y los artesanos pertenecen en un sentido amplio de la palabra, a una misma y única clase de la sociedad feudal, y sus relaciones no son antagónicas.

Bajo el feudalismo, las clases y los grupos sociales constituyen órdenes. La forma de repartición de los productos depende enteramente de la situación y de las relaciones de los grupos sociales en la producción.

Los comienzos del feudalismo se caracterizan por el dominio absoluto de la economía natural. Con el desarrollo de los oficios, la producción mercantil adquiere una importancia cada vez mayor tanto en la ciudad como en el campo. Aunque la producción mercantil feudal haya preparado ciertas condiciones para la producción capitalista, no hay que confundirla con la producción mercantil capitalista.

El sistema principal de explotación bajo el feudalismo es la renta feudal que aumenta a medida que se pasa de una forma a la siguiente: la "corvea" (trabajo gratuito en la tierra del señor).

Con la aparición de la manufactura en el siglo XVI, comienza a manifestarse en las entrañas de la sociedad feudal la contradicción cada vez más profunda entre el carácter nuevo de las fuerzas productivas y las relaciones de producción feudales que se convierten en freno del desarrollo de esas fuerzas. Lo que se llama la acumulación primitiva prepara el advenimiento de los obreros asalariados y de la clase de los capitalistas.

Debido al carácter antagónico de su economía, toda vida de la sociedad feudal se halla sacudida por la lucha de clases. Por encima de la base feudal; se eleva la supraestructura que le corresponde: el Estado, la Iglesia, la ideología, supraestructura que sirve celosamente a la clase dominante, que la ayuda a reprimir la lucha de los trabajadores contra la explotación feudal.

Por regla general, el Estado feudal atraviesa una serie de etapas: del parcelamiento político (en este orden el feudo es un "pequeño Estado") a la monarquía feudal (quizás el Imperio, que domina a todos los "pequeños Estados", en nombre propio y de la Iglesia. (Nota nuestra) y llegando al fin a la monarquía absoluta (que de una parte absorbe a los "pequeños Estados", volviendo cortesanos a los rudos señores feudales bajo el dominio de un rey absoluto, y de otra parte va dejando al Imperio en la condición de un fantasma y va minando el poder de la Iglesia: otra nota nuestra). La forma ideológica predominante bajo el feudalismo es la religión.

La lucha de clases, que se acentúa, ofrece la posibilidad a la joven burguesía de ponerse a la cabeza de la insurrección de los campesinos y de los elementos plebeyos de las ciudades, de apoderarse del poder y destruir las relaciones de producción feudales. Las revoluciones burguesas del siglo XVI (Holanda), XVII (Inglaterra) y XVIII (Francia), aseguraron el dominio de la clase burguesa, que era la clase avanzada y revolucionaria entonces y conformaron las relaciones de producción al carácter de las fuerzas productivas.

Ya dijimos que en España hubo, como una ironía de la historia, contrarrevolución dentro y fuera del país para impedir el desarrollo bancario de los judíos y el impulso manufacturero de los árabes a fines del siglo XV; para impedir la rebelión de los burgueses y los campesinos en Holanda en el siglo XVI; para detener la revolución inglesa en el siglo XVII, y para aplastar la Revolución Francesa en el siglo XVIII. Logró sus primeros objetos con los judíos y los árabes, pero fue derrotada y hasta vilipendiada en Europa, pues en aquella política atrasada de sus reyes y ministros unas veces estaba con Francia contra Inglaterra y otras veces en favor de Inglaterra contra Francia. Tanto hizo el ridículo como quedó siendo la única nación feudal en Europa, que contaba con una monarquía absoluta, pero a esta monarquía le faltaba el apoyo histórico de una burguesía. Sígase estudiando la estructura y la supraestructura de la España de aquel tiempo y siempre se hallará la comprobación de esta verdad.

—II—

34

Sin que dejara de influenciarlos el espíritu de la Edad Moderna que haya aparecido en el mundo, los españoles llegaron con mentalidad feudal a nuestra América, y como el feudalismo significaba atraso, tales fueron las instituciones y costumbres que trajeron, con el agregado de que al romper la comuna primitiva del Nuevo Mundo, en lo que hace a la masa poblacional, no establecieron la servidumbre sino la esclavitud. Para afirmar esto contamos con el apoyo del barón Alejandro de Humboldt, sabio alemán que visitó a este continente a fines del siglo XVIII.

Pero al traer el feudalismo a América hubo cierta tipicidad. Aventureros, bandoleros, perseguidos de la justicia real en España, pícaros en una palabra, con muy raras excepciones, formaron los ejércitos conquistadores, y una vez que habían realizado la conquista pasaron al reparto del botín. De golpe, aparecieron con los "repartimientos", las "encomiendas" y las "mitas".

Así fue como la gentuza de España que pasó el mar y llegó a la conquista alcanzó el señorío feudal, con la tipicidad de que estos señores feudales no establecieron la servidumbre sino la esclavitud, porque no venían a América a recoger granos alimenticios sino a extraer oro y plata.

Más tarde, los reyes españoles abrumaron de células los archivos coloniales con estos mandatos:

1.—Manera de dar a los nuevos pobladores tierras y solares, caballerías y peonías según sus méritos, con repartimiento de indios y definiendo la caballería y la peonía. De estas medidas que no hay para qué hablar aquí, hace un estudio minucioso el ingeniero Luis Martínez Figueroa en su obra "Actualización del texto de agrimensura legal de la Escuela de Ingeniería de Honduras".

2.—Mandato del emperador Carlos V en que acuerda que al poblar algunas provincias no se repartan tierras ni solares a aquellos, que los tuviesen en otras.

3.—Mandato de Felipe II que dentro de cierto tiempo y bajo pena de ley se edifiquen las casas, dentro de los solares señalados, y se pueblen (de ganado) las tierras de pasto. El mismo rey autorizó a los virreyes para que dieran tierras y solares a los que fueren a poblar sin perjuicio de terceros por el tiempo de su voluntad.

4.—Carlos V previene que repartimiento se haga con parecer del cabildo y sean preferidos los Regidores, dejando a los indios las que necesitasen. Mandó que las tierras se repartieran con asistencia del procurador de la ciudad o villa.

5.—Felipe II mandó que las tierras se repartieran sin excepción de personas ni agravio de los indios. Declaró ante quien se habían de pedir solares, tierras y aguas para ingenios. También mandó que a los españoles no se les dieran tierras en perjuicio de los indios y que las así dadas se devolvieran a sus dueños.

6.—Carlos V dispuso que las tierras se repartieran a descubridores y pobladores y que no las vendieran a eclesiásticos, a iglesias ni a monasterios. También declaró que no se tomara posesión de las tierras repartidas dentro de tres meses, ni hicieran plantíos, bajo pena de perderlas. Por último, ordenó que las estancias para ganados se dieran apartadas de los pueblos y sementeras de los indios.

7.—Felipe II ordenó a los virreyes que se sacase a los ganados de las tierras de regadío y se sembraran de trigo. Previno que a los poseedores de tierras, estancias, chacras y caballerías con títulos legítimos se les amparara en su posesión y las demás fueran restituidas al rey, insertándose la Cédula de 1591 en todos los títulos.

8.—Felipe IV ordenó que se admitiera a composición el exceso de las tierras, indicando con esto que eran válidas las nuevas tierras tomadas, pero que en lo sucesivo se estimarían usurpaciones, siendo devueltas por los usurpadores y vendidas a pregón.

9.—Carlos II admitió que algunas autoridades, sin facultad para ello habían dado tierras con título de dominio, pero que los propietarios de buena fe no sufrieran ningún daño. También dispuso que para evitar los perjuicios que se causaban a los indios en la distribución de las tierras a los españoles, que cuando se les vendiera se verificase con citación de los Fiscales.

10.—Felipe IV ordenó que no se admitiese a los españoles componer terrenos que hubiesen adquirido de los indios, con título vicioso en perjuicio de éstos, debiendo los Fiscales protectores alegar la nulidad. Renovó la disposición de 11 de junio de 1612 y se mandó que en la venta y composición de tierras se dejase a los indios con sobra las que les perteneciesen. También mandó que no se admitiera a composición el que no hubiese poseído las tierras diez años, y que los indios fueran preferidos. Recordó la cédula de Felipe II de 10 de enero de 1589 por la cual los virreyes y presidentes podían revocar las gracias de tierras que dieran los cabildos y las admitieran a composición. A la vez recordó la cédula de Felipe III, 26 de abril de 1618, por la cual los virreyes y presidentes no despacharan comisiones de composición y venta de tierras sin evidente necesidad y sin avisar al rey.

11.—El mismo Felipe IV acordó que no se ejecutara en La Habana lo ordenado acerca de los sitios y estancias de ganado.

12.—Felipe IV dispuso que la villa de Tolú, en la provincia de Cartagena, no pudiera repartir tierras y solares.

13.—La Real Cédula de 30 de octubre de 1692, renovada el 24 de noviembre de 1735, nombró un comisionado especial para la composición de tierras y recaudación de sus productos, facultándolo para nombrar subdelegados y con inhibitoria a los virreyes, presidentes, gobernadores, etc., para que se mezclaran en la administración de este Ramo. Esta disposición fue la que dio origen al "Juzgado privativo de Tierras".

14.—Hay otras cédulas importantes de distintos años que conviene citar:

a) Cédula del 10. de noviembre de 1591, por la cual manda el rey recoger todos los baldíos indebidamente ocupados por ser de su propiedad.

b) Otra cédula del mismo año facultaba a los virreyes y presidentes para recoger los baldíos reales.

c) Instrucción dada a Domingo González para que recoja las tierras reales en el Corregimiento de Chiquimula de la Sierra, el 17 de diciembre de 1598.

d) Cédula del 30 de octubre de 1962, renovada el 24 de noviembre de 1735, nombrando un comisionado especial para la composición de tierras y recaudación de sus productos, facultándolo para nombrar subdelegados y con inhibitoria a los virreyes, presidentes, gobernadores, etc., para que no se mezclen en la administración de este Ramo.

e) Cédula de 15 de octubre de 1754, que dio nueva forma a la Administración del Ramo de tierras. Se basa en que, recogidos los baldíos reales, éstos casi no entraban en el comercio civil de compraventa, con lo que perdía la Caja Real, razón por la cual se dictaron nuevas disposiciones para mejorar esta situación.

15.—Como lo dijimos en la parte colonial de este estudio, basándonos en los libros de Ots y Capdequí, el rey Carlos III subió al trono de España en 1759. Carlos III pertenecía a la casta de los "reyes ilustrados" de Europa. Por ello, quiso desfeudalizar en lo posible la tierra americana, o, de otro modo, quiso capitalizarla, empezando por una reforma que hoy llamaríamos reforma agraria. Pero la reforma agraria de Carlos III contó con la resistencia de los hacendados feudales americanos, con la corrupción de las autoridades coloniales y con la debilidad del pueblo para apoyar la reforma del rey.

16.—Carlos IV, hijo del anterior, reformó el artículo 81 de la Real Ordenanza de Intendentes de Nueva España, expedida el 4 de diciembre de 1786 y comunicada a Guatemala (al decir Guatemala se entiende toda Centro América) en abril de 1787. El 23 de marzo de 1798 se expidió una real cédula reformatoria del referido artículo 81, en estos términos: "también serán los intendentes Jueces privativos de las dependencias y causas que ocurrieren en el distrito de sus provincias sobre ventas, composiciones y repartimientos de tierras realengas y de señorío, debiendo los poseedores y los que pretendan nuevas concesiones de ellas deducir sus derechos y formalizar sus solicitudes ante los mismos interesados, para que instruidos legítimamente estos negocios con su promotor de mi real Fisco, que nombren, los que determinen según derechos con dictamen de sus asesores ordinarios y admitan las apelaciones a la Junta Superior de Hacienda, o la den cuenta, en defecto de interponer recurso los interesados con los autos originales cuando los estimen en estado de despachar el título, a fin de que, vistos por ella, se los devuelva, o bien para que le expidan si no se le ofreciere reparo, o para que antes de ejecutarlos evacúen las diligencias que echare menos la Junta y les previniese, mediante lo cual podrán recaer sin nuevos embarazos las confirmaciones que librar a su debido tiempo la misma Junta Superior, procediendo ésta en el asunto, como también los intendentes, sus subdelegados y demás con arreglo a lo dispuesto en la real instrucción de quince de octubre de mil setecientos cincuenta y cuatro, en cuanto no se oponga a lo resuelto por ésta, sin perder de vista las saludables disposiciones de las leyes que en ellas se citan y de la 9, título 12, libro 4". Lo anterior quiere decir, que según la reforma del artículo 81, se pretende mejorar en favor del rey el comercio civil de tierras en Nueva España (México) y Guatemala (Centro América).

17.—La reforma del artículo 81 que contiene la real cédula del 23 de marzo de 1798 era una Instrucción que se daba a los Sub—delegados del Juzgado privativo de tierras para el acertado ejercicio de su cargo. Pero como el negocio de tierras en favor del real Fisco resultaba sumamente complicado en la práctica, Manuel del Campo y Rivas, del Consejo del Rey, Alcalde de Guatemala y Juez Privativo del real derecho de Tierras, propuso un auto el 27 de marzo de 1800,mandando reunir datos para una nueva instrucción, y que contenía la manera de actuar de los subdelegados en la mesura de terrenos; un arancel de derechos que debían observar para el cobro de ellos; una instrucción para medir las tierras del señor Diego Holgado de Guzmán y del señor Juan Subiría, lo que da a entender que estos señores poseían vastas tierras realengas sin título ninguno, y luego, que para estas operaciones se empezara a hacer usó de agrimensores o entendidos en medir tierras. Medir las tierras de estos hacendados resultó costoso por la acción del Juzgado Privativo de Tierras y la excepción de los propietarios, pero al fin el Juzgado Privativo se salió con la suya.

18.—Como no había rey en España, porque Fernando VII, no había sido puesto en libertad por Napoleón, las Cortes generales y extraordinarias, expidieron el Decreto No. 214 de 4 de enero de 1813, mandando que los terrenos o realengos se redujeran a propiedad particular y se dieran en premio a los beneméritos defensores de la Patria.

Vale la pena copiar este Decreto porque estaba en vigencia cuando se hallaba reunida la Asamblea Nacional Constituyente de Centro América en 1823.

III

Las Cortes generales y extraordinarias, considerando: que la reducción de los terrenos comunes a dominio particular es una de las providencias que más imperiosamente reclaman el bien de los pueblos y el fomento de la agricultura e industria, y queriendo al mismo tiempo proporcionar con esta clase de tierras un auxilio a las necesidades públicas, un premio a los beneméritos de la Patria, y un socorro a los ciudadanos no propietarios,

Decretan:

Art. 1. —Todos los terrenos baldíos o realengos, y de propios y arbitrios, con arbolado y sin él, así en la Península e Islas adyacentes, como en las provincias de Ultramar, excepto los ejidos necesarios a los pueblos se reducirán a propiedad particular, cuidándose de que en los propios y arbitrios se suplan sus rendimientos anuales por los medios más oportunos, que a propuesta de las respectivas Diputaciones provinciales aprobarán las Cortes.

2.—De cualquier modo que se distribuyan estos terrenos serán en plena propiedad y en clase de acotados, para que sus dueños puedan cercarlos (sin perjuicio de las cañadas, travesías, abrevaderos y servidumbres), disfrutarlos libre y exclusivamente, y destinarlos al uso o cultivo que más les acomode; pero no podrán jamás vincularlos, ni pasarlos en ningún tiempo, ni por título alguno a manos muertas.

3.—En la enajenación de dichos terrenos serán preferidos los vecinos de los pueblos en cuyo término existan, y los comuneros en el disfrute de los mismos baldíos.

4.—Las diputaciones provinciales propondrán a las Cortes por medio de la Regencia el tiempo y los términos en que más convenga llevar a efecto esta disposición en sus respectivas provincias, según las circunstancias del país y los terrenos que sea indispensable conservar a los pueblos, para que las Cortes resuelvan lo que sea más acomodado a cada territorio.

5.—Se recomienda este asunto al celo de la Regencia del Reino y de las dos Secretarías de la Gobernación, para que lo promuevan, e ilustren a las Cortes siempre que les dirijan las propuestas de las Diputaciones Provinciales.

6.—Sin perjuicio de lo que queda prevenido se reserva la mitad de los baldíos y realengos de la Monarquía, exceptuando los ejidos, para que en el todo o en la parte que se estime necesaria, sirva de hipoteca al pago de la Deuda Nacional, y con preferencia al de los créditos que tengan contra la Nación los vecinos de los pueblos a que correspondan los terrenos; debiéndose dar entre estos créditos, el primer lugar a aquellos que procedan de suministros para los Ejércitos Nacionales o préstamos para la guerra que hayan hecho los mismos vecinos desde el 10. de mayo de 1808.

7.—Al enajenarse por cuenta de la deuda pública, esta mitad de baldíos y realengos, o la parte que se estime necesario hipotecar, serán preferidos para la compra los vecinos de los pueblos respectivos y los comuneros en el disfrute de los terrenos expresados; y a unos y otros se admitirán en pago por todo su valor los créditos competentemente liquidados que tendrán por razón de dichos suministros y préstamos, y en su defecto cualquier otro crédito nacional legítimo con que se hallen.

8.—En la expresada mitad de baldíos y realengos debe comprenderse la parte que se haya enajenado, justa y legalmente en algunas provincias para los gastos de la presente guerra.

9.—De las tierras restantes de baldíos o realengos o de las labrantías de propios y arbitrios, se dará gratuitamente una suerte de las más proporcionadas para el cultivo de cada Capitán, Teniente o Subteniente, que por su avanzada edad, o por haberse inutilizado en el servicio militar, se retire con la debida licencia, sin nota, y con documento legítimo, que acredite su buen desempeño; y lo mismo a cada Sargento, Cabo, Soldado, Trompeta y Tambor, que por las propias causas o por haber cumplido su tiempo, obtenga la licencia final, sin mala nota, ya sean nacionales o extranjeros unos y otros, siempre que en los distritos que fijen su residencia haya de esta clase de terrenos.

10.—Las suertes que en cada pueblo se concedan a oficiales o a soldados serán iguales en valor con proporción a la cabida y calidad de las mismas, y mayores o menores en unos países que en otros, según las circunstancias de éstos, y la poca o mucha extensión de las tierras; procurándose a lo menos, si es posible, cada suerte sea tal, que regularmente cultivado baste para la manutención de un individuo.

11.—El señalamiento de estas suertes se hará por los Ayuntamientos constitucionales de los pueblos a que correspondan las tierras, luego que los interesados les presenten los documentos que acreditan su buen servicio y retiro, oyéndose sobre todo breve y gubernativamente a los procuradores, Síndicos y sin que se exijan costos ni derechos algunos. En seguida se remitirá el expediente a la Diputación Provincial para que ésta lo apruebe y repare cualquiera agravio.

12.—La concesión de estas suertes, se llamarán "premio patriótico", no se extenderá por ahora a otros individuos, que los que sirvan o hayan servido en la presente guerra, o en la pacificación de las actuales turbulencias en algunas provincias de Ultramar. Pero comprende a los Capitanes, Tenientes, Subtenientes y Tropa que habiendo en una u otras se hayan retirado sin nota y con legítima licencia por haberse estropeado o imposibilitado en acción de guerra y no de otro modo.

13.—También comprende a los individuos no militares, que, habiendo servido en partidos o contribuido de otro modo a la defensa nacional en esta guerra, o en las turbulencias de América, hayan quedado o queden estropeadas o inútiles de resultas de acción de guerra.

14.—Estas gracias se concederán a los sujetos referidos, aunque por sus servicios y acciones señalados disfruten otros premios.

15.—De las mismas tierras restantes de baldíos y realengos, se asignarán las más a propósito para el cultivo, y a todo vecino de los pueblos respectivos que lo pidan y no tengan otras tierras propias, se les darán gratuitamente por sorteo y por una vez, una suerte proporcionada a la extensión de los terrenos, con tal que el total de las que así se repartan en cualquier caso no exceda de la cuarta parte de los dichos baldíos y realengos; y si éstos no fueren suficientes, se dará la suerte en las tierras labrantías de propios y arbitrios, imponiéndose sobre ella en tal caso un canon redimible equivalente al rendimiento de la misma en el quinquenio hasta fin de 1807, para no descargar los fondos municipales.

16.—Si alguno de los agraciados por el precedente artículo dejare en dos años consecutivos de pagar el canon, siendo de propios la suerte, o detenerla en aprovechamiento, será concedida a otro vecino más laborioso que carezca de tierra propia.

17.—Las diligencias para estas concesiones se harán también sin costo alguno por los Ayuntamientos, y las aprobarán las Diputaciones Provinciales.

18.—Todas las suertes que se concedan conforme a los artículos 9, 10, 12, 13 y 15 lo serán también en plena propiedad para los agraciados y sus sucesores en los términos y con las facultades que expresa el Art. 2; pero los dueños de estas suertes no podrán enajenarlas antes de cuatro años de como fueren concedidas, ni sujetarlas jamás a vinculación, ni pasarlas en ningún tiempo ni por título alguno a manos muertas.

19.—Cualquiera de los agraciados referidos o sus sucesores que establezca su habitación permanente en la misma Suerte, será exento por ocho años de toda contribución o impuesto sobre aquella tierra o sus productos.

20.—Este Decreto se circulará no sólo a todos los pueblos de la Monarquía, sino también a todos los Ejércitos Nacionales, publicándose en éstos de manera que llegue a noticia de cuantos individuos la componen.

Lo tendrá entendido la Regencia del Reino y dispondrá lo necesario a su cumplimiento haciéndolo imprimir, publicar y circular.

Dado en Cádiz a 4 de enero de 1813. Francisco Ciscar, Presidente. — Florencio Castillo, Diputado Secretario. Juan María Herrera, Diputado Secretario. —A la Regencia del Reino. Reg. Lib. 2, fols, 104 y 106. Es copia fiel de su original. Comayagua, septiembre 14de 1838. Alvarado. — Meza".

Como ya se dijo, Napoleón soltó a Fernando en 1813, éste volvió a España, no se avino con la Monarquía constitucional, estableció la Monarquía absoluta con lo que deshizo todo lo realizado por el pueblo español en armas, por las Cortes de Cádiz y por la Regencia.

Pero no todos los españoles aceptaron aquel vergonzoso despotismo con que el monarca imbécil pagaba tantos sacrificios en vidas humanas, en destrucción de todas clases y en dinero.

En consecuencia, se impuso la necesidad de la revolución, que triunfante en 1820, hizo renacer la Monarquía constitucional, y con ella volvieron a su vigencia la Constitución, las leyes y los derechos de las Cortes de Cádiz.

Por lo mismo, el Decreto No. 214 que hemos copiado íntegro volvió a su vigencia, pero condicionado a las nuevas circunstancias que prevalecían en América.

Se dijo que las leyes constitucionales de España seguirían en vigencia mientras se daban las propias. De modo que cuando se reunió la Asamblea Nacional Constituyente de Centro América en 1823, aquel Decreto No. 214 regulaba la estructura en cuanto a la tierra. Naturalmente, no recibieron baldíos y realengos aquellos que en este país se habían opuesto a las. turbulencias libertadoras, pero estaban abiertas las puertas para todos los demás.

Más, de todo lo dicho, debe quedar constancia categórica que el mayor peso económico de Centro América en 1823, corría de cuenta del feudalismo típico de la zona. Y decimos feudalismo típico porque no eran condes, marqueses ni duques los dueños de la propiedad agraria, sino simples descendientes de los antiguos encomenderos, es decir, simples hacendados feudales, que no entraban en el cuadro de un reino sino de una república.

# LA ILUSTRACIÓN DEL SIGLO XVIII Y SUS CONSECUENCIAS EN CENTRO AMÉRICA

¿Qué fue la Ilustración del Siglo XVIII? Fue un movimiento intelectual francés que se particularizó, primero, por la confianza en la razón (Descartes); segundo, por su crítica de las instituciones tradicionales (Montesquieu, Voltaire, Rousseau), y tercero por su difusión del saber (Diderot, D'Alembert y D'Holbach con la famosa Enciclopedia).

Como la Ilustración francesa penetró a la amurallada España y llegó hasta las colonias de América, siendo sus autores leídos a hurtadillas, pues la policía del Estado y la inquisición de la Iglesia, perseguían sus libros y encarcelaban, torturaban y hasta mataban a sus lectores, es conveniente decir quienes fueron aquellos pensadores que promovieron la Revolución Francesa, que conmovió hasta los últimos rincones del mundo con sus principios de libertad, igualdad y fraternidad y con su Marsellesa.

**DESCARTES.** —(1596—1650). Físico, matemático y filósofo francés. Fue militar y combatió bajo las órdenes de Guillermo de Orange. Retirado después y dedicado al estudio, creó la geometría analítica y descubrió los fundamentos de la óptica geométrica. Descartes se muestra en sus obras de carácter científico partidario del materialismo, mientras que en sus estudios metafísicos aparece como idealista. Creó la metafísica moderna, atacó los principios escolásticos e impuso un nuevo método de raciocinio que se conoce con el nombre de cartesianismo, elaboró su teoría de la duda metódica (dudar del decir de la fe en aquellos tiempos) y llegó al conocimiento de su propia existencia por medio del pensamiento cogito, ergo sun, pienso, luego existo). Pasó sus últimos años al servicio de la reina Cristina de Suecia, que lo hizo ir a Estocolmo. La obra más famosa de Descartes es el Discurso del Método.

A propósito, queremos agregar que quien trajo de Europa a Guatemala el cartesianismo, introduciéndolo con sutileza en la Universidad de San Carlos Borromeo, fue fray José Liendo y Goicoechea, a fines del siglo XVIII. En esa forma Goicoechea, profesor de teología, empezó a influir en sus alumnos, propagándose de esta manera en Centro América, aunque con mucho cuidado el dualismo cartesiano, es decir que convenía tomar en cuenta a la Naturaleza con sus leyes sin dejar de creer en Dios.

**MONTESQUIEU** (1689—1755). Escritor francés, portavoz de las aspiraciones políticas de la burguesía francesa de mediados del siglo XVIII. Sus principales obras son: "Cartas persas", "Consideraciones sobre las causas de la grandeza y de la decadencia de los romanos" y "Del Espíritu de las leyes", publicada en 1748, las cuales gozaron juntamente con las obras de Rousseau de gran popularidad, en particular, entre los dirigentes de la Revolución burguesa de 1789. En la primera obra Montesquieu se entrega a una áspera crítica del régimen absolutista bajo Luis XIV; en las otras dos, trata de revelar el origen del Estado, de explicar la naturaleza de las leyes, a fin de erigir sobre esta base "natural" un plan de reformas sociales. Según Montesquieu, la evolución obedece a las leyes, a las que define como las "relaciones necesarias que derivan de la naturaleza de las cosas". La ley reina igualmente en el dominio de las relaciones sociales. Montesquieu es uno de los fundadores de la "teoría geográfica" en sociología. Según ella, la fisonomía moral de un pueblo, el carácter de sus leyes y de sus instituciones se hallan condicionados por el clima, el suelo, la extensión del territorio en el que vive ese pueblo. Y recogiendo estos datos la razón, formula las leyes. Aboga por la monarquía constitucional, que cree la mejor forma de gobierno y creó la teoría liberal de los tres poderes; ejecutivo, legislativo y judicial. Sin ser ateo, hizo una crítica acerba a la Iglesia y al clero.

Montesquieu fue estudiado reservadamente en Centro América, y a la hora de fundar el nuevo Estado fueron tomados en cuenta sus tres poderes: Legislativo, Ejecutivo y Judicial.

**VOLTAIRE** (1694—1778). Ilustre escritor y filósofo francés del siglo XVIII. Uno de los pensadores que, debido a su áspera crítica de la Iglesia y del régimen feudal, contribuyó a la preparación ideológica de la Revolución Francesa de fines del siglo XVIII. En filosofía, Voltaire considera que la experiencia es la fuente del conocimiento, que la substancia inmaterial es inconcebible. Pero no llega al materialismo y se mantiene agnóstico moderado y deísta. En oposición a la doctrina de la revelación divina, se esfuerza en probar la existencia de Dios sobre una base racionalista. Según él, la armonía universal sería la prueba de Dios. Insiste en la "utilidad" práctica de la religión; Dios es necesario para poner un freno al populacho, para asegurar el orden. Sin embargo, Voltaire se alza contra el catolicismo, las supersticiones, los prejuicios, el fanatismo. Aunque critica el absolutismo, no por ello deja de ser monárquico (hasta 1760 aproximadamente). Más tarde, cuando las contradicciones entre el tercer estado (burguesía y pueblo) y el absolutismo se acentúan, se inclina hacia la monarquía constitucional y hasta habla de las ventajas de la república. La filosofía de Voltaire está plena de contradicciones: a una crítica fulminante del catolicismo y del obscurantismo se une el reconocimiento de la necesidad de Dios y de la religión; a la crítica del absolutismo, el reconocimiento de un "absolutismo ilustrado". Consideraba la desigualdad como una ley eterna e imprescriptible del universo. Su desprecio por el "populacho" traduce el carácter de clase de la filosofía burguesa francesa del siglo XVIII. Brillante propagandista de la filosofía de las luces, ejerció una gran influencia sobre sus contemporáneos como adversario del clericalismo, del catolicismo, de la autocracia, del régimen feudal. Principales obras filosóficas: "Cartas filosóficas", "Elementos de la filosofía de Newton", "Diccionario filosófico", "Cándido".

En tiempo de la Colonia, Voltaire fue el pensador más perseguido por la policía del Estado y el Santo Oficio, sin que dejara de leerse so capa en Centro América

**ROUSSEAU** (1712—1778). Célebre escritor y filósofo francés del siglo XVIII, demócrata, ideólogo de la pequeña burguesía, uno de los precursores ideológicos de los jacobinos. Sus concepciones filosóficas lo sitúan entre los deístas. Rousseau reconoce la existencia de Dios y de un alma inmortal. Como dualista, se representa la materia y el espíritu como dos principios eternos. Creía que la materia era pasiva e inerte. Desde el punto de vista de la teoría del conocimiento, profesaba el sensualismo y deducía todos los conocimientos de las sensaciones. Al mismo tiempo sostenía que las ideas tienen un carácter innato. Sus concepciones sociológicas eran más radicales. Hizo una crítica acerba del orden feudal: la propiedad privada es la causa de la desigualdad; estima que hay que substituir la gran propiedad por la pequeña, sin abolir, sin embargo, la propiedad privada. Afirmaba que en el "estado natural", todos los hombres habían sido iguales e ignoraban el yugo social, la miseria y la injusticia. "El Contrato Social" (1762) es la obra principal de Rousseau en la que expone su teoría del Estado fundado en un acuerdo entre los hombres, y reconoce al pueblo el derecho soberano. En su "Emilio", Rousseau criticó vivamente el sistema de educación de la sociedad feudal. Según él, la educación debe tener por objeto la formación de ciudadanos activos y laboriosos.

A la hora de pensar en la revolución americana y en el Estado centroamericano, los patriotas tomaron muy en cuenta sus ideas, que fundaron la república y establecieron la soberanía popular, aunque en teoría.

**DIDEROT** (1715—1784). Ilustre filósofo francés, ideólogo de la burguesía revolucionaria del siglo XVIII, fundador y redactor de la "Enciclopedia", (1751—1780). Cabe hablar de esta aunque sea a la ligera. Junto a filósofos, hombres de ciencia y escritores, colaboraron en esta obra ingenieros, militares y médicos renombrados. Desde luego la "Enciclopedia" fue dirigida por el materialista Diderot. Su colaborador más cercano fue D'Alembert. Entre los autores de la "Enciclopedia" figuraron Voltaire, Helvecio, D'Holbach, Condillac, Rousseau, y naturalistas célebres como Buffon, Leroy, etc. Los enciclopedistas profesaban opiniones políticas diferentes: algunos eran partidarios del "Despotismoilustrado", otros republicanos y adeptos de la democracia burguesa; pero todos reprobaban el régimen feudal y se pronunciaban contra los privilegios de castas, y defendían los derechos del Tercer Estado (burguesía y pueblo trabajador) con la burguesía a la cabeza. Las opiniones filosóficas de los enciclopedistas eran igualmente diversas. Voltaire y Rousseau eran deístas, reconocían a Dios como causa primera, pero negaban su influencia sobre la Naturaleza; Diderot, Helvecio y Holbach se clasificaban entre los materialistas y ateos militantes. Todos se sentían unidos por un odio común a la escolástica, al dominio de la Iglesia Católica sobre el espíritu humano. Los enciclopedistas más radicales los materialistas, luchaban resueltamente contra la servidumbre de la gleba. Gracias a su participación, la "Enciclopedia" se convirtió en un arma de combate contra los fundamentos del régimen feudal. Sin embargo, ninguno de los enciclopedistas rebasó el marco de la ideología burguesa. Su "reino de la razón" no era, después de todo, más que el reino idealizado de la burguesía. Los enciclopedistas fueron perseguidos como enemigos del régimen feudal y de la Iglesia Católica. Varios de ellos fueron condenados a prisión y sus obras quemadas. Diderot fue perseguido en primera línea, pasando a Rusia, donde aconsejó a Catalina II que estimulara el desarrollo de la industria y el comercio apoyándose en el Tercer Estado. En literatura era realista. Dejó obras brillantes y profundas: "Pensamiento sobre la interpretación de la Naturaleza", "El sobrino de Rameau", "Conversación entre D'Alembert y Diderot", "Principios filosóficos sobre la materia y el movimiento", "Elementos de fisiología".

Diderot fue leído en Centro América, siempre en las condiciones apuntadas. No eran pocos los intelectuales criollos que habían importado la "Enciclopedia" y la leían en secreto con sus amigos. En Tegucigalpa la tenía el abogado Dionisio de Herrera y la leían los jóvenes patriotas, entre ellos Francisco Morazán.

D'ALEMBERT (1717—1782). Filósofo y matemático francés. Cooperó al principio en la publicación de la gran Enciclopedia Francesa, cuyo Discurso preliminar redactó; formuló el principio de dinámica que lleva su nombre. Fue autor de la Memoria sobre el cálculo integral, estudio sobre la refracción de los cuerpos sólidos, Tratado de dinámica, Investigaciones sobre la precesión de los equinoccios, Elementos de filosofía, Miscelánea de Literatura y Filosofía, Arte de traducir, Supresión de los jesuitas; Elementos de música, teórica y práctica, etc. Como se ve, D'Alembert se caracteriza por sus estudios variados, profundos y nuevos para aquel tiempo.

Como autor importante de la "Enciclopedia", naturalmente fue leído y gustado por la intelectualidad patriótica de Centro América.

D'HOLBACH (1723—1789). Filósofo francés, profesó el materialismo y el ateísmo. Trabajó en la publicación de la "Enciclopedia" y sus ideas contribuyeron a desencadenar la Revolución Francesa. Tradujo del alemán diversos estudios de Mineralogía y Química. Escribió las siguientes obras: Sistema de la Naturaleza, El cristianismo desenmascarado, La moral universal, etc.

Los lectores de la "Enciclopedia" conocieron a D'Holbach en Centro América.

Es natural que los centroamericanos agregaron al conocimiento de los Enciclopedistas a otros autores del mismo país y de Holanda e Inglaterra. Por ejemplo, Simón Bergaño y Villegas y José Cecilio del

Valle, sumamente inclinados a la economía, habían estudiado a los ingleses Tomás Munn, William Pitt y Adam Smith. Y no les eran extraños los fisiócratas, Quesnay, Turgot, y los españoles Padre Mariana, Jovellanos y otros. A Bergaño y Villegas—sacrificado antes de la Independencia y Valle se sumaban otros centroamericanos amigos de la producción agrícola moderna, la industrialización y el comercio exterior libre.

—II—

No sin objeto hicimos la introducción anterior. La Ilustración Francesa del siglo XVIII, trajo la inquietud de la sociedad moderna al sector progresista del Reino de Guatemala primero y de la República Federal de Centro América después. Así lo declara el doctor Carlos Martínez Durán en su estudio titulado "La Sociedad Económica de los Amigos de Guatemala", publicado en el No. 26 de la Revista de la Universidad de San Carlos en 1952, y en cuyo estudio encontramos informes que se acomodan a nuestro objeto.

En la parte colonial de esta Historia nos referimos a la "Sociedad Económica de los Amigos de Guatemala", de modo que haciendo una breve referencia a aquel período, hablaremos de la actividad de la citada Sociedad una vez ganada la Independencia.

Nace la benéfica Sociedad al calor familiar de unas tertulias, bien llamadas patrióticas. La idea tiene origen en la casa del ilustre varón y oidor don Jacobo de Villaurrutia y Salcedo, el 27 de agosto de 1794.En animada conversación discurren ágiles los talentos de la época: el sabio José Felipe Flores, médico representativo de Guatemala, el canónigo Antonio García Redondo, siempre inclinado a los problemas sociales y al indio irredento; José Sierra, Juan Ignacio Barrios y Francisco Barrutia. Mientras se discuten estatutos y reglamentos cuando la patriótica buena nueva, y en la vida pacata y dormida de la Guatemala dieciochezca, se enciende una alborada y se eleva un asta espiritual en demanda de un cielo mejor. La tertulia se alarga y se colma de nuevos valores: Fray Antonio de Liendo y Goicoechea, el humanista abierto a toda meditación fecunda y a toda renovación creadora, Martín Barrundia, político de vanguardia, y Garci—Aguirre, insigne artista, se suman al coloquio cultural.

El 17 de mayo de 1795 se establece la Sociedad y se pide al rey Carlos IV la cédula de aprobación, expedida en San Lorenzo el 21 de octubre de 1795.

La Sociedad Económica de Guatemala se suma a las 71 sociedades existentes en España y a la establecida un poco antes en La Habana.

El 4 de noviembre de 1795, se celebró la primera junta pública, presidida por su primer director, don Jacobo de Villaurrutia, y solemnizada con la distribución de premios a las mejores hilanderas de Guatemala.

La segunda junta, celebrada el 12 de diciembre de 1796, con gran pompa y asistencia del Capitán General, don José Domás y Valle, fue un halagador triunfo, una demostración viva y real del formidable trabajo ejecutado en un año.

El artículo primero de los Estatutos decía textualmente: "El instituto de la sociedad será promover y fomentar la agricultura industria, artes y oficios de este Reino, especialmente de la capital y su provincia en todos los ramos que sean compatibles con los de la Metrópoli, por medio de discursos, demostraciones, premios y demás que acostumbran las sociedades de Europa; mejorar la educación pública, desterrar la ociosidad, y proporcionar ocupaciones y modos de subsistir, en que estriba el fundamento principal del aumento de la población".

Villaurrutia, el precursor de los grandes ideales, con entusiasta y firme voz anunció el establecimiento de una Escuela de Matemáticas, dirigida por don Joaquín Gálvez, de una Escuela de Dibujo, regida por el gran artista Garci—Aguirre, de varias escuelas de hilados, mejoradas con la introducción del torno. Se había promovido por todos los medios la intensificación de los cultivos, tales como el del lino, cáñamo, algodón, especialmente el cacao, fuente de nuestra riqueza; se estableció el cultivo del gusano de seda, bajo la dirección de don José María Peinado, se fundaron nuevos obrajes de paños y escuelas hilanderas, establecimiento de premios para los obreros; se hicieron planos de las provincias con fines de economía política, se promovió un concurso entre las ventajas que resultarían de que los indios y ladinos calzaran y vistieran a la española, premiándose el gran trabajo del sabio dominico Fray Matías de Córdova, luz y prez de nuestra literatura. Sabedora la sociedad de la excursión de varios naturalistas españoles, dispuso patrocinar una expedición de Mociño y Longino Martínez para el estudio de nuestra flora y la formación de un Museo de Historia Natural.

La Sociedad —decimos nosotros— se proponía, a su modo, desarrollar las nuevas fuerzas productivas del Reino de Guatemala, y lo estaba logrando porque coincidía con la ley universal del capitalista y contaba con la buena voluntad de los mejores criollos de Guatemala.

Durante un lustro —agrega el doctor Martínez Durán—, primera época de grandeza, la Sociedad Económica despertó numerosas envidias y fuertes recelos. Una ilustración cada día acrecentada, ponía en peligro la calma de Centro América. Los alumnos de las escuelas aumentaban cada día, y los locales eran insuficientes para atender las nuevas inscripciones. Casildo España, Rosales y el sin rival miniaturista Francisco Cabrera prodigaban por doquier las excelencias del arte guatemalteco. 196,000 árboles de cacao auguraban una riqueza agrícola insospechada. Nuevas plantas aromáticas y frutales de jugosas pomas llegan a través de la mano pródiga del joven Alejandro Ramírez. Los mexicanos, seducidos por la obra realizada, intentan fundar la sociedad correspondiente, y ante ese avance, el virrey de México, Branciforte, calificado como el enemigo número uno de la ilustración en las Colonias españolas, impide la formación de la sociedad mexicana, e intriga para abolir la de Guatemala. El encono encuentra blando el corazón de José Antonio Caballero, cruel ministro de justicia, que por orden de 23 de noviembre de 1799 suspende las juntas de la benemérita sociedad de Guatemala, suprimida por real cédula de 14 de julio de 1800. La incomprensión, la intriga y la arbitrariedad han dado el primer golpe a la Sociedad de Amigos de la Patria, que inicia su primer dolor en el amanecer del siglo XIX.

—III—

Con la iniciación de la segunda época de la Sociedad de Amigos de Guatemala (no cita el año el doctor Martínez Durán), hay oradores que dejan oír el dolor de lo que sucedió en 14 de julio de 1800 y la alegría de que la famosa institución renaciera.

Antonio Juarros, secretario de la Sociedad se lamenta así: "El año de 1794, un hombre benéfico, cuya memoria jamás recordaremos sin enternecimiento, fundó para bien de todos, la Sociedad Económica de Amigos de Guatemala, Despertó el patriotismo adormecido, reunió las luces de los buenos ciudadanos, que se le declararon compañeros, y el celo unido produjo la abundancia. La agricultura, las artes, el comercio, todo recibió nuevo incremento. De un mar al otro mar, de Chilillo a Chiriquí, no hubo viviente que dejase de sentir el eficaz influjo de este cuerpo generoso. Su celo se derramó fuera del Reino, porque en 700 leguas no cabía en energías: se comunicó a toda la América y traspasando el océano llevó el nombre de Guatemala a la Península. El gobierno soberano confirmó el establecimiento, elogió a sus fundadores y procuró con larga mano darle estabilidad y consistencia. De este modo se creó la Sociedad. Caminábamos rápidamente y cuando más empeñados nos íbamos mostrando, la desgracia cortó nuestra carrera. La imbecilidad de la Corte no pudo sufrir la ilustración americana, y la política que nos hizo vivir en la ignorancia, falló también que muriésemos en el desprecio y en el abandono. Al enconado soplo de Branciforte se encendió el negro corazón de aquel ministro (Secretario de Gracia y de Justicia) José Antonio de Caballero que destruyó la Sociedad, y únicamente la mano de Caballero, que es un hombre malvado y la execración de los hombres, no pudo descargar sobre nuestras cabezas tanto golpe. La fidelidad de Guatemala selló sus labios, añadiendo ese sacrificio a los infinitos con que en todos tiempos ha justificado su obediencia. Así las paredes de esta Sala, testigos de nuestro dolor y sufrimiento, pudieron publicar lo que vieron la tarde luctuosa del 14 de julio de 1800".

Por su parte, el doctor Juan José Batres, Rector de la Universidad de San Carlos, dijo: "Veis aquí la fuente de toda bendición; el manantial perenne de todos los bienes. Nos han venido a cada uno como el rocío del cielo y la abundancia de la tierra, medios con que subsistir; se fertilizarán los campos, los árboles producirán abundantes frutos, destilarán los montes dulzura, la miel y la leche correrán por la tierra, los graneros abundarán en trigo y los lagares en vino. Pacerán las ovejas a las orillas de las corrientes, todas fecundas con dos corderillos; no habrá estéril entre ellas. No acometerá a los rebaños bestia alguna nociva, ni el lobo descansará cerca de la cabaña de los pastores. Saciarán los pobres el hambre y se vestirá el desnudo. Lejos de Guatemala el ocio y la mendicidad vergonzosa. Lejos el vicio y la corrupción de las costumbres; porque la Sociedad de Amigos del país, derramará los bienes con ambas manos".

Aquí cita el día y año el autor de este relato histórico doctor Martínez Durán. El 12 de diciembre de 1810 se restablece la (Sociedad de Amigos de Guatemala) bajo la presidencia del doctor José de Aycinena, y el 12 de agosto de 1811 celebra su octava junta pública. En ella se dispuso la publicación de un periódico que ilustrase al pueblo, pues la Gaceta era insuficiente y apenas salía cada ocho días. La libertad de imprenta recién conquistada, había multiplicado los periódicos, circulando 10 en La Habana. El 10. de mayo de 1815 vio la luz el primer periódico de la Sociedad, bajo la dirección de tres esclarecidos varones: el jesuita Mariano López Rayón, y los más tarde próceres de nuestra independencia, el pulcro canónigo José María Castilla y el sabio José Cecilio del Valle. Doy a continuación—dice el doctor Martínez Durán— los datos materiales del periódico: constaba de 12 a 16 páginas, 15 centímetros de largo por 10 de ancho, salieron 23números, con numeración corrida hasta 384, salía quincenalmente, y era editado por Ignacio Beteta. Fue suspendido el 15 de abril de 1816, con grave perjuicio y cultura del pueblo guatemalense.

Las circunstancias políticas que a partir de 1811 agitaron al pueblo centroamericano determinaron la cesación de la Sociedad, que, a pesar de estar desligada de la política, no podía permanecer ajena a las ansias emancipadoras. No obstante —decimos nosotros— con los acontecimientos políticos la Sociedad solo suspende sus labores, pero no hay decreto que la elimine. Duerme nada más. De modo que, en 1823, la Sociedad de Amigos de Guatemala espera la consolidación de la independencia para volver a sus actividades. Y en esto piensan los hombres más decididos en favor de la Ilustración: don José Cecilio del Valle y don Pedro Molina Flores.

Renace en 1829 para iniciar su tercera época, de escasísimos dos años de vida. Vuelve a establecerse en 1840 para morir en 1881, bajo las desconfianzas políticas de Justo Rufino Barrios, que de reformador se había transformado en un tirano más de la América Española.

La conclusión es la siguiente: que, en las distintas épocas de la Sociedad de los Amigos de Guatemala, se reunieron en torno de ella los hombres de la Ilustración de Centro América, es decir, los hombres que pensaban en la cimentación de la base económica de la República en perspectiva, que más tarde llegó a ser una realidad.

¿Qué se proponían aquellos hombres? El cambio del modo de producción feudal por el modo de producción capitalista, no importaba que fuera en sus primeras fases; el cambio de las fuerzas productivas coloniales por las fuerzas productivas independientes, a base de trabajo libre, remunerado y rentable; el cambio de las relaciones de producción en manos de los hacendados feudales y de la Iglesia por las relaciones de producción capitalistas basadas en la industria y sus anexos.

Si los hombres del progreso reunidos en la Sociedad de Amigos de Guatemala, si los "comerciantes" como les llamaba Alejandro Marure luchaban con paciencia, constancia y heroísmo en la construcción de una Patria moderna, de otra parte los intereses creados apuntados se oponían a este ideal y eran reforzados ya por los intereses internacionales que buscaban la cimentación de una nueva Colonia en Centro América con una nueva Metrópoli que hablara distinto idioma.

Los hombres de la Sociedad de Amigos de Guatemala tenían consciencia burguesa, por saber que era la clase que llevaba en sus manos el progreso del mundo, pero ellos no pudieron, por su debilidad, constituir una poderosa. burguesía centroamericana, aunque queda constancia de que lo intentaron con todos sus impulsos y muchos de ellos hasta llegar al sacrificio.

# JOSÉ CECILIO DEL VALLE ELOGIA A LA ECONOMÍA POLÍTICA

*(Complemento del capítulo anterior).*

Discurso pronunciado en la Junta General de la Sociedad Económica de Amigos de Guatemala, en septiembre de 1812.

"Señores:

Guatemala (Centro América: nota nuestra), fundada el año de 1524, no había pensado en cerca de tres siglos en la enseñanza de la Economía Política que tanto le interesa.

Todas las ciencias son útiles: todas influyen en el bien social: las que se arrastran por la superficie del suelo, y las que se elevan a la región de los planetas.

Por los más pequeños experimentos de la Química, se ha adelantado el arte benéfico de los tintes que han dado valor a las fábricas. Un fósil despreciable aceleró los progresos de la Metalurgia, injustamente despreciada por los que no conocen el interés que tenemos en la ciencia de los metales. La medida de sílabas es uno de los elementos de la armonía, y la armonía, suavizando el carácter feroz del hombre, hace que no sea caníbal o que sea más humano con sus semejantes. El ergo mismo, el escolasticismo, objeto de risa en estos tiempos, era escala para subir al método feliz del análisis.

Sólo un espíritu pequeño, incapaz de abrazar grandes relaciones, no percibe las del hermoso todo que forman las ciencias, influyendo unas en otras para sus progresos, y contribuyendo todas a la felicidad general. Sólo la ignorancia puede desdeñar unas y alzar otras.

Los gobiernos deben a todas igual protección. Deben derogarse para siempre tantos privilegios, tantos honores, tantas distinciones concedidas a unas en perjuicio de otras, que por no tener estímulos que animan a su estudio se ven abandonadas o envilecidas.

¿Pero si debe haber ciencias favoritas y privilegiadas cuál es la que puede presentar títulos más grandes que los de la Economía Política? ¿Y por qué, fundadas tantas clases de otras ciencias, no se había pensado en la aperción de la que puede tener influjo tan decidido en nuestra prosperidad?

Monumentos eternos de gratitud a esa Sociedad benéfica: ustedes, Señores, que han acordado la enseñanza de la Economía Política, han hecho en pocos meses lo que no hicieron nuestros mayores en el espacio de tres siglos. El 15 de febrero de 1812 debe hacer época en la historia literaria y política de Guatemala, y cuando cada pueblo levante una columna destinada a eternizar hechos memorables, el del acuerdo de esta Sociedad debe grabarse en la de esta capital.

Se ha dicho ya por otros. Divididas las sociedades en administradores y administrados, los agentes de los gobiernos, obligados a dar su atención a los negocios que la reclaman, sucesivamente unos tras otros, no pueden tener tiempo para fijarla en meditaciones profundas, creadoras de grandes ideas; y los que siembran, los que sudan en una fragua o tejen en un telar parten el día dando la mitad al trabajo y la otra al sueño, necesario para el descanso de sus fatigas.

Debe haber hombres retirados del mundo y del trabajo, ocupados en reunir los pensamientos útiles que ha ido ofreciendo cada siglo; en crear otros que lo sean igualmente, en presentarlos a los gobiernos, y hablar a favor de los que nos alimentan.

Si los ha habido dedicados a observar pequeñeces; ¿no era justo que los hubiese ocupados en examinar las causas de las miserias y las riquezas de los pueblos?

Un genio filosófico se ocupó a presencia de una sociedad de filósofos, en considerar al hombre de letras como ciudadano, es decir bajo el aspecto que tiene más derechos para interesar. Yo, sin prometerme igual suceso, me ocuparé en contemplar al Economista, que es el que une más sensiblemente las relaciones de ciudadano con las de hombre de letras.

Hay pobres y ricos. En un área de millares de leguas geográficas, cinco o seis ciudades ricas y mil pueblos infelices. En la extensión del globo, ni un millonésimo de su superficie poblada de hombres pudientes. En la especie entera los ricos y los pobres acaso están en razón de 1 a 100,000.

Almas frías e indolentes: cuál es el secreto para serlo en medio de tantos gritos de la indigencia, derramándose tantas lágrimas, ¿habiendo tantos hombres que sufren? cómo es posible volver los ojos y dejar de pensar en cuadro tan triste; censura del Poder: oprobio de la riqueza: humillación de la especie?

57

La sensibilidad, origen de las virtudes más dulces: causa de lo sublime del heroísmo: principio de todo bien, es la que anima al Economista: la que lo lleva donde están los pobres: la que lo hace llorar con todos los que sufren: la que le obliga. a formar el voto generoso de vivir para sus semejantes, ocupado en averiguar el origen de sus bienes y sus males.

Que se sepa por todos los pueblos: sin tener riquezas que derramar en socorro de sus necesidades, sin autoridad para destruir el mal que les aflige, o llenar el bien que les falta, ha habido quien se sacrifique por vosotros, naciones desventuradas, trabajando en la creación de la ciencia que puede contribuir a mejorar vuestra suerte, y simplificando su objeto, para acelerar vuestros progresos

¿Por qué hay países en abundancia y lugares de miseria? ¿Por qué se estanca la riqueza en uno o dos puntos solamente, y no se distribuye por todos? ¿Por qué hay pobres y ricos? Este es el gran problema de la Economía Política.

Antes de comenzar los trabajos de su resolución, el hombre benéfico que va a dedicarse a su examen se ocupa en los que deben precederlos. Hace lo que hizo el siglo XVI, el genio sublime que creó nuevas ciencias y corrigió las antiguas. Forma primero su entendimiento: la limpia de ideas, o estériles o inútiles o dañinas, como el labrador que va a sembrar arranca del campo las plantas malas que sin dar fruto sofocan las que son capaces de producirlo: cultiva el arte de Locke y Condillas, el de discurrir con exactitud, porque ningún otro puede serle más útil en una ciencia donde un sofisma elevado a ley, y armado de la fuerza de ésta, puede arrasar los campos, cerrar los talleres, paralizar el comercio: sube a las causas de error, examinando sus diversos orígenes y descubriendo la marca que los distingue, para reconocerle cualquiera que sea la forma con que se presente en una ciencia donde ha hecho juego el interés, y el espíritu reglamentario llegó a erigirse en sistema: estudia los elementos del cálculo, porque necesarios para perfeccionarse en el arte del raciocinio, lo son para quien debe formar muchas veces el de la riqueza de un pueblo, porque el raciocinio es un verdadero cálculo, es la medición de dos ideas, la suma de muchas o la sustracción de alguna; y quien no tiene principio de cálculo, no puede tenerlo de exactitud: se aplica a la ciencia que después de un trabajo de muchos siglos llegó a formar cartas más o menos exactas de la superficie del globo, porque en lo económico, más que en lo moral y lo político, la figura de una rada, el curso más o menos tortuoso de un río, la altura de un monte, el grado de longitud o latitud tienen influjo muy activo en la grandeza o abatimiento de las naciones: recorre las demás que han ido formando la razón y la necesidad auxiliadas por la experiencia, porque el plan de su formación puede darle abundantes luces para la de la ciencia que se propone crear: estudia la historia de los pueblos, porque sólo subiendo a su origen, siguiendo su marcha y deteniéndose en cada época para observarlos desde allí como de un punto de elevación, se conocen las causas de su miseria y riqueza, las vueltas y retrocesos de su comercio, los pasos sucesivos de su industria y las revoluciones de su agricultura: estudia a los mismos pueblos, porque las naciones no son el puñado de ricos que se unen en los puntos donde refluyen las riquezas, sino los que fertilizan el campo con su sudor, los que se sacrifican llevando a unos lugares el sobrante que hay en otros, los que auxilian los trabajos del cultivo franqueando fondos a quien tiene de ellos, los que taladran cerros para extraer los metales que animan la circulación: acumula hechos que en la Economía son lo mismo que los experimentos de la Física, la base del raciocinio: extiende sus investigaciones a todo lo que puede servirle para la ciencia que va a crear: forma su alma; la engrandece; y le da la energía necesaria para su grande objeto.

Así es como se prepara el Economista para trabajar en la felicidad de los pueblos. Cada una de las ciencias que ha cultivado le ha ido dando las fuerzas que necesita; y poderoso con todas ellas, lleno de conocimiento se eleva a la altura donde debe ponerse para observar las sociedades miradas bajo el punto de vista que debe considerarlas.

Es grande el objeto que se presenta. Diverso uno de otro el mundo físico y el político, en el primero todos los seres tienden a un mismo punto por la fuerza que los arrastra a un centro común; en el segundo dirigidos a puntos opuestos, en cada uno trabaja en hacerse centro de los demás. Cada asociación: cada pueblo: cada clase: cada individuo tiene intereses distintos: cada interés inspira diversas ideas; y a la variedad de ideas es proporcionada la de opiniones y sistemas.

Tendiendo la vista por este pueblo inmenso de ideas: aprovechando las luces que arroja el choque de tantos intereses: abrazando la serie infinita de pensamientos, desde el primero que auxilió la producción de la primera espiga que se cortó, hasta el último que ha producido el cultivo más avanzado de la tierra: observando su generación progresiva, sus diversas relaciones y las distintas escalas por donde se ha ido subiendo hasta formar cuerpos ordenados o informes de ideas viendo cómo, se han creado las que han ido recorriendo.

Newton contemplando el universo físico para descubrir el principio general del movimiento, equilibrio y armonía de los globos que lo forman, es un genio sublime digno de las miradas del cielo. El Economista, considerando el mundo político para descubrir el origen de la riqueza y la felicidad de los pueblos, parece un ser divino digno de las adoraciones del reconocimiento.

El trabajo es el origen de toda riqueza: el trabajo es el principio de la escala inmensa de los valores; y si son infinitas las formas con que se presenta la riqueza en los granos del labrador, en los fardos del mercader, en las obras del artesano, uno solo es el elemento de su estimación.

El trabajo donde haya mayor suma de trabajo debe tener mayor suma de riqueza. Esta es la verdadera balanza política. Las naciones que quieran inclinarla a su favor, deben aumentar los trabajos, únicos pesos que la hacen volver a un lado más bien que a otro.

El hombre que por la fuerza de la inercia es alejado del trabajo, por otro más grande que es atraído a él como origen de su felicidad. Arrastrado de ella, la busca sin necesidad de estímulos, cavando la tierra, tajando peñas enormes y luchando con la misma naturaleza.

Si hay pueblos enteros que no trabajan: si la escala de trabajos suele ser inversa de las riquezas; si de las capitales a los pueblos hay una progresión descendente de riquezas, y ascendente de trabajos, esto no depone contra los principios descubiertos por el Economista generoso que se ha dedicado a formar la teoría de la riqueza de los pueblos. Supone causas funestas que embarazan los efectos de las que tienden a la felicidad de los hombres: supone vicios en el que tiene influjo en la suerte de los pueblos: supone trastorno en lo que se ha establecido para afirmar el orden.

Nuevos trabajos, Señores, nuevas indagaciones para el Economista. Del origen de la riqueza pasa a examinar las causas por qué hay miseria en los campos donde se siembra y riqueza en las ciudades que nada producen. Su alma se. dilata por todas partes buscando las que embarazan el equilibrio o distribución justa de la riqueza. Todo lo explora; en todo se detiene a hacer observaciones.

Reconoce la fuerza del clima que comienza a obrar en el hombre desde el momento en que nace; observa el influjo en la feracidad o en la esterilidad de la tierra, en la actividad o inercia de los pueblos, en la robustez o debilidad de los hombres; y si no puede destruir el que tiene en la pobreza de algunos países, trabaja al menos en debilitar su fuerza aumentando la de otros capaces de equilibrarla o enervarla.

Se ocupa en los trabajos minuciosos pero útiles del análisis de los idiomas que influyen más de lo que se piensa en la riqueza de los pueblos; fija la verdadera acepción de las veces. que se han alterado en su perjuicio: forma el diccionario técnico de su ciencia: quita la nota de infamia a los que la imprimen sobre lo más benéfico para el hombre: trabaja en hacer desaparecer la de vileza que se ha fijado en la de mecánicas, que se da a las artes más útiles, al mismo tiempo que se franquea la de liberales a las que son de lujo, de menos provecho o indiferentes: se vuelve contra la injusticia que niega el título de piadosos y da el de profanos a los establecimientos de utilidad general: combate la preocupación que hace desdeñar como ordinario o rústico al labrador que vive en el centro de su propiedad, cultivando el suelo donde ha nacido, y respetar como cultos o finos a esos seres que supo pintar el genio feliz que los denominó sociedad universal, porque se multiplican en todos los ángulos y pueblan en un instante todos los cuarteles de una ciudad.

Juzga la opinión que lo juzga todo. La ve derivarse del clima, del gobierno, de la religión, de la ley y de las costumbres; fortificarse con el transcurso de los siglos, dilatarse por los pueblos y triunfar de la misma ley, del clima y las costumbres que la han producido: hace circular las opiniones benéficas que preparan o aumentan o influyen de cualquier manera en la suerte feliz del hombre: reúne todas sus fuerzas para atacar las que causan su miseria dándole ideas falsas de felicidad, inclinándole a separar los deberes de la religión de los de la sociedad en vez de persuadir a los pueblos que no pueden llenarse los unos sin ser fieles a los otros, haciéndole ver como ocupación de hombres viles el trabajo que debe ser la primera virtud civil de un ciudadano, llevándole a considerar no sé qué grandeza en el ocio orgulloso, origen de males para el que se abandona a él y de gravamen para los demás que lo sostienen, clasificando la estimación de las artes y oficios, no en razón de su utilidad sino arbitrariamente por las leyes del capricho, o los votos de un gusto mal formado, desatendiendo u olvidando el artículo principal que en cada país debe formar el primer objeto de fomento, aplicando a provincias de diversas circunstancias las teorías económicas que sólo pueden ser adoptadas en otras donde las exigen las particulares de su suelo, aconsejando el sistema de imitación que ha hecho la infelicidad de muchos pueblos, o ha sido de tan poco provecho como el de sembrar en el Sur las plantas que sólo produce el Norte.

Entra en el análisis de la legislación, esa masa de leyes de distintas especies, formadas por distintas manos, publicadas en distintos siglos, creadas en distintas circunstancias, expedidas con distinto espíritu y hacinadas unas sobre otras, sin formar un todo organizado: las examina una a una: señala las que, contrarias a su mismo fin, retardan la marcha del hombre dirigida siempre a la riqueza: las que embarazan que se multiplique, dificultando los medios de subsistencia, o no promueven su multiplicación sino con estímulos inútiles en todo, o poco eficaces para su objeto: las que mandan que trabaje, fríamente sin remover los obstáculos que impiden el trabajo: las que violentan el derecho que tiene de elegir ocupación libremente, dando facultad para que se le obligase a la que repugnaba: Las que no permitían que se extendiese a los ramos que más le interesaban: las que restringían el uso libre de la propiedad creada por su trabajo: las que dificultan la circulación de ella poniendo trabas que embarazan su giro: las que no franquean igual protección a la de todos, sino parcial a la de algunas clases: las que en la graduación de los derechos y acciones que demandan simultáneamente conceden preferencias odiosas, fundándolas en privilegios que también lo son en el transcurso de un minuto, o en sutilezas derivadas de principios poco exactos: las que por esta protección parcial en vez de dejar al comercio en libertad para celebrar sus pactos sin otra garantía que la buena fe del que los firma, lo comprometen a mendigar en todas sus negociaciones la autoridad de un escribano, entorpeciendo su curso y destruyendo la rapidez que es el alma que le da vida: las que arrancan al propietario del seno de la misma propiedad para mantenerlo ocioso en una oficina, o le obligan a que fíe sus poderes y secretos a personas que no conoce: las que para declarar sus derechos exigen tantos memoriales, tantos decretos, tantas notificaciones, y el transcurso dilatado de tantos días: las que por consecuencia precisa de este sistema destruyen la misma propiedad que desean proteger: las que en vez de formar un solo sistema de contribución establecen métodos diversos de impuestos, multiplican las exacciones que podían ser reducidas a una, aumentan el número de exactores, hacen enredoso lo que podía ser sencillo, y afligen al contribuyente más con el método que con la misma contribución: las que influyen en la misma acumulación de la riqueza de un solo país, debiéndola esparcir por todos para mantener el equilibrio que hace la felicidad de los pueblos.

No hay objeto de interés público que no le ocupe (al Economista). El trabajo, tronco fecundo del árbol de la riqueza de los pueblos: la multitud de ramas en que se parte: las tres principales que lo forman, industria rural, fabril y mercantil: la tierra, esta mina inagotable de donde el labrador saca las riquezas que pule el artista y transporta el mercader: los diversos métodos de cultivo: la multitud de artes auxiliares de la agricultura, la primera o la de las más antiguas que creó la necesidad: los talleres, donde el arte, elevándose sobre la naturaleza, corrige sus defectos y hermosea sus bellezas: el giro en sus infinitas ramificaciones: los innumerables agentes del trabajo, desde el especulador que extiende sus miras a todas las producciones del Globo, hasta la verdulera que las limita hasta el cestillo pequeño de sus hortalizas: los instrumentos y máquinas que dan nuevas manos a estos agentes: las minas, riquezas de la América, propiedad hermosa de este Reino: la moneda, invento feliz que forma una de las épocas más gloriosas del comercio: los canales, por donde circula enriqueciendo los pueblos, como las aguas fecundizan los campos por donde pasan: las letras, descubrimiento grande que economizando riesgos, trabajo y tiempo, duplicó la energía del giro: los bancos de depósito y giro, que aceleran también sus progresos: la instrucción de la juventud, no la que enseña verdades solamente útiles para las aulas, sino la que da conocimientos propios para formar hombres, es decir, labradores, artesanos, comerciantes y empleados capaces de llenar respectivamente el objeto de su destino: las contribuciones, sacrificio tan necesario como sagrado, hecho por los pueblos para su seguridad y tranquilidad: los establecimientos de mejoras positivamente útiles: todo es objeto de las meditaciones del Economista:

todo llama a su celo: todo interesa su atención. En las ciencias, en las artes, en los oficios, en la naturaleza, por todas partes se encuentran sus huellas, porque por todas partes busca ansioso lo que puede ser útil a los pueblos.

Los resultados debían ser grandes como las causas reunidas en producirlos. Tantos trabajos, tantas observaciones, tanto afán por acumular conocimientos, dieron al fin los que debían prometerse. Se formó la ciencia: se levantó sobre principios o bases indestructibles: se derramaron luces sobre los puntos obscurecidos por el egoísmo, por el interés, o por las artes de pasiones viles.

Al Economista se deben las verdades que más nos interesan. Él es quien, excitando el celo de las sociedades de hombres de letras, les ha demostrado, que, si las guerras son plagas de un momento, los errores políticos hacen la infelicidad de un siglo y preparan la de los siguientes. Él es quien. ha demostrado a la soberanía, que el Estado tiene tanta necesidad de soldados que la defiendan, como ciudadanos que la ilustren, y que uno de los cuidados que deben ocupar a los representantes de un pueblo grande, es la educación pública. Él es quien a la faz del orgulloso ha dicho que la nación está en los surcos de los campos, en la cabaña del labrador, en el taller del artesano, bajo los techos oscuros de la humildad y que el arado y la azada valen más a los ojos de la razón que todos los dijes del lujo y la vanidad. Él es quien ha enseñado que el pacto útil de hombre a hombre lo es igualmente de familia, de sociedad a sociedad, de nación a nación. Él es quien ha manifestado, que las rentas del Estado son una porción que cada ciudadano da de sus bienes para asegurar la otra, o gozar de ella agradablemente, y que ninguna cosa exige más sabiduría y prudencia que esta porción que se quita y esta porción que se deja. Él es quien ha fijado las siete condiciones necesarias para que un impuesto sea lo que debe ser. Él es quien ha propuesto el problema en que trabaja todavía. Hallar un sistema de contribución que, sin alterar los derechos del giro, asegure al Estado los fondos suficientes para todas sus necesidades, en todos los tiempos, contribuyendo cada uno en proporción justa de sus facultades y de los beneficios que gozan en la sociedad. Él es quien ha dicho, que no debe haber clases onerosas que gravitando sobre el trabajo de las otras destruyan la población. Él es finalmente quien reduciendo a dos líneas el objeto de su ciencia ha manifestado, que sin hombres no hay sociedades, ni hombres sin medios de subsistencia.

Si en las Cortes soberanas han resonado principios benéficos para nosotros y para ese pueblo grande, que lucha por sostener sus derechos: si se han sentado las bases primeras del bien declarando que el objeto del Gobierno es la felicidad de todos, dividiendo los tres poderes, privando de los derechos ciudadanos del hombre inmoral que en América o en España se haga digno de penas, o infamantes o aflictivas, suspendiendo el ejercicio de ellos a los que debiendo vivir de su industria se abandonan a una ociosidad gravosa para los demás, a los sirvientes domésticos, cuyo número debe reducirse al mínimo posible, y a los fallidos o deudores de caudales públicos: si se han fiado al celo de las Diputaciones de cada Provincia, los ramos de prosperidad pública, el fomento de la agricultura, industria y comercio, la protección de los inventores de nuevos descubrimientos y la vigilancia sobre la inversión de los fondos públicos: si se han derogado para siempre los privilegios que exceptuando a unas clases hacían caer sobre las otras todo el peso de las contribuciones: si se ha declarado que éstas deben ser proporcionadas a las facilidades del contribuyente y a los gastos necesarios del Estado: si en beneficio de la propiedad se ha dado golpe tan decisivo al sistema de dilaciones y trámites curiales, mandando que preceda a todo pleito el medio prudente de conciliación: si se han corregido algunas leyes inútiles o dañosas: todo es debido a las luces que ha ido difundiendo el Economista, reducidas antes al gabinete privado de los que meditaban en silencio y elevados ahora hasta la altura de la soberanía.

Son grandes los pasos que se han dado y rápidos los progresos que se han hecho. No es fácil avanzarlos descubriendo verdades nuevas en una ciencia manejada por Hume, por Smith, por Jovellanos, por Campomanes, por Arriquivar, por Canard, por Sismondi, por Say y otros sabios. Pero el conocimiento de las que ha descubierto el trabajo de los siglos: la colocación de los útiles que se hallan dispersos en escritos de diversas clases: su aplicación a las circunstancias particulares de este Reino; el examen de las causas por qué están baldías las tierras fértiles y hermosas de Guatemala (Centro América), por qué no se multiplican las fábricas de esta industria inventiva que representándonos muestras repetidas en cada semestre nos pide fomento y protección: por qué no hay comercio en países felizmente situados, bañados por ambos mares y con proporciones que envidian otros a quien las negó la naturaleza: ¿estos trabajos son por ventura el objeto de menor interés, o deben ser pospuestos a las teorías abstractas que sólo tienen valor cuando hay manos que saben aplicarlas?

En la Economía Política, lo mismo que en todas las ciencias y artes, hay principios generales que son como la base o la parte universal de la ciencia, y nociones particulares que forman la ciencia especial de cada país. Cada reino tiene su Economía Política, del mismo modo que tiene su Botánica, su Gramática, su Jurisprudencia.

Presentar en instituciones sencillas los elementos de la Economía universal y los principios y observaciones de la Economía propia de Guatemala(Centro América): dar lecciones útiles a la juventud, que ha de reemplazar a los socios que ahora están poniendo las primeras piedras, que algún día, cuando se tome gusto por los viajes y se conozca todo su influjo en los progresos de la ilustración y felicidad general, sabrá hacerlos por este Reino que hasta ahora no ha sido recorrido por los viajeros filósofos, y que llena de luces subirá tal vez a puestos elevados y las derramará desde allí sobre todos los pueblos: dar premios con una mano y principios con otra, es el grande objeto de esta Sociedad.

Los socios que la forman trabajan unidos en los diversos ramos a que se extiende su instituto. Pero V.E. puede hacer a esta provincia servicios de mayor entidad.

Que otros recomienden puntos aislados que no tienen relaciones con la felicidad común. La Sociedad llama la atención de V.E. al bien general de todos, y si debe haber prelaciones, al de los indios que tienen tantos títulos para ser distinguidos.

Una alma pequeña se ocupa de asuntos pequeños. Un alma grande se ocupa en objetos que lo son.

Se han declarado ya a los individuos de algunas clases de derechos de ciudadanos: se han abierto a las otras las puertas del mérito. Pero los derechos más sagrados en manos de un miserable que no puede sostenerlos, son títulos que no puede gozar. Sólo el propietario sabe conservarlos porque sólo él puede hacerlos respetar.

Que se abran, pues, las fuentes de la riqueza pública. Esto es lo que recomienda a V.E. la Sociedad: lo que nos hará hombres y dará a estas provincias la felicidad que les ofrece por todas partes la naturaleza.

El discurso anterior demuestra que la Ilustración siglo XVIII de Europa, repercutía en Centro América con gran acento.

La Sociedad de Amigos de Guatemala reunía a los intelectuales de Centro América, desde su fundación en el reinado de Carlos IV, y sus reapariciones hasta 1823.

De otra parte, sociológicamente hablando, no neguemos ni por un segundo, que las leyes económicas capitalistas estaban operando con el impulso de avanzar.

En medio de un mundo que se capitalizaba, Centro América se orientaba hacia el capitalismo, eso sí, al nivel de su desarrollo naciente.

Lo anterior quiere decir que, si había hacendados feudales y una Iglesia poderosa en bienes, también existía una intelectualidad con mentalidad capitalista y unos manufactureros y comerciantes, deseosos de realizar una transformación económica radical.

Esto es bueno tomarlo en cuenta, para interpretar los puntos positivos que contiene la Constitución Federal de Centro América.

# EL GOBIERNO PROVISIONAL

Si se estaba organizando un Estado nuevo, empeño intentado por primera vez en la América española, debía haber un órgano popular que mandara su organización (Asamblea Nacional Constituyente) y un órgano que cumpliera lo mandado (Triunvirato) o sea el propio Gobierno Provisional, que los historiadores centroamericanos han tomado tan a menos, que gracias han mencionado los nombres de los triunviros que entraron y salieron de él.

Ha querido la suerte que tengamos a la vista el libro del distinguido viajero holandés Jacobo Haefkens, titulado "Viaje a Guatemala y Centroamérica", que recoge gran parte de la información política como testigo de vista que fue desde el año de 1826 hasta 1829. Haefkens vino con el cargo de Cónsul General de Holanda en Centro América, le acompañaban su esposa y su hija, y es claro que si le trajo el interés de su nación, justo es reconocer que como europeo tiene en la apreciación de los hechos la objetividad que exige la historia a sus testigos, y de la que están desvestidos Manuel Montúfar Coronado, Agustín Mencos Franco y, últimamente, Ramón López Jiménez, autor del libro panfletario "José Cecilio del Valle, Fouché de Centro América", con el que, atacando al Sabio Valle, pretende defender al indefendible Manuel José Arce.

Nombrado Haefkens Cónsul General de Holanda para Centroamérica por Real Decreto de 2 de marzo de 1826, posiblemente llegó a la ciudad de Guatemala como por el mes de julio del mismo año, dándole largas por los transportes de aquellos tiempos. Como se trataba de un europeo culto, lo primero que hizo fue interesarse por la geografía, la historia y la estadística del país donde iba a operar. Y así, con inteligencia aguda y diligencia minuciosa no hubo nada que se le escapara en las anotaciones de su libro, que en realidad es un informe muy meditado y comedido que rinde al rey de Holanda.

Del libro de Haefkens tomaremos algunas notas, nada más, para ilustrar el tema de que nos ocupamos, el Gobierno Provisional de Centro América que funcionaba en la ciudad de Guatemala.

Es interesante el cuadro en que aparece la instalación de la Asamblea Nacional Constituyente:

"El 24 de junio de 1823 —dice el Cónsul holandés Haefkens— celebró el congreso, integrado por cuarentiun miembros (su totalidad debía ser de ochenta) su primera sesión, con observancia del ceremonial de rigor. Fue nombrado presidente del mismo el sacerdote salvadoreño Matías Delgado. El primero de julio se definió la solemne declaración "Que las expresadas provincias, representadas en esta Asamblea, son libres e independientes de la antigua España, de México y de cualquiera otra potencia, así del antiguo como del nuevo mundo; y que no son ni deben ser el patrimonio de persona ni de familia alguna". En lo que respecta a las demás provincias del antiguo virreinato de Guatemala no representadas en el congreso, se declaraba que se adherirían voluntariamente a las Provincias Unidas de Centro América. El considerando, entre otros conceptos, decía "después de traer a la vista todos los datos necesarios para conocer el estado de la población, riqueza, recursos, situación local, extensión y demás circunstancias de los pueblos que ocupan el territorio antes llamado reino de Guatemala" y haber considerado por otra parte "que la incorporación de estas provincias al extinguido imperio mexicano verificada sólo de hecho en fines de 821 y principios de 822,fue una expresión violenta arrancada por medios viciosos e ilegales. Que no fue acordada ni pronunciada por órgano ni por medios legítimos: que por estos principios la representación nacional del estado mexicano, jamás, la aceptó expresamente, ni pudo con derecho aceptarla; y que las providencias que acerca de esta unión dictó y expidió D. Agustín Iturbide, fueran nulas".

La declaración de independencia absoluta tropezaba esta vez con pocos antagonistas, ya que al partido aristocrático, perdidas las esperanzas de vivir bajo una monarquía le era menos indiferente que el gobierno republicano, que en todo caso tendría que tolerar, tuviese su sede en Guatemala o en México.

* * *

Por decreto del 2 de julio (de 1823) el congreso se declaró legalmente constituido como ASAMBLEA NACIONAL CONSTITUYENTE, EN LA QUE RESIDIA EL EJERCICIO DE LA SOBERANIA. Por el mismo decreto, (mandando la organización del Estado) se determinó la habitual división de los tres poderes (legislativo, ejecutivo y judicial) así como la exclusión de todas las religiones excepto la católica romana (artículo que no pasó sin fuerte oposición), la inmunidad de los diputados, el reconocimiento de la deuda nacional, la confirmación de los gobernantes en funciones entonces, y leyes existentes no contrarias al nuevo régimen. El mismo día se dispuso el juramento de rigor del reconocimiento de la soberanía de la nación y de obediencia a esta. Todo funcionario que se negara a prestarlo, sería enviado al destierro. El cumplimiento de este decreto encontró bastante oposición, especialmente por parte de los monjes. Las razones que adujo el obispo de León para su negativa fueron curiosas, viniendo a ser las siguientes:

1º. Que al desconocer qué leyes pudiera promulgar la asamblea su conciencia no le permitía jurarles obediencia por anticipado.

2º. Que la asamblea había adoptado diversas leyes de las cortes españolas que violaban los sagrados cánones, la disciplina eclesiástica y los divinos derechos de los obispos.

3º. Que muchas disposiciones ya tomadas favorecían los principios de aquellos que reconocían a la autoridad civil la supremacía sobre el régimen eclesiástico.

4º. Que con el conocimiento previo de la asamblea se había publicado una noticia que aseguraba "que la asamblea se había creado para identificarnos con el siglo de las reformas" y que el obispo prefería mil veces morir a verse identificado con un siglo que tantas lágrimas hacía verter a la santa iglesia.

Interpretaciones legales de parte de los poderes dominantes lograron al fin eliminar los reparos y el obispo, al igual que el clero en general, se dejó persuadir a prestar el juramento prescrito. (Adviértase que estas ocurrencias deben haber resultado interesantes para Haefkens, por ser originario de un país protestante que en el siglo XVI había derramado mucha sangre en su empeño de liberarse de la dominación imperial de España y religiosa de la Iglesia Católica).

\*\*\*

Habiendo sido promulgado el 8 de julio el estatuto reglamentario del poder ejecutivo provisional, el día 9 se procedió a la elección de las tres personas que integrarían el poder ejecutivo, cada una de las cuales ocuparía por turno durante un mes la presidencia. La elección recayó al fin en los ciudadanos Pedro Molina, Juan Vicente Villacorta y Antonio Rivera Cabezas. Por decreto del 2 de agosto se fijó su sueldo en 3,000 pesos anuales.

## LA INSTALACIÓN DEL GOBIERNO PROVISIONAL SE REALIZÓ EL 10 DE JULIO.

Pocos días más tarde, el general Filísola regresó con sus tropas a México. La respectiva orden del congreso mexicano estaba fechada el 2 de julio y como el general anunció la partida a la tropa el día 14, cabe deducir que se había decidido a esta medida antes de haber recibido a la orden de su gobierno. (En aquel tiempo, el correo de México a Guatemala cubría la distancia en unas tres semanas). A partir del día 4 ya había renunciado a su dignidad de jefe político "juzgándola incompatible con su condición de súbdito mexicano". Partió cargado del odio y descontento del partido liberal, por no haberlo investido con el mando supremo, como lo había confiado. (Resulta incomprensible esta última frase de Haefkens, porque el partido liberal, sustentante de la independencia y la república, quería que Filísola abandonara el país cuanto antes y no favores como dejarlo instalado en el poder).

***

Por decreto del 5 de agosto se dispuso la creación de una comandancia militar general en cada provincia y de un consejo consultivo de guerra en la capital. El día 18 del mismo mes se redactó un reglamento provisional para los ciudadanos, que no era más que una modificación de la milicia española a nacional.

## HABÍA EMPEZADO LA CREACIÓN DEL EJÉRCITO FEDERAL

Hasta entonces, todos los funcionarios habían permanecido en posesión de sus cargos, pero ahora muchos fueron destituidos y sustituidos por otros. La justificación que el ejecutivo adujo para tal destitución fue la real o presunta hostilidad hacia el actual orden de cosas.

\*\*\*

Aquel año el aniversario de la independencia fue, en vez de un día de alegres conmemoraciones, uno de duelo público. Sucedió que el 14 de septiembre tuvo lugar uno de los acontecimientos más lamentables y a la vez insólitos de los consignados en los anales del país. El régimen había designado a un comandante militar general, y cierto oficial de nombre Rafael Ariza, opinando que nadie sino él tenía derecho al cargo y creyéndose pasado por alto, decidió apoderarse del mismo empleando medios drásticos. A tal efecto había logrado la víspera del 13 las voluntades de la mayor parte de los soldados; de algunos de ellos con licor, de otros con pequeños regalos y de todos con grandes promesas. Al día siguiente toda la ciudad se agitó y una muchedumbre más o menos armada se congregó dentro y delante del edificio donde está reunido el organismo legislativo y hacia donde también se había dirigido el Ejecutivo.

Ariza, por aclamación de los suyos fue proclamado comandante. Luego y bajo el pretexto de que una conspiración debía ser sofocada, marchó hacia el palacio del congreso. Llegando frente al mismo fue recibido con pedradas y tiroteo; también adentro y del tejado del edificio, así como de las casas vecinas fue tiroteado. Su gente respondió al ataque; hubo varias bajas tanto de uno como de otro bando, pero finalmente los ciudadanos se dieron a la fuga y la milicia penetró en el palacio.

El Ejecutivo se vio obligado a otorgar a Ariza el nombramiento de comandante general. A raíz de haber descubierto unos días más tarde un plan urdido entre la tropa para proclamar al gobierno español, se logró que Ariza se dirigiera a la Antigua Guatemala. Luego que sus soldados empezaron a desertar, se acampó sobre un cerro próximo, donde fue asediado. Pero el hambre se mostró enemigo más temible que las armas del gobierno y dio lugar a que también sus restantes tropas desaparecieran gradualmente Muchos de ellos retornaron a la capital; algunos oficiales fueron detenidos, y uno de ellos fusilado el 6 de noviembre de 1824. El propio Ariza escapó allende las fronteras.

Así se desvaneció un acontecimiento que en un principio parecía ser el signo de una revolución total, ya que según la opinión pública, Ariza no era más que un instrumento de un partido que pretendía restablecer el antiguo orden de cosas.

Mientras tanto, este incidente no quedó sin graves consecuencias, al dar lugar a un nuevo brote de la aversión entre Guatemala y San Salvador y pocas veces se han visto las pasiones fruto del rencor y odio tan encubiertas de manifestaciones de benevolencia, gratitud y amor fraternal, como en los documentos públicos dados a luz por ambas partes en esta ocasión.

*** 

Ya el 18 de septiembre las autoridades salvadoreñas describieron a la asamblea a raíz de las noticias extraordinarias recibidas referentes a los trastornos del día 14, dando a conocer su presteza de acudir en seguida en su socorro. Se contestó con muestras de gratitud, pero la diputación provincial no satisfecha con estas palabras, expresó en carta al Ejecutivo de fecha 27, su pesar e indignación de todo el pueblo por un suceso tan humillante para la diputación gubernativa y que había dado lugar a que la diputación provincial a instancias del pueblo, hubiese decidido investirse por lo pronto de una autoridad independiente, en el supuesto obligado de que la asamblea y el gobierno estaban disueltos, habiéndose decidido, por ende, levantar una fuerza de dos mil hombres con el fin de castigar a los malhechores y restaurar a las autoridades. Entre tanto se "respetaría al gobierno, son obedecer sus órdenes hasta no estar impuesta, por dos oficiales de la misma división expedicionaria, de que se hallaba en absoluta libertad y en el expedito ejercicio de sus funciones" y, como a pesar de noticias más tranquilizadoras recibidas mientras tanto se temían nuevos disturbios, se enviarían por de pronto 750 voluntarios encargados de acantonarse cerca de Guatemala, mientras que el capitán Pedro Arce se dirigiría a la ciudad para cerciorarse de la libertad de los mandatarios y congresistas, y que el comandante de la tropa no acataría las órdenes del Ejecutivo, en tanto no obtuviese, de parte del mismo capitán, la confirmación completa de esa libertad. Se concluyó con las solemnes seguridades de respeto y sumisión, por no tener otras miras que las del bienestar general, del orden y la concordia.

\*\*\*

El anuncio de la proximidad de esas tropas, recibido en Guatemala el 2 de octubre, sembró allí una consternación general, La municipalidad presentó en seguida una manifestación al gobierno en que a la par de expresar su viva gratitud a San Salvador por su espíritu de asistencia, manifestaba su imposibilidad para mantener a los huéspedes que se aproximaban, cuya llegada —por lo demás— ya era superflua debido al fracaso de Ariza.

El partido aristócrata se había reforzado en la asamblea con doce miembros cuya voluntad se había granjeado, y ésta deliberó sobre la destitución de los miembros del Ejecutivo, acusándolos de haber alentado en un principio a Ariza y de haber llamado después a la fuerza salvadoreña para gobernar a Guatemala. Los integrantes del Poder Ejecutivo, en descargo de esas imputaciones y también porque ya antes habían surgido diferencias entre ellos y la asamblea, tuvieron la debilidad de presentar su renuncia que fue aceptada el día 4, y en seguida fueron electas otras tres personas en su lugar.

En ausencia de dos de ellas, los señores José Cecilio del Valle (ausente en México) y Manuel José Arce (en misión en Estados Unidos), se nombraron suplentes a otros dos. Uno de ellos, el señor José Francisco Barrundia no aceptó rotundamente tal designación, y, por último, quedó integrado el nuevo ejecutivo con los ciudadanos Tomás O'Horán, José Antonio Milla y Antonio Rivera Cabezas. Los dos primeros y especialmente el ministro de guerra nombrado por ellos, Manuel Montúfar, eran de conocida antipatía hacia San Salvador.

\*\*\*

Al día siguiente el nuevo ejecutivo mandó una carta al comandante salvadoreño de nombre José Rivas, en la que ensalzaban con palabras altisonantes el heroísmo, la abnegación y el amor a la libertad que caracterizaban a la administración y pueblo de San Salvador, y expresaban su cálido agradecimiento y potente muestra de ayuda, pero a la vez daban a conocer que no querían privar de tantos brazos a la agricultura de una sola provincia, ni querían gravar al pueblo de impuestos que impondría la manutención de semejante ejército. Además, habían de llegar ese mismo día 200 hombres desde Chiquimula y 300 habían sido reclutados en la capital. Por otro lado, todo el resto de la fuerza de Ariza consistía de unos 150 hombres descorazonados y descontentos, mientras que los dirigentes se hallaban en perfecta libertad y disposición de alcanzar al traidor con la espada de la justicia. Ante tales circunstancias el ejecutivo invitaba, con el solo objeto de brindar una muestra de su confianza y de la fraternidad existente entre las dos provincias, al comandante Rivas a venir a la capital con 100hombres y a dejar otros 200 en el pueblo de Cuajiniquilapa a 15 millas de Guatemala.

En su respuesta de fecha 6 de octubre, dice Rivas que con todo y rechazando toda desobediencia al supremo gobierno, pero cumpliendo órdenes dadas de continuar en todo caso su marcha a Guatemala, así lo haría para garantizar aún más la libertad de las altas autoridades y el justo castigo de los malhechores. Por lo demás sería inconveniente negar a sus tropas (cuyo número sería el doble si no se hubiera dejado ir a los restantes que inspirados por noble entusiasmo se habían ofrecido a la administración), la satisfacción propia de demostrar su patriotismo con hechos. Ya se había incurrido en los gastos y con un regreso posiblemente imprudente, se ahorraría ya poco.

Al día siguiente el ministro de guerra envió una contestación a Rivas, en el cual previo renovado tributo al acendrado patriotismo de la tropa salvadoreña, recalca la necesidad de la ciega obediencia en el soldado sobre todo en las circunstancias prevalecientes. El capitán Arce, que había partido sin esperar la respuesta del gobierno pudiera haber dado la más firme confirmación de la completa libertad de las autoridades, habiendo visto él mismo a la asamblea constituyente ejercer la más importante de sus atribuciones, la de nombrar un nuevo ejecutivo. Las órdenes de los gobernantes salvadoreños, por ende, debieron ser mal interpretadas por él (Rivas), si creía que éstos lo obligaban a continuar su marcha a la capital, proceder que solo acarrearía resultados malos por los gastos innecesarios que ocasionaría y el desorden que una remuneración deficiente podría originar entre la tropa. se repitió la invitación de venir solamente con 100 hombres, aprobada también por la asamblea.

El mismo día que escribió Rivas una carta en la que expresaba que dos miembros de la municipalidad de Guatemala se le habían unido para darle las gracias a él y a sus tropas por el servicio prestado, y para asegurarle solemnemente de la completa libertad de las autoridades y legisladores. Que, así y todo, ante lo terminante de las órdenes recibidas, continuaría su marcha si bien protestando contra cualquier interpretación de desacato. El mismo objetivo lo repitió en carta del día 9, en contestación a una del ministro de fecha 8, arguyendo que, a propósito de la libertad y seguridad de las autoridades, no había recibido informes lo bastante tranquilizadores.

\*\*\*

Visto que sería imposible impedir la entrada de los soldados salvadoreños en la capital sin llegar a hostilidades abiertas, se decidió resignarse a la misma, como efectivamente se hizo el 12 de octubre. En tal ocasión y respetando las apariencias de entrañable fraternidad, se mantuvo una constante alerta. Los huéspedes entrantes fueron alojados en cuarteles situados en las zonas bajas de la ciudad, mientras que las partes altas eran ocupadas por los soldados llegados de Chiquimula y Quezaltenango, así como por la guardia civil; todos ellos observaban con atención constante sus dignos hermanos.

El proceder de Rivas demostró poco respeto por las autoridades; ni siquiera les hizo una visita protocolaria. El día 14 fue llamado por el Ejecutivo. Compareció ante éste, que comenzó reiterando las manifestaciones de gratitud hacia San Salvador y terminó preguntando a Rivas si estaba dispuesto a rendirle obediencia. Contestó con una evasiva; dijo haber comunicado su respeto a la asamblea constituyente y el día 15 recibió de este organismo órdenes para que obedeciera al gobierno.

De este clima de desconfianza y suspicacia, intensificadas aun por rumores que circulaban de que la tropa salvadoreña había venido a reclamar compensación de gastos de guerra así como algunos cañones y trasladar a otra parte la sede arzobispal y la del gobierno, surgieron varios encuentros entre los soldados de ambas partes, en los que más de una vez corrió la sangre. Rivas se quejó enérgicamente con tal motivo y atribuyó estos incidentes, tal vez no sin razón a intrigas insidiosas. Hasta tal punto llevó su audacia, que exigió a la asamblea constituyente que revisara, so pretexto de no haber gozado de la libertad requerida, todas las resoluciones tomadas por ella desde el 14 de septiembre. (Al pie de página hay una nota de Haefkens que dice: "El verdadero objetivo de esta exigencia era la revocatoria de la elección de los actuales miembros del Ejecutivo"). Este organismo (la asamblea) se hallaba a punto de disolverse, cuando Rivas, por nota del 19 de octubre, previa reseña de sus objeciones y siempre manifestando sus demostraciones de buena voluntad, para prevenir mayores males (pero de hecho por ver sus propósitos fallidos), pidió permiso del gobierno para su retorno. El ministro de guerra declaró en su respuesta, reconocer en la carta de Rivas el espíritu de un guerrero de excelente ánimo; las contrariedades ocurridas las achacaba igualmente a las provocaciones de algunos abominables insatisfechos y el afán de envidia que desafortunadamente no dejaba de existir entre las distintas provincias; recuerda la conducta de franqueza e hidalguía seguida por el gobierno, así como su estima por el pueblo salvadoreño, al que agradece una vez más y en los más cálidos términos, la pronta prestación de ayuda y concluye concediendo en nombre del ejecutivo la licencia solicitada para la partida.

La municipalidad envió el 20 de octubre una carta al gobierno, repitiendo una vez más todas las expresiones emocionadas de la más entrañable gratitud y sincera admiración y haciendo constar que la presencia de las tropas salvadoreñas, a más de los disturbios que a su pesar originaban y los males mayores que de ellas eran de temer, era superflua y además para ella misma desventajosa, por el descuido de sus propios asuntos con que se habían conformado tan solo para prestar servicio a Guatemala, mientras que los capitalinos —agotados por la milicia mexicana y otras causas— no eran capaces de mantenerlas. Razones todas ellas por las cuales rogaba que invitara a los nuevos huéspedes a regresar.

***

Al día siguiente la asamblea constituyente emitió una orden al mismo efecto al ejecutivo y comunicada ésta a Rivas, pidió 15,000 pesos para los gastos de su retorno, exigiendo por esta carta aparte la restitución de los cañones que Filísola se había llevado de San Salvador. En la respuesta que se le envió, se lamentaba la imposibilidad debido a la situación del Tesoro para demostrar la gratitud de la patria por el servicio prestado; se expresaba la necesidad de declarar que con el mayor esfuerzo sólo se podría proporcionarle 2,000 pesos acompañados de una consigna para la intendencia de San Salvador de pagarle en Santa Ana otros 3,000, sumas que ascendían a un total de 5,000 pesos, más que suficientes para sufragar los gastos de retorno. Con respecto a los cañones, se hizo ver que éstos, por su misma índole, debían quedar a disposición del supremo gobierno y que además, San Salvador no tenía ningún derecho a reclamarlos por haberlos sustraído a Guatemala y otras ciudades durante la guerra.

Rivas, no conforme con esta respuesta, se obstinó. En cuanto a la intendencia de San Salvador, dijo saber muy bien que ésta no podía pagarle nada, ya que a la hora de deliberar la expedición no había tenido en caja ni aun diez pesos, de modo que había recurrido a préstamos para equiparla y que, en cuanto a los cañones, los había obtenido San Salvador a costa de su propia sangre, etc.

Por dos nuevas notas bastante ampulosas, de fecha 23, el gobierno solamente mantenía lo expresado en las anteriores y en lo relativo a los cañones las muestras de buena voluntad iban tan lejos que parecían abierta burla. Concluía así: "El gobierno se ha extendido tanto en sus respuestas con la doble mira de informar a usted acerca de este asunto, para evitar yerros perjudiciales y de asegurar a la heroica provincia de San Salvador y su juicioso y meritorio gobierno las muestras de su elevada estima y gratitud."

El 24 se presentó Rivas ante la asamblea constituyente para recibir los 15,000 pesos y los cañones, y este organismo resolvió que el gobierno proporcionara los fondos necesarios para la vuelta de las tropas, quedando pendiente la decisión del asunto de los cañones para otra ocasión. Por último, que tanto el ejército salvadoreño como el de Quezaltenango abandonarían al mismo tiempo la capital.

Se giraron las respectivas órdenes para que la marcha se efectuara el primero de noviembre pero la misma no se realizó sino hasta el día tres, y esto previos grandes tumultos. Para cubrir los gastos se había proporcionado una suma de 5,230 pesos, 500 de ellos destinados para el alquiler de bestias, pero en vez de pagar este dinero a sus dueños, los mismos fueron maltratados y robados de sus numerosas bestias.

Antes de su partida, Rivas había publicado un manifiesto en el que daba rienda suelta en la forma más indigna a su ira contra el gobierno, y durante todo el transcurso de este asunto había enviado a San Salvador los informes más exagerados, a consecuencia de los cuales tuvo lugar allí el 27 de octubre una reunión de todas las autoridades en la cual se resolvió, previas las más acerbas quejas de la suspicacia demostrada en Guatemala ante las tropas salvadoreñas y de los prejuicios provocados contra ellas, que la diputación provincial —que el 30 de septiembre había depuesto la autoridad independiente antes adoptada— la reasumiría y la conservaría hasta que una constitución resolviera sobre el régimen gubernativo.

Dice el Cónsul holandés Haefkens: Nos hemos extendido con tanta amplitud en los detalles principales de este asunto, porque los mismos demuestran con claridad meridiana el ánimo que reinaba tanto en San Salvador como en Guatemala.

AQUELLA CIUDAD (SAN SALVADOR) PREVEIA QUE EL PARTIDO ARISTOCRATICO EMPEZABA A PREDOMINAR; EN ESTA (GUATEMALA) ERA GRANDE EL PAVOR QUE 700 RUFIANES INFUNDIAN EN LA CAPITAL.

Pero se supo aunar firmeza y vigilancia a sonoras frases y se sorteó el peligro mejor de lo que se esperaba.

\*\*\*

Después de haber salido la tropa salvadoreña de la ciudad de Guatemala, hubo nueva composición del triunvirato con los ciudadanos Tomás O'Horán, José Santiago Milla y Juan Vicente Villacorta, estos últimos con carácter provisional, mientras llegaban los hombres con que la Asamblea quería integrar el Gobierno Provisional, o sea Manuel José Arce que andaba en los Estados Unidos ofreciendo la anexión de la provincia de San Salvador a la unión norteamericana y José Cecilio del Valle que derrumbado el imperio iturbideano, trabajaba con otros colegas del Congreso para que se emitiera el decreto de separación política de Centro América.

***

El 16 de enero de 1824 la asamblea constituyente tomó otra resolución, declarando solemnemente que las provincias de El Salvador, Chiquimula y Quezaltenango y sus respectivas administraciones se habían hecho acreedoras a la gratitud nacional por sus importantes servicios prestados en esa ocasión, así como las demás provincias por los generosos ofrecimientos hechos.

Efectivamente, en Comayagua—habiéndose recibido desde San Salvador noticias de los acontecimientos del día 14— había decidido igualmente acudir en ayuda de las autoridades de Guatemala. Desde León escribieron comunicando que habían comenzado ya a preparar una expedición militar con este fin y en otros lugares más, dieron muestras de intenciones similares, pero todas quedaron sin resultado.

***

En el mes de septiembre habían llegado a la capital delegados de Honduras y Nicaragua, habiéndose recibido de parte de Costa Rica anuncio firme que también allí se estaba dispuesto a adherirse a Guatemala. Como consecuencia, la asamblea constituyente resolvió con la adición de esos nuevos miembros, el 10 de octubre y por unanimidad de votos, reiterar la declaración de independencia absoluta promulgada el 1°. de julio. La provincia de Chiapa, doblegada por Filísola que había permanecido allí con alguna fuerza militar, se había pronunciado por la unión a México, pero el 30 DE OCTUBRE FUE RESTABLECIDA ALLI LA JUNTA GUBERNATIVA PROVISIONAL Y SE PREVEIA QUE ESTA REGION ASIMISMO VOLVERIA A COALIGARSE CON LAS DEMAS PROVINCIAS DEL CENTRO.

***

Desde hacía algún tiempo que la asamblea constituyente se ocupaba en gestionar las bases para la constitución en proceso de adoptarse. La gran disyuntiva en este aspecto era la modalidad del régimen: central o federal. En la asamblea, así como en publicaciones, las ventajas de los dos estatutos se divulgaban con entusiasmo.

(A este respecto hay una nota, no sabemos si de Haefkens o del traductor que dice: "Como se sabe, un gobierno central es aquel cuya autoridad abarca directamente en todos sentidos a todos los lugares del país, mientras que el federal encomienda la mayor parte de la administración ejecutiva, legislativa y judicial a las diversas partes componentes principales, generalmente llamados Estados, si bien con arreglo a ciertos principios generales consignados en la Constitución").

Las principales razones aducidas de parte de unos y de otros, equivalían a lo siguiente: los partidarios del centralismo afirmaban que un gobierno federal, a causa del casi infinito fraccionamiento del poder que constituye su esencia, carece del vigor necesario para dirigir una nación joven, todavía poco ilustrada y amenazada por un enemigo poderoso; que el país no contaba con suficiente número de ciudadanos capacitados para el desempeño de los múltiples cargos que imponía esta forma de gobierno y —es más— que incluso los ingresos eran inadecuados para sufragar los sueldos, cuando en nuestros días hasta el más acendrado patriotismo se resistía a prestar sus servicios sin remuneración. Que el federalismo alimentaba un espíritu localista que es pernicioso al espíritu nacional; que en un país donde todos los resortes de la administración estaban sumamente aflojados, hacía falta implantar una forma de régimen más vigorosa que el federalismo podría llegar a ser y que, finalmente, el ejemplo de Holanda y de los Estados Unidos no encajaba de modo alguno en Centro América, en vista de la gran diferencia en la situación moral entre este país y las famosas mancomunidades mencionadas, mientras que los resultados que el federalismo había producido en otras partes de Hispano América como Buenos Aires, Venezuela y Chile ciertamente bastaban para apagar todo anhelo de imitación.

Los campeones del federalismo se basaban, en primer lugar, en el pensamiento de Montesquieu con respecto a las garantías que ofrece este régimen contra los abusos de autoridad. Afirmaban que el mismo no suponía mayor número de funcionarios que el centralismo que no fuera netamente despotismo y que, de ningún modo, faltaban las personas capacitadas para el desempeño de los puestos y que hasta sobrarían pronto, gracias a un buen sistema de enseñanza. Todos los alegatos de los federalistas, sin embargo, sólo servían para disimular sus verdaderos motivos: conste que éstos se circunscribían a su envidia

contra Guatemala, cuyo ascendente pretendían eliminar a toda costa, dándose perfecta cuenta de que siendo esta la única ciudad de la República apropiada para ser capital, el centralismo perpetuaría ese ascendiente.

Finalmente, el 18 de noviembre la mayoría se pronunció por el federalismo. La mayoría de los delegados de Nicaragua, Honduras y El Salvador habían recibido órdenes de votar en tal sentido.

Tal es lo que dice el Cónsul holandés Jacobo Haefkens.

***

El citado Cónsul conocía a fondo la historia de su país, Holanda, que había sido vasallo de España, habiendo sacudido dicho vasallaje en el siglo XVI. Vio allá como se desarrollaron las fuerzas económicas. Vio cómo el feudalismo señorial era partidario de la dependencia española y cómo el capitalismo en ascenso abogaba por la independencia nacional; cómo el feudalismo señorial se aferraba a las tradiciones milenarias y cómo el capitalismo en desarrollo buscaba instituciones modernas. El Cónsul Haefkens lo sabía pero no lo quiso decir —quién sabe por qué, tal vez por razones de empleo— que la lucha esencial que se libraba en Centro América era una lucha de dos sistemas económicos y sociales, del feudalismo que había vencido al sistema esclavista de los mineros en torno a 1750 en el Nuevo Mundo, hecho que le había permitido ascender y fortalecerse, al punto que fueron los ganaderos y los agricultores los que compusieron la vanguardia de las legiones libertadoras que fundaron "dictaduras perpetuas", repúblicas y monarquías feudales, y del capitalismo manufacturero y comercial que tanto aspiraba a ampliar su base interna o nacional como participar con sus productos en el mercado internacional. El capitalismo centroamericano incipiente apetecía una república adornada con una Constitución que hiciera todas las facilidades posibles al desarrollo de la agricultura, la industria, el comercio y las finanzas independientes.

83

¿Acaso no traía Haefkens la recomendación de su gobierno de ver si era posible hacer una buena inversión financiera en la apertura del canal interoceánico por Nicaragua? Esta operación era eminentemente capitalista. La participación del feudalismo en ella era acaso impedir o retardar que se realizara.

*\*\**

Dice Haefkens: Transcurrido suficiente tiempo para ver aclaradas las teorías por la experiencia, ciertamente resulta más fácil formar un juicio sobre cuestiones complicadas, que en tanto se está privado de su iluminación. Sin embargo, parece que para quienes anhelaron proceder de buena fe y en el bien entendido interés de su patria, no debió ser difícil tomar al efecto una decisión juiciosa.

El sistema federal ofrece sin duda muchas ventajas a un pueblo que había en un territorio de vasta extensión, que abunda en recursos y en hombres capacitados para ejercer las funciones importantes (como que ningún sistema republicano es más oneroso ni supone más cargos oficialesque éste), pero en una nación pobre en industria, capital y sobre todo hombres aptos, a la larga no puede subsistir. Estas observaciones no exoneran de ninguna manera a aquellos que después de haber sido adoptado trabajaron sigilosamente por su derrocamiento. Toda ley, una vez mandada por autoridad competente debe ser respetada y cumplida hasta su revocación por la misma y no cabe duda que así le hubiera ocurrido al régimen estatal adoptado, si sus adversarios hubiesen actuado con cautela y franqueza. Amén del principio del federalismo, se aceptaron al comienzo tres más a saber:

1°. la garantía de la libertad, igualdad, seguridad y propiedad;

2°. la denominación de Provincias Unidas de Centro América;

3°. El reconocimiento de la religión católica romana como única estatal y excluyendo del oficio público los ritos de cualquiera otra. Este último principio encontró nuevamente fuerte oposición, ya que diversos miembros se pronunciaban en favor de una tolerancia religiosa general.

El decreto que contiene las bases de la constitución en vías de adopción, lleva fecha del 17 de diciembre de 1823.

***

El 5 de febrero de 1824 el señor José Cecilio del Valle prestó juramento como miembro del poder ejecutivo. En el discurso que pronunció en esta ocasión dijo que las dificultades que rodeaban esta dignidad por poco lo inducen a rechazarla, pero que la conciencia de pertenecer a su patria, sobre todo en momentos difíciles, habían prevalecido. Además, presentó un esbozo de las obligaciones de los altos funcionarios.

***

El 15 de marzo, el señor Manuel José Arce prestó asimismo el juramento, pero como consecuencia de las diferencias entre él y el señor del Valle, renunció en agosto a su puesto y en su lugar fue nombrado el señor José Manuel Cerda. Arce, estuvo en el Gobierno Provisional cerca de cinco meses.

***

El historiador Alejandro Marure en su "Bosquejo Histórico de las Revoluciones de Centro América", se refiere a Valle y Arce en estos términos:

"Ambos gozaban de una reputación distinguida: el uno, (Arce)por sus servicios a la causa de la independencia en tiempos del gobierno español y más aún por los que había prestado durante la dominación imperial mexicana; el otro, (Vall) por sus acreditados talentos y por los importantes servicios que acababa de hacer a la nación, sosteniendo sus derechos en el Congreso de México. Estas mismas circunstancias, las aspiraciones de uno y otro a la Presidencia de la República y su divergencia de pareceres en todo lo relativo a San Salvador y a la pacificación de Nicaragua, los hicieron rivales y enemigos en el Gobierno. Arce, naturalmente orgulloso, no pudo sufrir la preponderancia y dominación de Valle y tuvo a bien renunciar un destino en que se veía precisado a contender con un hombre satisfecho de su capacidad y que no toleraba ninguna especie de contradicción. Para llenar la silla vacante todos los sufragios de la Asamblea se fijaron en el ciudadano José Manuel de la Cerda".

***

Ahora veamos la opinión del Cónsul general holandés, señor Jacobo Haefkens, sobre los mismos centroamericanos:

"El señor Valle, descendiente de padres adinerados, de Honduras, es sin lugar a contradicción el primer erudito de su país. Sus vastos conocimientos literarios, respaldados por una memoria prodigiosa, se suelen ver acompañados de un juicio acertado. Se le reprocha el conceder demasiada importancia a asuntos de interés secundario, el de agotar siempre su tema y perder tiempo valioso arguyendo circunstancialmente cosas que nadie duda. Por otra parte, afirman que es de trato difícil, de espíritu mandón que se rebela contra los que opinan otra cosa que él, y de un amor propio incapaz de subordinarlo al patriotismo; en suma, se distingue más bien por sus buenas teorías que por sus aptitudes para llevarlas a la práctica. Sin embargo, indudablemente es de una moralidad y honradez tal, como rara vez se dan en esta parte del mundo. Su carrera, que le ha reportado una módica fortuna ha sido honrosa bajo todo punto, de vista. Habiendo concluido sus estudios en la Universidad y después de haber ejercido algún tiempo la profesión de abogado, desempeñó sucesivamente un número de cargos. Bajo el régimen del capitán general Bustamante fue auditor de guerra y por decirlo así, primer ministro de aquel alto funcionario, circunstancia que puede ser considerada como causa de alejamiento existente entre él y las llamadas familias nobles, y su actuación en apoyar a dicho estricto gobernante, tampoco le sirve de recomendación ante los ultraliberales. Por otro lado, es el redactor del acta de independencia, proclamada el 15 de septiembre de 1821, después, electo delegado al Congreso de México, resaltó como celoso adalid de los derechos de su patria.

Estando en la oposición figuró entre quienes el 24 de agosto de 1822 fueron detenidos de orden de Agustín I. Durante seis meses estuvo preso en un convento, del que no salió sino para ser contra su voluntad y por designación del emperador Secretario de Estado y del Despacho de

Relaciones Exteriores (Decreto imperial del 22 de febrero de 1823), cuyas obligaciones cumplió hasta la caída del efímero monarca.

De vuelta en el seno del congreso, se dedicó con fervor para obtener el reconocimiento de la independencia de Guatemala y aun antes de su retorno al país, fue designado —como hemos visto— miembro del Poder Ejecutivo. En 1826 fue electo una vez más delegado al congreso donde su elocuencia, que dicho sea de paso a veces se vuelve prolija, dejaba muy a la zaga a todos sus colegas. Conste que sus más corrientes habilidades le valieron en su país más enemigos que admiradores".

***

Sigue diciendo el Cónsul Haefkens:

"En lo que al señor Arce se refiere, es oriundo de San Salvador, también hijo de gente pudiente. Su mayor mérito consistió en pertenecer a los que ya en 1811 habían iniciado los movimientos para obtener la independencia y en haber encabezado, en tiempo de Filísola, a los defensores de San Salvador. El triunfo del general mexicano había hecho que abandonara su país y pasara un par de años en los Estados Unidos de América. Su valor personal es generalmente admitido y sus buenas intenciones no son puestas en duda, pero en lo que respecta a la cultura general está escasamente provisto de ella y, por supuesto, no podía poseer una experiencia política. Por lo demás es protegido de su tío, el obispo o párroco Delgado, hombre que en San Salvador ha ejercido gran influencia".

***

Manuel José Arce presentó su renuncia del Gobierno Provisional en los siguientes términos:

"Asamblea Nacional Constituyente:

En copia pongo en vuestra consideración la nota que he pasado hoy al Secretario de Estado y la contestación que he recibido de orden del Gobierno. Ha llegado Sr. el caso de que yo os diga las razones que me asisten para obrar así; y la disposición en que me hallo para un efecto de la necesidad de conservar el buen nombre de la República. Desde que entré al Gobierno Supremo de la Nación me propuse alejar cuanto pudiese todo motivo de disgusto con tal sentido que no comprometiera la rectitud de mis operaciones o el decoro con que debo proceder: muy pronto experimentó que el C. José del Valle tiene el arte de exasperar, que no sufre opinión distinta, y que sus nervios se exaltan cuando se le contradice; y no siendo yo ni pudiendo ser un ciego subscritor de sus opiniones porque juzgaría me indigno de mí mismo y no hubiera entrado al Gobierno si no pudiera hacerlo, son varias las ocasiones en que me he visto comprometido a causa de su preponderancia de genio que hace difícil la discusión y algunas veces la empeña. Me sucedió que cuando se trató del arreglo de la hacienda, en cuyo acuerdo está mi voto salvado en lo relativo a las dietas de los C.C. diputados.

Yo soy hombre que en el Gobierno no tengo más objetos que la patria y la ley; y aunque es muy fácil que yerre cada instante, me es muy sensible que mis reflexiones sean oídas con desagrado. Puedo citar todos los acuerdos en que he tenido parte, en prueba de que ningún siniestro fin me inclina a opinar de esto o de otro modo, siendo más evidente esta conducta mía en los asuntos que tocan con San Salvador. Pero habiendo notado que estos son los que más me comprometen, porque de algún tiempo a esta parte no tiene el C. Valle, la mejor disposición hacia aquel Estado a pesar de que he sido uno de sus preconizadores desde que vino de México; me ha parecido que para salvar el decoro y circunspección que debe haber en los individuos que componen el S.P.E. estaba obligado por una ley más irresistible que las escritas a abstenerme de concurrir este día en que se iba a tratar un asunto de gravedad que ya otra vez ha estado en la consideración del gobierno, aunque no se presenta como ahora, y que tuve entonces que salvar mi voto.

Cuando me decidí a tomar posesión del destino con que vos me quisisteis honrar, fue únicamente para conformarme con vuestra voluntad, y para que no se dijera que no aplicaba mis conatos a la marcha del sistema en el lugar que me han señalado; pero nunca los he tenido de ambición y de dominio, para que a más de que mi alma no se alimenta de esta pasión, estoy satisfecho que los mandos son más espinosos en proporción que son más elevados, que mis fuerzas no alcanzan a cargar con el peso enorme del Gobierno Supremo, y que por esta razón la rectitud de mi espíritu y mis patrióticos deseos pudieron no ser suficientes para el acierto.

Como en cualquier estado puedo consagrar mis servicios tales cuales sean a la conclusión de nuestra grande obra política, si acaso pudieren ser útiles, he resuelto devolver lleno de gratitud a vuestras manos la investidura de individuo del S.P.E. de la nación, con que habéis querido distinguirme para evitar que un lance desagradable menoscabe la reputación que tiene nuestra gloriosa marcha porque ya me faltan los auxilios de la prudencia que demasiado aplicados se han ido disminuyendo sucesivamente; estoy cierto que haciendo así hago un servicio a la patria; quedo expedito para hacer todos los demás que de mí se quieran: en cuyo concepto os suplico tengáis la dignación de admitir esta renuncia que pongo resuelto de no volver al Gobierno en ningún caso, persuadido que esto es lo que exige de mí el bien de la patria.

Dios, Unión, Libertad. Guatemala, agosto 13 de 1824. Manuel José Arce".

***

Con el retiro de Arce del Gobierno Provisional, Valle fue un gobernante omnipotente, cuyas decisiones eran aceptadas sin objeción por O'Horán y de la Cerda, y el peso de su influencia se hacía sentir en la Asamblea Constituyente, cuyos principales decretos eran consultados con Valle antes de ser emitidos.

Tenía que ser así. Valle no era un erudito cualquiera, con la cabeza llena de conocimientos baladíes y dispersos para satisfacer una vanidad mediocre. Valle era una enciclopedia de informaciones modernas, como que el capitalismo de concurrencia ascendía en áreas mundiales; como que la América española tenía la posibilidad de ascender por esa vía; como que la revolución industrial de Inglaterra era un peligro y a la vez podía ser un alivio para los países recién independizados de América, siempre que los gobernantes, apoyados en los pueblos, supieran manejar con habilidad una estrategia y una táctica que favorecieran los intereses americanos. Valle estaba al día.

Aun sus propios errores —que Nicolás Maquiavelo habría considerado aciertos—, como el haber sido Primer Ministro del Capitán

General José Bustamante y Guerra, y Ministro del Interior y del Exterior en el imperio de México, le dieron tantas y tan buenas experiencias, que le facilitaban el Despacho del Gobierno provisional y de reflejar su acción en la propia Asamblea Constituyente.

El Gobierno Provisional promulgó la Constitución Política de la República Federal de Centro América del 22 de noviembre de 1824, hecho importantísimo que llegaba a crear un Estado nuevo en el corazón de América.

Siguió funcionando el Gobierno Provisional hasta diluirse en el Primer Gobierno Constitucional de la República Federal, con Manuel José Arce como Presidente.

### INDIVIDUOS DEL GOBIERNO PROVISIONAL,

**1er.Triunvirato**
Dr. Pedro Molina
Dn. Juan José Villacorta
Dn. Antonio Rivera Cabezas

**2º. Triunvirato**
Dn. Tomás O'Horán
Dn. José Antonio Milla
Dn.Antonio Rivera Cabezas

**3er. Triunvirato**
Dn. Tomás O'Horán
Dn. José Santiago Milla
Dn. Juan Vicente Villacorta

**4º. Triunvirato**
Dn. Tomás O'Horán
General Manuel José Arce
Licenciado José Cecilio del Valle.

**5º. Triunvirato**
Dn. Tomás O'Horán
Dn. Manuel José de la Cerda
Licenciado José Cecilio del Valle.

# EL ESTADO FEDERAL DE CENTROAMÉRICA

¿Qué mejor lección histórica que la de presentar la propia "Constitución de la República Federal de Centro América" para comprender con más exactitud el recién nacido Estado Federal Centroamericano, después de tantas vicisitudes desde 1821 hasta 1823, año en que abandonó el país el imperialista Filísola, testaferro de Agustín de Iturbide, ¿emperador de México?

Antes de copiar el documento célebre, son necesarias algunas definiciones previas, a la luz de las doctrinas de los mejores publicistas, sobre derecho público y en particular sobre el Estado. En esta materia no seguiremos a los autores gaseosos que tratan de esconder entre nubes la verdadera naturaleza de este aparato político. De ninguna manera, porque entonces defraudaríamos a los lectores que exigen la verdad en cuanto a la naturaleza y en cuanto a la sociedad.

El Estado es la organización política de la clase económicamente dominante, que tiene por fin salvaguardar el régimen económico existente y reprimir la resistencia de las otras clases: "El Estado es una máquina destinada a mantener la dominación de una clase sobre otra", ha dicho un autor notable.

Como parte principal de la supraestructura, el Estado, al igual que toda supraestructura (cultural, educacional, religiosa, etc.), tiende a conservar y a fortalecer el sistema económico que lo ha creado.

Algunos sociólogos y juristas tratan de presentar al Estado como una categoría existente desde siempre y surgida junto con la sociedad. Las ideas de éstos son anticientíficas, pues en la sociedad primitiva, en la que no había clases, tampoco existía el Estado y el cual surgió al producirse la división de la sociedad en clases de explotadores y explotados. La descomposición del sistema social primitivo, es decir, la división de la sociedad en clases antagónicas formadas de un lado por los esclavistas y de otro lado por los esclavos, originó la formación del Estado esclavista. Luego, la descomposición del sistema social esclavista para dar lugar a un nuevo sistema social formado de clases opuestas, de señores feudales y de siervos de la gleba, hizo aparecer el Estado feudal. Y después, la descomposición del feudalismo en clases contradictorias, burguesía de una parte y proletariado de otra, provocó el nacimiento del Estado capitalista. Dos rasgos fundamentales caracterizan al Estado en contraposición al régimen primitivo que lo precediera: la división de la población de acuerdo con el principio territorial y la presencia del poder estatal, separado del pueblo y por encima de éste.

Descarnadamente, los principales instrumentos de poder del Estado son órganos de represión, el ejército, la policía política, la policía civil, los tribunales, los juzgados, las sentencias y las cárceles.

El tipo histórico del Estado se define según el régimen económico al que defiende y protege, y según a cuál de las clases pertenece el poder estatal. Por consiguiente, no está malo repetir que en la historia se conocen tres tipos de Estados correspondientes a tres formaciones económico—sociales: el Estado esclavista, el feudal y el burgués.

La esencia de todos los Estados de un determinado tipo histórico es siempre la misma, pero ella aparece bajo formas diferentes en relación con la situación histórica resultante y con los variables problemas del dominio de clase. Las formas del Estado quedan establecidas por la lucha de clases y por la correlación de fuerzas existente entre las mismas. Bajo el capitalismo existen diversas formas de gobierno: monarquía constitucional, parlamentaria, república presidencial, etc.

Ahora bien, (fijarse en esto), como forma fundamental del dominio de la burguesía en el período de formación y desarrollo del capitalismo, aparece la democracia burguesa, en la cual se declara la igualdad de los ciudadanos ante la ley y se expresan los derechos del individuo, tales como las libertades de palabra, de prensa, de reunión, de manifestación, la inviolabilidad del domicilio, de la correspondencia, el habeas corpus, etc.

Pero la democracia bajo el capitalismo siempre es formal ya que las masas explotadas se hallan privadas de aprovechar plenamente las posibilidades expresadas en las Constituciones en cuanto a derechos y libertades. Las promesas democráticas arrancaron de las revoluciones burguesas del siglo XVIII y siguen consignándose en las Constituciones como medios demagógicos de la clase dominante o como simples adornos jurídicos.

En la época del imperialismo, en toda la supraestructura de la sociedad capitalista se produce un vuelco de la democracia hacia la reacción. En las condiciones de la crisis general del capitalismo, la burguesía se encuentra a menudo sin fuerzas para gobernar por medio de la forma democrático—burguesa y en el período de intensa agravación de las contradicciones de clase, tiende a establecer el fascismo, o sea la abierta dictadura terrorista de los monopolios. Con todo, siempre existe la perspectiva de la revolución proletaria y popular para implantar el socialismo, que en su primera fase destruye a la vieja clase dominante, y en la segunda fase construye la sociedad comunista sin clases.

Es antidialéctico pensar de otra manera, pues el movimiento en la naturaleza es desplazamiento histórico en la sociedad, y con la crisis general del capitalismo se vienen abajo las doctrinas que sustentan la inconmovilidad eterna de este sistema. De modo que las viejas teorías de Montesquieu, Rousseau, Bentham y otros publicistas, por más que se les reforme para actualizarlas, resultan inoperantes en nuestros días. Es preciso aceptar que se hallan frente a frente el fascismo con diversas formas políticas y el socialismo en el mundo entero.

***

Son del historiador Alejandro Marure las siguientes palabras:

"A pesar de las felices circunstancias en que se había instalado la Asamblea Nacional de Guatemala (Centro—América) y no obstante el entusiasmo patriótico con que había dado principio a sus tareas, muy pronto se vio dividida por los bandos que después han despedazado a la República. Lo mismo que sucedió el 15 de septiembre de 1821 con los gasistas (de gas, como socarronamente le llamaban al aguardiente, para determinar que los tales eran borrachos) y los cacos (ladrones, para decir que éstos eran amigos de lo ajeno), se verificó el 24 de junio de 1823 con los imperialistas y republicanos: todos se confundieron, todos formaron una sola masa; pero no para olvidar sus antiguos resentimientos, sino para reproducirse en nuevos y más numerosos partidos. El de los liberales, distinguidos después con el nombre de fiebres o anarquistas, a causa del acaloramiento con que emitían sus opiniones y promovían toda especie de reforma, se compuso en su mayor parte, de los que habían sido opuestos a la unión a México y de algunos pocos de los que opinaron en sentido contrario; el de los moderados, que fue más generalmente conocido con las denominaciones de servil o aristócrata, se componía de

93

las familias nobles de casi todos los que se habían manifestado adictos al sistema imperial, es decir, de la mayor parte de los españoles, empleados civiles y militares y clases más ignorantes del pueblo. Engrosaron ese bando algunos republicanos capitalistas que temían la preponderancia de las provincias y deseaban a la Metrópoli su antiguo influjo y prestigios".

No está del todo mal el análisis que hace el historiador Marure, tomando en consideración el tiempo en que lo hizo, pero no está del todo bien. Para estar bien por completo debía haber arrancado de las clases antagónicas de aquella época, en el momento de la revolución de independencia y en el instante de reunirse en Asamblea Constituyente para crear el nuevo Estado. Propiamente hablando había entonces una clase reaccionaria, colonialista, que deseaba la perpetuación del Estado colonial, dependiente de España o de México, y que aceptaba de mal modo las realidades, estando a la vez dispuesta a conspirar dentro de los acontecimientos nuevos. Y había una clase revolucionaria, republicana, que hacía eco al movimiento independentista de la América española y al mismo tiempo seguía los modelos de los Estados Unidos y de Francia. Ambas clases por circunstancias históricas muy especiales concurrían a la Asamblea Constituyente para crear el Estado republicano independiente, superior al Estado colonial sujeto a la hegemonía de España o de México.

Relata Laudelino, Moreno en su "Historia de las Relaciones Interestatales de Centro América", lo siguiente:

El 2 de julio de 1823 el Congreso Constituyente Centroamericano toma el nombre de Asamblea Nacional Constituyente.

La Asamblea comenzó su labor decretando la división del Poder en tres poderes armónicos, encomendando el Legislativo a la Asamblea Nacional, el Judicial a la Alta Corte y tribunales subalternos, y el Ejecutivo a un Triunvirato compuesto por don Antonio Larrazábal, don Pedro Molina y don Juan Vicente Villacorta, salvadoreño este último. Larrazábal dimitió el cargo y lo sustituyó donde Antonio Rivera Cabezas. Este fue el primer Gobierno nacional centroamericano o sea el primer Poder Ejecutivo, pudiendo, por consiguiente, sostenerse que el primer Ejecutivo nacional se organizó en forma colegiada.

El 4 de octubre la Asamblea se declaró en sesión permanente; admitió las renuncias que ejercían el Ejecutivo, y eligió para reemplazarlos al licenciado José Cecilio del Valle, a don Manuel José Arce y a Tomás O'Horán. Para suplir a Valle y Arce, ausentes, se nombró a don José Santiago Milla y a don José Francisco Barrundia, prohombre del partido liberal, que no aceptó, y en su lugar se designó al salvadoreño don Juan Vicente Villacorta, que ya antes había participado del Poder.

Por decreto de 21 de agosto, la Asamblea acordó que el escudo de armas de las Provincias Unidas (Art. 1.) será un triángulo equilátero. En su base aparecerá la cordillera de cinco volcanes, colocado sobre un terreno que se figure bañado por ambos mares; en la parte superior un arco iris que los cubra, y bajo el arco el gorro de la libertad esparciendo luces. En torno del triángulo y en forma circular, se escribirá con letras de oro: PROVINCIAS UNIDAS DE CENTRO AMÉRICA.

Respecto a la bandera, el mismo decreto dispone (Art. 4), que el pabellón nacional para los puertos y para toda clase de buques pertenecientes a este nuevo Estado constará de tres fajas horizontales, azules la superior e inferior y blanca la del centro, en la cual irá dibujado el escudo que designa el artículo primero. En los gallardetes, las fajas se colocarán perpendicularmente por el orden expresado. Del mismo pabellón usarán los enviados de este Gobierno a las naciones extranjeras. En los buques mercantes, los gallardetes y las banderas no llevarán escudos y en la faja del centro se escribirá con letras de plata: DIOS, UNION, LIBERTAD.

La Asamblea, deseosa de conjurar los peligros que para consolidar la Unión representaban la anarquía que ocasionó en Nicaragua la rivalidad entre serviles y fiebres, la tirantez de relaciones entre El Salvador y Guatemala y la indisciplina que produjo el motín militar de Ariza y Torres, dictó el 17 de diciembre de 1823, las bases del Código político de las Provincias de Centroamérica. Este proyecto constitucional, moldeado en la Constitución de los Estados Unidos, y redactado por Delgado, Molina, Mariano Gálvez y José Francisco Barrundia, adopta en la República de Centro América el sistema de gobierno popular representativo federal. Las cinco provincias tendrían su gobierno particular, ajustado a las normas que se les trazó para que quedaran organizadas como Estados de la Unión, y procederían a la elección de autoridades. En cuando a la demarcación de territorio, cada una se atendría al que le estaba asignado antes de la independencia.

Acordó también otras disposiciones bien inspiradas y patrióticas. El 17 de abril de 1824 decretó la libertad de los esclavos Apóstol de tan hermosa causa fue el diputado salvadoreño don José Simeón Cañas y Villacorta, anciano sacerdote, que mostrando una energía que contrastaba con su quebrantada salud, decía, exponiendo su moción. "Vengo arrastrándome, y si agonizando estuviera, agonizando vendría por hacer una proposición benéfica a la humanidad desvalida: con toda la energía con que debe un diputado promover los asuntos interesantes a la patria, pido que, ante todas las cosas y en la sesión del día, se declaren ciudadanos libres nuestros hermanos esclavos". La proposición obtuvo el voto favorable de todos los diputados.

Por el artículo 1. de la ley abolicionista, desde su publicación, son libres los esclavos de uno y otro sexo y de cualquiera edad que existan en algún punto de los Estados federados de Centro América; y, en adelante, ninguno podrá hacer esclavo. En sucesivos artículos establece que ninguna persona nacida o naturalizada en estos Estados podrá tener a otra en esclavitud, ni traficar con esclavos dentro o fuera de su territorio, perdiendo el traficante de los derechos de ciudadano, y prohíbe admitir a ningún extranjero que se emplee en el expresado tráfico. Para no lesionar lo que venía constituyendo un derecho de propiedad, dispone que la liberación se haga indemnizando a los propietarios de los esclavos, a cuyo efecto (Art. 6) se creará en cada provincia un fondo destinado únicamente para indemnizar a los dueños de esclavos, naturales o vecinos de ella, que estén en el caso de ser indemnizados. Cualquier dueño de esclavos (Art. 10), que después de publicada la ley abolicionista les exija algún servicio forzosamente o les impida acudir a la municipalidad más inmediata a obtener el documento de libertad, será procesado y castigado con las penas establecidas para los que atentan contra la libertad individual y perderá el derecho de ser indemnizado.

El 23 de julio la Asamblea abolió todos los tratamientos de Majestad, Alteza, Excelencia, Señoría, etc., la distinción de Don y los tratamientos eclesiásticos. En 4 de agosto, ordenó que en las comunicaciones oficiales se sustituya la fórmula "Dios guarde a V.M.A." por la de "Dios, Unión y Libertad".

El 31 de diciembre declaró que Centro América es un asilo inviolable para las personas y para los bienes de los extranjeros, no pudiendo, ni por represalia, ni por causa de guerra, ni por ningún otro motivo, secuestrarse, confiscarse ni embargarse dichas propiedades.

Decretó también la libertad de imprenta y la de comercio con todas las naciones.

¡La obra! fundamental de la Asamblea es la Constitución de 22 de noviembre de 1824, formada con arreglo a las bases establecidas por la Asamblea el 17 de diciembre de1823. Bajo ella se organiza Centro América como Estado soberano e independiente.

Le sirve de modelo la Constitución de 1827 de los Estados Unidos de Norte América, y se inspira para la organización del Gobierno en las normas de la Constitución de Cádiz de 1812, estableciendo una base electoral de tres grados, complicada con el principio de mayoría absoluta. A pesar de ello, no es posible esta aseveración de Carlos Pereyra en su "Historia de la América Española", que "no había una sola sílaba original en sus preceptos esenciales: escrita sobre la copia de una copia, tenía la inconsistencia de las nubes".

Contiene la Constitución Federal todas las materias que suelen comprender las de tipo normal; es, por tanto, completa y además muy extensa. Consta de 15 títulos, divididos en secciones, y comprende 211 artículos, algunos de gran amplitud.

# CONSTITUCIÓN FEDERAL DE 22 DE NOVIEMBRE DE 1824

EN EL NOMBRE DEL SER SUPREMO, AUTOR DE LAS SOCIEDADES Y LEGISLADOR DEL UNIVERSO.

CONGREGADOS EN ASAMBLEA NACIONAL CONSTITUYENTE, NOSOTROS LOS REPRESENTANTES DEL PUEBLO DE CENTRO AMERICA, CUMPLIENDO CON SUS DESEOS, Y EN USO DE SUS SOBERANOS DERECHOS, DECRETAMOS LA SIGUIENTE CONSTITUCION PARA PROMOVER SU FELICIDAD: SOSTENERLE EN EL MAYOR GOCE POSIBLE DE SUS FACULTADES: AFIANZAR LOS DERECHOS DEL HOMBRE Y DEL CIUDADANO SOBRE LOS PRINCIPIOS INALTERABLES DE LIBERTAD, IGUALDAD, SEGURIDAD Y PROPIEDAD: ESTABLECER EL ORDEN PUBLICO Y FORMAR UNA PERFECTA FEDERACION.

## TÍTULO I
### DE LA NACIÓN Y DE SU TERRITORIO

### SECCIÓN PRIMERA
### DE LA NACIÓN

Art. 1. —El pueblo de la República Federal de Centro América es soberano e independiente.

Art. 2. —Es esencial al soberano y su primer objeto la conservación de la libertad, seguridad y propiedad.

Art. 3. —Forman el pueblo de la República todos sus habitantes.

Art. 4. —Están obligados a obedecer y respetar la ley, a servir y defender la patria con las armas y a contribuir proporcionalmente para los gastos públicos sin exención ni privilegio alguno.

### SECCIÓN SEGUNDA

## DEL TERRITORIO

Art. 5. —El territorio de la República es el mismo que antes comprendía el antiguo reino de Guatemala, a excepción, por ahora, de la provincia de Chiapas.

Art.6. —La Federación se compone actualmente de cinco Estados, que son: Costa Rica, Nicaragua, Honduras, El Salvador y Guatemala. La provincia de Chiapas se tendrá por Estado de la Federación cuando libremente se una.

Art.7. —La demarcación del territorio de los Estados se hará por la ley constitucional, con presencia de los datos necesarios.

## TÍTULO II
## DEL GOBIERNO, DE LA RELIGIÓN Y DE LOS CIUDADANOS

### SECCIÓN PRIMERA
### DEL GOBIERNO Y DE LA RELIGIÓN

Art. 8. —El gobierno de la República es popular, representativo, federal.

Art. 9. —La República se denomina: "Federación de Centro América".

Art. 10. —Cada uno de los Estados que la componen es libre e independiente en su gobierno y administración interior; y les corresponde todo el poder que por la Constitución no estuviere conferido a las autoridades federales.

Art. 11. —Su religión es la católica, apostólica, romana, con exclusión del ejercicio público de cualquiera otra.

Art.12. —La República es un asilo sagrado para todo extranjero, y la patria de todo el que quiera residir en su territorio.

### SECCIÓN SEGUNDA

# DE LOS CIUDADANOS

Art. 13. —Todo hombre es libre en la República. No puede ser esclavo el que se acoja a sus leyes, ni ciudadano el que trafique con esclavos.

Art. 14. —Son ciudadanos todos los habitantes de la República, naturales del país o naturalizados en él, que fueren casados, o mayores de dieciocho años, siempre que ejerzan alguna profesión útil o tengan medios conocidos de subsistencia.

Art. 15. —El Congreso concederá cartas de naturaleza a los extranjeros que manifiesten a la autoridad local designio de radicarse en la República:

1) Por servicios relevantes hechos a la nación y designados por la ley;

2) Por cualquiera invención útil, y por el ejercicio de alguna ciencia, arte u oficio no establecidos aún en el país, o mejora notable de una industria conocida;

3) Por vecindad de cinco años; y

4) Por la de tres, a los que vinieren a radicarse con sus familias, a los que contrajeren matrimonio en la República, y a los que adquirieren bienes raíces del valor y clase que determina la ley.

Art. 16. —También son naturales los nacidos en país extranjero, de ciudadanos de Centro América, siempre que sus padres estén al servicio de la República, o cuando su ausencia no pasare de cinco años y fuere con noticia del gobierno.

Art. 17. —Son naturalizados los españoles y cualesquiera extranjeros que, hallándose radicados en algún punto del territorio de la República, al proclamar su independencia, la hubieren jurado.

Art. 18. —Todo el que fuere nacido en las Repúblicas de América y viniere a radicarse a la Federación, se tendrá por naturalizado en ella desde el momento en que manifieste su designio ante la autoridad local.

Art. 19. —Los ciudadanos de un Estado tienen expedito el ejercicio de la ciudadanía en cualquiera otro de la Federación.

Art.20. —Pierden la calidad de ciudadanos:

1) Los que admitieren empleo, o aceptaren pensiones, distintivos o títulos hereditarios de otro Gobierno, o personales sin licencia del Congreso.

2) Los sentenciados por delitos que, según la ley, merezcan pena más que correccional, sino obtuvieren rehabilitación.

Art. 21. —Se suspende los derechos de ciudadano;

1) Por proceso criminal en que se haya proveído auto de prisión por delito que, según la ley, merezca pena más que correccional.

2) Por ser deudor fraudulento declarado, o deudor a las rentas públicas y judicialmente requerido de pago.

3) Por conducta notoriamente viciada.

4) Por incapacidad física o moral, judicialmente calificada.

5) Por estado de sirviente doméstico cerca de la persona.

Art. 22. —Solo los ciudadanos en ejercicio pueden obtener oficios (empleos y funciones: nota nuestra) en la República.

## TÍTULO III
## DE LA ELECCIÓN DE LAS SUPREMAS AUTORIDADES FEDERALES

### SECCIÓN PRIMERA
### DE LAS ELECCIONES EN GENERAL

Art. 23. —Las Asambleas de los Estados dividirán su población con la posible exactitud y comodidad, en juntas populares en distritos y en departamentos.

Art. 24. —Las juntas populares se componen de ciudadanos en ejercicio de sus derechos: las juntas de distrito de los electores nombrados por las juntas de departamento de los electores nombrados por las juntas de distrito. (Aquí faltan palabras aclaratorias en el texto que copiamos: nota nuestra).

Art. 25. —Toda junta será organizada por un directorio compuesto de un presidente, dos secretarios y dos escrutadores electos por ella misma.

Art. 26. —Las acusaciones sobre fuerza, cohecho o soborno en los sufragantes, hechas en el acto de la elección, serán determinadas por el directorio con cuatro hombres buenos nombrados, entre los ciudadanos presentes, por el acusador y acusado, para el solo efecto de desechar por aquella vez los votos tachados o el del calumniador en su caso. En lo demás, estos juicios serán seguidos y terminados en los tribunales comunes.

Art.27. —Los recursos sobre nulidad en elecciones de las juntas populares, serán definitivamente resueltos en las juntas de distrito; y los que se entablen contra éstas, en las de departamento. Los cuerpos legislativos que verifican las elecciones deciden de las calidades de los últimos electos, cuando sean tachados, y de los reclamos sobre nulidad en los actos de las juntas de departamento.

Art. 28. —Los electores de distrito y de departamento no son responsables por su ejercicio electoral. Las leyes acordarán las garantías necesarias para que libre y puntualmente verifiquen su encargo.

Art. 29. —En las épocas de elección constitucional, se celebrarán el último domingo de octubre las juntas populares: el segundo domingo de noviembre las de distrito; y el primer domingo de diciembre las de departamento.

Art. 30. —Ningún ciudadano podrá excusarse del cargo de elector por motivo ni pretexto alguno.

Art. 31. —Nadie puede presentarse con armas a los actos de elección ni votarse a sí mismo.

Art. 32. —Las juntas no podrán deliberar sino sobre objetos designados por la ley. Es nulo todo acto que esté fuera de su legal intervención.

## SECCIÓN SEGUNDA
## DE LAS JUNTAS POPULARES

Art. 33. —La base menor de una junta popular será de doscientos cincuenta habitantes: la mayor de dos mil y quinientos.

Art. 34. —Se formarán registros de los ciudadanos que resulten de la base de cada junta; y los inscriptos en ellos únicamente tendrán voto activo y pasivo.

Art. 35. —Las juntas nombrarán un elector primario por cada doscientos habitantes. La que tuviere un residuo de ciento veinte y seis nombrará un elector más.

## SECCIÓN TERCERA

## DE LAS JUNTAS DE DISTRITO

Art. 36. —Los electores primarios se reunirán las cabeceras de los distritos que las Asambleas designen.

Art. 37. —Reunidas por lo menos las dos terceras partes de los electores primarios, se forma la junta y nombra por mayoría absoluta un elector de distrito por cada diez electores de los que le corresponden.

## SECCIÓN CUARTA
## DE LAS JUNTAS DE DEPARTAMENTO

Art. 38. —Un departamento constará fijamente de doce electores de distrito por cada representante que haya de nombrar.

Art. 39. —Los electores de distrito se reunirán en las cabeceras de departamento que las Asambleas designen.

Art. 40. —Reunidas por lo menos las dos terceras partes de los electores de distrito, se forma la junta de departamento y elige por mayoría absoluta a los representantes y suplentes que le corresponden para el Congreso.

Art. 41. —Nombrados los representantes y suplentes, se despachará a cada uno, copia autorizada del acta en que consta su nombramiento.

Art. 42. —En la renovación del Presidente y Vicepresidente de la República, individuos de la Suprema Corte de Justicia y Senadores del Estado, los electores sufragarán para estos funcionarios en actos diversos, y cada voto será registrado con separación.

Art. 43. —las juntas de departamento formarán de cada acto de elección lista de los electores con expresión de sus votos.

Art. 44. —Las listas relativas a la elección de Presidente y Vicepresidente de la República e individuos de la Corte Suprema de Justicia, deberán firmarse por los electores y remitirse cerradas y selladas al Congreso. También se dirigirá, en la propia forma, una copia de ellas, con la de votación para Senadores, a la Asamblea del Estado respectivo.

## SECCIÓN QUINTA
## DE LA REGULACIÓN DE LOS VOTOS Y MODO DE
## VERIFICAR LA ELECCION DE AUTORIDADES FEDERALES

Art. 45. —Reunidas las listas de las juntas departamentales de cada Estado, su Asamblea hará un escrutinio de ellas, y en la forma prescrita en el artículo anterior, lo remitirá con las mismas listas al Congreso, reservándose las que contienen la elección de Senadores.

Art. 46. —Reunidos los pliegos que contienen las listas de todas las juntas de departamento y su escrutinio formado por las Asambleas, el Congreso los abrirá y regulará la votación por el número de los electores de distrito; y no por el de las juntas de departamento.

Art. 47. —Siempre que resulte mayoría absoluta de sufragios, la elección está hecha. Si no la hubiere, y algunos ciudadanos reunieren cuarenta o más votos, el Congreso, por mayoría absoluta, elegirá entre ellos. Si esto no se verificare, nombrará entre los que tuvieren de quince votos arriba; y no resultando los suficientes para ninguno de estos dos casos, elegirá entre los que obtengan cualquier número.

Art. 48. —Las Asambleas de los Estados, sobre las mismas reglas y en proporción semejante, verificarán la elección de Senadores, sino resultare hecha por los votos de los electores de distrito.

Art. 49. —En un mismo sujeto la elección de propietario, con cualquier número de votos, prefiere a la de suplente.

Art. 50. —En caso de que un mismo ciudadano obtenga dos o más elecciones, preferirá a la que se haya efectuado con mayor número de votos populares; y siendo estos iguales, se determinará por la voluntad del electo.

Art. 51. —Los ciudadanos que hayan servido por el término constitucional cualquier destino de la federación, no serán obligados a admitir otro diverso sin que haya transcurrido el intervalo de un año.

Art. 52. —Las elecciones de las Supremas Autoridades, Federales se publicarán por un decreto del Cuerpo Legislativo que les haya verificado.

Art. 53. —Todos los actos de elección, desde las juntas populares hasta los escrutinios del Congreso, y de las Asambleas, deben ser públicos para ser válidos.

Art. 54. —La ley reglamentará estas elecciones sobre las bases establecidas.

# TÍTULO IV
## DEL PODER LEGISLATIVO Y DE SUS ATRIBUCIONES

### SECCIÓN PRIMERA
### DE LA ORGANIZACION DEL PODER LEGISLATIVO

Art. 55. —El Poder Legislativo de la Federación reside en un Congreso compuesto de representantes popularmente electos, en razón de uno por cada treinta mil habitantes.

Art. 56. —Por cada tres representantes se elegirá un suplente. Pero si a alguna junta no le correspondiere elegir más que uno o dos propietarios, nombrará sin embargo un suplente.

Art. 57. —Los suplentes concurrirán por falta de los propietarios en caso de muerte o imposibilidad, a juicio del Congreso.

Art. 58. —El Congreso se renovará por mitad cada año, y los mismos representantes podrán ser reelectos una vez sin intervalo alguno.

Art. 59. —La primera Legislatura decidirá por suerte los representantes que deben renovarse en el año siguiente, en adelante, la renovación se verificará saliendo los de nombramiento más antiguo.

Art. 60. —La primera vez calificará las elecciones y credenciales de los representantes una junta preparatoria compuesta de ellos mismos: en lo sucesivo, mientras no se hubieren abierto las sesiones, toca esta calificación a los representantes que continúan, en unión de los nuevamente electos.

Art. 61. —Para ser representante se necesita tener la edad de veintitrés años, haber sido ciudadano, bien del estado seglar o eclesiástico secular y hallarse en —el actual ejercicio de sus derechos. En los naturalizados se requiere además un año de residencia no interrumpida inmediata a la elección, si no es que hayan estado ausentes en servicio de la República.

Art.62. —Los empleados del gobierno de la Federación o de los Estados, no podrán ser representantes en el Congreso ni en las Asambleas por el territorio en que ejercen su cargo, ni los representantes serán empleados por estos gobiernos durante sus funciones, ni obtendrán ascenso que no sea de rigurosa escala.

Art. 63. —En ningún tiempo, ni por motivo alguno, los representantes pueden ser responsables por proposición, discurso o debate en el Congreso o fuera de él sobre asuntos relativos a su encargo. Y durante las sesiones y un mes después no podrán ser demandados civilmente ni ejecutados por deudas.

Art. 64. —El Congreso resolverá en cada Legislatura el lugar de su residencia; pero tanto el Congreso como las demás autoridades federales, no ejercerán otras facultades sobre la población donde residan, que las concernientes a mantener el orden y tranquilidad pública, para asegurarse en el libre y decoroso ejercicio de sus funciones.

Art. 65. —Cuando las circunstancias de la Nación lo permitan, se construirá una ciudad para residencia de las Autoridades Federales, las que ejercerán en ella una jurisdicción exclusiva.

Art. 66. —El Congreso se reunirá todos los años el día primero de Marzo, y sus sesiones durarán tres meses.

Art.67. —La primera Legislatura podrá prorrogarse por el tiempo que juzgue necesario; las siguientes no podrán hacerlo por más de un mes.

Art. 68. —Para toda resolución se necesita la concurrencia de la mayoría absoluta de los representantes y el acuerdo de la mitad y uno más de los que se hallaren presentes; pero un número menor puede obligar a concurrir a los ausentes del modo y bajo las penas que se designen en el reglamento interior del Congreso.

## SECCIÓN SEGUNDA
## DE LAS ATRIBUCIONES DEL CONGRESO

Art. 69. —Corresponde al Congreso:

1) Hacer las leyes que mantienen la Federación y aquellas en cuya general uniformidad tienen un interés directo y conocido cada uno de los Estados.

2) Levantar y sostener el Ejército y Armada Nacional.

3) Formar la Ordenanza General de una v otra fuerza.

4) Autorizar al Poder Ejecutivo para emplear la milicia de los Estados, cuando lo exija la ejecución de la ley o sea necesario contener insurrecciones o repeler invasiones.

5) Conceder al Poder Ejecutivo facultades extraordinarias expresamente detalladas y por un tiempo limitado en caso de guerra contra la independencia nacional.

6) Fijar los gastos de la administración general.

7) Decretar y designar rentas generales para cubrirlos; y no siendo bastantes, señalar el cupo correspondiente a cada Estado, según su población y riqueza.

8) Arreglar la administración de las rentas generales; velar su inversión y tomar cuentas de ellas al Poder Ejecutivo.

9) Decretar en caso extraordinario, pedidos, préstamos e impuestos extraordinarios.

10) Calificar y reconocer la deuda nacional.

11) Destinar los fondos necesarios para su amortización y réditos.

12) Contraer deudas sobre el crédito nacional.

13) Suministrar empréstitos a otras naciones.

14)Dirigir la educación, estableciendo los principios generales, más conformes al sistema popular y al progreso de las artes útiles y de las ciencias; y asegurar a los inventores, por el tiempo que se considere justo, el derecho exclusivo en sus descubrimientos.

15) Arreglar y proteger el derecho de petición.

16) Declarar la guerra y hacer la paz con presencia de los informes y preliminares que le comunique el Poder Ejecutivo.

17) Ratificar los tratados y negociaciones que haya ajustado el Poder Ejecutivo.

18) Conceder o negarla introducción de tropas extranjeras en la República.

19) Arreglar el comercio con las naciones extranjeras y entre los Estados de la Federación; y hacer leyes uniformes sobre las bancarrotas.

20) Habilitar puertos y establecer aduanas marítimas.

21) Determinar el valor, ley, tipo y peso de la moneda nacional y el precio de la extranjera; fijar uniformemente los pesos y medidas, y decretar penas contra los falsificadores.

22) Abrir los grandes caminos y canales de comunicación; y establecer y dirigir postas y correos generales de la República.

23) Formar la ordenanza del corso; dar leyes sobre el modo de juzgar la piratería, y decretar las penas contra este y otros atentados cometidos en alta mar, con infracción del Derecho de Gentes.

24) Conceder amnistías o indultos generales en el caso que designa el artículo 118.

25) Crear tribunales inferiores que conozcan en asuntos propios de la Federación.

26): Calificar las elecciones populares de las Autoridades Federales, a excepción de las del Senado.

27) Admitir por dos terceras partes de votos las renuncias que con causas graves hagan de sus oficios los representantes en el Congreso, el Presidente y Vicepresidente de la República, los Senadores, después que hayan tomado posesión y los individuos de la Suprema Corte de Justicia.

28) Señalar los sueldos de los representantes en el Congreso, del Presidente y Vicepresidente, de los individuos de la Suprema Corte y de los demás agentes de la Federación.

29) Velar especialmente sobre la observación de los artículos contenidos en los Títulos 10 y 11, y anular, sin las formalidades prevenidas en el artículo 194, toda disposición legislativa que los contraríe.

30) Conceder permiso para obtener de otra Nación pensiones, distintivos o títulos personales, siendo compatibles con el sistema de gobierno de la República.

31) Resolver sobre la formación y admisión de nuevos Estados.

Art. 70. —Cuando el Congreso fuere convocado extraordinariamente, sólo tratará de aquellos asuntos que hubieren dado motivo a la convocatoria.

## TÍTULO V
## DE LA FORMACIÓN, SANCIÓN Y PROMULGACIÓN DE LA LEY

### SECCIÓN PRIMERA
### DE LA FORMACIÓN DE LA LEY

Art. 71. —Todo proyecto de ley debe presentarse por escrito, y sólo tienen facultad de proponerlo al Congreso los representantes y secretarios del despacho; pero estos últimos no podrán hacer proposiciones sobre ninguna clase de impuestos.

Art. 72. —El proyecto de ley debe leerse por dos veces en días diferentes antes de resolverse si se admite o no a discusión.

Art. 73. —Admitido, deberá pasar a una comisión que lo examinará detenidamente, y no podrá presentarlo sino después de tres días. El informe que diere tendrá también dos lecturas en días diversos, y señalando el de su discusión con el intervalo a lo menos de otras tres, no podrá diferirse más tiempo sin acuerdo del Congreso.

Art. 74. —La ley sobre formación sobre nuevos Estados se hará según lo prevenido en el Título XIV.

Art. 75. —No admitido a discusión, o desechado un proyecto de ley, no podrá volver a proponerse sino hasta el año siguiente.

Art.76. —Si se adoptare el proyecto, se extenderá por triplicado en forma de ley; se leerá en el Congreso; y firmados los tres originales, por el Presidente y dos Secretarios, se remitirán al Senado.

## SECCIÓN SEGUNDA
## DE LA SANCIÓN DE LA LEY

Art. 77. —Todas las resoluciones del Congreso, dictadas en uso de las atribuciones que le designa la Constitución, necesitan, para ser válidas tener la sanción del Senado, exceptuándose únicamente las que fueren:

1) Sobre su régimen interior, lugar y prórroga de sus sesiones.

2) Sobre calificación de elecciones y renuncia de los electos.

3) Sobre concesión de cartas de naturaleza.

4) Sobre declaratoria de haber lugar a formación de causa contra cualquier funcionario.

Art. 78. —El Senado dará la sanción por mayoría absoluta de votos, con esta fórmula: "Al Poder Ejecutivo"; y la negará con esta otra: "Vuelva al Congreso".

Art. 79. —Para dar o negar la sanción tomará desde luego informes del Poder Ejecutivo, que deberá darlos en el término de ocho días.

Art. 80. —El Senado dará o negará la sanción entre los diez días inmediatos. Si pasado este término no la hubiere dado o negado, la resolución la obtiene por el mismo hecho.

Art. 81. —El Senado deberá negarla cuando la resolución sea en cualquier manera contraria a la Constitución, o cuando juzgare que su observancia no es conveniente a la República. En estos dos casos devolverá al Congreso uno de los originales con la fórmula correspondiente, puntualizando por separado las razones en que funde su opinión. El Congreso las eximirá y discutirá de nuevo la resolución devuelta. Si fuere ratificada por dos terceras partes de votos, la sanción se tendrá por dada, y en efecto, la dará el Senado. En caso contrario, no podrá proponerse de nuevo sino hasta el año siguiente.

Art. 82. —Cuando la resolución fuere sobre contribuciones, de cualquiera clase que sean, y el Senado rehusare sancionarla, se necesita el acuerdo de las tres cuartas partes del Congreso para su ratificación. Ratificada que sea, se observará en lo demás lo prevenido en el artículo anterior.

Art.83.—Cuando el Senado rehusare sancionar una resolución del Congreso, por ser contraria a los Títulos 10 y 11, se requiere también para ratificarla, el acuerdo de las tres cuartas partes del Congreso y debe pasar segunda vez al Senado para que dé o niegue la sanción.

Art. 84. —Si aun así no la obtuviere, o si la resolución no hubiere sido rectificada, no puede volver a proponerse sino hasta el año siguiente, debiendo entonces sancionarse o rectificarse según las reglas comunes a toda resolución.

Art. 85.—Cuando la mayoría de los Estados reclamare las resoluciones del Congreso en el caso del Artículo 83, deberán ser inmediatamente revisadas, sin perjuicio de su observancia, y recibir nueva sanción por los trámites prevenidos en el mismo artículo, procediéndose en lo demás conforme al 84.

Art. 86. —Dada la sanción constitucionalmente, el Senado devuelve con ella al Congreso un original, y pasa otro al Poder Ejecutivo para su ejecución.

## SECCIÓN TERCERA
## DE LA PROMULGACIÓN DE LA LEY

Art. 87.—El Poder Ejecutivo, luego que reciba una resolución sancionada o de las que trata el Artículo 77, debe, bajo la más estrecha responsabilidad, ordenar su cumplimiento: disponer entre quince días lo necesario para su ejecución; y publicarla y circularla, pidiendo al Congreso prórroga del término, si en algún caso fuese necesaria.

Art. 88. —La promulgación se hará en esta forma: "Por cuanto: el Congreso y el senado sanciona lo siguiente (el texto literal); por tanto, ejecútese".

## TÍTULO VI
## DEL SENADO Y SUS ATRIBUCIONES

### SECCIÓN PRIMERA
### DEL SENADO

Art. 89. —Habrá un Senado compuesto de miembros electos popularmente en razón de dos por cada Estado; se renovarán anualmente por tercios, pudiendo sus individuos ser reelectos una vez sin intervalo alguno.

Art.90. —Para ser Senador se requiere: naturaleza en la República, tener treinta años cumplidos, haber sido siete ciudadano, bien sea del estado seglar o del eclesiástico secular y estar en actual ejercicio de sus derechos.

Art. 91. —Nombrará cada Estado un suplente que tenga las mismas condiciones, para los casos de muerte o imposibilidad declarada por el mismo Senado.

Art. 92. —Uno solo de los Senadores que nombre cada Estado podrá ser eclesiástico.

Art. 93. —El Senado en su primera sesión se dividirá por suerte con la igualdad posible en tres partes, las que sucesivamente se renovarán cada año.

Art.94. —El Vicepresidente de la República presidirá el Senado y sólo sufragará en caso de empate.

Art. 95. —En su falta, nombrará el Senado, entre sus individuos, un Presidente, que deberá tener las calidades que se requieren para ser Presidente de la República.

Art. 96.—El Vicepresidente se apartará del Senado cuando éste nombre los individuos del tribunal que establece el Artículo 147.

Art.97. —Las sesiones del Senado durarán todo el año en la forma que prevenga el reglamento.

## SECCIÓN SEGUNDA
## DE LAS ATRIBUCIONES DEL SENADO

Art. 98. —El Senado tiene la sanción de todas las resoluciones del Congreso en la forma que se establece en la Sección 2ª., Título V.

Art. 99. —Cuidará de sostener la Constitución; velará sobre el cumplimiento de las leyes generales y sobre la conducta de los funcionarios del Gobierno Federal.

Art. 100. —Dará consejo al Poder Ejecutivo:

1) Acerca de las dudas que ofrezca la ejecución de las resoluciones del Congreso.

2) En los asuntos que provengan de relaciones y tratados con potencias extranjeras.

3) En los del gobierno interior de la República.

4) En los de guerra o insurrección.

Art. 101. —Convocará al Congreso en casos extraordinarios, citando a los suplentes de los representantes que hubieren fallecido durante el receso.

Art. 102. Propondrá ternas al Poder Ejecutivo para el nombramiento de los Ministros diplomáticos, del Comandante de Armas de la Federación, de todos los oficiales del Ejército de Coronel inclusive arriba, de los Comandantes de puertos y fronteras, de los Ministros de la Tesorería General, de los Jefes de las rentas generales.

Art. 103. —Declarará cuando ha lugar a formación de causa contra los Secretarios del Despacho, el Comandante de Armas de la Federación, los Comandantes de los puertos y fronteras, los Ministros de la Tesorería General y los Jefes de rentas generales por delitos cometidos en el ejercicio de sus funciones, quedando sujetos en todo lo demás a los tribunales comunes.

Art. 104.—Intervendrá en las controversias que designa el Artículo 194; y nombrará en sus primeras sesiones el tribunal que establece el 147.

Art. 105.—Reverá las sentencias de que habla el Artículo 137.

## TÍTULO VII
## DEL PODER EJECUTIVO, DE SUS ATRIBUCIONES Y DE LOS SECRETARIOS DEL DESPACHO

### SECCIÓN PRIMERA
### DEL PODER EJECUTIVO

Art. 106. —El Poder Ejecutivo se ejercerá por un Presidente nombrado por el pueblo de todos los Estados de la Federación.

Art. 107. —En su falta, hará sus veces un Vicepresidente nombrado igualmente por el pueblo.

Art. 108.—En falta de uno y otro, el Congreso nombrará un Senador de las calidades que designa el Artículo 110. Si el impedimento no fuere temporal y faltare más de un año para la renovación periódica, dispondrá se proceda a nueva elección, lo que deberá hacerse desde las juntas populares hasta su complemento. El que así fuere electo, durará en sus funciones el tiempo designado en el Artículo 111.

Art. 109. —Cuando la falta de que habla el Artículo anterior ocurra, no hallándose reunido el Congreso, se convocará extraordinariamente; y entre tanto, ejercerá el Poder Ejecutivo el que Presida el Senado.

Art. 110. —Para ser Presidente y Vicepresidente se requiere: naturaleza en la República, tener treinta años cumplidos, haber sido siete ciudadano, ser del estado seglar y hallarse en actual ejercicio de sus derechos.

Art. 111. —La duración del Presidente y Vicepresidente será por cuatro años y podrán ser reelectos una vez sin intervalo alguno.

Art. 112.—El Presidente no podrá recibir de ningún Estado, autoridad o persona particular emolumentos o dádivas de ninguna especie; ni sus sueldos serán alterados durante su encargo.

## SECCIÓN SEGUNDA
## DE LAS ATRIBUCIONES DEL PODER EJECUTIVO

Art.113. —El Poder Ejecutivo publicará la ley, cuidará de su observancia y del orden público.

Art.114. —Consultará al Congreso sobre la inteligencia de la ley; y al Senado sobre las dudas o dificultades que ofrezca su ejecución. Debe en este caso conformarse con su dictamen y cesa su responsabilidad.

Art. 115. —Entablará, consultando al Senado, las negociaciones y tratados con las potencias extranjeras; le consultará asimismo sobre los negocios que provengan de estas relaciones; pero en ninguno de los dos casos está obligado a conformarse con su dictamen.

Art. 116. —Podrá consultar al Senado en los negocios graves del gobierno interior de la República, y en los de guerra o insurrección.

Art. 117.—Nombrará los funcionarios de la República que designa el Artículo 102, a propuesta del Senado; los que designa el Artículo 139, a propuesta de la Suprema Corte de Justicia; y los subalternos de unos y otros, y los oficiales de la fuerza permanente, que no lleguen a la graduación de Coronel, por igual propuesta de sus jefes o superiores respectivos.

Art.118. —Cuando por algún grave acontecimiento peligre la salud de la Patria y convenga usar de amnistía o indulto, el Presidente lo propondrá al Congreso.

Art.119. —Dirigirá toda la fuerza armada de la Federación; podrá reunir la Cívica y disponer de ella cuando se halle en servicio activo de la República, y mandar en persona el Ejército con aprobación del Senado, en cuyo caso recaerá el gobierno en el Vicepresidente.

Art. 120. —Podrá usar de la fuerza para repeler invasiones o contener insurrecciones, dando cuenta inmediata al Congreso, y en receso de éste al Senado.

Art. 121. —Concederá, con aprobación del Senado, lo premios honoríficos compatibles con el sistema de gobierno de la Nación.

Art. 122. —Podrá separar libremente, y sin necesidad de instrucciones de causa, a los Secretarios del Despacho, trasladar con arreglo a las leyes a todos los funcionarios del Poder Ejecutivo Federal, suspenderlos por seis meses, y deponerlos con pruebas justificativas de ineptitud o desobediencia, y con acuerdo, en vista de ellas, de las dos terceras partes del Senado.

Art.123. —Presentará, por medio de los Secretarios del Despacho, al abrir el Congreso sus sesiones, un detalle circunstanciado del estado de todos los ramos de la Administración pública, y del Ejército y Marina, con los proyectos que juzgue más oportunos para su conservación o mejora, y una cuenta exacta de los gastos hechos, con el presupuesto de los venideros, y medios para cubrirlos.

Art. 124. —Dará al Congreso y al Senado los informes que le pidieren; y cuando sean sobre asuntos de reserva, lo expondrá así para que el Congreso o el Senado lo dispensen de su manifestación, o se la exijan si el caso lo requiere. Más no estará obligado a manifestar los planes de guerra ni las negociaciones de alta política pendientes con las potencias extranjeras.

Art. 125. —En caso de que los informes sean necesarios para exigir la responsabilidad al Presidente, no podrán rehusarse por ningún motivo, ni reservarse los documentos después que se haya declarado haber lugar a formación de causa.

Art. 126. —No podrá el Presidente, sin licencia del Congreso, separarse del lugar en que éste resida; ni salir del territorio de la República hasta seis meses después de concluido su encargo.

Art. 127. —Cuando el Presidente, sea informado de alguna conspiración o traición a la República, y de que la amenaza un próximo riesgo, podrá dar órdenes de arresto, e interrogar a los que se presumen reos; pero en el término de tres días los pondrá a disposición del juez respectivo.

Art. 128. —Comunicará a los jefes de los Estados las leyes y disposiciones generales, y les prevendrá lo conveniente en todo cuanto concierna al servicio de la Federación y no estuviere encargado a sus agentes particulares.

115

## SECCIÓN TERCERA
## DE LOS SECRETARIOS DEL DESPACHO

Art. 129. —El Congreso, a propuesta del Poder Ejecutivo, designará el número de los Secretarios del Despacho, organizará las Secretarías y fijará los negocios que a cada uno corresponden.

Art. 130. —Para ser Secretario del Despacho se necesita ser americano de origen, en el ejercicio de sus derechos y mayor de veinticinco años.

Art. 131. —Las órdenes del Poder Ejecutivo se expedirán por medio del Secretario del ramo a que correspondan; y las que de otra suerte se expidieren no deben ser obedecidas

## TÍTULO VIII
## DE LA SUPREMA CORTE DE JUSTICIA Y DE SUS ATRIBUCIONES

## SECCIÓN PRIMERA
## DE LA SUPREMA CORTE DE JUSTICIA

Art. 132. —Habrá una Suprema Corte de Justicia, que según disponga la ley, se compondrá de cinco o siete individuos; serán electos por el pueblo; se renovarán por tercios cada dos años, y no podrán ser reelectos.

Art. 133. —Para ser individuo de la Suprema Corte se requiere: ser americano de origen, con siete años de residencia no interrumpida e inmediata a la elección, ciudadano en el ejercicio de sus derechos, del estado seglar y mayor de treinta años.

Art. 134. —En falta de algún individuo de la Suprema Corte, hará sus veces uno de tres suplentes, que tendrán las mismas calidades y serán electos por el pueblo después del nombramiento de los propietarios.

Art. 135. —La Suprema Corte designará en su caso el suplente que deba concurrir.

## SECCIÓN SEGUNDA
## DE LAS ATRIBUCIONES DE LA SUPREMA
## CORTE DE JUSTICIA

Art. 136. —Conocerá en última instancia, con las limitaciones y arreglos que hiciere el Congreso, en los casos emanados de la Constitución; de las leyes generales, de los tratados hechos por la República de jurisdicción marítima y de competencia sobre jurisdicción en controversias de ciudadanos o habitantes de diferentes Estados.

Art. 137. —En los casos de contienda en que sea parte toda la República, uno o más Estados con alguno o algunos otros, o con extranjeros o habitantes de la República, la Corte Suprema de Justicia conocerá en la segunda; y la sentencia que diera será llevada en revista al Senado, caso de no conformarse las partes con el primero y segundo juicio, y de haber lugar a ella según la ley.

Art. 138.—Conocerá originariamente, con arreglo a las leyes y a las causas civiles de los Ministros Diplomáticos y Consulares; y en las criminales, de todos los funcionarios en que declara el Senado, según el Artículo 103, haber lugar a formación de causa.

Art. 139.—Propondrá ternas al Poder Ejecutivo para que nombre los jueces que deben componer los tribunales inferiores de que habla el artículo 69, número 25.

Art.140. —Velará sobre la conducta de los jueces inferiores de la Federación, y cuidará de que administren pronta y cumplidamente la justicia.

## TÍTULO IX
## DE LA RESPONSABILIDAD Y MODO DE PROCEDER
## EN LAS CAUSAS DE LAS SUPREMAS
## AUTORIDADES FEDERALES

## SECCIÓN ÚNICA

Art. 141. —Los funcionarios de la Federación, antes de posesionarse de sus destinos, presentarán juramento de ser fieles a la República, y de sostener con toda autoridad la Constitución y las leyes.

Art. 142. —Todo funcionario público es responsable, con arreglo a la ley, del ejercicio de sus funciones.

Art.143. —Deberá declararse que ha lugar a formación de causa contra los representantes en el Congreso por traición, venalidad, falta grave en el desempeño de sus funciones y delitos comunes que merezcan pena más que correccional.

Art. 144. —En todos estos casos, y en los de infracción a la ley usurpación de atribuciones habrá igualmente lugar a formación de causa contra los individuos del Senado, de la Corte Suprema de Justicia, Presidente y Vicepresidente de la República y Secretarios del Despacho.

Art.145. —Todo acusado queda suspenso en el acto de declararse que ha lugar a formación de causa; depuesto, siempre que resulte reo; e inhabilitado para todo cargo público, si la causa diere mérito según la ley. En los demás a que hubiere lugar, se sujetarán al orden y tribunales comunes.

Art. 146. —Los delitos mencionados producen acción popular, y las acusaciones de cualquier ciudadano o habitante de la República, deben ser atendidas.

Art. 147. —Habrá un tribunal compuesto de cinco individuos que nombrará el Senado entre los suplentes del mismo o del Congreso, que no hayan entrado al ejercicio de sus funciones. Sus facultades se determinan en los Artículos 149 y 150.

Art. 148. —En las acusaciones contra individuos del Congreso, declarará éste cuando ha lugar a formación de causa, la que será seguida y terminada según la ley de su régimen interior.

Art. 149. —En las acusaciones contra el Presidente y Vicepresidente, si ha hecho sus veces, declarará el Congreso cuando ha lugar a formación de causa; juzgará la Suprema Corte, y conocerá en apelación el Tribunal que establece el Artículo 147.

Art.150. —En las acusaciones contra individuos de la Suprema Corte, el Congreso declarará cuando el lugar a formación de causa, y juzgará el Tribunal que establece el Artículo 147.

Art. 151. —En las acusaciones contra los Senadores y Vicepresidente, declarará el Congreso cuando ha lugar a formación de causa y juzgará la Suprema Corte.

# TÍTULO X
## GARANTÍAS DE LA LIBERTAD INDIVIDUAL

### SECCIÓN ÚNICA

Art.152. —No podrá imponerse pena de muerte sino en los delitos que atenten directamente contra el orden público, y en el de asesinato y homicidio premeditado o seguro.

Art. 153. —Todos los ciudadanos y habitantes de la República, sin distinción alguna, estarán sometidos al mismo orden de procedimientos y de juicio que determinen las leyes.

Art. 154. —Las Asambleas, tan luego que sea posible, establecerán el sistema de jurados.

Art.155. —Nadie puede ser preso sino en virtud de orden escrita de autoridad competente para darla.

Art. 156. —No podrá librarse esa orden sin que proceda justificación y de que se ha cometido un delito que merezca pena más que correccional, y sin que resulte, al menos por el dicho de testigo, quien es el delincuente.

Art. 157.—Pueden ser detenidos: a) El delincuente cuya fuga se tema con fundamento; 2) el que sea encontrado en el acto de delinquir; y en este caso todos pueden aprehenderle para llevarlo al juez.

Art. 158.—La detención de que habla el Artículo anterior, no podrá durar más de cuarenta y ocho horas, y. durante este término, deberá la autoridad que la haya ordenado practicar lo prevenido en el Artículo 156, y librar por escrito la orden de prisión, o poner en libertad al detenido.

Art.159. —El alcaide no puede prescindir de detener en la cárcel a ninguna persona, sin transcribir en su registro de presos o detenidos la orden de prisión o detención.

Art.160. —Todo preso debe ser interrogado dentro de cuarenta y ocho horas; y el juez está obligado a decretar la libertad permanencia en la prisión dentro de las veinticuatro horas siguientes, según el mérito de lo actuado.

Art. 161. —Puede sin embargo, imponer arresto por pena correccional, previas las formalidades que establezca el código de cada Estado.

Art.162. —El arresto por pena correccional no puede pasar de un mes.

Art.163. —Las personas aprehendidas por la autoridad no podrán ser llevadas a otros lugares de prisión, detención o arresto, que a los que estén legal y públicamente destinados al efecto.

Art. 164. —Cuando algún reo no estuviere incomunicado por orden de la juez transcrita en el registro del alcaide, no podrá este impedir su comunicación con persona alguna.

Art. 165. —Todo el que no estando autorizado por la ley expidiere, firmare, ejecutare o hiciere ejecutar la prisión, detención o arresto de alguna persona: todo el que en caso de prisión, detención o arresto autorizado por la ley, condujere, recibiere o detuviere al reo en lugar que no sea de los señalados pública y legalmente, y todo alcaide que contraviene las disposiciones precedentes, es reo de detención arbitraria.

Art. 166. —No podrá ser llevado ni detenido en la cárcel el que diere fianza, en los casos en que la ley expresamente no lo prohíba.

Art. 167. —Las Asambleas dispondrán que haya visita de cárcel para toda clase de presos, detenidos o arrestados.

Art. 168. —Ninguna casa puede ser registrada sino es por mandato escrito de autoridad competente, dado en virtud de dos deposiciones formales que presten motivo al allanamiento, el cual deberá efectuarse de día. También podrá registrarse a toda hora por un agente de autoridad pública: 1) en persecución actual de un delincuente; 2) por un desorden escandaloso que exija pronto remedio; 3) por reclamación hecha del interior de la casa. Más hecho el registro, se comprobará con dos deposiciones que se hizo por alguno de los motivos indicados.

Art. 169. —Sólo en los delitos de traición se pueden ocupar los papeles de los habitantes de la República; y únicamente podrá practicarse su examen cuando sea indispensable para la averiguación de la verdad, y a presencia del interesado, devolviéndoselos en el acto cuantos, no tengan relación con lo que se indaga.

Art.170. —La policía de seguridad no podrá ser confiada sino a las autoridades civiles, en la forma que la ley determine.

Art. 171. —Ningún juicio civil o sobre injurias podrá establecerse sin hacer constar que se ha intentado antes el medio de conciliación.

Art.172. —La facultad de nombrar árbitros en cualquier estado del pleito es inherente a toda persona; sentencia que los árbitros dirán es inapelable, si las partes comprometidas no se reservaren este derecho.

Art. 173. —Unos mismos jueces no pueden serlo en dos diversas instancias.

Art. 174. —Ninguna ley del Congreso ni de las Asambleas puede contrariar las garantías contenidas en este Título; pero sí ampliarlas y dar otras nuevas.

## TÍTULO XI
## DISPOSICIONES GENERALES

### SECCIÓN ÚNICA

Art. 175. —No podrán el Congreso, las Asambleas ni las demás autoridades:

1) Coartar en ningún casi ni por pretexto alguno la libertad del pensamiento, la de la palabra, la de la escritura y la de la imprenta.

2) Suspender el derecho de peticiones de palabra o por escrito.

3) Prohibir a los ciudadanos o habitantes de la República libres de responsabilidades la emigración a país extranjero.

4) Tomar la propiedad de ninguna persona, ni turbarle en el libre uso de sus bienes, si no es favor del público cuando lo exija una grave urgencia, legalmente comprobada, y garantizándose previamente la justa indemnización.

5) Establecer vinculaciones; dar títulos de nobleza; ni pensiones, condecoraciones o distintivos que sean hereditarios; ni consentir sean admitidos por ciudadanos de Centro—América los que otras naciones pudieran concederles.

6) Permitir el uso del tormento y los apremios; imponer confiscación de bienes, azotes y penas crueles.

7) Conceder por tiempo ilimitado privilegios exclusivos a compañías de comercio o corporaciones industriales.

8) Dar leyes de proscripción, retroactivas ni que hagan trascendental la infamia.

Art.176. —No podrán, sino en caso de tumulto, rebelión o ataque con fuerza armada las autoridades constituidas:

1) Desarmar a ninguna población, ni despojar a persona alguna de cualquiera de las armas que tenga en su casa, o de las que lleve lícitamente.

2)Impedir las reuniones populares que tengan por objeto un placer honesto, o discutir sobre política y examinar la conducta pública de los funcionarios.

3) Dispensar las formalidades sagradas de la ley para allanar la casa de algún ciudadano o habitante, registrar su correspondencia privada, reducirlo a prisión o detenerlo.

4) Formar comisiones o tribunales especiales para conocer en determinados delitos, o para alguna clase de ciudadanos o habitantes.


## TÍTULO XII

## DEL PODER LEGISLATIVO, DEL CONSEJO REPRESENTATIVO, DEL PODER EJECUTIVO Y DEL JUDICIARIO DE LOS ESTADOS

### SECCIÓN PRIMERA
### DEL PODER LEGISLATIVO

Art. 177. —El Poder Legislativo de cada Estado reside en una Asamblea de representantes electos por el pueblo que no podrán ser menos de once ni más de veintiuno.

Art. 178. —Corresponde a las primeras legislaturas: formar la Constitución particular del Estado, conforme a la Constitución Federal. Y corresponde a todas:

1) Hacer sus leyes, ordenanzas y reglamentos.

2) Determinar el gasto de su administración y decretar los impuestos de todas clases, necesarios para llenar éste, y el cupón que les corresponda en los gastos generales; más, sin consentimiento del

Congreso, no podrán imponer contribuciones de entrada y salida en el comercio con los extranjeros ni en el de los Estados entre sí.

3) Fijar periódicamente la fuerza de línea, si se necesitase en tiempo de paz, con acuerdo del Congreso; crear Cívica; y levantar toda la que le corresponda en tiempo de guerra.

4) Erigir los establecimientos, corporaciones o tribunales que se consideren convenientes para el mejor orden en justicia, economía, instrucción pública y en todos los ramos de la Administración.

5) Admitir, por dos terceras partes de votos, las renuncias que antes de posesionarse, y por causas graves, hagan de sus oficios los Senadores.

## SECCIÓN SEGUNDA
## DEL CONSEJO REPRESENTATIVO DE LOS ESTADOS

Art. 179. —Habrá un Consejo Representativo compuesto de representantes electos popularmente, en razón de uno por cada sección territorial del Estado, según la división que haga su Asamblea.

Art. 180. —Corresponde al Consejo Representativo:

1) Dar sanción a la ley.

2) Aconsejar al Poder Ejecutivo, siempre que sea consultado.

3) Proponerle para el nombramiento de los primeros funcionarios.

4) Cuidar de su conducta, y declarar cuando ha lugar a formarles causa.

## SECCIÓN TERCERA
## DEL PODER EJECUTIVO DE LOS ESTADOS

Art. 181. —El Poder Ejecutivo reside en un jefe nombrado por el pueblo del Estado.

Art.182. —Está a su cargo:

1) Ejecutar la ley y cuidar del orden público.

2) Nombrar los primeros funcionarios del Estado a propuesta en terna del Consejo, y los subalternos a propuesta igual de sus jefes.

3) Disponer de la fuerza armada del Estado, y usar de ella para su defensa, en caso de invasión repentina, comunicándose inmediatamente a la Asamblea, o en su receso al Consejo, para que dé cuenta al Congreso.

Art. 183. —En sustitución del jefe del Estado, hará sus veces un segundo jefe nombrado igualmente por el pueblo.

Art. 184. —El segundo jefe será Presidente del Consejo, y solo votará en caso de empate.

Art.185. —En falta del Presidente, lo elegirá el Consejo de entre sus individuos.

Art. 186. —El segundo jefe no asistirá al Consejo en los mismos casos en que el Vicepresidente de la República debe separarse del Senado.

Art. 187. —El jefe y segundo jefe del Estado durarán en sus

funciones cuatro años, y podrán sin intervalo alguno ser una vez reelectos.

Art. 188. —Responderán al Estado del buen desempeño en el ejercicio de sus funciones.

## SECCIÓN CUARTA
## DEL PODER JUDICIARIO DE LOS ESTADOS

Art.189. —Habrá una Corte Superior de Justicia compuesta de jueces electos popularmente, que se renovarán por períodos.

Art. 190. —Será el Tribunal de última instancia.

Art.191. —El orden de procedimientos en las causas contra los representantes en la Asamblea, contra el Poder Ejecutivo y contra los individuos del Consejo y de la Corte Superior de cada Estado, se establecerá en la forma y bajo las reglas designadas para las autoridades federales.

# TÍTULO XIII
# DISPOSICIONES GENERALES SOBRE LOS ESTADOS

## SECCIÓN ÚNICA

Art.192. —Los Estados deben entregarse mutuamente los reos que se reclamen.

Art. 193. —Los actos legales y jurídicos de un Estado serán reconocidos en todos los demás.

Art. 194. —En caso de que algún Estado o autoridades constituidas reclamen de otro el haber traspasado su Asamblea los límites constitucionales, tomará el Senado los informes convenientes y los pasará a dos de los otros Estados más inmediatos para su resolución. Si no se convinieren entre sí, o la Asamblea de quien se reclama no se conformare con su juicio, el negocio será llevado al Congreso, y su decisión será terminante.

Art.195. —Pueden ser electos representantes, senadores, jefes consejeros e individuos de la Corte Superior de Justicia de cada uno de los Estados los ciudadanos hábiles de los otros, pero no son obligados a admitir esos oficios.

## TÍTULO XIV
## DE LA FORMACIÓN Y ADMISIÓN DE NUEVOS ESTADOS

### SECCIÓN ÚNICA

Art. 196. —Podrán formarse en lo sucesivo nuevos Estados, y admitirse otros de la Federación.

Art. 197. —No podrá formarse nuevo Estado en el interior de otro Estado. Tampoco podrá formarse por la unión de dos o más Estados, o parte de ellos si no estuvieren en contacto, y sin el consentimiento de las Asambleas respectivas.

Art. 198. —Todo proyecto de ley sobre formación de nuevo Estado debe ser propuesto al Congreso por la mayoría de los representantes de los pueblos que han de formarlo, y apoyado en los precisos datos de tener una población de cien mil o más habitantes, y que el Estado de que se separa queda con igual población y en capacidad de subsistir.

## TÍTULO XV
## DE LAS REFORMAS Y DE LA SANCIÓN DE ESTA CONSTITUCIÓN

### SECCIÓN PRIMERA
### DE LAS REFORMAS DE LA CONSTITUCIÓN

Art. 199. —Para poder discutirse u proyecto en que se reforme o adicione esta Constitución, debe presentarse firmado al menos por seis representantes en el Congreso, o ser propuesto por alguna Asamblea de los Estados.

Art.200. —Los proyectos que se presentan en esta forma, si no fueren admitidos a discusión, no podrán volver a proponerse, sino hasta el año siguiente.

Art. 201. —Los que fueren admitidos a discusión, necesitan para ser acordados las dos terceras partes de votos.

Art.202. —Acordada la reforma o adición debe, para ser válida y tenida por constitucional, aceptarse por la mayoría absoluta de los Estados con las dos terceras partes de la votación de sus Asambleas.

Art.203. —Cuando la reforma o adición versare sobre algún punto que en lo esencial la forma de gobierno adoptada, el Congreso, después de la aceptación de los Estados, convocará una Asamblea Nacional Constituyente para en definitivo resuelva.

## SECCIÓN SEGUNDA
## DE LA SANCIÓN

Art. 204. —Sancionará esta Constitución el primer Congreso Federal.

Art.205. —La sanción recaerá sobre la Constitución, y no sobre alguno o algunos de sus artículos.

Art. 206. La sanción será dada nominalmente por la mayoría absoluta; y negada por las dos terceras partes de votos del Congreso.

Art. 207. —Si no concurriere la mayoría a dar la sanción, ni las dos terceras partes a negarla, se discutirá de nuevo por espacio de ocho días, al fin de los cuales se votará precisamente.

Art. 208. —Si de la segunda votación aún no resultare acuerdo, serán llamados al Congreso los Senadores, y concurrirán como representantes a resolver sobre la sanción

Art.209. —Incorporados los Senadores en el Congreso, se abrirá tercera vez la discusión, que no podrá prolongarse más de quince días; y si después de votarse no resultare la mayoría de los votos para dar la sanción, ni las dos terceras partes para negarla, la Constitución queda sancionada en virtud de este artículo constitucional.

Art.210. —Dada la sanción, se publicará con la mayor solemnidad; negada, el Congreso convocará sin demora una Asamblea Nacional Constituyente.

Art. —211. Esta Constitución, aún antes de sancionarse, regirá con toda fuerza y vigor como ley fundamental, desde el día de su publicación.

Dada en la ciudad de Guatemala, a veintidós de noviembre de mil ochocientos veinticuatro.

Fernando Antonio Dávila,
Diputado por el Estado de Guatemala,
Presidente.
José Nicolás Irías,
Diputado por el Estado de Honduras,
Vicepresidente.

REPRESENTANTES POR EL ESTADO DE COSTA RICA
José Antonio Alvarado,
Juan de los Santos Madriz,
Luciano Alfaro,
Pablo Alvarado,

REPRESENTANTES POR EL ESTADO DE NICARAGUA
Toribio Argüello,
Francisco Quiñónez,
Tomás Muñoz,
Manuel Barberena,
Benito Rosales,
Manuel Mendoza,
Juan Modesto Hernández,
Filadelfo Benavente.

REPRESENTANTES POR EL ESTADO DE HONDURAS
Juan Miguel Fiallos,
Miguel Antonio Pineda,

Juan Esteban Milla,
José Jerónimo Zelaya,
José Francisco Zelaya,
Joaquín Lindo,
Pío José Castellón,
Francisco Márquez,
Próspero de Herrera,
Francisco Aguirre.

REPRESENTANTES POR EL ESTADO DE EL SALVADOR
José Matías Delgado,
Juan Vicente Villacorta,
Mariano de Beltranena,
Ciriaco Villacorta,
José Ignacio de Marticotena,
José Francisco Córdova,
Isidro Menéndez,
Leoncio Domínguez,
Marcelino Menéndez,
Pedro José Cuellas,
Mariano Navarrete.

REPRESENTANTES POR EL ESTADO DE GUATEMALA
José Barrundia,
Antonio de Rivera,
José Antonio Alcayagua,
Cirilo Flores,
José Azmitia,
Francisco Flores,
Juan Miguel de Beltranena,
Julián de Castro,
José Simeón Cañas,
José María Agüero,
Luis Barrutia,
José María Herrera,
Eusebio Arzate,

José Ignacio Grijalva,
José Serapio Sánchez,
Miguel Ordóñez,
Mariano Gálvez,
Francisco Javier Valenzuela,
Francisco Carrascal,
Mariano Centeno,
Antonio González,
Basilio Chavarría,
Juan Nepomuceno Fuentes,
José Domingo Estrada,
José Antonio Larrave,
José Francisco de Sosa,
Diputado por el Estado de El Salvador,
Secretario.
Mariano de Córdova,
Diputado por el Estado de Guatemala,
Secretario.

José Beteta,
Diputado por el Estado de Guatemala,
Secretario.

Palacio Nacional del Supremo Poder Ejecutivo de la República
Federal de Centro América, en Guatemala a 22 de noviembre de 1824.
Firmado de nuestra mano, sellado con el sello de la República y
refrendado por el Secretario interino de Estado y del Despacho de
Relaciones,

JOSE MANUEL DE LA CERDA,
Presidente.

# ESTRUCTURA Y SUPRAESTRUCTURA FEUDALES DE LA REPÚBLICA FEDERAL DE CENTROAMÉRICA

Los historiadores oficiales han discurrido sobre el nuevo Estado centroamericano en el campo abstracto de las doctrinas políticas y jurídicas, sin relación ninguna con la economía, y esto les ha permitido abstenerse de las explicaciones metódicas y de satisfacer los distintos gustos de partido. Al existir dos corrientes, una colonialista, conservadora de las viejas instituciones, y otra liberal, progresista, aunque desrealizada del verdadero fundamento del progreso, el nuevo Estado centroamericano ha tenido dos enfoques. Y el miraje diferente de los historiadores no ha hecho más que abonar las posiciones partidaristas, en no poco ilógicas y en mucho anticientíficas.

No se presume aquí una autosuficiencia que no existe, pero si se desea encontrar la explicación correcta del nuevo Estado centroamericano. Para lograrlo, precisan definiciones previas de la estructura y la supraestructura sociales, con el objeto de fundamentar el escabroso tema.

La estructura o base económica es el conjunto de relaciones producción que corresponde a un estadio determinado del desarrollo de las fuerzas productivas. En cuanto a la supraestructura, está constituida por las instituciones políticas y jurídicas y por determinadas formas de la conciencia social que corresponden a la base dada.

En sociología y en otras ciencias sociales reviste gran importancia el problema de la base y de la supraestructura. En el caso que tenemos entre manos con mayor razón. Cuando se tiene una noción justa de la base y de la supraestructura, de sus relaciones recíprocas y de los vínculos que las unen a la producción y a las fuerzas productivas, es posible descubrir las leyes objetivas del desarrollo social y superar el subjetivismo en el estudio de la historia de la sociedad.

En concreto, se entiende por base o estructura el conjunto de las relaciones de la producción cuyo carácter está determinado por la forma de la propiedad. Las relaciones de producción indican en qué manos se encuentran los medios de producción, los cuales bien pertenecen a la sociedad entera, o bien a individuos aislados, a grupos o clases que se sirven de ellos para extraer el plus producto a otros individuos, grupos o clases. Si los bienes de producción pertenecen a la sociedad entera, es claro que nos hallamos frente a una sociedad del comunismo primitivo o del socialismo contemporáneo. Pero si los bienes de producción pertenecen a determinados individuos, o grupos o clases, es claro que nos hallamos frente a una sociedad esclavista, feudal o capitalista. "El conjunto de las relaciones de producción —sostiene un notable economista y sociólogo— forma la estructura económica de la sociedad, la base real sobre la que se levanta la supraestructura política y jurídica y a la que corresponden determinadas formas de conciencia social".

Debe aclararse que la base no debe identificarse con la producción, ni tampoco debe ser separada de ella. Si se confunde la producción con la base, se corre, el riesgo de llegar a la conclusión errónea de que la producción determina la supraestructura directamente, por intermedio de la base económica. Recuérdese que la producción es el proceso de creación de los bienes materiales necesarios a la vida de la sociedad. Y recuérdese que las fuerzas productivas son los instrumentos con cuya ayuda se producen los bienes materiales, más los hombres que manejan esos instrumentos con cuya ayuda—se producen los bienes materiales gracias a una cierta experiencia y a hábitos de trabajo. Mientras que la base económica son las fuerzas productivas más las relaciones de producción, las relaciones de propiedad y de trabajo, las relaciones de las clases.

Hay otro error en que se puede caer, y es separar la base económica de la producción. Si se cae en él, entonces se cree en la independencia de las relaciones de producción con respecto a las fuerzas productivas. Es decir, que las relaciones de las clases son independientes de la producción.

El primer error lo cometen los llamados "economistas", es decir aquellos que derivan de la producción directamente la supraestructura social. Y el segundo suelen cometerlo los llamados "juristas" para quienes no hay ninguna vinculación entre la producción y las relaciones de producción, entre las fuerzas productivas y la propiedad, el trabajo y las clases sociales.

Siempre la base es la economía, el "esqueleto de la sociedad"; siempre tiene carácter económico, mientras que la supraestructura pone al servicio de la sociedad ideas políticas, jurídicas, estéticas y demás, y crea las instituciones correspondientes. La base está directamente determinada por las fuerzas productivas y las relaciones de producción de la sociedad; la supraestructura solo se liga a la producción, a las fuerzas productivas, a las relaciones de producción, de una manera indirecta, por intermedio de la economía, por intermedio de la base, y en eso reside una de sus particularidades. La supraestructura refleja los cambios acaecidos en el nivel de desarrollo de las fuerzas productivas no de una manera inmediata sino a continuación de los cambios de la base, y por medio de esos cambios.

Cuando la base económica se modifica, la supraestructura que depende estrechamente de ella se modifica a su vez. La historia de la sociedad ofrece numerosos ejemplos de esta correlación que permite comprender por qué las ideas políticas, jurídicas, estéticas y demás, difieren según las épocas históricas. La supraestructura es el producto de la época en la que funciona una base económica determinada, razón por la cual no dura relativamente mucho tiempo. Por estar vinculada a una base determinada, la supraestructura desaparece con aquella.

Aunque engendrada por una base económica determinada, la supraestructura está lejos de ser pasiva, como lo pretenden numerosos expositores; la base está lejos de ser la única fuerza activa del desarrollo social. Es preciso tener en cuenta el papel considerable de la supraestructura —el Estado, el derecho, las ideas políticas, filosóficas y demás en el desarrollo y reforzamiento de la base correspondiente. Y no puede ser de otra manera: si la base produce su supraestructura, es para afirmarse y robustecerse más. En una sociedad de clases, la supraestructura, reviste un carácter de clase; no puede ser indiferente con relación a su base, o tener la misma actitud hacia todas las clases, sin dejar de ser una supraestructura. Por la influencia que ella ejerce sobre la base, acelera o, al contrario, modera el desarrollo social. Así la aristocracia romana movilizaba el Estado romano en la lucha contra la revolución de los esclavos romanos, y de este modo pretendía cerrar el camino al progreso social en aquellos tiempos. Puso en juego todos los medios de presión política e ideológica del Estado para adormecer la conciencia política de las masas esclavistas, para hacer de éstas un instrumento dócil de la aristocracia romana. La supraestructura política desempeñó, pues, un papel reaccionario activo. Este ejemplo es válido para las sociedades siguientes, la feudal y la capitalista.

Inversamente, cuando alguna clase conquista el Poder y se apoya en la ley objetiva de la correspondencia necesaria entre las relaciones de producción y el carácter de las fuerzas productivas, la clase triunfante decreta el cambio de la propiedad que impedía el desarrollo de las fuerzas productivas y crea las condiciones para pasar a una sociedad nueva. La supraestructura política desempeña entonces un papel revolucionario activo en el desarrollo de la sociedad, de la economía y de las formas productivas de la misma.

*** 

Con lo anterior basta para entrar en el tema del movimiento histórico de Centro—América que dio como resultado el salto de la Colonia a la independencia y de la monarquía a la república, cristalizándose de esa manera la Constitución de la República Federal de Centro—América, premisa del nuevo Estado centroamericano.

Al ser rota la comuna primitiva de América por los conquistadores españoles, establecieron el Estado colonial dependiente de la Metrópoli peninsular. El esqueleto económico de aquella sociedad lo constituyeron las fuerzas productivas y las relaciones de producción esclavistas establecidas por los conquistadores. De otro modo, fue impuesto el trabajo esclavo a las grandes masas conquistadas y así surgió la propiedad privada de los bienes de producción, la propiedad privada de las "encomiendas". Sobre esta base se levantó el Estado colonial, que en Centro—América llevó el nombre de Capitanía General de Guatemala, a cargo de un Capitán General con jurisdicción en las provincias de Guatemala, Chiapas, San Salvador, Honduras, Nicaragua y Costa Rica. Cada provincia se hallaba bajo el mando de un Teniente de Milicias, quien a su vez era Gobernador para la jurisdicción civil. El llamado Reino de Guatemala ofrecía los caracteres de un Estado completo, con ejército, policía, derecho, tribunales, etc. Las leyes que se aplicaban eran de dos tipos: las leyes españolas, las Siete Partidas de Alfonso el Sabio y otras, que eran leyes de privilegio para los peninsulares, y las Ordenanzas Reales, que eran leyes, específicas aplicables a los nativos sujetos a esclavitud, aunque esta verdad tremenda se llenara de ficciones. La interrelación de la base económica y la supraestructura política y jurídica (Estado y Derecho) era perfecta. La base económica hacía surgir el Estado y el Derecho, e inmersamente el Derecho y el Estado garantizaban la existencia de la propiedad, privada esclavista. Los conflictos del Estado colonial con el Estado metropolitano, de tendencia moderadora, regularmente se resolvían en favor de los propietarios esclavistas de América, en favor de los famosos "encomenderos".

Como el Estado colonial se fundará en las condiciones del mundo moderno, los "encomenderos" aplicaban las fuerzas productivas esclavas en la explotación de la minería. Con el concepto de que la riqueza la constituían los metales preciosos, el oro y la plata, dedicaban todo su empeño a extraerlos, y esto a lo largo de los siglos XVI, XVII y XVIII. Luego los exportaban a España, con el criterio, aún prevaleciente, de que las colonias sirven para enriquecer a las metrópolis. De esta manera, tanto agotaban la población nativa como los minerales, pero al suceder lo primero y seguir con la fiebre de los metales preciosos, entraron en el comercio negrero para mantener con el mismo vigor las fuerzas productivas que se traducían en oro y plata exportables. Sucedió que a mediados del siglo XVIII —tantas veces lo hemos dicho en esta exposición— la producción mundial de metales preciosos llegó a tal abundancia que sufrió depreciación en el mercado europeo, mientras que los precios correlativos de las mercancías llegaron a alturas antes no vistas. Aquel fenómeno se conoce con el nombre de "revolución de los precios". Como consecuencia, se probó que la riqueza no la constituían los metales preciosos, y empezó a cundir el desaliento en los mineros de América, a restringirse el comercio negrero, a cerrarse las minas, a palparse la pobreza de la clase dominante y a desplazarse la economía en su mayor volumen hacia la producción agrícola. Como no había atesoramiento colonial, como la clase dirigente no había previsto la acumulación capitalista, el desplazamiento hacia la agricultura se produjo en las peores condiciones, lo que también cerraba la posibilidad de que apareciera una industria colonial en sus primeras fases. De otra parte, esta crisis americana produjo un fenómeno nuevo: el debilitamiento de la poderosa clase minera peninsular empezó a sufrir el contragolpe de los hacendados agrícolas criollos, quienes iban en aumento, y empezaban a calcular tanto el dominio económico como el político. Este hecho empieza a desenvolverse en la segunda mitad del siglo XVIII; presiona al reinado de Carlos III para que haga reformas agrarias y de otros tipos, y coincide con las grandes revoluciones burguesas de los Estados Unidos y de Francia. En ese tiempo, los hacendados agrícolas criollos se constituyeron en la típica clase feudal de América, apareciendo a la vez, con carácter suplementario, una débil clase manufacturera y comercial, revolucionaria sin lugar a dudas, pero sin porvenir por carecer de una acumulación capitalista correspondiente, que le diese base de sustentación para sobreponerse a la clase feudal. Eso sí, en la lucha por la independencia nacional, ambas clases serían aliadas.

Se suscita esta interrogación: ¿alguna vez el feudalismo ha sido revolucionario? Si vamos al fondo de la historia antigua, cuando la sociedad esclavista se agotó y fue sustituida por la sociedad feudal, entonces el feudalismo si fue revolucionario sin lugar a dudas. ¿Pero, lo sería en América? Pudo haberlo sido a mediados del siglo XVIII al agotarse la sociedad esclavista forzadamente impuesta por los españoles, al agotarse la sociedad minera a causa de la "revolución de los precios" en Europa, al imponerse la conveniencia de pasar al cultivo de la tierra, al erigirse los hacendados criollos en clase y propender al dominio económico y político. En tales condiciones, la respuesta tiene que ser afirmativa. Pero con todo, al actuar en las condiciones del mundo moderno, en las condiciones ascensivas del capitalismo mundial, en las condiciones de las grandes revoluciones burguesas, el feudalismo americano no hacía más que utilizar su inicial impulso revolucionario contra la sociedad esclavista peninsular para levantar un muro de contención contra el capitalismo, valiéndose para ello de la fraseología liberal, 'citando a los ideólogos norteamericanos y a los enciclopedistas franceses, abogando por la independencia nacional, cimentando una república y decretando una Constitución. En este afán le servía a las mil maravillas la clase debilísima de los manufactureros y comerciantes, quienes operando sobre nada, y creyendo de buena fe en el utópico salto al capitalismo prestaron su contingente en la cimentación de la sociedad feudal americana en general y centroamericana en particular.

135

Entonces tenemos que la estructura de la sociedad primitiva de América, que contemplaba fuerzas productivas y relaciones de producción colectivas, fue sustituida a través de la conquista violenta por la estructura de una sociedad esclavista sobre la cual se levantaron las supraestructuras del Estado y el Derecho esclavistas. A la propiedad primitiva de las tribus siguió la propiedad privada de los conquistadores encomenderos. Al consejo de administración tribal regulado por la costumbre lo sustituyó el Estado colonial con todos sus anexos y armado de una ley (Las Siete Partidas y las Ordenanzas de Indias). La dependencia del Estado colonial de América del Estado metropolitano español era necesaria para mantener la unidad del Imperio hispánico y era obedecida en todo lo que favorecía dicha unidad, pero era desobedecida en cuanto hería con sus decretos reales los intereses de los "encomenderos", como se vio en el caso de las Ordenanzas de Carlos V, exigidas por Fray Bartolomé de Las Casas, que abolían o atenuaban la esclavitud de los indios. Los conflictos entre ambos Estados y entre la Corte y los "encomenderos" eran frecuentes.

Al fin un día la estructura esclavista fue suplantada por la estructura feudal. Esto dio lugar al nacimiento de un orden nuevo que operó la desintegración del Imperio hispánico; dio origen a la independencia americana que quiso generar la monarquía (caso de México), pero que al fin se decidió por la República; hizo posible el aparecimiento del Estado feudal con su correspondiente Derecho feudal, con su gobierno feudal, con su administración feudal. Se trata aquí de un feudalismo típico que para constituirse y arraigarse le quitaba prestadas sus formas supraestructurales al capitalismo progresista de aquel tiempo, como decir República, Constitución, voto popular, derechos civiles y políticos, igualdad ante la ley, etc., pero todo por pura fórmula, porque la sociedad feudal recién establecida estaba compuesta de dos clases ajenas a la juridicidad capitalista, la clase de los hacendados feudales y la clase de los siervos de la gleba, que estaban muy lejos de pensar en sus reivindicaciones específicas de tierra y libertad.

Así es como debe interpretarse, a nuestro entender y a grandes rasgos, la Constitución de la República Federal de Centro América, Interpretarla de otro modo sería caer en el ilusionismo de los utopistas y de los ideólogos de los partidos tradicionales, el conservador, que después de haberla creado y servirse de ella la abomina desde sus posiciones separatista, y el liberal, que después de haber caído ingenuamente en las maniobras del feudalismo la recuerda con pasión sin percatarse del hondo significado de la Constitución Federal, que nada tiene de común con el capitalismo. LA CONSTITUCIÓN FEDERAL DE CENTRO AMÉRICA, TOMANDO EN CONSIDERACIÓN LA ESTRUCTURA FEUDAL, CREÓ EL ESTADO FEUDAL, HIZO POSIBLE EL DERECHO FEUDAL, SIN PASAR DE ALLÍ, MUY A PESAR DE LOS IDEÓLOGOS APASIONADOS DE LA REVOLUCIÓN FRANCESA, A LA QUE CREÍAN ESTAR SIGUIENDO EN EL ISTMO.

## HACIENDA FEUDAL, AGRICULTURA Y GANADERÍA

Las comprobaciones de lo expuesto sobre la estructura y sus agregados la encontramos en un estudio histórico—social del doctor Alejandro Dagoberto Marroquín, salvadoreño, titulado "Cambios en la agricultura y sus repercusiones sociales" (Revista Salvadoreña de Ciencias Sociales, órgano de la Asociación Salvadoreña de Sociología y de la Escuela de Ciencias Sociales de la Facultad de Humanidades, Enero—Marzo,1965.

Tomamos del doctor Marroquín las partes finales de su estudio por estar relacionadas con esta disertación histórica, y en las que dice:

"La conquista hispánica supone el choque violento de la cultura europea, más desarrollada con las culturas indígenas de menos desarrollo y fortaleza. Sus consecuencias sociales se dejarán sentir durante un período varias veces secular. Presentaremos a continuación las más importantes de dichas consecuencias.

a) Completa alteración del ritmo de vida indígena. La conquista derriba, cambia o aniquila, todos sus órganos culturales; la ideología y las artes; la vida social y la vida económica; la religión, la tradición y las creencias. Todo se derrumba y el indígena queda sumido en un caso de desolación y desesperanza.

b) Los integrantes de grupos autónomos con propia cultura, los indígenas pasan a ser gente vencida, sin cultura ni religión propias, que constituye el escalón más bajo de la estratificación social.

c) Implantamiento de un nuevo sistema de vida, el colonial, que descansará fundamentalmente en la explotación del indio.

d) Surgen nuevas instituciones que en adelante regularán la vida del campesinado indígena; la hacienda y el trabajo forzado.

c) La hacienda es un producto típico de la dominación hispánica; surge en el período en que, agotada la sola explotación del indígena, para continuar se hace necesario conjugarla con la explotación de la tierra. La hacienda es una unidad de explotación agrícola compuesta de grandes extensiones de tierra, con tendencia a la autarquía económica mediante un sistema propio de variación de cultivos y reservas permanentes de mano de obra campesina. La hacienda constaba de los siguientes elementos:

a) Gran extensión de tierra (cuanto más grande fuera la hacienda tanto mejor para su economía y más prestigio confería a su propietario).

b) Variedad de cultivos (cereales, caña de azúcar, tabaco, añil ganadería, etc.).

c) Dotación suficiente de agua.

d) Reservas de tierra en descanso y un amplio sector de "montaña" (para el aprovisionamiento de maderas).

e) Un casco central, donde estaba la casa del hacendado, casas para administradores, bodegas, almacenes, capilla, cárcel, tienda y talleres.

La mano de obra se aseguraba mediante el sistema llamado "colonato", consistente en el otorgamiento a título precario de pequeñas parcelas a los campesinos llamados "mozos colonos", para que las cultiven y edifiquen en ella sus ranchos, con la obligación de prestar a la hacienda determinados servicios agrícolas (arreglos de cercos, actividades agrícolas, cuidado del ganado, etc.). Los mozos colonos eran teóricamente libres, súbditos de la Corona española, pero en realidad constituían verdaderos siervos de la gleba. Durante la época de molienda o de cosecha, en las cuales se necesitaba abundante mano de obra, superior a la que proporcionaban los mozos colonos, se acudía al enganchamiento forzado de los indígenas, en connivencia con las autoridades españolas.

El hacendado desempeñaba un rol patriarcal; cuando el mozo colono se encontraba en apuros, por el nacimiento de un niño, la enfermedad o la muerte de un miembro de familia, el patrón le obsequiaba cantidades de dinero en efectivo y ordenaba que se le diera crédito en la tienda de la hacienda; el favor vinculaba vigorosamente al indio con el patrón en quien veía el sustituto del cacique de la antigua comunidad.

El hacendado contaba con mayordomos y capataces para imponer la disciplina del trabajo; eran estos subalternos los que atraían el odio de los peones por sus crueldades y abusos.

La hacienda era un pequeño feudo que pretendía auto—abastecerse; sus instrumentos de trabajo, machetes, palas, hachas eran producidas en el taller de herrería; monturas, cinchos y demás aperos de montar, también se producían en la hacienda. Las casas se construían con materiales producidos dentro de la hacienda. Los cereales se dedicaban parcialmente a la alimentación del personal de la hacienda y el resto se vendía en el mercado nacional o se exportaba a la metrópoli. La regla era, "sacar el máximo e invertir el mínimo".

El hacendado impartía justicia entre los peones; en el casco de la hacienda había un pequeño cuarto sucio y oscuro, con puertas enreja—das, donde eran encerrados aquellos que incurrían en faltas o delitos dentro de la hacienda. En el casco de la hacienda, en el patio principal, estaba la picota donde se exponían los peones sancionados por infracciones a la disciplina del trabajo o de los reglamentos religiosos. Eran frecuentes los castigos corporales.

En la capilla de la hacienda se impartían oficios religiosos, cuando se lograba la visita de un sacerdote, quien se encargaba del adoctrina—miento de los peones y de enseñar las primeras letras a los hijos del hacendado.

Las haciendas se especializaron en alguna actividad agrícola; así tenemos las haciendas ganaderas, las tabaqueras, las añileras, etc.

Las haciendas dieron origen a las modificaciones en la agricultura tradicional; introdujeron el uso del arado, 'de los animales de tracción (la yunta de bueyes), de la rueda, etc.

La hacienda, por otra parte, originó, el "hambre de nuevas tierras", pues tendía a crecer a base del despojo de los pequeños propietarios vecinos o de las tierras comunes indígenas.

La hacienda se divulgó por toda Centro América y constituyó la base fundamental de la economía agrícola. Como ejemplos podemos citar algunas cifras relativas a El Salvador:

En 1740, Gálvez cuenta 267 haciendas (sin tomar en consideración las de los departamentos de Ahuachapán y Sonsonate).

En 1768—70, Cortés y Larraz enumera 458 haciendas y 732trapiches.

A fines de la Colonia, en 1807, las haciendas eran 358, sin contar las de Ahuchapán y Sonsonate.

La hacienda sobrevive al régimen colonial y pasa a la época independiente, siendo el siglo XIX la etapa de su mayor esplendor, en la actualidad todavía es una estructura importante en nuestro sistema agrícola y presenta muchos de los rasgos descritos para la etapa colonial.

La situación de los mozos—colonos era extremadamente precaria; el hacendado podía despedirlos en cualquier momento y entonces tenían que abandonar sus milpas sin ninguna compensación. Los salarios que devengaban en la hacienda eran mínimos y para atender a las necesidades primarias tenían que contraer deudas en la tienda de la hacienda, deudas que nunca alcanzaba el campesino a pagar y que se transmitían de padres a hijos, desarrollándose una cadena de vinculaciones con la hacienda que nadie podía romper. El campesino endeudado no podía salir voluntariamente de la hacienda porque era perseguido por las autoridades como un peligroso delincuente.

f) El trabajo forzado se manifestaba en una triple proyección la encomienda; los "jueces de milpa" y los repartimientos.

La encomienda fue una institución jurídico—económica, creada por los españoles para satisfacer la necesidad creciente de mano de obra y de abastecimientos agrícolas en sus diversas explotaciones; por la encomienda el rey confería a un caballero español el derecho de recibir prestaciones de parte de un grupo de indígenas (casi siempre uno o varios pueblos) con la obligación de protegerlos y enseñarles la doctrina, cristiana. En realidad era una forma disimulada de la vinculación feudal del siervo con su señor; las prestaciones a que el indígena encomendado estaba obligado eran de varias clases: servicios personales en la casa del encomendero o en sus haciendas (trabajo doméstico y frutas, etc.); y finalmente, entrega de productos elaborados (telas, cestas de mimbre, etc.); todo esto suponía más de sesenta días de trabajo al año, a cambio de los cuales los encomendados recibían una rutinaria enseñanza religiosa, enteramente superficial, que los dejaba con gran parte de sus antiguas creencias.

Los jueces de milpa constituyeron otra institución creada por los españoles exclusivamente para Centro América. Ya en 1552, recién verificada la conquista, la Real Audiencia de Guatemala recibió instrucciones de la Corte en las que se encargaba a los Oidores que saliesen a visitar sus jurisdicciones y pusiesen especial cuidado en que los indios no estuviesen de holgazanes y "que los hicieran trabajar para provecho de los mismos indios". Más tarde los Alcaldes ordinarios tuvieron facultad para ordenar trabajos a los indígenas. Luego se crearon los "jueces de milpa", funcionarios que recorrían los pueblos obligando a los indios a hacer plantaciones de maíz, trigo o cacao al servicio de los españoles. Prohibidos algunas veces por los monarcas españoles subsistieron durante toda la Colonia.

Los repartimientos fueron nuevos engranajes que institucionalizaron el trabajo forzado de los indígenas. Alcaldes Mayores e Intendentes repartían los indios de su jurisdicción entre los distintos propietarios españoles, a fin de que, por un pequeño salario, trabajaran como peones en las distintas explotaciones agrícolas. Los repartimientos eran de tres clases: de trabajo, que comprendía no solamente a los hombres adultos, sino también a las mujeres y los niños, de consumo de bienes, por medio del cual el indio era obligado a comprar cierta cantidad de bienes para su servicio (instrumentos de labranza, telas, aguardiente, etc.), y de venta forzada de bienes (el indio era obligado a vender granos, aves domésticas, etc., a un precio fijado por el comprador".

Esto dice el doctor Marroquín de la hacienda, la encomienda, los jueces de milpa y los repartimientos. Todo fue así como él dice en toda Centro América, Pero permítansenos agregar que hubo variaciones de lugar provincial. Por ejemplo en Honduras, la hacienda no era una unidad económica en sí, como sucedió en El Salvador, sino que estaba ligada a un objetivo principal en el que tanto se interesaban los españoles. La hacienda en Honduras estaba al servicio de la mina (de oro, plata o de estos dos metales a la vez), por ser esta zona fundamentalmente minera, y siendo así, cuanto se producía en la hacienda se destinaba al consumo de la explotación minera. De modo que la hacienda como unidad económica en sí fue una excepción. Y cuando se presentó en tal forma, se dedicó especialmente a la ganadería para abastecer de carne y pieles los mercados de las demás provincias centroamericanas y el de Cuba, colonia altamente consumidora del producto ganadero, el cual se exportaba en grandes cantidades por el puerto de Trujillo, se le recibía en Baracoa, y de allí se repartía en toda la isla. En esta forma las características de la hacienda hondureña fueron distintas de las de la hacienda salvadoreña. La hacienda hondureña supeditada a la mina fue más esclavista que feudal, y a medida que la minería fue decreciendo por las razones apuntadas en capítulos anteriores, su capacidad fue relajándose hasta decaer cuando no se transformaba en hacienda típicamente ganadera. En esta hacienda todo se producía con simples mozos dependientes del hacendado, percibiendo un mínimo salario anual (es su particularidad) o no percibiendo ninguno por ser "hijos de familia", al constituirse el hacendado en padrino de todos los niños que se bautizaban en su localidad y quienes estaban ligados a la hacienda por vínculos espirituales y económicos; no existían por lo tanto, los mozos—colonos de la hacienda salvadoreña. En cuanto a los trabajadores de la ganadería, por la naturaleza del trabajo, no se hizo caso a la prohibición real de que los indios, los negros y los pardos montaran a caballo. Tenían que saber montar, y se les llamaba mozos de campo, campistas, jinetes y hasta peones sin ningún fundamento, pues ya sabemos que la peonada inicial en tiempos de la conquista era gente de a pie.

Otra particularidad es la de que, en Honduras, gran centro minero, los propietarios de minas eran unos y los comerciantes otros. Los comerciantes —ya llevaban este nombre— eran personajes que dependían de las proveedurías manufactureras de la Península, sujetos a las ordenanzas correspondientes, y llegaban al país en calidad de delegados a obligar la compra de los productos españoles. Investidos de cierta autoridad, fue mayor a medida que se acentuaba el contrabando inglés. En tal forma obligaban a los mismos propietarios de minas y a los hacendados ganaderos. Este hecho impidió el desarrollo de la manufactura nativa a cargo de españoles o criollos en el país, y también impidió las vinculaciones, pues los comerciantes no estaban interesados en ellas sino en el pago inmediato en dinero.

La hacienda hondureña florece a lo largo del siglo XVIII, a me—dida que languidece el negocio minero. Entonces los hacendados ganaderos empiezan a sobreponerse a los propietarios de minas. A medida que se acerca el siglo XIX es más fuerte su influencia, y por esto no es una novedad que sean ellos lo que decidan en gran medida el acto de independencia nacional. La hacienda ganadera se vuelve omnipotente a lo largo del siglo décimo noveno.

Agrega el doctor Marroquín en su importante estudio "Cambios en la agricultura y sus repercusiones sociales":

"Desarrollo de los cultivos. Los españoles fomentaron el cultivo de algunas plantas que les eran provechosas en el aspecto comercial, tal era el caso del jiquilite del cual se extraía la tinta de añil, con gran demanda en el mercado europeo. Las condiciones del cultivo y beneficio de la referida planta eran nocivas para la salud de los indígenas siendo uno de los factores, que contribuyeron a elevar el índice de la mortalidad de los nativos. Ya en 1581 el mismo Monarca español aprueba las medidas tomadas por la Audiencia mandando que no se emplearan los indios en dicho cultivo. Pero tales ordenanzas no fueron obedecidas y en 1604 había en la ciudad de Guatemala 18 grandes obrajes de añil que tenían abundantes plantaciones en Guazacapán, en la costa de Escuintla y en Jaltepeque y en 1714, el padre Francisco Vásquez informa que en la provincia de San Salvador había más de doscientos ingenios que laboraban el año diez mil quintales de añil. En realidad el cultivo de añil no sólo continuó durante la Colonia, sino que prosiguió en el siglo XIX, hasta que el descubrimiento del añil sintético arruinó a todos los grandes productores de añil.

Otro cultivo que desarrollaron los españoles fue el de la caña de azúcar que se esparció por toda Centro América, a tal grado que más del 50% de las haciendas se dedicaban a producir azúcar.

Se introdujo también el cultivo del trigo y la ganadería, y, paralelamente, se introdujeron innovaciones técnicas, tales como los trapiches, el arado, la tracción animal, etc.".

El jiquilite con su producto la tinta de añil fue exclusiva de El Salvador, Guatemala y Gracias, en Honduras, donde también había obrajes.

El cultivo de la caña de azúcar se extendió por todo el territorio hondureño, con la particularidad de que fue cultivo de hacendados, y de personas pobres. El jugo de la caña de azúcar se extraía en trapiches movido por yuntas de bueyes, en zangarro manejado por dos individuos y hasta en "yongoté", operado por un hombre o por una mujer para endulzar con prisa la taza de chocolate o de café. El cultivo de la caña se destinaba a fabricar azúcar de pilón, que corrientemente iba al mercado, dulce de rapadura, empleado en el consumo familiar y aun en la compraventa; y aguardiente para el consumo y para el mercado llegando a ser este producto, con el tiempo, uno de los monopolios fiscales del Estado, que se vendía libremente en el "estanco".

En ninguna provincia de Centro América se cultivó el tabaco con tanta extensión como en Honduras. La zona destinada al cultivo se hallaba en Los Llanos de Copán por producir una hoja de calidad especial y por existir allí los mejores manufactureros de puros. En la época colonial el tabaco copaneco llegó a ser renta fiscal y se le vendía libremente en el "estanco". Posteriormente, realizada la independencia, el nuevo Estado siguió ejerciendo el monopolio tabaquero para realizar con sus percepciones el pago de los servicios públicos.

No se cultivó la zarzaparrilla, planta medicinal, por encontrarse en estado natural en las selvas y las montañas. Los españoles la adquirían de los indios en condiciones ingratas, bien comprándoles el producto a precios bajísimos, bien obligándolos, seguidos de capa—taces feroces, a que la recogieran en apartadas zonas. Como Inglaterra codiciaba la zarzaparrilla para su farmacopea, de aquí viene que los ingleses se apoderaran de las regiones atlánticas donde abundaba esta planta. En gran parte por eso se apoderaron de la zona que va desde el Río Tinto, donde construyeron un castillo, hasta el desaguadero o Río San Juan, en Nicaragua. De esta manera, la exportación inicial de la zarzaparrilla se hacía a España y luego a Inglaterra. Más tarde, en la época de la independencia se le exportaba a Belice y a Jamaica, de donde se trasladaba a las Islas Británicas, y a Boston, Estados Unidos, llegando a ser uno de los renglones de exportación más importantes, juntamente con la madera.

Otra planta de la naturaleza aprovechada por la población colonial y de la independencia fue el liquidámbar, de gran importancia por su savia medicinal aprovechada para tratar algunas enfermedades internas y exteriores del hombre y para curar animales heridos. El liquidámbar se destinaba al consumo doméstico y fue hasta muy entrado el siglo XIX que se le empezó a exportar. Se habían especializado en la extracción del liquidámbar los indios xicaques y payas, que lo vendían en gruesas cañas de tarro, una variedad del bambú, cuidadosamente cerradas, a precios bajísimos, regularmente perdiendo. Ha sido hasta después de la primera guerra mundial que se ha descubierto que el liquidámbar es congelable en las temperaturas polares, razón por la cual se le emplea en la aviación que vuela sobre los Polos. A pesar de saberse esto, ningún agricultor ha procedido a cultivar el liquidámbar para hacer de él un valioso renglón exportable.

Otro árbol con que la naturaleza ha favorecido a Honduras es el pino u ocote en lenguas nativas, del que tradicionalmente se ha aprovechado la madera para construcción de casas y cercos y para alumbrar los hogares de los campesinos, a la vez que se ha aprovechado la trementina que se emplea en diversos usos farmacéuticos e industriales. Desde el período de la independencia hacia acá ha sido grande la exportación de madera de pino y de trementina. Hoy trata de empleársele en la fabricación de papel.

El cacao, planta de cultivo de los indios, siguió siendo sembrada por los españoles para el consumo doméstico. Fue en otras regiones que se le destinó a la exportación en gran escala. La bebida de cacao o chocolate, exclusiva de los indios al principio, pasó a ser privilegio de los colonizadores. Pero a medida que se fue popularizando la agricultura, regresó a hacer la delicia de los hogares humildes. En Honduras, favorecida la población pobre por la abundancia de tierras realengas y después nacionales, la gran finca y la pequeña finca cultivaron por igual el cacao para el consumo hogareño.

El café, traído de ultramar por los españoles se propagó en Centro América, y en Honduras fue cultivado por ricos y pobres para el consumo doméstico. Fue hasta muy entrado el siglo XIX que se le dio carácter de monocultivo en El Salvador, Guatemala y Costa Rica para hacerlo objeto de grandes exportaciones. Pero antes de que sucediera esto, particularmente en Honduras, el café llegó a ser corrientemente el desayuno de la gente humilde. Con una taza de café y luego un cigarro podían engañar el estómago hasta muy entrado el día. Hasta después llegaba la ración de tortilla y frijoles, y algún añadido de carne de res o de monte.

El plátano con su enorme variedad fue cultivado en Honduras en pequeñas y grandes fincas hasta llegar a ser lo que todo mundo sabe, el principal monocultivo del país.

En Honduras se cultivó el trigo en la zona de Intibucá, pero no alcanzó progreso por la falta de molinos apropiados. Además, en tiempos de la Colonia existían ordenanzas reales que prohibían terminantemente el arraigo del trigo en América.

Parecidas ordenanzas prohibían el cultivo del algodón, y si existían en las haciendas hilanderías y telares que trabajaban con algodón americano. En algunos lugares, la población pobre se dedicaba a los oficios de hilados y tejidos. La producción se dedicaba al consumo doméstico y de la pequeña venta.

Del maguey se extraía el mezcal, materia prima de la jarcia que comprendía una variedad de artículos como lazos, matates, cebaderas, cinchas, redes de pescar, entre tantas. En las haciendas ganaderas había especialistas de jarcia, y algunos pueblos y aldeas como Guarizama en Olancho, adquirieron fama desde los tiempos coloniales por tales productos que contaban con mercado en la región y el país. El maguey no se cultivó en Honduras como en Yucatán.

Del maguelillo se extraía un mezcal llamado pita, usado en obras finas como hamacas, bolsas, cigarreras, etc.

De cierta palmera se extraía el junco para hacer sombreros y adornar altares. Desde los tiempos coloniales, el pueblo de Ceguaca en el hoy departamento de Santa Bárbara se distinguió por este oficio a cargo de mujeres.

Del tule se hicieron petates, esteras, canceles y otros adornos de sala. También se hicieron sombreros, llegando a ser famosos los de Ilama en el mismo Santa Bárbara, destinados a cubrir la cabeza de la población pobre.

Con esta enumeración incompleta se puede formar una idea de la agricultura y la manufactura nativa del país. Pero repetimos que Honduras fue predominantemente minera en los primeros siglos coloniales, y en los siguientes, comprendiendo la Independencia, fue fundamentalmente ganadera. En ambos periodos, a la minería y la ganadería estaba subordinado todo.

Después investiga el doctor Marroquín la propiedad privada y las comunidades agrícolas de las que dice:

"Los indígenas, como lo hemos visto, desconocían la propiedad privada absoluta; ni siquiera los caciques podían llegar hasta el abuso del aprovechamiento de su propiedad; una serie de pautas consuetudinarias señalaban el cauce dentro del cual debían realizarse la explotación agrícola; los intereses de la comunidad eran primarios; la función social de la propiedad, integrada dentro del conjunto de la cultura, eliminaba cualquier tendencia o manifestación egoísta que pudiese perjudicar los intereses colectivos. Pero los españoles trajeron sus propias concepciones jurídicas, adaptadas a una economía de mayor desarrollo que la indígena y por ende impusieron su concepto de propiedad privada en el clásico estilo del Derecho Romano (usus, fructus et abusus). El propietario español podía sembrar o dejar de sembrar, podía talar bosques a su capricho y si se decidía a sembrar podía escoger aquellos cultivos que le dieran mayor ganancia personal aun cuando causaran daño a la colectividad. Tal el caso del cultivo del Jiquilite.

Por otra parte, los españoles tenían instituciones comunitarias de la propiedad, tales como los ejidos, los bienes monásticos, etc. los cuales trasplantaron al territorio americano. Además, guiados por su certero instinto de conquistadores, respetaron las costumbres indígenas y dejaron subsistentes muchas tierras comunales que eran controladas por los antiguos calpullis.

Así tenemos los siguientes tipos de propiedad.

Propiedad privada absoluta (originada por las "mercedes reales", las compras y las ventas, las titulaciones, etc.).

Propiedad ejidal (controlada por los municipios).

Tierras de comunidades indígenas (controladas por los consejos de ancianos).

Las tierras primeramente señaladas constituían el 400%; las ejidales un 20%; el resto lo constituían las tierras realengas sometidas al dominio eminente del rey de España.

Tanto las tierras ejidales como las comunales, jugaron un importante papel económico durante el período colonial. Prácticamente llevaron

147

seguridad y alejaron el hambre de millares de hogares. El campesino, por una pequeña cantidad (0.25 ó 0.50 centavos al año) podía sembrar una parcela con extensión suficiente para obtener una cosecha que asegurara el consumo familiar durante el año; si no hubiera estado sometida al sistema de encomiendas, de repartimientos y a los atropellos inevitables en todo el sistema colonial, la vida campesina hubiera sido relativamente tranquila, sin mayores zozobras económicas.

Las tierras de comunidades siguieron siendo explotadas a la manera de los antiguos calpullis. Los indígenas, año con año, sembraban sus parcelas y constituían el fondo de las cajas de comunidades.

Los pastos y los montes eran comunes y el campesino obtenía de ellos leña y madera de construcción y además, podía llevar a pastar sus pocos animales bovinos.

El sistema de propiedad comunal se trasladó íntegramente al sistema de vida independiente.

La característica de la etapa de la vida colonial consiste en el sentido dinámico que la propiedad privada en sentido romanístico imprime al sistema de la tenencia de la tierra. La ambición, el afán de lucro individual, son los móviles que impulsan la conducta del propietario privado y lo llevan a despojar de su tierra a los campesinos o indígenas económicamente más débiles. Las usurpaciones y despojos se pusieron a la orden del día. Los grandes propietarios desplazaban sus cercos dentro de los dominios ajenos; denunciaban como baldías tierras pertenecientes a familias indígenas cuya ignorancia del español y su rusticidad no les permitía defenderse adecuadamente en los complicados procesos del derecho colonial español; otras veces mediante la violencia se expulsaba de sus propiedades a los indígenas.

Niveles de vida más bajos para los sectores campesinos. Con la Colonia la situación del indio empeoró de manera notable a tal punto, que tuvo lugar una grave reducción del número de indígenas, conocida por los cronistas como la famosa "consunción de los indígenas" entre los factores más destacados que originaron el tremendo déficit demográfico de la población indígena están los siguientes:

Empeoramiento de las condiciones sanitarias. Los poblados indígenas en la época prehispánica estaban mejor adaptados al ambiente y presentaban gran dispersión. Los "ranchos" de cada familia indígena no presentaban mayores comodidades, no tenían servicio higiénico ni servicio de agua corriente; en un solo cuarto de cuatro por cinco metros, se hacinaba una familia junto con sus animales domésticos (cerdos, aves de corral, perros, etc.), y los servicios de cocina. Pero al menos, la vivienda estaba establecida en pleno campo, al aire libre de las montañas; las deyecciones humanas eran arrastradas por las lluvias o depuradas por los candente rayos del sol tropical; no había peligro de contagios epidémicos porque cada rancho distaba centenares de metros de los otros ranchos. Pero durante la Colonia se obligó a los pueblos a "reducirse" en núcleos compactos, fueron abandonados los ranchos dispersos y los indígenas tuvieron que vivir con sus ranchos pegados unos a otros dando origen a serios problemas urbanísticos que los indígenas desconocían en la época anterior.

Viviendas miserables fueron y son todavía la condición permanente de la inmensa mayoría de los campesinos; el rancho de paja, de una sola pieza, que sirven a la vez de dormitorio, sala, comedor y chiquero; y en las condiciones actuales de compactación urbanística, en fuente propicia de numerosas enfermedades.

Al trabajo forzado, gratuito o casi gratuito, que recaía sobre los indígenas, se unían otras condiciones nocivas para la salud; trabajo pesado, brutal, desarrollado en largas jornadas; ninguna consideración para los niños ni las mujeres, ni siquiera para aquellas que estaban embarazadas, muchas de las cuales "reventaban" por llevar pesadas cargas. El látigo de los capataces imprimía sobre las espaldas indígenas la huella imborrable de un sistema de férrea disciplina y de implacable explotación humana.

Mala y deficiente alimentación: es a partir de la Colonia que al indio se le asigna su clásica ración de tortillas de maíz, un puñado de frijoles y sal. Las duras condiciones de vida impuestas por la Colonia, hicieron del indio un vegetariano; ya no volvió a comer carne sino en muy contadas ocasiones, particularmente en las grandes festividades religiosas cuando la cofradía obsequiaba una gran comida colectiva a todos los miembros de la comunidad, con motivo de la celebración del correspondiente santo patrono.

Los bajos salarios esquilmados con las fraudulentas cuentas de las tiendas de raya de las haciendas, abatidos por diversas contribuciones (al fondo de la Caja de la Comunidad, a la Cofradía, al sacerdote por ciertas ceremonias como bautizos, misas de difuntos, etc.), se veían en serias dificultades para poder pagar a las autoridades españolas la capitación de un tostón al año. La economía del indio desde aquellos tiempos era ya, según la expresión de Sol Tax, la "economía del centavo". Casas miserables, mala alimentación, andrajos en vez de vestidos, etc., inhumana explotación en el trabajo, tal fue el sino del indígena hasta nuestros días.

Atropellos frecuentes. Los indígenas era la raza vencida a los que se atribuía una condición humana inferior. El vencedor no siempre aceptaba los límites humanos o divinos en sus tratos con los vencidos; atropellos de toda clase, abusos, humillaciones y violencias eran manifestaciones cotidianas. El "vae victis" de Breno, nunca tuvo más trágica confirmación que en esta etapa de la vida del indio americano.

Todas estas condiciones de vida originaron la desaparición de poblados enteros, y aun cuando la cultura indígena era refractaria al suicidio, se dieron a sí mismos la muerte, muchos indígenas, en el colmo de la desesperación. Muchas madres mataron a sus hijos recién nacidos para evitarles el sufrimiento de vivir en condiciones de vida tan oprobiosa.

El doctor Marroquín divide la población colonial en clases en razón de sangre y de posición económica. Así a las clases dominantes pertenecen los españoles peninsulares y los españoles americanos o criollos. En la clase media sitúa a los mestizos y los mulatos. Y a la clase inferior a los indios y los negros.

En Honduras, los indios que se hallaban al alcance de la mano de los españoles fueron devorados en los minerales. Los que lograron sobrevivir fueron sometidos a la condición de "ganado humano". Los demás se alzaron y ofrecieron seria resistencia a la esclavitud española. No obstante, algunos de ellos eran sorprendidos y cazados para ser conducidos a los centros mineros. Posteriormente los indios alzados en la parte norte del país contaron con el apoyo de los ingleses, quienes llegaron hasta proveerlos de armas de fuego para que se constituyeran en una constante amenaza de las poblaciones blancas. De allí la razón de situar compañías y batallones en Yoro y en Olancho.

Los indios domesticados fueron obligados a vivir en "reducciones", cercanas a los centros mineros, a los ríos donde se lavaba oro y a las haciendas ganaderas. Las viviendas eran de tierra cubiertas de manaca, zacate o teja. Estaban sujetos a trabajos forzados, pero por ser Honduras una provincia ganadera, comían carne, queso, mantequilla y bebían leche. No percibían salario o lo percibían apenas, y eran objeto de atropellos.

Los negros se hallaban en peores condiciones. Cuando los indios se fueron acabando, los negros fueron traídos de África para ser arrojados a los antros mineros. Se les vendía, se les compraba y se les herraba como a los animales. Los protocolos notariales de la época colonial están llenos de escrituras de compraventa de negros esclavos, ya en forma individual ya colectiva.

Otras supervivencias de la sociedad primitiva y realidades de la sociedad feudal existían al acabarse la Colonia y aparecer la República independiente. Si el doctor Marroquín hace un estudio especializado para El Salvador y nosotros agregamos algunos referentes a Honduras, cabe pensar que Guatemala, Nicaragua y Costa Rica ofrecían sus particularidades, sin que afectaran en mucho el marco feudal del conjunto de Centro América.

En todos ellos existían grandes hacendados latifundistas, que con base en el cálculo de Cortés y Larraz, podían llegar modestamente a 2,290 en la geografía centroamericana.

Aparte del cálculo anterior conviene situar a la Iglesia que por medio de mercedes, donaciones y otros medios de adquirir dominaba el panorama económico en haciendas, fincas y granjas.

Al menos en Honduras, cada santo patrón del pueblo era dueño de una hacienda ganadera o agrícola. La cuidaba y fortalecía la respectiva congregación religiosa. El mayordomo de la congregación era el administrador de la hacienda. Cada cofrade estaba obligado al cuido de diez o más semovientes, de los cuales podía utilizar la leche y la carne en algunos casos, con excepción del cuero que debía secar y guardar para entregarlo oportunamente en el almacén de la cofradía. A la Iglesia le interesaba el cuido de los novillos que formaban las partidas destinadas a las ferias centroamericanas (feria de Jocotenango en Guatemala, feria de San Miguel en El Salvador, etc.), y a la exploración para Cuba. Si se toma con consideración el número de pueblos de aquel tiempo, se deriva el número de haciendas ganaderas en Honduras.

Además, los fieles estaban obligados a pagarle a la Iglesia los diezmos y las primicias que enriquecían sus almacenes y le ofrecían oportunidades de aumentar su tesoro y de operar en el comercio centroamericano y exterior.

De esta realidad económica nace el Artículo 11 de la Constitución de la República Federal de Centro América, que dice: "Su religión es la católica, apostólica, romana, con exclusión del ejercicio público de cualquiera otra".

Al haber saltado Centro América de la Colonia a la Independencia con una estructura económica distinta, el Artículo 11 habría establecido como religión del país la protestante a la manera inglesa o la libertad de cultos en la forma francesa.

La verdad es que en Centro América había nacido un Estado feudal eclesiástico, con apoyo en los latifundios laicos y religiosos y en la servidumbre de la gleba condicionada al medio centroamericano.

Pero esto no quiere decir que la Constitución dejara por fuerza otras realidades económicas, débiles es cierto, pero dignas de ser respetadas.

# MINERÍA, CASA DE MONEDA Y EXPORTACIONES DE ORO Y PLATA

Desde que han comprobado los hechos que numerosas personalidades de los tiempos, a pesar de sus cuantiosos intereses reaccionarios, pero influidos por las ideas progresistas, han abandonado aquellos intereses para trabajar por estas ideas, no se ponga en duda que el gran hacendado José Cecilio del Valle, influido por la revolución de su época, trabajaba honradamente en su gabinete en favor del cambio de la estructura económica de Centro América. Por cierto que Valle fue quizás el más interesado en este empeño, a través de sus publicaciones en "El Amigo de la Patria" primero y en "El Redactor General" después. Una publicación tiene el doble significado de ser una sincera confesión personal y una exposición de opiniones que se suman al pensamiento colectivo, punto en que la sociedad las somete a crítica y las acepta o las rechaza.

Desde luego, hay que tomar en cuenta que Valle sincero, honrado, instruido y culto, a veces estaba en lo cierto y a veces se equivocaba. Por ejemplo, Valle, interesado en la construcción de una Patria nueva, extraía sus materiales del mercantilismo, sin apreciar justamente que el mercantilismo había pasado al sobrevenir la etapa industrial con sus presiones aplastantes sobre los países no industrializados. A esa concepción mercantilista se debió que para fortalecer la estructura económica centroamericana, sugiriera la intensificación de la minería, que había desempeñado un papel ingrato en los primeros siglos de la Colonia y que había servido para fortalecer las bases capitalistas de las principales nociones europeas. Quedarse en mina significaba detenerse en la carrera del progreso. Pero citaremos el texto de Valle para que los lectores digan a las últimas si él estaba en razón y nosotros estamos equivocados.

El documento se titula: "Debemos intensificar la minería", y dice: "En la Casa de Moneda de esta ciudad (Guatemala) sólo se labraron en el mismo año (marzo de 1821) 31,309 marcos 5/8 de plata; y su producto total fue el de 267,004 pesos 1/4 real.

En una y otra capital (Guatemala y México) ha sido el último año menor que en los anteriores la cantidad de plata acuñada. En México

153

donde subía a 25 millones antes de la revolución fue reducida a 10; y Guatemala que acuñó 428,661 pesos en 817, y 554,564 en 818, solo ha hecho 267,004.

5,706 millones de pesos habían dado las minas de América desde 1492 en que se hizo su descubrimiento hasta 1803.

Un hombre diestro en cálculos de riqueza pública decía en aquella fecha, que 153 millones de pesos existían en oro y plata labrada en los países civilizados de América, y que 133 millones habían pasado a Asia de las costas occidentales de ella. Suman las dos partidas 286 millones, y deducidos estos de los 5,706 quedan 5,420 millones.

Esta es la cantidad que América ha dado a Europa; esta es la masa de oro y plata que las manos del indio han sacado de las rocas duras de nuestras montañas; este es el numerario que el comercio ha llevado de nuestros puertos a los de España; de los de España a los de Inglaterra, Francia, etc.; y de los de Inglaterra, Francia, a los de Asia.

Quien haya aprendido a pensar deducirá de aquí verdades importantes. Se fijará al menos en las siguientes, y de ellas inferirá consecuencias productivas de otras igualmente fecundas.

1.—El indio a quien se ha supuesto indolente y perezoso, es activo y capaz de los trabajos más duros. Sus brazos son los que rompen montañas y pulverizan peñas para sacar el oro y la plata que exporta el comercio: sus manos, son las que han hecho ellos millones que suponen cantidad tan grande de trabajo.

2.—El oro y la plata ha sido el objeto principal de la atención, y existiendo el oro y la plata en montañas que se levantan en medio del nuevo continente, la población se ha unido en el centro; las costas han quedado yermas: sus caminos intransitables; y los puertos abandonados.

3.—El oro y la plata no quedan en el lugar que los produce. Una fuerza irresistible los lleva a los países donde hay frutos y artefactos; a los países donde la industria presenta obras que pueden satisfacer nuestras necesidades: a los países donde el labrador hace vegetar el lino y el artesano sabe tejer sus hebras. Que se hagan reglamentos y se tomen las medidas que se quieran. Si el rico de América no tiene en ella frutos que le regalen ni telas que le vistan, sus pesos irán a Ceylán a buscar canela y a Granada a comprar sedas.

4.—Si la plata va a los países a donde la llama la industria, su extracción de las minas es sin embargo de esto muy provechosa.

Ignoran aún los primeros principios los que desdeñan la minería. La plata es materia prima para diversas partes; y las materias primas son de utilidad indudable. La plata es moneda; y la moneda fue inventada por la necesidad que el comercio tenía de ella. La plata es una mercadería preciosa que ahorrando cambios tiene la singularidad grande de facilitar por uno solo todo lo que necesita su poseedor.

5.—Siendo una la cordillera que atraviesa a Guatemala y pasa por Nueva España (México), existiendo en una misma zona y estando en diversos puntos a igual temperatura, México acuña millones y Guatemala (Centro América) sólo da cantidades mezquinas. En efecto supone causas activas que han influido en su producción; y tendiendo la vista por todas las posibles, si las riquezas de nuestras minas es igual a la que tiene las de Nueva España, la meditación no descubre otras que las siguientes: México da honor a los mineros: establece escuelas para su instrucción: les proporciona brazos para los trabajos; y les facilita fondos para las explotaciones.

6.—La minería tiene derecho a protección muy distinguida porque sufren la industria y la agricultura. Siembra el labrador, y el valor de sus frutos es fijado por su voluntad y la de los compradores siempre presentes los gastos de producción. Hila y teje el artesano, y el valor de sus telas es señalado también y el de los que tratan con él. Trabaja el minero, y el precio de sus metales es señalado por la ley, y uno mismo para el año de abundancia y el de escasez; para el tiempo en que crecen los gastos y para aquel en que disminuyen, para Tegucigalpa donde la minería no tiene auxilios y para Guanajuato donde se le franquean en abundancia.

7.—La ganancia que tiene la nación en la Casa de Moneda de México se ha valuado de este modo. Si la labor no sube de 15 millones de pesos al año, gana un 6 por ciento de la cantidad acuñada: si asciende a 18 millones gana 6 1/2 por ciento. Nuestra Casa de Moneda no puede según este cálculo producir utilidad a la nación, o es sin duda muy mezquina la que produce. No tenemos datos para afirmar decisivamente. Si se nos presentan, volveríamos la atención a este interesante punto.

He aquí verdades de la mayor utilidad. Todas ellas son campo fecundo para quien sepa cultivarlo. Meditando detenidamente las

Diputaciones Provinciales, los Ayuntamientos y Consulados: uniéndose en el objeto de su establecimiento, que es el fomento de la agricultura, industria y comercio, pueden señalar al fin el camino y marchar al término de la carrera. Estos son los deseos. Quiera el cielo que no sean vanos: que cese la divergencia de opiniones: que triunfe la razón y adoremos su estatua".

José Cecilio del Valle mantuvo este criterio pasada la Independencia y la Anexión a México y en la iniciación de la República Federal. Quería minería bien asistida para que la Casa de Moneda Federal trabajara con holgura y ganancia para los mineros y para el Estado. Pero la minería siguió en declinación porque habían pasado los siglos en que se creía que el dinero era riqueza, y otros debían ser los rumbos económicos a tomar en Centro América.

En otra publicación de Valle titulada "Lo que sugiere el cuadro de Guatemala", agrega:

"Pero donde se ven milagros de riqueza: donde encuentran espacios más grandes para especulaciones los comerciantes, y para cálculos los estadistas; es en el oro y la plata, en esos metales que dan vida al mundo entero y señalan a la América el primer lugar en la escala.

Ya el genio del cálculo ha formado las tablas. Meditémoslas con gozo. Ellas son uno de nuestros títulos grandes de superioridad.

## Estado de las cantidades de oro y plata extraídas de las minas de América desde 1492 hasta 1803.

| REGISTRADAS | |
|---|---|
| De las colonias españolas | 4,035,156,000 pesos |
| De las colonias portuguesas | 684,544,000" |
| **NO REGISTADAS** | |
| De las colonias españolas | 816,000,000 |
| De las colonias portuguesas | 171,000,000 |
| **Total** | 5,706,700,000 pesos |

No es pequeño el papel que ha representado América en el teatro del comercio. Ha dado cinco mil setecientos seis millones setecientos mil pesos; y sus minas no son todavía agotadas. Ha sido por el contrario progresiva su riqueza en razón de las luces, de la población y de los auxilios del gobierno. Lo manifiesta el cálculo siguiente que se ha hecho de América a principios del siglo XIX.

| | Oro | Plata | Pesos |
|---|---|---|---|
| Nueva España | 7,000 | 2,333,220 | 23,000,000 |
| Perú | 3,400 | 611,090 | 6,240,000 |
| Chile | 12,212 | 29,700 | 3,060,000 |
| Buenos Aires | 2,200 | | 4,850,000 |
| Nueva Granada | 20,505 | | 1,900,000 |
| Brasil | 29,900 | | 4,360,000 |
| TOTAL | L.     75,217 | 3,460,840 | 43,500,000 |

(Aquellos y estos datos los tomó Valle de A. Humboldt, de su ensayo sobre la Riqueza de América, y extraña que siendo Guatemala productora de metales preciosos no aparezca en su estadística). Sigue diciendo Valle:

"Cuarenta y tres y medio millones de pesos son los que América mandaba anualmente a Europa y pasaban a Asia los 25 y medio restantes de este modo 4 millones para el comercio de Levante, 17 y medio por el que se hace doblando el Cabo de Buena Esperanza; y 4 por la vía de Tobolsk y Chiachta".

Fantasea Valle en alabanza mineral del país:

"Es diverso el producto de nuestras minas 25 quintales de mineral dan en unas 4, en otras 6 y en otras 7 marcos de plata. Pero las hay también de mayor riqueza: hay en la de Malacate labores que en 19 quintales de mineral producen 17 marcos de plata: producto más grande que el de la Valencia, la mina más rica de Nueva España, donde un quintal solo da 4 onzas.

Si a pesar de esto no son en nuestra provincia como en otras de América las cantidades que se extraen de las minas: si en el quinquenio de 1814 a 1818 sólo se acuñaron en esta Casa de Moneda 1,702,045 pesos: si no se explotan las minas de cobre y las de hierro de Tegucigalpa y Metapán son en abatimiento sensible, las causas parecen muy obvias a quien se detenga examinarlas.

Faltan luces: escasean los brazos. y no hay caudales".

Quedaba a cargo del Gobierno de la República Federal restablecer la minería mediante apoyo a los mineros y con rumbos nuevos. Pero para ello se requería la asistencia de un Tesoro fuerte del que carecía el Estado recién nacido.

No podía existir este Tesoro porque las contribuciones eran coloniales y la riqueza pública y privada del país había sido diezmada por la guerra de españa y Napoleón.

Sólo las comunidades indígenas habían contribuido de una sola vez con la cantidad, nada pequeña, de 200,000 pesos.

# EL PRESUPUESTO GENERAL DE GASTOS DE LA NACIÓN Y SUS RENTAS FISCALES

Es difícil hacer una apreciación del Presupuesto General de Gastos de la República de Centro América sin contar con documentos apropiados. Podría subsanarse la ausencia de tales documentos si existieran los antecedentes coloniales que ofrecieran por lo menos una visión borrosa del balance fiscal. Decimos antecedentes coloniales porque éstos han sido más divulgados en América y en España. Son desenterrados frecuentemente de los archivos, pero por ningún lado se ha visto la publicación de aquellos papeles que den a conocer el estado de cuentas del Reino de Guatemala en algún año de fines del siglo XVIII o comienzos del siglo XIX. De esos papeles podría derivarse la correspondiente conjetura sobre el monto total del Presupuesto así como de sus respectivas rentas.

En tan penosa situación, tenemos que apoyarnos en las razones que expone el abogado José Cecilio del Valle, en su carácter de miembros del Poder Ejecutivo o Provisional, sobre "La renta del tabaco". Ciertamente, existen en ese trabajo algunas ideas orientadoras, pero sin que lleguen a ser suficientes para formarse un juicio aproximado acerca del Presupuesto de la Federación Centroamericana.

Nos vemos en el caso de citar algunos párrafos del valioso trabajo de Valle dirigido al Congreso de la República empeñado en la labor de darle fundamento fiscal al Estado.

"Centro América acaba de pasar del estado de provincia subalterna al de nación independiente. Era justa esta transición; y debemos morir primero que retroceder a la posición degradante en que nos hallábamos antes.

Pero la diferencia de gastos es tan grande como el salto que hemos dado. Pagar los sueldos de un Capitán General, una audiencia, cuatro intendentes, un gobernador, dos corregidores, ocho alcaldes mayores, una Secretaría de Gobierno y tres oficinas de cámara, no es lo mismo que cubrir los de una asamblea, un poder ejecutivo, un senado, una alta corte de justicia, cinco congresos, cinco consejos, cinco cortes territoriales, cinco Jefes de Estado, cinco vice—jefes, cinco comandantes generales, cinco intendentes, treinta secretarías, y cinco oficinas de las cortes

159

territoriales. (Olvidó Valle hacer mención de los gastos del Ejército federal reforzado para defender la República de las tentativas de reconquista española provenientes de Cuba, que seguía siendo colonia peninsular).

El Gobierno, que ha visto la Hacienda Pública como la base primordial de nuestra independencia, mandó formar hace muchos días un estado demostrativo de la diferencia de gastos. (Desgraciadamente Valle no nos da a conocer este estado). Su vista manifiesta el gran aumento que tienen; y en tales circunstancias, creados nuevos empleos y multiplicados por ellos los egresos, no dicta la razón que se disminuyan los ingresos aboliendo o mutilando las rentas. Dicta por el contrario que se conserven y mejoren las que tenemos.

Ya cesó la de bulas: ya no existe la de quintos: ya se abolió la de tributos: ya se quitó la de medias anatas seculares: ya se redujeron a un tercio menos la de correos y alcabala interior. Si a más de esto se destruyera la de tabacos, este golpe pudiera ser funesto contra nuestra independencia. Quedaríamos expuestos a los peligros de un sistema que careciese de rentas para conservarse.

Proponía Valle que se mantuviera la renta de tabaco de los Llanos de Copán, que proporcionaba medio millón de pesos. El Gobierno lo distribuía administrativamente en las providencias y se vendía en estancos.

Sugiere Valle que también se pensó en las contribuciones de la propiedad raíz, la agricultura y la ganadería, pues se consideraba justo que al establecer el Estado para garantizar estos bienes, los beneficiados debían ofrecer sus respectivos aportes fiscales.

El añil, el bálsamo, el azúcar, productos exportables, daban al fisco una cantidad mínima cuando salían del país.

A medida que se fuera garantizando el orden interno y exterior, y de resultas de ese orden llegaran a ser un hecho la paz, la seguridad individual y social, el trabajo y sus consecuencias, la producción y el comercio nacional o internacional, es claro que las percepciones fiscales aumentarían y con ello se satisfaría el Presupuesto General de Gastos tanto para cubrir las exigencias esenciales del Estado como los servicios públicos complementarios.

Valle, el más entendido, pensaba en la producción y el comercio interno y exterior como fuentes irrenunciables del Fisco, en un desarrollo continuo hasta llegar a cimas de riquezas. Pero mientras llegaba el día feliz del acrecentamiento económico y financiero, defendía la renta del tabaco con estas razones:

Si los Estados (federales) forman una nación, porque teniendo elementos para su existencia interior no los tienen para su seguridad y defensa exterior: si la nación (federal) no puede existir sin un Gobierno supremo que la dirija: si la existencia del Gobierno exige la de una hacienda capaz de ocurrir a sus atenciones, y no puede haber hacienda sin rentas, parece que la de tabaco está por su misma naturaleza destinada a ser renta del Gobierno Supremo de la Federación.

Y agrega:

Otras pueden sin dejar de existir ser propias de cada Estado con diversos sistemas de administración cada una. Sin trascendencia funesta para la nación, puede la Legislatura de un Estado acordar que los vecinos de él se dividan como proponía Mirabeau, en diez clases, y contribuya cada una con la cuota proporcional que designa. Sin inconveniente peligroso para la República, puede el Congreso de otro Estado mandar que sus habitantes se partan en tres clases correspondientes a las tres especies de industrias, como desean otros economistas, y contribuyan los de cada una en diversa proporción. Pero en la renta de tabaco no podría sin riesgo seguirse el mismo sistema. En toda la nación debe estar estancado el tabaco: en toda la nación debe ser por consiguiente un solo el vendedor. Si las legislaturas acuerdan cada una en su Estado respectivo el precio y el sistema que les parezca, no será uno el vendedor en la nación, serán tantos cuantos sean los Estados: desaparecerá el estanco nacional, y dejará de existir o existirá muy menguada una renta que sostenida y protegida pueda ser de las más productoras.

En conclusión, queda claro que Valle quería una renta federal,la del tabaco, aunque los Estados de la Federación, independientemente, crearan las suyas, como se deja ver en este párrafo:

"La existencia del Gobierno no debe ser precaria, dependiente de los cupos que se le envían unas veces y no se le remitan otras. Debe tener rentas bastantes para llenar las necesidades de la Federación. Debe ser administrador supremo de las que se le designen. Una de ellas debe ser la de tabacos, administrada por el director general y cinco factores nombrados uno y otros por el Poder Ejecutivo. El tabaco debe seguir estancado para no grabar a los pueblos con las contribuciones que en caso contrario sería preciso imponer, y cuando esté más desarrollada la riqueza de la nación, cuando hayan subido los ingresos de las demás rentas o puedan sin riesgo crearse otras, se abolirá la de tabacos y será este fruto restituido a su primitiva libertad".

De lo anterior se desprende lo que sigue:

1.—Que ignoramos (nosotros) a cuanto ascendía el Presupuesto General de Gastos del llamado Reino de Guatemala en los tiempos coloniales.

2.—Que este Presupuesto tenía de rentas las viejas contribuciones coloniales, que a raíz de la independencia fueron suprimidas, quedando solamente la renta de tabaco.

3.—Que a esta renta se sumaba la de añil; bálsamo, aguardiente, azúcar y otras que pagaban un impuesto moderado por concepto de su exportación.

4.—Que se pensaba a partir de la Independencia en la creación de los impuestos indirectos de la propiedad raíz, la agricultura, la industria y el comercio.

5.—Que a la vez ignoramos (nosotros) la cuantía del Presupuesto General de gastos de la Federación a que se refiere Valle en su estudio de la renta del tabaco.

6.—Que había un Presupuesto Federal con rentas propias, una de ellas el tabaco.

7.—Que también existían cinco Presupuestos nacionales para los cinco Estados Federales.

8.—Que tanto el Presupuesto Federal como los Presupuestos Nacionales sufrían recargo comparados con el Presupuesto colonial del llamado Reino de Guatemala.

Si esto era así, ¿qué hacer para satisfacer los servicios públicos?

# AFOROS, ADUANAS, EXPORTACIONES E IMPORTACIONES

Con la Independencia desapareció el monopolio comercial español. En lo sucesivo España podría comerciar con Centro América de nación a nación, de igual a igual si a bien tenía. El mismo derecho comercial extendía Centro América a las demás naciones del continente y del mundo.

Pero entendámonos. Centro América acababa de salir de la dependencia española descapitalizada, pobre, arruinada porque le había afectado grandemente la guerra de la Metrópoli con Napoleón. Su esfuerzo económico había sido enorme en aquel conflicto, habiendo recibido en compensación nada más que la carta de libertad, sin indemnización alguna por su sacrificio, y teniendo al frente un porvenir en el que debía hacerlo todo, desde lo más grande hasta lo más pequeño.

Centro América salía a la libertad como nación infra desarrollada. Por siglos se había dedicado a la explotación de sus minas, que enriquecían a la Metrópoli, y más que a ésta a las naciones que había tomado la vía del capitalismo, como decir Holanda, Inglaterra y Francia. Posteriormente, a causa de la crisis de los metales preciosos, había prestado atención a la agricultura, pero sometida a las restricciones de los reglamentos coloniales, que le impedían intensificar los cultivos industriales.

Centro América no había acumulado capital inicial. Exportaba el oro y la plata, y a cambio de ello no recibía los respectivos equivalentes. Por tanto, desconocía el comercio en su significado propio y la consiguiente balanza comercial, que como la Inglaterra en otros siglos debía ser favorable para acrecentar el desarrollo económico interno.

A fines del primer cuarto del siglo XIX debía empezar la carrera de su prosperidad, pero cuando la mayoría de las naciones europeas habían pasado del capital comercial al capital industrial. Así se comprende que el desnivel resultaba enorme, y que si Centro América, por seguir la moda, adoptaba las medidas del capitalismo, sin base de sustentación interna, sólo era para vigorizar intereses extraños, y caer en el semicoloniaje.

Los organizadores del nuevo Estado no vieron este peligro. Comprobémoslo con las palabras de José Cecilio del Valle en su discurso sobre "El Comercio".

Dijo:

"La comisión de hacienda ha dedicado su atención al asunto importante a que la Junta Gubernativa se ha servido llamarla.

Contemplando la dificultad de la obra y midiendo sus propias fuerzas, presentaría para que se adoptase el arancel de otra nación más proporcionado a las circunstancias de Guatemala (Centro América). Esta medida le hubiera ahorrado el trabajo y excusado la molestia de pedir informes, reunir datos, hacer combinaciones, tomar la pluma, y ser en último resultado objeto de los raciocinios de unos y de las censuras de otros.

Pero Guatemala, colocada por naturaleza en posición geográfica diversa de la que tienen las demás naciones, debe haber también sistema distinto de comercio, arancel diverso de aduanas.

Su localidad montuosa cortada por ríos de vado difícil en la estación de aguas; su territorio dividido en pueblo separados unos de otros por montes empinados o quiebras profundas: su población distante de las costas, sus puntos de cosecha sin calzadas ni caminos a los puertos: sus artículos de riqueza, nacientes unos, abatidos otros y escondidos los demás en el seno oculto de la tierra, exigen que su sistema económico sea distinguido por la protección más liberal.

La libertad de comercio es la primera base del arancel. La comisión no cesará jamás de repetirlo, porque si es un principio que nadie duda en España y en las naciones más ilustradas, en Guatemala tiene todavía enemigos que quieran impugnarlo.

Parece increíble; pero es una verdad. Todavía hay hombres, después de promulgada nuestra independencia, después de publicado el decreto memorable de 17 de noviembre último, que repugnan la libertad de comercio: todavía hay hombres que para hacerla sospechosa llevan la hipocresía al extremo escandaloso de pintarla como contraria a una religión santa que si predica dogmas y moralidad jamás habla de sistemas de comercio: a una religión que en los siglos más puros de su historia nunca impidió la libertad de comerciar que tenían los pueblos donde se iba estableciendo: a una religión que se mantiene firme en la plaza de

Cádiz en donde llegan atraídos por el giro los ingleses, los moros, los franceses, los alemanes, etc.

La comisión no puede creer que la libertad de comercio que es en España origen de riqueza, sea en América principio de miseria.

El derecho de propiedad consiste en disponer libremente de lo que es propio o se posee con pleno dominio. La esencia misma del derecho de propiedad exige la libertad de vender o comerciar; y esta libertad es la que da valor a las propiedades.

Quitando a un tejedor infeliz la facultad de vender libremente sus tejidos a quien le ofrezca más por ellos, se quitaría a su trabajo y telares la estimación que deben tener; y quitando a Guatemala el derecho de vender sus frutos y géneros al comprador que le ofrezca mejores precios, se quitaría a sus tierras, a sus granos y efectos el valor que deben tener.

Si sería crimen inhumano despojar a un tejedor desvalido la libertad de vender sus mantas y cotines, sería también atentado escandaloso privar a Guatemala de la libertad de comercial sus granos y añiles.

Los puertos de Guatemala deben abrirse a todas las naciones del mundo. Qué vengan al Golfo y Acajutla, a Omoa y Trujillo, a San Juan y el Realejo los comerciantes de todos los pueblos del globo. Cuanto más grande sea su número tanto más crecido será el de los compradores; y a proporción que se aumente el de los que buscan nuestras producciones, subirá el valor de nuestros frutos.

Sin ofender a nación alguna de la tierra (Centro América), prohíbe la moneda macuquina o del oro o plata no acuñada ni labrada porque las circunstancias especiales de su posición la obligan a esta medida. Permitiendo la extracción de la moneda redonda y prohibiendo la de la macuquina da al comercio exterior, y conserva para el interior lo que activa la circulación y facilita más el giro: impidiendo la exportación de oro y plata antes de acuñarse o labrarse asegura a sus hijos la utilidad del cuño o industria; y permitiendo la extracción de aquellos metales después de acuñados o labrados, respeta en los propietarios el derecho de disponer libremente de lo suyo.

Sin agraviar a sociedad alguna del universo declara libre de derecho la exportación de casi todos los frutos y géneros, porque abatido el cultivo de los unos y desalentada la industria de los otros, ningún— de ellos podría sufrir el gravamen de contribuciones. A excepción del añil, del bálsamo, del cacao, del aguardiente, etc., que deben pagar derechos muy moderados, todos los demás artículos son enteramente libres de contribuciones nacionales.

Que salgan libremente para Guayaquil, para el Perú, para (toda) la América y para cualquier otro país, sin pagar derecho alguno, los cotines, los rebozos, los acolchados y las mantas de nuestros tejedores, las panelas y azúcar de nuestros trapiches: el algodón, la vainilla, la grana, la madera, etc., de nuestros labradores. Esto animará la industria: multiplicará los trabajos: extenderá las cosechas: y aumentará o creará la riqueza de Guatemala.

Pero sus intereses están enlazados con los de América que antes estaba sometida, y es ahora independiente del Gobierno español. Todas las naciones de América deben formar una gran familia estrechamente ligada en el plan de sus relaciones.

Algún día se formará acaso un congreso general que reuniendo representantes de todas las provincias de ambas Américas reuna luces sobre todos, y pueda meditar, calcular y acordar lo que convenga para sostener su causa y ocupar en el mundo el lugar que debe tener.

Pero mientras llega ese día feliz, las relaciones mercantiles deben estrecharse, y el sistema económico combinarse de manera que los intereses de América hagan los progresos que convienen a su causa.

Guatemala distingue como es justo a los americanos: les da la consideración que merecen los individuos de una misma familia: y persuadida de que la marina debe ser la defensa de su libertad, y el origen de su riqueza, vuelve la atención a este objeto protegiéndole como es debido.

Las maderas de construcción son libres de derechos: las lonas de algodón también son exentas: las breas y alquitranes tampoco los pagan; y toda propiedad traída a nuestros puertos por buques de hispanoamericanos deben pagarlos menores que siendo importados por buques de otra nación.

Antes de estas medidas el océano ha comenzado a ver con asombro pabellones no vistos jamás en sus aguas. Las banderas de la América Meridional empieza a hermosear todos los mares; y el colombiano, el chileno y el hijo de Buenos Aires, arrostrando sus olas anuncian desde ahora lo que serán algún día.

Guatemala que tiene en abundancia para crear marina poderosa lo que escasea en otros países, ofrece las primeras materias sin derechos ni trabas; y esta medida, pequeña a los ojos de aquellos que no han aprendido a observar la reproducción sucesiva de causa y efectos, será importante para los que saben barruntar las consecuencias de un acuerdo protector.

A los frutos y géneros de otro suelo traídos en buques de otras naciones se exigen derechos más subidos. Pero los que se cobran son más moderados que los prescritos en otros aranceles.

Guatemala no quisiera exigirlos aun moderados, porque Guatemala cree que las contribuciones exigidas a los cargamentos que llegan a sus puertos, gravitarán en último resultado sobre sus hijos.

Pero si es necesario que haya un comercio protector del comercio, también es preciso que contribuya a los gastos que exige la existencia del gobierno.

No ha habido siglo que no sea convencido de esta verdad. Pero dividida la opinión sobre el método de exigir las contribuciones, unos adoptaron el sistema de aforos hechos por una vista, y otros prefieren el de aranceles.

Sujetar el comercio al aforo de una vista era comprender sus más caros intereses al juicio de un individuo, que podía equivocarse unas veces, y proceder con pasión otras.

Formar aranceles claros y precisos era desterrar la arbitrariedad, presentar al comercio datos fijos de lo que debe contribuir a facilitar sus especulaciones.

Las naciones más adelantadas han preferido el sistema de aranceles. Guatemala tendrá algún día los suyos, propios de su carácter, acomodados a su posición física y económica.

Pero la formación de aranceles es obra de años o meses, y la comisión de hacienda llamada con urgencia a proponer con urgencia un reglamento provisional, no podría emprender en pocos días un trabajo de mucho tiempo.

Eligió por necesidad el sistema de aforo desdeñado por los siglos de luz. Pero eligiéndolo con este conocimiento, le sujetó a modificaciones capaces de hacerle aparecer digno de una plaza civilizada.

No es el fisco el que designa por la boca de un solo funcionario lo que debe pagarse al fisco. Si el interesado quiere que el vista solo afore sus efectos, el vista es solo quien los traza. Pero entonces no es un empleado fiscal el que afora. Es un funcionario que ha merecido por su probidad y conocimiento la confianza de la parte interesada: es un hombre elegido por el mismo comerciante.

Si el interesado quiere que el vista se asocie, no es en tal caso un individuo sólo quien dice al comercio: esta es la cantidad que debe pagar. Un funcionario nombrado por el Gobierno y un sujeto elegido por el interesado son los que deben hacer el aforo. Si son acordes en el que hagan, el aforo es obra de la voluntad unida de los representantes de las partes interesadas. Si hay oposición de intereses, y el vista se inclina a sostener los del fisco al mismo tiempo que el asociado se vuelve a apoyar los de aquel que le nombra, este choque arrojará luces y las luces descubriendo lo justo conciliarán sus opiniones.

En caso contrario el Administrador dirime la discordia; y dejando al fisco y al interesado salvo el derecho de ocurrir donde corresponda, en el caso de agravio justo y acreditado, queda hecho el aforo, y fenecido el asunto.

De esta manera se protege al comercio, y no se perjudica a la hacienda: se da al primero el derecho de defender sus intereses; y tiene la segunda representantes que protegen los suyos".

Triste es pensar que lo que era viejo en el mundo capitalista, hasta en los años de la independencia se estuviera exponiendo y aclarando en Centro América.

Si tuviéramos a la mano las tablas elaboradas por Valle, veríamos el volumen del comercio de exportación y de importación en Centro América.

Por su informe sólo sabemos que había cuatro puertos en el Atlántico: el Golfo, Omoa, Trujillo y San Juan, y dos en el Pacífico: Acajutla y Realejo.

También sabemos que se exportaba oro y plata, añil, bálsamo, cacao, aguardiente, panelas y azúcar, algodón, vainilla, grana, madera, cotines, rebozos, acolchados y mantas. No hay mención en el informe de las importaciones, pero es deducible que todas aquellas que imponían las necesidades del consumo.

Pero el consumo de los productos extranjeros no era universal en Centro América si se toma en cuenta que las dos terceras partes de la población era indígena, aferrada a sus costumbres.

El mercado interno era muy reducido, tanto para la producción nacional como para la extranjera.

Pues bien: de los aforos que dice Valle tenía que vivir el Estado centroamericano recién nacido.

# EL PRIMER GOBIERNO CONSTITUCIONAL, LA INFLUENCIA BRITÁNICA, EL CENTRALISMO POLÍTICO Y LA GUERRA CIVIL

La Asamblea Constituyente emprendió dos trabajos a la vez: discutir y aprobar el proyecto de Constitución de la República Federal y mandar la elección de los personeros del Gobierno que pondría en marcha la constitucionalidad.

Para lo último decretó la Ley Electoral de 5 de mayo de 1824. Por aquella Ley serían ciudadanos electores todos los centroamericanos y extranjeros nacionalizados que hubieran jurado la independencia de 15 de septiembre de 1821

Organizaba Juntas Populares con un mínimo de 250 habitantes y un máximo de 2,500 para nombrar electores primarios por cada 200 habitantes.

También organizaba Juntas de Distrito para designar de cada 10 electores primarios uno para las Juntas de Departamento.

Por último organizaba Juntas Departamentales compuestas de 12 electores de distrito para elegir a las autoridades legislativas, ejecutivas y judiciales de los Estados y de la Federación.

Aquella Ley fijó el número de 15,000 electores para cada Departamento. Calculó que en Centro América había 82 Departamentos. Y a cada uno le llamó Base Electoral con derecho a un voto. De modo que en la República había 82 Bases con 82 votos.

Conforme a la ley de 5 de mayo fueron electos los diputados a las Asambleas de los Estados; los miembros de los Consejos Representativos de los Estados; los Jefes y Vicejefes de los Estados; los componentes de las Cortes Superiores de los Estados; los diputados al primer Congreso de la Federación; los Senadores de la Federación; los Magistrados de la Corte Suprema de Justicia de la Federación y el Presidente y el Vicepresidente de la Federación.

Resulta largo detallar quiénes fueron electos para tan numerosos y diversos cargos. Sólo citaremos los nombres de los miembros ejecutivos de los Estados. Jefes y Vicejefes. Resultaron electos los ciudadanos Juan

Mora y Mariano Montealegre por Costa Rica; Manuel Antonio de la Cerda y Juan Argüello por Nicaragua; Dionisio Herrera y Justo Milla por Honduras; Juan Vicente Villacorta y Mariano Prado por El Salvador; y Juan Barrundia y Cirilo Flores por Guatemala.

Sí explicaremos con algún detalle cómo fueron electos el Presidente y el Vicepresidente de la República Federal.

Los candidatos fueron para uno y otro cargo los ciudadanos José Cecilio del Valle, Manuel José Arce, José Manuel de la Cerda y Joaquín Durán.

El Congreso Federal, instalado con mayoría absoluta a principios de marzo de 1825, debía practicar el escrutinio y declarar la elección. En efecto, el 21 de abril procedió al escrutinio. De las 82 bases calculadas en la República sólo concurrieron a elegir 80. De las 80 bases llegaron al Congreso en la fecha indicada 78, faltando los pliegos de Matagalpa y de Cojutepeque. De los 78 pliegos, el Congreso se abstuvo de abrir el que correspondía a Petén, por haberse practicado dos elecciones en aquel lugar, quedando así 77 bases. De las 77 separó dos más por vicios de nulidad, quedando 75. Y de las 75 bases contó 41 votos a favor de José Cecilio del Valle y 34 votos en provecho de Manuel José Arce.

Valle había obtenido mayoría absoluta de dos maneras, tanto en relación con los votos válidos del escrutinio como en relación a los 80 votos de las bases electorales. Pero como el Congreso estaba interesado en hacer Presidente a Arce, declaró que no había mayoría absoluta ni relativa, y que por tanto, de acuerdo con la Constitución, le correspondía a él hacer la expresada elección. Así nombró Presidente a Manuel José Arce y Vicepresidente a José Cecilio del Valle. Como Valle, con justa razón, renunciara al cargo, pasó la elección a José Francisco Barrundia, pero como el nuevo electo, orador de gran talla, lanzara una terrible catilinaria contra el Congreso para rechazar la designación, eligió por tercera vez a Mariano Beltranena, quien sí aceptó el cargo.

Aquel fraude se llevó a cabo en las condiciones más cínicas, al violar la voluntad del pueblo centroamericano. Pero faltaba algo más para completarlo. El Congreso estaba integrado por 41 diputados federales. El 21 de abril, día de la elección, no había llegado desde las provincias a Guatemala, o se hallaban ausentes de la capital o no había asistido para no participar en aquel juego sucio, en total 19 diputados. Quiero decir que los 22 diputados restantes, que hacían la mayoría absoluta, se echaron a cuestas la responsabilidad de la elección. Pero en el terreno de los hechos, de aquellos 22 diputados, 12 votaron en favor de la Presidencia de Arce y 10 sostuvieron el derecho de Valle.

Dada la carencia de comunicaciones rápidas, el pueblo centroamericano creyó por largo tiempo que Valle había ganado la Presidencia Federal, y más cuando las bases de El Salvador y de Costa Rica habían votado por unanimidad en favor suyo. Pero salió de un engaño, cuando el Congreso Federal, a las cansadas, dio a conocer el resultado de la elección en un comunicado breve y mentiroso. En especial, quiso evitarse las explicaciones detalladas y arbitrarias.

Frente a los hechos consumados, Valle dijo en un escrito, publicado en la Imprenta Arévalo, que el Congreso había burlado la confianza del pueblo centroamericano y había violado tanto la Ley Electoral de 5 de mayo de 1824 como la propia Constitución, por lo que aquel hecho atentatorio le quitaba la investidura de Congreso. Que por tal motivo, el pueblo centroamericano asistido del derecho de insurrección podía levantarse para quitar a aquel Congreso espurio y poner otro de su confianza. Pero que en obsequio a la paz pública, podía el mismo pueblo valerse del derecho de petición para que el Congreso anulara la elección que había practicado y siguiera el camino de la ley.

Ni Alejandro Marure, ni José Milla ni Lorenzo Montúfar, historiadores de alto coturno en Centro América, han dado explicaciones convincentes sobre aquel atentado. Simplemente han dicho que los federalistas querían ganar el Poder Ejecutivo a todo trance, en perjuicio de los centralistas. Pero guardan silencio en el hecho de que federalistas y centralistas favorecieron con sus votos la Presidencia de Manuel José Arce.

La verdad es muy otra. Es financiera y anglófila. Procede de la Gran Bretaña interesada en hacerse dueña de Centro América. Desde que Arce fue miembro del Gobierno Provisional, al que corrientemente se la llamaba Triunvirato, se pronunció en favor del empréstito de la Casa Barclay, Herring, Richardson and Company, con menos precio de las demás proposiciones financieras de Londres. Ante aquella actitud unilateral, Valle se le opuso en el mismo Triunvirato, sosteniendo que debían estudiarse todas las proposiciones y aceptar la menos gravosa para la seguridad de Centro América. Hubo serios altercados entre los dos triunviros, y como la opinión de Valle ganó el voto del otro miembro del Gobierno Provisional, de allí nació el odio que le tenía Arce a Valle, y el desprecio de éste para aquél. Si hicieron enemigos. Y mientras Valle siguió dirigiendo hasta el fin el Gobierno Provisional, Arce se fue para Nicaragua, con fines pacificadores y con el capital objeto de conocer la zona canalera, en que se interesaba el señor Charles Beneski, apoderado de la Casa Aaron Palmer, de Londres, que ya solicitaba una concesión en aquella zona.

De Nicaragua regresó a apurar la elección presidencial, sabido de que contaba en el Congreso con un grupo afecto a los empréstitos y las concesiones, sin importarle el prestigio que había ganado en las acciones libertadoras de 1811, 1814, 1818, 1821 y 1822. En esta forma, Manuel José Arce, como Presidente Federal, guio el primer Gobierno constitucional de Centro América, con los vicios ya señalados, no hacia la cumbre de la grandeza y de la gloria sino hacia el abismo de la arbitrariedad y el desastre.

Aproximadamente, el balance del presupuesto federal ascendía a la suma de $ 878,586.00 pesos fuertes, mientras que la deuda interna llegaba a $3,726,144.00, pero el empréstito de la Casa Barclay, Herring, Richardson and Company le ofrecía un refuerzo de un millón de libras esterlinas o sea $5,000,000.00 para impulsar la Administración pública, conforme al plan de inversiones propuesto por el Presidente Provisional José Cecilio del Valle para realizar la contratación financiera. Arce hizo todo lo contrario por desconocimiento de la ciencia administrativa. "Empleó los fondos en elevar favoritos, enriquecer aduladores y mantener funcionarios ociosos e inútiles"

Arce empezó a gobernar con las siguientes miras: 1°.— Fortalecer el Ejército Federal; 2°.—habilitar algunos puertos para favorecer el comercio marítimo; 3°.—atender reclamos por deudas que tenían origen en la lucha de independencia; y, 4°.—echar las bases de la nueva burocracia centroamericana.

El, como Presidente Federal, debía ganar 36,000 pesos en los cuatro años de servicio, 9,000 al año, 750 al mes. Tenía además gastos de representación, porque la Corte, como se decía entonces, debía rodearse de esplendor.

Tan luego llegó al Poder se identificó con los centralistas, dejando a los federalistas que lo eligieron en completa burla. Y con estos hombres trabajó en favor de un Gobierno centralizado, a pesar de los pareceres opuestos de los Jefes de los Estados federales, que no siempre seguían sus directrices.

Lejos estaba Arce de organizar, fortalecer y disciplinar el Ejército Federal para defender el país dela constante amenaza de España desde la isla de Cuba y para arrojar a los ingleses de Belice, las islas del Atlántico y de la costa de la Mosquitia, desde Honduras hasta el Desaguadero o Río San Juan. Lo organizaba, fortalecía y disciplinaba para cimentar el Gobierno unitario, al que era adicto, por la fuerza y para convocar después una Asamblea Constituyente que debía legislar la Constitución unitaria.

Entre tanto, el Congreso Federal de 1826 había empezado a discutir acaloradamente la solicitud concesionaria presentada por el señor Carlos Beneski, ya dijimos, representante de la Casa Aarón Palmer, de Londres. Los agentes de Arce en el Congreso, los centralistas y una fracción de los federalistas, se pronunciaban en favor de la concesión encaminada a abrir un canal interoceánico por Nicaragua. La otra fracción federalista, capitaneada por Valle, que ya ocupaba una curul en el Congreso, se oponía con frecuentes argumentos a la concesión canalera.

Valle, en tres brillantes discursos expuso la riqueza de sus conocimientos sobre la materia y con los que aplazó indefinidamente el decreto concesionario. En primer lugar demostró que una administración perfectamente organizada podía abrir el canal de su cuenta y riesgo en el futuro, con préstamos adquiridos bajo su responsabilidad. En segundo hizo ver que corrientemente los concesionarios que eran súbditos de las grandes potencias, cuando tenían conflictos con los países que daban las concesiones, apelaban a sus poderosos gobiernos, y así los conflictos particulares se volvían conflictos internacionales, perdiendo el pleito las naciones débiles, y que en el caso podría sobrevenir algo parecido entre Inglaterra y Centro América, teniendo ésta que soportar tropas y fortificaciones en Nicaragua y hasta la pérdida de aquella parte del territorio. Y en tercero y último lugar demostró que los poderes del señor Beneski extendidos por la Casa Palmer no estaban arreglados a derecho.

En el campo del entreguismo, el Congreso Federal de aquel año se concretó a otorgar varias concesiones mineras, agrícolas y madereras de menor cuantía.

También algunas compañías con la promesa de traer inmigrantes europeos a Centro América y las que obtuvieron una magnífica aceptación en sus gestiones.

Todo habría seguido aquel orden, pero los acontecimientos nacionales se precipitaron. Arce y los centralistas querían llegar lo más pronto posible al Gobierno centralizado, porque en su concepto no se podía trabajar en sana paz con una fuerte oposición federalista.

El criterio centralista de Arce y de sus amigos, claro está, atentaba contra la Constitución. La oposición federalista, por consiguiente, defendía el orden establecido por la Constitución Federal.

Si los federalistas no hacían más que sostener el Estado feudal eclesiástico de la Constitución, sin ninguna mira revolucionaria, los centralistas de Arce querían romper y destruir aquel Estado, para darse más poder simplemente y para gozar de mayor libertad de acción, pero sin ninguna mira transformadora de fondo.

Con esto más: que los federalistas defendían los intereses patrios de las ambiciones financieras y concesionarias de la Gran Bretaña; en tanto que los centralistas se habían dedicado desde el comienzo a la tarea desvergonzada del entreguismo británico.

Los federalistas querían reposo para cimentar con solidez la estructura feudal—eclesiástica, seguida de sus correspondientes supraestructuras políticas, jurídicas y culturales, pero con libertad, independencia y soberanía, como rezaba la Constitución. Los centralistas, en cambio sabiéndolo unos y sin saberlo otros, marchaban a redobles de tambor a la obra nada patriótica de que Centro América fuera una dependencia de Inglaterra.

Es del doctor Lorenzo Montúfar la afirmación que en la ciudad de Guatemala circulaban por ese tiempo y con una constancia digna de mejor causa algunos periódicos anglófilos, menores, de limitada circulación, pero persistentes y obstinados en su propaganda, con una aproximada duración de siete años.

Se habían borrado de la memoria los tres siglos de esclavitud de España, la maniobra monárquica de México y aun el hecho de la propia

Independencia centroamericana, para darle vuelo a las campanas de la sumisión británica.

En este plano, el centralismo gubernamental era un paso necesario. El Presidente de la República, sería un rey republicano o, de otro modo, un dictador qué pensaría y haría por la nación, sin objeciones de ninguna clase. Con tales poderes centralizados, en completa libertad estaría en condiciones de entenderse con la Corte de Londres y convertir a Centro América en una semicolonia inglesa, parecida, con los principados del Asia Menor y con los bajalatos de la India.

A este proyecto, sin embargo, se oponía el federalismo que para contrarrestarlo se apoyaba en las libertades de la Constitución, en la libertad de palabra y de prensa, en la libertad de reunión y en las juntas patrióticas, en los cinco poderes ejecutivos y congresos del país, en la más amplia deliberación de Centro América, a pesar de sus pocos habitantes.

Por consiguiente, llegó a plantearse el conflicto entre el federalismo feudal y eclesiástico y el centralismo pro—británico cubierto con apariencias de buen gobierno y mejor administración.

Y a la operación se ha dicho. Los centralistas dieron desde el Poder un golpe de Estado. Disolvieron el Congreso de la Federación. Encarcelaron al Jefe del Estado de Guatemala, ciudadano Juan Barrundia. Asesinaron en Quezaltenango al Vicejefe de Estado, ciudadano Cirilo Flores. El Presidente Arce, en persona, a la cabeza de una división invadió El Salvador, quitó al Jefe y Vicejefe de Estado, ciudadanos Juan Vicente Villacorta y Mariano Prado, respectivamente, y puso otras de su conveniencia. El Vicejefe de Honduras, José Justo Milla, que estaba en Guatemala, a la hora de la conjura, se puso en marcha hacia su Estado a la cabeza de un ejército para quitar el poder al Jefe hondureño, ciudadano Dionisio de Herrera, llegó a la ciudad de Comayagua, la sitió y al final le pegó fuego. Después asumió el cargo de Jefe de Estado y mandó al ciudadano Herrera preso a las cárceles de Guatemala. Al mismo tiempo, en Nicaragua y Costa Rica se incrementó la lucha entre centralistas y federalistas o, de otro modo, entre anglófilos y patriotas.

Entrar en detalles de aquella lucha, sería repetir lo que se ha dicho en los textos de historia de las cinco repúblicas. Aquí nos conformamos con la médula de los acontecimientos. Quizás por primera vez se habla de la influencia de la Gran Bretaña sobre el Gobierno de Arce y el centralismo para poner fin al régimen federal establecido en la Constitución y aniquilar a los federalistas que se oponían a que toda Centro América llegara a hablar inglés y contara sus haberes en chelines y libras esterlinas.

Desde los finales de 1826, todo 1827, todo 1828, hasta abril de 1829 fueron años de guerra civil entre centralistas y federalistas, que aprovechaba a los británicos para ampliar sus posesiones territoriales en la costa atlántica del país y para debilitar la resistencia de los federalistas patriotas.

# EL EMPRÉSTITO INGLÉS

El Gobierno Provisional pensó en los empréstitos exteriores, a vistas de las propuestas presentadas por varios agentes financieros ingleses que hacían propaganda a sus negocios en Guatemala y frente a los ejemplos de contratación que ofrecían varios países americanos, como Colombia que había contratado empréstitos en libras esterlinas en 1817 y 1822; Chile en 1820 y México en 1822, 1823 y 1824.

Al ser José Cecilio del Valle Presidente del Gobierno Provisional integrado además por José Manuel de la Cerda y Tomás O'Horán, tuvo que redactar un informe sobre los empréstitos propuestos a solicitud de la Asamblea Constituyente.

En efecto, dijo el prócer en su informe:

"Los empréstitos, gravosos a una nación en un tiempo, son útiles y necesarios en otro. No hay en lo económico: no hay en lo político, verdades absolutas que abracen sin modificaciones todos los siglos y países. Cada una de ellas es relativa a los tiempos y lugares, a las circunstancias y posiciones particulares de los pueblos.

Una nación que por el lujo de su administración en todos los ramos, por la multitud de funcionarios creados en ellos, y el exceso de sueldos asignados a cada uno, se ve en la necesidad de fondos cuantiosos, no la tiene en realidad de negociar empréstitos. La economía en los gastos debe ser su gran recurso. La supresión de empleos inútiles: la designación de sueldos moderados, deben ser sus rentas.

Pero una nación, oprimida por la injusticia, pobre y miserable por la opresión, y decidida a recobrar la existencia que debe haber, se ve colocada en circunstancias muy diversas. Debe salir del estado de nulidad a que ha sido reducida: debe ser lo que son las naciones que conocen y defienden sus derechos: debe hacer los gastos que son precisos; y no tiene rentas para cubrirlos. La pobreza de sus hijos le hace sentir que no puede hacer uso de contribuciones fuertes; y la necesidad de nuevas erogaciones le manifiesta que tampoco puede emplear la economía, útil solamente cuando no hay gastos precisos o necesarios. Los empréstitos son los recursos de que debe servirse. Con ellos debe hacer los gastos de su nuevo ser: con ellos debe desarrollar los elementos de su riqueza, mejorar la fortuna de sus hijos, y ponerlos en estado de contribuir en lo sucesivo sin sacrificio grande de sus intereses.

Este ha sido el plan de las naciones de América, y debe ser el de Guatemala, colocada en el Centro de América. Todas eran colonias, administradas por un gobierno que sacrificaba los intereses del nuevo mundo a los de una parte del antiguo. Las montañas de oro y plata, las tierras de la vegetación, eran desiertos de pobreza y miseria. Sufrir más siglos un sistema tan depresivo, era sacrificio que no podía exigirse a pueblos que ya empezaban a sentir sus derechos. Esperar que mejorasen su fortuna para proclamar su independencia cuando tuviesen riqueza bastante para sostenerla, era recurso que no debía prometerse de un gobierno que apoyaba su dominación en la ignorancia y la pobreza.

Los pueblos de América pronunciaron sus derechos y se elevaron a naciones soberanas. Tenían las rentas que tiene un gobierno subalterno o provincial: no tenían las que debe haber un gobierno supremo o nacional; el número de propietarios es muy pequeño, y los capitales de aquellos que lo son no han podido desenvolverse por los obstáculos opuestos a la industria: los jornaleros son infinitos, y sus salarios mezquinos por ser mínimo el número de ricos y máximo el de pobres, apenas bastan al necesario físico de una existencia penosa: los hijos de América no están en aptitud de hacer suplementos crecidos o sufrir contribuciones fuertes; y la necesidad de nuevos gastos tiene el carácter de urgente.

Era preciso negociar empréstitos en las naciones extranjeras: era preciso hacer el sacrificio que exigen todos los que se negocian para no hacer otros mayores. Han ajustado empréstitos las naciones de Europa cuando se han visto en circunstancias apuradas: han debido ajustarlos las de América cuando se han hallado en igual caso.

Los celebró Francia en 1816, 19 y 21; los celebró Prusia en 1817; los celebró Dinamarca en 1819; los celebró en 1820 y 22; los celebró Portugal en 1823; los celebró México en 1822, 23 y 24; y los va a celebrar Guatemala en el presente año.

Guatemala (siempre léase Centro América, no sabemos por qué Valle se aferró a este nombre provincial después de la Independencia de 1823), provincia de la antigua España primero, y de la nueva después, ha sufrido suerte más triste que las demás de este continente. Pronunció al fin su justa independencia, y se elevó al rango de nación. Subieron a nacionales los gastos que eran provinciales: la hacienda, creada para erogaciones de gobierno subalterno, no puede ser de repente capaz de ocurrir a las de un gobierno supremo: la agricultura no podía ser en nuestro suelo una de las más avanzadas, y el comercio que en nuestra posición central debía ser el más floreciente, son ramos de industria más atrasados que en otras naciones de América: la minería no ha hecho progresos tan grandes como los hizo en tiempos anteriores en México y el Perú los labradores y comerciantes, sacrificados cerca de tres siglos a los intereses de Sevilla primero, y de Cádiz después, no se hallan en potencia de hacer todas las anticipaciones qué exige el tránsito de colonia subalterna a nación independiente; y el pueblo, gobernado igual espacio de tiempo por el sistema colonial que le tenía en pobreza y miseria, tampoco podría sufrir contribuciones muy fuertes, ni sería posible que su exacción diese productos considerables y prontos.

Guatemala en la alternativa sensible de retroceder a colonia esclava o erogar los gastos de nación libre, debe hacer lo que han hecho y están haciendo otras naciones de América: sufrir el mal menor para evitar el mayor.

Hemos trasladado el preámbulo del informe del Presidente del Gobierno Provisional, señor del Valle. Es discutible la contratación de un empréstito, no porque en un caso sea útil y en otro gravoso, que eso tiene mucho de lugar común, sino porque yéndose al fondo, la inteligencia penetrante debía haber visto, primero, el interés excesivo de Londres al ofrecer dinero prestado por medio de varios agentes, como si quisiera a toda prisa convertir a Centro América en deudor suyo; segundo, el carácter desigual del prestamista y el prestatario, pues Inglaterra había llegado a la cumbre de su desarrollo industrial, acababa de vencer a través de Napoleón a Francia, su poderosa rival en los negocios, y estaba envolviendo con los tentáculos de sus finanzas al mundo entero, mientras Centro América era un país recién salido del coloniaje, era pobre y débil y con facilidad podía caer en el vasallaje inglés; y, tercero, Inglaterra interesada en endeudar a Centro América a los tres años de haberse independizado, quería sembrar el pabellón de su señorío en suelo centroamericano y luego —cosa clara—apoderarse de la zona canalera del país. Estas debían haber sido las consideraciones del preámbulo para ver con transparencia las propuestas, más cuando —caso irritante— al revés de la normal, que cuando uno necesita dinero, lo busca, los agentes ingleses se atropellaban en la puerta centroamericana, ofreciendo al dueño de casa millones de libras esterlinas, a distintos tipos de interés y amortización, pero siempre con miras ambiciosas. Desde luego, no culpemos al Gobierno Provisional ni a del Valle por no haber visto estos aspectos, porque entonces no se había universalizado la experiencia que las finanzas fueran al igual que los ejércitos un instrumento colonizador. Expuesto lo anterior, veamos el análisis del Gobierno Provisional sobre las propuestas financieras de Londres a Centro América.

Dice el Presidente del Gobierno Provisional.

Hicieron proposiciones Mr. J. Baily, residente en esta capital, a nombre de la casa Barclay, Herring y Compañía: Mr. A. P. Hine, también residente en esta ciudad, a nombre de la casa Simonds: Mr. Arístides Franklin Mornay, residente en México; y el C. José Vicente García Granados, hijo y vecino de esta capital.

$$***$$

Baily prometió empréstito de los millones que se quisiesen en los términos y bajo las condiciones que expresa su primer documento. El gobierno deseaba que las negociaciones de esta clase, gravosas para otras naciones, no lo fuesen absolutamente, o lo fuesen en menor grado para Guatemala. Dedicó atención muy especial a este objeto; y propuso que para amortizar el capital, daría puestos en Omoa o el Golfo, a 2 reales libra, 3 mil quintales de tabaco en rama cada año: permitiría en terrenos designados por él mismo, que los prestamistas o sus agentes cortasen maderas, o explotasen minas, contribuyendo por el permiso que se les diese con la cantidad que se estipulase. Eran grandes para las dos partes contratantes las ventajas de este pensamiento. LA NACIÓN RECIBÍA LAS SUMAS QUE NECESITA PARA DESARROLLAR SUS INMENSOS RECURSOS NATURALES Y PONÉRSELA EN APTITUD QUE DEBE TENER: OCURRÍA A LAS ATENCIONES PRECISAS EN TODO ESTADO NACIENTE; Y PARA PAGO DE LAS CANTIDADES QUE RECIBIESE, NO HACÍA SACRIFICIOS DOLOROSOS EN CONTRIBUCIONES O IMPUESTOS CRECIDOS. (Nosotros subrayamos).

181

Daba bosques que le importa despejar: daba cerros que le conviene explotar: daba tabacos que le conviene extraer. Pero Baily no se prestó a propuestas que tampoco a la casa de que es encargado podían dejar de ser útiles. Hizo sus últimas proposiciones después de oficios y conferencias con uno de los individuos del Poder Ejecutivo; y en ellas dice que la casa Barclay Herring y Compañía, negociará un empréstito de la cantidad que se fije, emitiendo obligaciones especiales de 100 libras, o de suma más alta; que venderá las obligaciones al mejor precio posible desde 70 para arriba, siendo en beneficio del Gobierno lo que se adelantase: que se pagará un interés anual de 6 por 100 a los portadores de las obligaciones, cubriéndose el respectivo a los dos primeros con el producto del mismo empréstito: que el pago de interés y amortización del capital se debe hacer cada tres meses, remitiendo para lo primero la cantidad proporcional, y enviando para lo segundo 50,000 ó 37,000 pesos en cada trimestre: que para la seguridad de uno y otro pago se obligarán las rentas de tabaco y alcabala marítima teniendo sus productos separados de los que dieren las otras rentas: que el Gobierno hará de su cuenta los gastos de seguros. fletes y demás que sean necesarios: abonará a la casa Barclay por razón de comisiones 5 por 100 del valor nominal del empréstito, 2 por 100 sobre los intereses, uno por 100 sobre las cantidades que se amorticen, e iguales comisiones sobre lo que se adelantare en la venta de las obligaciones de 70 para arriba; y se obligará a no celebrar otro empréstito en Europa en el término de dos años contados desde la fecha en que se ajuste el presente: últimamente, que el apoderado de Barclay dará dentro de dos meses 200,000 pesos en esta capital sin esperar la ratificación de sus comitentes, quedando a cuenta del capital si aquellos aprobaren la contrata, haciéndose en caso contrario un empréstito particular sobre ellos, y pagándose un 10 por 100 mientras se ratifica el préstamo.

***

Mr. Hine ofreció también empréstito con las calidades que expresa su primera propuesta. El Gobierno constante en sus deseos de celebrarlo del modo más ventajoso, le hizo sobre tabacos, minas y corte de maderas las mismas proposiciones que había hecho a Baily. Pero Hine no se conformó con ellas; y manifestó que la casa de que es comitente celebrará un empréstito de un millón de libras esterlinas o cinco millones de pesos; que el precio de las obligaciones será de 62 y medio por ciento: que el Gobierno hipotecará todas sus rentas presentes y futuras, y dará poderes para firmar vales u obligaciones de 100 libras cada una o de la suma que se juzgue más conveniente a las partes contratantes: que se pagará el interés de 6 por 100 y se amortizará el capital, dando 100,000 pesos cada seis meses: que del producto del empréstito se reservará la cantidad necesaria para los intereses y amortización de los dos primeros años: que a la casa de Simonds se pagarán por razón de comisiones 5 por 100 sobre los réditos y 2 y medio por 100 sobre seguros, si se estipula en las obligaciones el precio fjo de 62 y medio reales por cada 100 libras: que si las obligaciones se venden de cuenta del gobierno al mayor precio posible, reducirá las comisiones a un 3 por 100 sobre réditos, 3 por 100 sobre amortización y 5 por 100 sobre el empréstito: que se adelantará un año la cantidad necesaria para ir amortizando el capital y haciendo los demás gastos que anticipará su casa 100,000 pesos en el término de dos meses contados desde la fecha de la contrata, y otros 100.000 en el de tres meses: que si en lo sucesivo se negociare otro empréstito será preferido su comitente: que aceptándose sus proposiciones procurará a esta república el ahorro de más de 100.000 pesos; y que se reserva el derecho de modificar su propuesta ante la Asamblea Nacional cuando se le pase el asunto para su aprobación.

\*\*\*

Mornay ha propuesto igualmente empréstito de millón y medio de libras esterlinas, o siete millones quinientos mil pesos fuertes, diciendo que venderá las obligaciones del Gobierno por cuenta de éste al precio más alto: que se le han de pagar tres comisiones: la de cinco por ciento sobre el valor nominal del empréstito, la de dos por ciento sobre los intereses o réditos, y la de uno por ciento sobre las cantidades destinadas para la amortización: que se han de cubrir los réditos cada seis meses, enviando de cuenta y riesgo los fondos necesarios, y haciendo el pago de los que correspondan a los dos primeros años con el producto del empréstito: que ajustado éste el Gobierno podrá librar contra él 165,000 cada mes en letras pagaderas a noventa días vista: que por espacio de dos años no se ha de negociar otro préstamo a menos que sea con el mismo Mornay que sin gravar al Gobierno con gasto alguno proporcionará familias que vengan a poblar esta república dándoles los terrenos correspondientes: enviará, sin exigir comisión las máquinas, instrumentos armas y municiones que se le pidan, comprándolas con los fondos del empréstito: promoverá la enseñanza mutua: SE ENCARGARA DEL PROYECTO DE COMUNICACION DE LOS DOS OCEANOS (nosotros subrayamos); será personalmente útil en los ramos de mineralogía y química, ciencias predilectas de su estudio; y traerá a Guatemala mineralogistas, mineros y capitales para sabios. Adelantó posteriormente sus proposiciones en vista del oficio que se pasó de orden del Gobierno a nuestro Enviado cerca del de México: las hizo de ajustas el empréstito con las calidades o condiciones más ventajosas para esta república que hubiese propuesto otro; y de esta manera ha procurado ponerse a nivel o igualarse con el que prometa mayor beneficio a la nación.

***

Las proposiciones de García Granados son también dignas de atención. Dice que dándole el encargo de negociar el empréstito en Londres, lo evacuará por la comisión de un 2 por 100 sobre el valor nominal de aquel, a más de la que cobre la casa que se ponga al frente del préstamo: donará al Gobierno 1,000 fusiles de clase superior que ya han llegado a nuestros puertos: suplirá anticipadamente las cantidades que expresa: negociará a su paso por Belice, Estados Unidos o Jamaica, cien o doscientos mil pesos más y los remitirá del modo más pronto y económico: comprará y enviará sin exigir comisión los artículos que se encargaren: y cobrará un dos por ciento sobre los réditos que pagare del empréstito si el Gobierno quisiere que resida en Londres con aquel objeto.

Agrega Valle, Presidente del Gobierno Provisional:

Tales son las propuestas hechas sobre uno de los negocios más importantes que pueden presentarse a la consideración de la Asamblea. No hay diferencia en el capital; no la hay en el rédito: no la hay en la cantidad de amortización: no la hay en los tiempos o plazos en que ésta debe hacerse: no la hay en los gastos de envíos y retornos. Todos los proponentes están acordes en que el capital sea de la suma de tres o cinco millones de pesos: en que el interés sea de seis por ciento: en que la amortización se vaya haciendo por trimestres o semestres: en que la cantidad destinada para este objeto sea de 200,000 ó de 150,000 pesos y en que los gastos, envíos y retornos sean de cuenta y riesgo del Gobierno.

La diferencia consiste en las cantidades que se ofrece anticipar y en las comisiones que se exigen en toda la negociación.

La suma que promete Baily es igual a la que ofrece Hine; pero Hine exige plazo más largo que Baily; y Baily pide el rédito de diez por ciento que no cobra Hine. La cantidad que ofrecen Baily y Hine es mayor que la que promete García Granados. Pero éste ofrece donar mil fusiles que pueden estimarse en nueve o diez mil pesos; y aquellos no ofrecen donación alguna. No cobrando Hine en la cantidad que anticipe el diez por ciento da a entender que solo cobrará el seis, que es el de costumbre en las negociaciones mercantiles; y exigiendo Baily un diez por ciento, resulta que la demora de tres meses más que pide Hine es gravamen menor que el rédito de cuatro por ciento que exige Baily a más del que cobra Hine. Pero los fusiles que García Granados ofrece donar pueden estimarse en nueve o diez mil pesos; y esta donación es ventaja más grande que la que prometen respectivamente Hine en el rédito y Baily en el plazo.

En la Comisión de cinco por ciento sobre el valor nominal del empréstito, están acordes Hine y Baily; pero no lo están en las que exigen sobre intereses y cantidades destinadas a la extinción del capital. Baily solo pide dos por ciento sobre el rédito y uno por ciento sobre la amortización. Hine exige tres por ciento sobre el rédito y otro tres por ciento sobre la amortización; y esta diferencia es tan grande que en el mismo empréstito de tres millones de pesos en que Baily sólo recibirá por una y otra comisión 57,450, Hine cobraría 131,175 pesos Baily tampoco cobra comisión de seguros: Hine exige la de dos y medio por ciento que en el empréstito supuesto ascendería a 65,000. Sumada esta cantidad con la de 131,175 pesos que pide por las comisiones de rédito y amortización, asciende a 196,175 pesos, siendo así que las de Baily por interés y amortización solo suben a 57,450; y por consecuencia aventaja la propuesta de Baily a la de Hine sobre el punto de comisiones en 138,725 pesos.

García Granados sólo exige dos por ciento sobre la cantidad nominal del empréstito e igual comisión sobre los réditos. Pero añade a una y otra las que debe cobrar la casa que se ponga al frente del préstamo; y aunque dice que la acostumbrada en iguales casos es de dos y medio a tres por ciento, no tiene el Gobierno constancia alguna sobre este punto, ni García Granados juzgó convenir a sus intereses obligarse a que unidas su comisión y la de la casa que se pusiese a la cabeza del empréstito, no excederían del cinco por ciento que piden las de Barclay y Simonds. Haciendo datos que asegurasen igualdad de comisiones en las que se pagasen a García Granados, y la casa que negociase el empréstito comparadas con las que exige Hine y Baily, el Gobierno cree que el primero debería ser preferido por ser hijo de esta nación y tener a su favor las consideraciones que indica en su oficio. Pero no existiendo datos bastantes para fundar seguridad, el Poder Ejecutivo no debe aventurar su opinión en un asunto de tan alta importancia.

Sigue diciendo Valle:

Sea de tres o de cinco millones el empréstito, los estados (de cuentas) indican la ventaja que hace la propuesta de Baily a la de Hine. Celebrándose de tres millones, si se ajusta con Baily no habrá que pagar más que 4,579,950, según demuestra el estado número 3; si se ajusta con Hine, deberán pagarse 4,718,675 como manifiesta el estado número 4; y hay por consiguiente la diferencia de 138,725 pesos.

Celebrándose de cinco millones, si se ajusta con Baily sólo se pagará la suma de 9,163,250 pesos, según manifiesta el estado número 1: si se ajusta con Hine, deberá satisfacerse la de 9,416,125, como demuestra el estado número 2, y resulta por consecuencia la diferencia de 252,875.

Hine manifestó en su oficio de 27 de septiembre último, que proporcionaría a esta república el ahorro de más de cien mil pesos. Si el que promete llegara a ser de 138,725, quedaría su propuesta igualada con la de Baily en el caso de ser el empréstito de tres millones; y en el de extenderse a cinco, sería siempre más ventajosa la de Baily.

Este cobra también comisiones sobre lo que adelantare en la venta de las obligaciones o vales desde setenta para arriba: Hine no exige comisión alguna en este punto; y resulta por consiguiente esta ventaja a su favor. El gobierno no puede calcularla porque ignora lo que podrá avanzarse desde setenta, en una plaza como la de Londres donde son frecuentes las variedades de los precios. Pero aun dando al cálculo mayor extensión que la que puede suponerse, cree que la cantidad a que suban las comisiones será muy pequeña y que aun agregada a las otras que pide Baily, no podrá ponerse en paralelo con el total a que ascenderían las que exige Hine.

Fundado en estos cálculos, el gobierno informaría decididamente a favor de la que parece tener entre las dos más títulos de prelación. Pero Hine se ha reservado el derecho de modificar sus proposiciones ante la Asamblea. Ignora el gobierno las modificaciones que piensa hacer; y por no saberlas, tampoco puede presentar su juicio.

El de la Asamblea, trayendo a la vista todos los antecedentes que se acompañan: teniendo presente que Mornay ha ofrecido el empréstito con las condiciones que haya hecho mejor propuesta, y no olvidando los servicios que ofrece a la nación, acordará lo que estime más importante.

El gobierno, recibiendo el capital que se ponga a su disposición, no será un consumidor estéril que empleará los fondos de la nación en elevar favoritos, enriquecer aduladores, o mantener funcionarios ociosos o inútiles. Será por el contrario el primer coproductor de la riqueza: el cooperador grande de nuestra prosperidad. No recibirá para destruir en sus manos capitales que en las de los hombres industriosos se reproducirían con aumento de su valor. Los recibirá para darles los destinos que señale la ley; y los designará ésta, serán sin duda:

Consolidar nuestra independencia, base fundamental de nuestra riqueza, dando respetabilidad a la Constitución que ha declarado nuestro pacto y al gobierno que cela su cumplimiento:

Plantear el sistema de instrucción general menos dispendioso y más proporcionado a nuestra actual posición, desde las escuelas primeras y colegios provinciales, cuyo establecimiento corresponde a los gobiernos de los estados, hasta el instituto o universidad de ciencias, cuya protección debe pertenecer al gobierno supremo de la federación:

Procurar la población de la república, franqueando auxilios a los pobladores y haciendo que tenga puntual cumplimiento la ley importante del asilo y protección de los extranjeros:

Dar a los puertos la representación y seguridad que exige el honor de la nación y demandan los intereses del comercio:

Abrir caminos que aproximan a la costa las poblaciones del centro, facilitando las comunicaciones, abaratando los fletes, y haciendo exportables los frutos que no lo son:

Crear el fondo que necesita la casa de moneda para comprar las platas que se le presenten, tener las utilidades del cuño, impedir de esta manera que sean extraídas a países extranjeros, y aumentar el numerario de circulación.

Invertido en objetos tan grandes el capital del empréstito, no será una renta muerta al momento que empiece a consumirse: será un fondo vivo que se reproducirá sucesivamente en bien general de los pueblos: el gobierno podrá empezar a desarrollar la inmensidad de recursos naturales que ve en este suelo hermoso y fecundo; y la nación, espectadora de los beneficios del préstamo, no será en tal caso arrepentida de haberlo negociado.

Palacio Nacional de Guatemala, 3 de noviembre de 1824.

Valle, Presidente.—Cerda.—O'Horán.

* * *

Compárese la fecha 3 de noviembre, en que informó el Poder Ejecutivo a la Asamblea Constituyente sobre el Empréstito inglés, con la del 22 de noviembre del mismo año, día en que fue promulgada la Constitución Federal, para que se vea la prisa que tenían los agentes británicos en endeudar al Estado recién nacido. De donde se desprende que la ambición financiera de una gran nación europea cabalgaba sobre los acontecimientos políticos y jurídicos centroamericanos.

Al fin, el 16 de diciembre fue contratado el empréstito que ofreció la Casa Barclay, Herring and Company, de Londres por $ 5,000,000,la que entregaba 50,000 cada tres meses; y el Gobierno pagaba rédito del capital al 6 por 100 con la obligación de 50,000 cada tres meses, o sea $ 3,737,500; más comisión sobre el capital al 5 por 100, o sea $250,000: más comisión sobre el rédito al 2 por 100, $ 75,000; más amortización del capital de 5 millones oblando $200,000 cada año; más comisión de amortización de capital a 1 por 100, $50,000 y haciendo un total la negociación de $9,163,250, pagaderos en 25 años.

Este fue el análisis que hizo Valle en su exposición a la Asamblea Constituyente, la cual formuló contrapropuestas al agente de la Casa Barclay, señor Joseph Baily, quedando en definitiva el pago del empréstito en $7,142,857 hipotecando las rentas de alcabala marítima y tabaco. En la forma indicada, fueron neutralizados los demás proponentes ingleses, señores A.P. Hine, Franklin Mornay y Vicente García Granados.

Faltan papeles para exponer con claridad si fue el Presidente de la República el encargado de manejar los fondos del empréstito por medio del Ministro de Hacienda, o hubo un Departamento especial dedicado a recibir las cantidades a que se comprometía la Casa Barclay y a cancelar el principal y los réditos.

De todas maneras, con el empréstito de $5,000,000.00 había entrado por la puerta constitucional la influencia británica en Centro América, la cual debía prevalecer, según el contrato, 25 años.

Habían salido del país, España y México; quedaba en su lugar la Gran Bretaña, por otros medios.

# ORGANIZACIÓN POLÍTICA Y ADMINISTRATIVA DE GUATEMALA (CENTRO AMÉRICA) HEREDADAS DE LA COLONIA, MÁS OTRAS INFORMACIONES

Quedó establecido cuando fue fundada la Capitanía General de Guatemala (Centro América) y cuando fue mandada la organización administrativa. Al ser proclamada la Independencia, la Capitanía General contaba con 6 provincias: Chiapas, Guatemala, San Salvador (más tarde El Salvador), Honduras, Nicaragua y Costa Rica.

La Provincia de Chiapas, que propiamente era una Intendencia, tenía los partidos en Ciudad Real, Tuxtla y Soconusco.

La Provincia de Guatemala, las Alcaldías Mayores de Zacatepéquez, Chimaltenango, Sololá, Totonicapán, Verapaz, Escuintla, Suchitepéquez y Sonsonate y los Corregimientos de Quezaltenango y Chiquimula.

La Provincia de El Salvador, los Partidos de San Salvador, San Miguel y Santa Ana.

La Provincia de Nicaragua, los Partidos de León, Realejo, Sutiaba y Nicoya.

Y la Provincia de Costa Rica, Intendencia más bien, carecía de divisiones y su capital era Cartago.

Chiapas se separó de la entidad política de Centro América en los días de la anexión a México.

Las restantes Provincias formaron la República Federal.

Belice estaba ocupado por Inglaterra por el Tratado de París, pero es entendido que al ser parte de Centro América y constituir ésta una nueva entidad política, aquel Tratado perdía su valor. Inglaterra ocupaba Belice arbitrariamente y sólo podía retenerlo valiéndose de su fuerza incontrastable.

*** 

Antes de la Independencia, Centro América, en cumplimiento de la Constitución Monárquica de 1812 ya había tenido ejercicios electorales, de modo que ya existía una Tabla para facilitar la elección de diputados propietarios y suplentes, la que se aplicó para elegir los representantes al Consejo de las Provincias de Centro América que iban a decidir la forma política de la nueva entidad independiente.

La Tabla determinaba:

Por la Provincia de Guatemala: Capital de Guatemala, 2 diputados propietarios y 1 suplente; Partido de Zacatepéquez, 4 diputados propietarios y 2 suplentes; Partido Verapaz, 2 diputados propietarios y 1 suplente, partido de Salamá, 2 diputados propietarios y 1 suplente; Partido de Petén, 1 diputado propietario; Partido de Suchitepéquez, 1 diputado propietario; Partido Sonsonate, 3 diputados propietarios y 1 suplente; Partido de Chimaltenango, 3 diputados propietarios y 1suplente; Partido de Totonicapán, 4 diputados propietarios y 1 suplente; Partido de Huehuetenango, 2 diputados propietarios, Partido de Quezaltenango, 4 diputados propietarios y 1 suplente; Partido Sololá, 2 diputados propietarios y 1 suplente; Partido de Escuintla, 1 diputado propietario; Partido de Chiquimula, 1 diputado propietario y 1 suplente; Partido de Guazacapán, 1 diputado propietario y 1 suplente; Partido de San Luis, de la Corona (Zacapa) 1 diputado propietario; Partido de Esquipulas, 1 diputado propietario y 1 suplente; Partido de Jalapa, 1 diputado propietario.

Por la Provincia de Comayagua: Ciudad de Comayagua y pueblos del Partido, 2 diputados propietarios y 1 suplente; Partido de Gracias y Sensenti, 3 diputados propietarios y 1 suplente; Partido de Olanchito y Yoro, 1 diputado propietario; Partido de Tencoa y Usula, 1diputado propietario; Partido de Olancho, 1 diputado propietario, y Provincia de Tegucigalpa (que así se le llamaba), 2 diputados propietarios y 1 suplente.

Por la Provincia de San Salvador: Partido de San Salvador, 4 diputados propietarios y 1 suplente; Partido de Cojutepeque, 1 diputado propietario; Partido de Chalatenango y Tejutla, 2 diputados propietarios; Partido de Santa Ana y Metapán, 2 diputados propietarios y 1 suplente; Partido de San Miguel, Usulután y San Alejo, 2 diputados propietarios y 1 suplente; Partido de Gotera, 1 diputado propietario y 1 suplente, Partido de San Vicente y Sensuntepeque, 2 diputados propietarios y 1 suplente; Partido de Zacatecoluca, 2 diputados propietarios.

191

Por la Provincia de León de Nicaragua: Partido de León, 2 diputados propietarios y 1 suplente; Partido del Viejo, 1 diputado propietario, Partido de Managua, 1 diputado propietario; Partido de Masaya, 2 diputados propietarios y 1 suplente; Partido de Granada, 2 diputados propietarios y 1 suplente; Partido de Nicaragua (comprendía Nicoya), 1 diputado propietario; Partido de Segovia, 1 diputado propietario; Partido de Matagalpa, 1 diputado propietario.

Por la Provincia de Costa Rica, 3 diputados propietarios y 1 suplente.

Es claro que la Provincia de Chiapas eligió diputados para ratificar la Independencia y organizar el nuevo Estado, eligiendo así:

Por la Provincia de Chiapas; Ciudad Real, 2 diputados y 1 suplente; Partido de Comitán y Ocosingo, 2 diputados y 1 suplente; Partido de Palenque, 1 diputado propietario; Partido de Simojovel, 1 diputado propietario; Partido de Istacomitán, 1 diputado propietario; Partido de Huistán, 1 diputado propietario; Partido de Tuxtla Grande y Tonalá, 2 diputados propietarios y 1 suplente; y Partido de Tapachula, 1 diputado propietario.

\*\*\*

Al imponer el general Vicente Filísola por la fuerza de las armas, la anexión de Centro América a México, respondieron a la Junta Provincial de Guatemala que había hecho la consulta en favor o en contra, 104 Ayuntamientos porque se realizara la unión; 11 pusieron condiciones; 32 se sometieron a lo que dispusiera la Junta; 21 estuvieron por lo que resolviera el Congreso, convocado para el 2 de febrero, y 21 rechazaron de una sola vez la invitación anexionista de Iturbide. Ya dijimos que en la oposición se puso a la cabeza San Salvador, que fue vencida en la guerra que desató Filísola contra ella, pero que no fue en vano su empeño, porque triunfó el levantamiento del general Antonio López de Santa Ana contra el Imperio iturbideano, que se había iniciado en Veracruz y que depuso a Agustín I el 1º. de febrero de 1823, bajo la inspiración del Plan de Casa Mata.

\*\*\*

Antes del colapso del Imperio mexicano, la Tabla que se siguió para elegir diputados al Congreso de México y a la Diputación Provincial, fue la siguiente:

Guatemala. Guatemala, un diputado propietario y un suplente al Congreso de México, y un propietario y un suplente a la Diputación Provincial; Zacatepéquez y Amatitlán, dos diputados suplentes al Congreso de México, y un propietario a la Diputación Provincial; Verapaz y Petén, dos diputados propietarios y un suplente al Congreso de México; Chimaltenango, dos diputados propietarios y un suplente al Congreso de México, y un propietario a la Diputación Provincial; Totonicapán, dos diputados propietarios y un suplente al Congreso de México, y un propietario a la Diputación Provincial, Escuintla, un diputado propietario el Congreso de México, y un propietario a la Diputación Provincial; Chiquimula, un diputado propietario al Congreso de México; Sonsonate, un diputado propietario al Congreso de México, y un propietario a la Diputación Provincial; Sololá y Suchitepéquez, un diputado propietario al Congreso de México, y un propietario a la Diputación Provincial.

Honduras: Comayagua, un diputado propietario al Congreso de México y un propietario a la Diputación Provincial (a México fue el doctor Juan Lindo); Tegucigalpa y Olancho, dos diputados propietarios y un suplente al Congreso de México, y un propietario y un suplente a la Diputación Provincial (a la cabeza de los Diputados a México fue el sabio José Cecilio del Valle, quien ocupó la Vicepresidencia de aquel Congreso hasta que fue disuelto por Iturbide); y, Gracias, un diputado propietario al Congreso de México.

El Salvador: Santa Ana, Metapán y Quezaltepeque, un diputado propietario al Congreso de México; San Miguel y Usulután, Gotera y Olocuiltla, un diputado propietario y un suplente al Congreso de México.

Nicaragua: Granada y Masaya, un diputado propietario y un suplente al Congreso de México.

\*\*\*

De la instalación del Congreso centroamericano, habla el historiador Alejandro Marure en los siguientes términos:

En aquel memorable día, 24 de junio (de 1823) los cuarenta y un representantes que estaban reunidos en Guatemala, y formaban la mayoría absoluta de que debía componerse la representación nacional, salieron del antiguo palacio de los Capitanes Generales acompañados del Comandante General Filísola y de todas las autoridades locales, para la Iglesia Catedral, en donde prestaron Juramento la fidelidad a la nación; de allí pasaron al edificio de la Universidad, destinado para las sesiones, y después de las ceremonias de estilo el Dr. Delgado, como presidente, pronunció la fórmula de instalación. Sucesivamente fueron llegando los diputados de las Provincias que aún no los había mandado, y en pocos meses, Guatemala tuvo en su seno la reunión de hombres instruidos más numerosa y más acreditada que ha visto la República. Se hacían notables entre sus individuos algunos que habían estado en las Cortes de España y de México, y reunían a los conocimientos científicos la experiencia de los viajes y la que presta el manejo de los negocios; y aunque no faltaban algunos adocenados, la mayoría era de hombres cultos y animados de noble deseo de mejorar la suerte de la nación, la dignidad y el decoro presidieron casi siempre en las deliberaciones de esta augusta Asamblea, a pesar de que muchas veces la divergencia de opiniones e intereses hacía sumamente acalorados los debates. Ojalá que todos los cuerpos representativos que le han sucedido se hubieran compuesto de hombres semejantes a los que formaron la primera representación nacional; pero desgraciadamente, las revoluciones y un sistema dispendioso han obligado a colocar en el catálogo de los legisladores de Centro América a personas poco dignas de serlo; el vicio ha profanado algunas veces el santuario de las leyes, y no siempre han ocupado las sillas de los cuerpos representativos los talentos cultivados y el verdadero patriotismo.

# LA REPÚBLICA FEDERAL DE CENTRO AMÉRICA INTEGRA LA CONFEDERACIÓN PERPETUA DE LA AMÉRICA ESPAÑOLA

Cuando Centro América aparece independiente y luego consolida su situación al regirse por la Constitución Federal, a pesar de ello su debilidad era tanta que se veía en el caso de dirigir la mirada a sus hermanas de la América Española con el deseo de unirse a ellas para poder defenderse en el conjunto. Tenía que hacer algo en tal sentido porque los vientos de reconquista soplaban cada vez más fuertes del lado de Europa, una vez vencida la Francia napoleónica.

Veamos la correlación internacional de 1824.

De primas a primeras tenemos que hablar brevemente de la "Doctrina Monroe", que tiene relación con Centro América desde el día de su separación de México hasta nuestros días, hallándose sujeta a diversas interpretaciones. James Monroe nació en Virginia en 1758 y murió en Nueva York en 1831. Participó en la guerra de independencia, en la que ganó el grado de teniente; fue miembro del Congreso Continental (1783—86); senador (1790—94); ministro en Francia (1794—96) y en Inglaterra (1803—07); gobernador de Virginia (1799—1802 y 1811), y secretario de Estado (1811—17) y de Guerra (1814—15); fue uno de los que negociaron con Francia la compra de la Louisiana (1803); fue quinto presidente de los Estados Unidos elegido (1817—21) y reelecto (1821—25), adquirió de España la Florida (1819—21) y formuló en su mensaje al Senado la llamada "Doctrina Monroe", el 2 de diciembre de 1823. Por esta doctrina rechazó, de un lado, toda intervención europea en los asuntos de América y se comprometió, de otro, a que América no interviniera en los asuntos de ultramar. Nació la doctrina como respuesta a las pretensiones de Rusia, nación asiática y europea, que pretendía territorios americanos por el océano Pacífico y era la garantía máxima de la Santa Alianza europea, dispuesta a ayudar a España para que reconquistara sus antiguas colonias. Por lo mismo fue respuesta a las naciones que componía la Santa Alianza, algunas de las cuales no se resignaban a perder sus colonias occidentales. Y fue respuesta en última instancia a la política de dominación de la Gran Bretaña por la fuerza y las finanzas en el Nuevo Mundo. Pero el rugido de la Doctrina Monroe que amortiguaba las pretensiones colonialistas de las potencias extranjeras en América, escuchado con simpatía por las repúblicas hispanoamericanas recién nacidas, tenía doble significación, a la vez que alejaba el peligro invasionista asiático y europeo, creaba las condiciones del expansionismo estadounidense hacia el sur; y ni tardos ni perezosos los gobernantes norteamericanos, pusieron manos a la obra, como lo ha demostrado posteriormente la documentación secreta de aquellos inicios.

El caso altamente revelador es el siguiente: Centro América declaró su independencia absoluta el 10 de julio de 1823, y la Doctrina Monroe fue proclamada el 2 de diciembre del mismo año, es decir, seis meses después. Como la Gran Bretaña había trabajado a su modo en favor de la independencia hispanoamericana y ya estaba instalada en Centro América ofreciendo sus préstamos, los efectos de la Doctrina Monroe tenían que ofrecerse con tardanza de algunos años. Pero lo importante en el caso es decir que sobre Centro América, desde el año de su independencia absoluta, ya se levantaba la amenaza del rudo Norte.

Con lo dicho queda explicado que Rusia, como potencia asiática y europea; Inglaterra, como potencia industrial de vanguardia y colonialista, y las naciones de la Santa Alianza en Europa, según sus intereses, estaban afanadas en la reconquista de América.

Ante esta amenaza, las repúblicas recién nacidas tenían que pensar en su Santa Alianza para defenderse de sus agresores presentes y futuros, y aquí entra José Cecilio del Valle, quien en 1922 publicó su famoso artículo "Soñaba el Abad de San Pedro, y yo también sé soñar" que copiaremos para que conste el esfuerzo americanista de los centroamericanos.

Decía Valle:

"Oíd, americanos, mis deseos. Los inspira el amor a la América, que es vuestra patria y mi digna cuna.

La América estaba dividida en dos zonas contrarias entre sí, obscura la una como la esclavitud; luminosa la otra como la libertad.

Nueva España, Guatemala, San Salvador, Comayagua, León y Panamá formaban una extensión inmensa de territorio sometido al gobierno español. El nuevo reino de Granada, Santa Fe, Caracas, Buenos

Aires y Chile formaban un espacio dilatado de tierra libre e independiente.

Si en el antiguo mundo los países septentrionales eran el suelo de la libertad, en el nuevo los australes fueron la tierra venturosa donde brotó primero.

El Sur se cubría de sangre por defender sus derechos; y el Norte mandaba millones al gobierno que intentaba sofocar aquellos derechos.

No hubo simultaneidad en la causa justísima de nuestra independencia; y esta falta grave aumentó las fuerzas de España; entorpeció la marcha de América; y fue origen de males que llora el amigo de los hombres.

La unidad de tiempo es en los grandes planes la que multiplica la fuerza y asegura el suceso; la que hace que dos, tengan más poder que un millón. Cien mil fuerzas obrando en períodos distintos, sólo obran como uno. Diez fuerzas obrando simultáneamente, obran como diez.

No marchó la América con el plan que exigía la magnitud de su causa. Lo que hace derramar más lágrimas: lo que penetra más la sensibilidad: lo que más horroriza a la naturaleza, es lo que se vio en los países más hermoseados por ella. Sangre y revoluciones son los sucesos que refiere la Historia: muerte y horrores son los hechos de sus Anales.

La pluma se resiste a escribirlos: la memoria se niega a recordarlos... Volvamos los ojos al futuro. Ya está proclamada la independencia en casi toda la América: ya llegamos a esa altura importante de nuestra marcha política: ya es acorde en el punto primero la voluntad de los americanos. Pero esta identidad de sentimientos, no produciría los efectos de que es capaz, si continuarán aisladas las provincias de América, sin acercarse sus relaciones, y apretar los vínculos que deben unirlas.

Separadas unas de otras, siendo colocadas en un mismo hemisferio, el mediodía no existe para el Norte, y el centro parece extranjero para el Sur y el Septentrional. El reposo de las unas no es un bien para las otras: las luces de aquellas no son una felicidad para éstas. Chile ignora el estado de Nueva España, y Guatemala no sabe la posición de Colombia.

La América se dilata por todas las zonas, pero forma un solo continente. Los americanos están diseminados por todos los climas, pero deben formar una familia.

Si la Europa sabe juntarse en congresos cuando la llaman a la unión cuestiones de alta importancia, la América no sabrá unirse en cortes cuando la necesidad de ser, o el interés de existencia más grande la obliga a congregarse?

Oíd, americanos, mis deseos. Los inspira al amor a la América, que es vuestra cara patria y mi digna cuna.

Yo quisiera:

1º. Que en la provincia de Costa Rica o de León, se formase un Congreso General más expectable que el de Viena, más importante que las dietas donde se combinan los intereses de los funcionarios y no los derechos de los pueblos.

2º. Que cada provincia de una y otra América mandase para formarlo, sus Diputados o representantes con plenos poderes para los asuntos grandes que deben ser el objeto de su reunión.

3º. Que los Diputados llevasen el estado político, económico, fiscal y militar de sus provincias respectivas, para formar con la suma de todos el general de toda la América.

4º. Que unidos los Diputados y reconocidos sus poderes, se ocupasen en la resolución de este problema. Trazar el plan más útil para que ninguna provincia de América sea presa de invasores externos, ni víctima de divisiones intestinas.

5º. Que resuelto este primer. problema, trabajasen en la resolución del segundo: Formar el plan más eficaz para elevar las provincias de América al grado de riqueza y poder a que pueden subir.

6º. Que fijándose en estos objetos, formasen: 1º.—La Federación grande que debe unir a todos los estados de América: 2º.—El plan económico que debe enriquecerlos.

7º. Que para llenar el primero se celebrase el pacto solemne de socorrerse unos a otros todos los Estados, en las invasiones exteriores y divisiones intestinas: que se designase el contingente de hombres y dinero con que debiese contribuir cada uno al socorro del que fuese atacado o dividido; y que para alejar toda sospecha de opresión en el caso de guerra intestina, la fuerza que mandasen los demás Estados para sofocarla, se limitase únicamente a hacer que las diferencias se decidiesen pacíficamente por las Cortes respectivas de las provincias divididas, y obligarlas a respetar la decisión de las Cortes.

8º. Que para lograr lo segundo se tomasen las medidas, y se formase el tratado general de comercio de todos los Estados de América, distinguiendo siempre con protección más liberal el giro recíproco de unos con otros, y procurando la creación y fomento de la Marina que necesita una parte del Globo separada por mares de las otras.

¡Congregados para tratar estos asuntos los representantes de todas las naciones de América, qué espectáculo tan grande presentarían en un Congreso no visto jamás en los siglos, no formado nunca en el antiguo mundo, ni soñado antes en el nuevo!

No es posible nombrar los bienes que produciría. La imaginación más potente se pierde desenvolviendo unas de otras sucesivamente todas las consecuencias que se puedan deducir.

Se crearía un Poder que uniendo las fuerzas de 14 ó 15 millones de individuos, haría a la América superior a toda agresión: daría a los Estados débiles la potencia de los fuertes; y prevendría las divisiones intestinas de los pueblos, sabiendo éstos que existía una federación calculada para sofocarles.

Se formaría un foco de luz que iluminando la causa general de la América, enseñaría a sostenerla con todos los conocimientos que exigen sus grandes intereses.

Se derramarían desde un centro a todas las extremidades del Continente, las luces necesarias para que cada provincia conociese su posición comparada con las demás, sus recursos e intereses, sus fuerzas y riquezas.

Se unirían sabios que teniendo a la vista el mapa económico y político de cada provincia, podrían meditar planes y discurrir medidas de bien para todas las provincias en particular y para la América en general.

Se estrecharían las relaciones de los americanos unidos por el lazo grande de un Congreso común: aprenderían a identificar sus intereses; y formarían a la letra, una sola y grande familia.

Se comenzaría a crear el sistema americano, o la colección ordenada de los principios que deben formar la conducta política de la América, ahora que empieza a subir la escala que debe colocarla un día al lado de la Europa que tiene su sistema y ha sabido elevarse sobre todas las partes del Globo.

La América entonces: la América, mi patria y la de mis dignos amigos, sería al fin lo que es preciso que llegue a ser: Grande como el Continente: Rica como el oro que hay en su seno: Majestuosa como los Andes que la elevan y engrandecen.

¡Oh patria cara, donde nacieron los seres que más amo! Tus derechos son los míos, los de mis amigos y mis paisanos. Yo juro sostenerlos mientras viva. Yo juro decir cuando muera: Hijos, defended a la América.

Recibe, Patria amada, este juramento. Lo hago en estas tierras que el despotismo tenía incultas y la libertad hará florecer.

Cuando no era libre, mi alma, nacida para serlo, buscaba ciencias que la distrajeses, lecturas que la alegrasen. Vagaba por las plantas: estudiaba esqueletos: medía triángulos, o se entretenía en fósiles.

La América será desde hoy mi ocupación exclusiva. América de día cuando escriba: América de noche cuando piense. El estudio más digno de un americano es la América.

En este suelo nacimos: este suelo es nuestra patria. ¿Será el patriotismo un delito?".

*\*\**

Una vez reunida la Asamblea Constituyente, encontró de tanta importancia el artículo del pensador José Cecilio del Valle en el que proponía la unión de las naciones hispanoamericanas para procurar el desarrollo económico, político y militar de las mismas, con vistas a la defensa en común de las amenazas de la Santa Alianza, que dictó un importante decreto federalista de América, recomendando al Poder Ejecutivo para que la procurara, el que debía iniciar las gestiones del caso por medio del encargado de las relaciones internacionales. El decreto de la Asamblea Constituyente corresponde a los últimos meses de 1823.

*\*\**

En los primeros meses de 1825, se recibió en la Presidencia Federal una nota diplomática del jefe del Gobierno del Perú, Libertador Bolívar, respaldada por el Ministro de Gobierno y Relaciones Exteriores, José Santos Carrión, que decía:

"Lima, 7 de diciembre de 1824. A los Gobiernos de las Repúblicas de Colombia, Méjico, Río de la Plata, Chile y Guatemala.

Grande y buen amigo:

Después de quince años de sacrificios consagrados a la libertad de América por obtener el sistema de garantías que, en paz y guerra, sea el escudo de nuestro nuevo destino, es tiempo ya de que los intereses y las relaciones que unen entre sí a las repúblicas americanas, antes colonias españolas, tengan una base fundamental que eternice, si es posible, la duración de estos gobiernos.

Entablar aquel sistema y consolidar el poder de este gran cuerpo político, pertenece al ejercicio de una autoridad sublime que dirija la política de nuestros gobiernos, cuyo influjo mantenga la uniformidad de sus principios, y cuyo nombre solo calme nuestras tempestades. Tan respetable autoridad no puede existir sino en una asamblea de plenipotenciarios, nombrados por cada una de nuestras repúblicas, y reunidos bajo los auspicios de la victoria obtenida por nuestras armas contra el poder español.

Profundamente penetrado de estas ideas, invitó en 1822, como presidente de la república de Colombia, a los gobiernos de Méjico, Perú, Chile, y Buenos Aires, para que formásemos una confederación, y reuniésemos, en el Istmo de Panamá u otro punto elegible a pluralidad, una asamblea de plenipotenciarios de cada estado "que nos sirviese de consejo en los grandes conflictos, de punto de contacto en los peligros comunes, de fiel intérprete en los tratados públicos cuando ocurran dificultades, y de conciliador, en fin, de nuestras diferencias".

El gobierno del Perú celebró en 6 de julio de aquel año un tratado de alianza y confederación con el plenipotenciario de Colombia; y por él quedaron ambas partes comprometidas a imponer sus buenos oficios con el gobierno de América, antes española, para que, entrando todos en el mismo pacto, se verificase la reunión de la asamblea general de los confederados. Igual tratado concluyó en Méjico, a 3 de octubre de 1823, el enviado extraordinario en Colombia a aquel estado, y hay fuertes razones para esperar que los otros gobiernos se someterán al consejo de sus más altos intereses.

Diferir más tiempo la asamblea general de los plenipotenciarios de las repúblicas que de hecho están ya confederadas, hasta que se verifique la acción de las demás, sería privarnos de las ventajas que produciría aquellas asambleas desde su instalación. Estas ventajas se aumentan prodigiosamente, si se contempla el cuadro que nos ofrece el mundo político y, muy particularmente, el continente europeo.

La reunión de los plenipotenciarios de Méjico, Colombia y el Perú se retardaría indefinidamente, si no se promoviese por una de las mismas partes contratantes; a menos que se aguardase el resultado de una nueva y especial convención sobre el tiempo y lugar relativos a este grande objeto. Al considerar las dificultades y retardos por la distancia que nos separa, unidos a otros motivos solemnes que emanan del interés general, me determino a dar este paso con la mira de promover la reunión inmediata de nuestros plenipotenciarios, mientras los demás gobiernos celebran los preliminares, que existen ya entre nosotros, sobre el nombramiento e incorporación de sus representantes.

Con respecto al tiempo de la instalación de la asamblea, me atrevo a pensar que ninguna dificultad puede oponerse a su realización en el término de seis meses, aun contando desde el día de la fecha; y también me atrevo a lisonjearme de que el ardiente deseo que anima a todos los americanos de exaltar el poder el mundo de Colón, disminuirá las dificultades y demoras que exigen los preparativos ministeriales, y la distancia que media entre las capitales de cada estado y el punto central de reunión.

Parece que si el mundo hubiese de elegir su capital, el Istmo de Panamá sería señalado para este augusto destino, colocado, como está en el centro del globo, viendo por una parte el Asia, y por la otra el África y la Europa. El Istmo de Panamá ha sido ofrecido por el Gobierno de Colombia, para este fin, en los tratados existentes. El Istmo está a igual distancia de las extremidades; y, por esta causa podría ser el lugar provisorio de la primera asamblea de los confederados.

Defiriendo, por mi parte, a estas consideraciones, me siento con una gran propensión a mandar a Panamá los diputados de esta República, apenas tenga el honor de recibir la ansiada respuesta de esta circular. Nada ciertamente podrá llenar tanto los ardientes votos de mi corazón, como la conformidad que espero de los gobiernos confederados a realizar este augusto acto de la América.

Si V. E. no se digna adherirse a él, proveo retardos y perjuicios inmensos, a tiempo que el movimiento del mundo lo acelera todo, pudiendo también acelerarlo en nuestro daño.

Tenidas las primeras conferencias entre los plenipotenciarios, la residencia de la asamblea, como sus atribuciones, pueden determinarse de un modo solemne por la pluralidad; y entonces todo se habrá alcanzado.

El día que nuestros plenipotenciarios hagan el canje de sus poderes, se fijará en la historia diplomática de América una época inmortal. Cuando, después de cien siglos, la posteridad busque el origen de nuestro derecho público y recuerde los pactos que consolidaron su destino, registrarán con respeto los protocolos del Istmo. En él encontrarán el plan de las primeras alianzas, que trazará la marcha de nuestras relaciones en el universo. ¿Qué será entonces el Istmo de Corinto comparado con el de Panamá?

Vuestro grande y buen amigo.
SIMÓN BOLIVAR.
El Ministro de Gobierno y Relaciones Exteriores,
José Sánchez Carrión.

*** 

¿Cómo fue recibida la invitación del Libertador Bolívar en los países de América y de ultramar que debían presenciar lo que se concluía en el Congreso de Panamá?

El escritor José Rodríguez Cerna lo dice en su libro "Centro América en el Congreso de Bolívar".

**ARGENTINA:** La idea bolivariana fue acogida con desconfianza en las provincias del Río de la Plata, porque temían que ella escondiera una ambición desmesurada del Libertador, ya fuera en provecho de su engrandecimiento personal, colocándose al frente de la Confederación americana, ya en pro de los intereses de Colombia. Rehusaron, pues, concurrir, el 26 de agosto de 1825.

**BRASIL:** Aceptó la convocatoria el 30 de octubre de 1825, pero expresando que no enviaría delegación mientras no terminara sus negociaciones para el reconocimiento del imperio y que su acción se acordaría con su estricta neutralidad entre los Estados beligerantes de América y España.

**CENTRO AMÉRICA:** La actitud decididamente americanista de nuestra República federal, se manifestó inmediatamente nombrando delegación a los doctores Antonio Larrazábal y Pedro Molina.

**CHILE:** El gobierno contestó que no podía obsequiar los deseos de la invitación, porque por su naturaleza peculiar era del resorte del poder legislativo y al cual se sometería el proyecto.

**COLOMBIA:** La actitud colombiana fue favorable al Congreso de Panamá.

**MÉXICO:** El Presidente Victoria aceptó la invitación el 23 de febrero de 1825, advirtiendo que se dirigía a su ministro en Washington para que sugiriera el envío de delegados norteamericanos.

**PERÚ:** El país invitante fue como es de suponer el más interesado en que se llevara a cabo el Congreso de Panamá.

**ESTADOS UNIDOS DE AMÉRICA:** El Presidente John Quincy Adams envió, el 26 de diciembre de 1825, un mensaje al Congreso proponiendo el envío de representantes a Panamá, en respuesta a los representantes diplomáticos centro y suramericanos y a la que le hizo el vicepresidente Santander por propia iniciativa y no por sugestión de Bolívar, por más que éste juzgaba útil la cooperación de la naciente y ya poderosa democracia del Norte.

La propuesta presidencial fue adversada por la comisión de relaciones exteriores. Y en las deliberaciones habían estado en contra los esclavistas, apoyándose en una estrecha visión de la doctrina de Monroe. Sostenían que esta doctrina no establecía deberes de cooperación entre los Estados Unidos y las Repúblicas Centro y Suramericanas. Pero al fin fue aprobada la solicitud presidencial, y el Secretario de Estado Henry Clay dio a los delegados norteamericanos estas instrucciones:

No alterar la actitud pacífica y neutral de los norteamericanos respecto al conflicto entre las ex—colonias y la metrópoli española:

No fumar pactos de mutua garantía, por impedirlo razones constitucionales, respecto a un poder ejecutivo anfictiónico, ni sobre contingentes;

Precisar el caso foederis;

Libertad de los mares y no colonización europea en el Continente, dentro de los límites ya indicados: es decir, que cada República lo impida por sus propios medios, y bastando para el efecto con una declaración conjunta de fuerza moral, sin necesidad de suscribir un pacto de garantía;

Considerar como vital que Cuba siguiera bajo el dominio de España:

En definitiva —dice Rodríguez Cerna— se trataba de obtener ventajas de orden práctico, manteniendo los Estados Unidos su libertad de acción, sin compromisos que pudieran ser peligrosos, contra la actitud hispanoamericana, que quería pluralizar la doctrina de Monroe y constituirse en sociedad de naciones con fines de permanencia.

**FRANCIA:** La monarquía francesa no aceptó la invitación colombiana, en nota del 28 de mayo de 1826.

**GRAN BRETAÑA:** Cuando Bolívar escribía la carta de Jamaica en 1815, decía esto: "Las luces de algunos aconsejaron la independencia, esperando fundadamente su protección en la nación británica, porque la causa es justa. El equilibrio del universo y el interés de la Gran Bretaña se encuentran perfectamente de acuerdo con la salvación de América". En una carta dirigida al britanófilo Santander decía: "La invitación hecha por el gobierno de Colombia a Inglaterra para que sea uno de los confederados, si se obtiene, será por ahora de un valor inmenso para las nuevas Repúblicas". Y ampliaba sus conceptos en una carta dirigida al Ministro Revenga, de 1826. "Por ahora nos parece que nos dará una gran importancia y mucha respetabilidad la alianza con la Gran Bretaña, para presentarnos ante las naciones con el grado de civilización 1 y poder que son necesarios a un gran pueblo. El Congreso de Panamá, reunirá todos los representantes de América y un agente diplomático del gobierno de S.M.B. Este Congreso parece destinado a formar la liga más vasta, más extraordinaria y más fuerte que haya aparecido hasta ahora sobre la tierra. La Santa Alianza será inferior en poder a esta Confederación, siempre que la Gran Bretaña quiera tomar parte en ella como miembro constituyente. La España haría la paz por respeto a Inglaterra, y la Santa Alianza prestaría su reconocimiento a estas naciones nacientes".

Rodríguez Cerna escribe que el Libertador Bolívar derivaba de la alianza con Inglaterra las siguientes ventajas:

América contaría con amplios mercados comerciales en ultramar; aumentaría su influencia en Europa y en Asia;

Inglaterra con el correr del tiempo se vería en el caso de dar trato igual a las naciones americanas.

La alianza de América e Inglaterra conduciría, inevitablemente, a una confederación mundial.

Recibida la invitación de Bolívar, el Ministro Canning nombró representante para el Congreso de Panamá al señor Eduardo Dawkins,con las siguientes instrucciones:

El comisario de S.M. en Panamá no tomará parte en manera alguna en las deliberaciones de los países americanos recientemente nacidos a la vida independiente, y al propio tiempo que velará por los intereses de la Gran Bretaña en sus relaciones con aquellos Estados, coadyuvará, cuando se solicite su ayuda, a las deliberaciones de la asamblea, en tanto esta ayuda sea compatible con la posición neutral en que la Gran Bretaña está colocada respecto a las relaciones de aquellos países suramericanos y España;

Hará evidente por cuantos medios estén a su alcance, el vehemente deseo que anima al gobierno de S.M. de mantener la armonía entre los diferentes Estados de América, de establecer la paz, si fuere posible, entre esos países y España, y de conservar la tranquilidad general que debe existir entre el antiguo y el nuevo mundo.

Dawkins estuvo presente en el Congreso de Panamá como simple observador. Pero sugirió estos puntos privadamente:

Que la Gran Bretaña no objetaba la confederación de la América Española, siempre que excluyera de ella a los Estados Unidos, porque ello sería perjudicial para la paz de América y Europa;

Que las delegaciones americanas fueran respetuosas para con las instituciones de los demás pueblos, cualesquiera que fuesen;

Que evitaran fomentar en Europa temores y desconfianzas adoptando principios revolucionarios como los de Francia;

Que confirmaran que no iban a formar un sistema opuesto a Europa.

PAÍSES BAJOS: Los representó como observador el Ministro Vanveer, quien posteriormente se relacionó con la Federación de Centro América.

*\*\**

Recibida la invitación del Libertador Bolívar, el Congreso Federal de Centro América decidió nombrar plenipotenciarios en el Decreto que copiamos a continuación:

"El Congreso Federal de la República de Centro América, teniendo en consideración:

1º. Que la Asamblea Nacional Constituyente, en decreto de 6 de noviembre de 1823, dispuso que el gobierno de esta República excitase a los cuerpos deliberantes de ambas Américas a formar una Confederación general:

2º. Que por el pacto de unión, liga y confederación perpetua, celebrado entre esta República y la de Colombia, en 15 de marzo del presente año y ratificado por este Cuerpo Legislativo en 30 del próximo agosto, se comprometió esta misma República a concurrir a la Asamblea general de plenipotenciarios de la América, convocada por los gobiernos libres de Colombia y el Perú:

3º. Que posteriormente ha recibido el gobierno la convocatoria que le dirige el del Perú, con fecha 7 de diciembre y 16 de abril últimos, excitándolo a concurrir por medio de Ministros competentes autorizados, a la asamblea general que va a reunirse en Panamá:

4º. Que según lo convenido entre Colombia y el Perú, la instalación de tan augusta asamblea debía verificarse el primero de junio, y en su defecto el primero de octubre de este año:

5º. Que los objetos de la reunión son de la mayor importancia para la América antes española, y grandes las facultades que confieren a esa misma Asamblea esta República y las demás que han de formar la Confederación:

6º. Que por todas las circunstancias expresadas no puede ni debe entenderse sujeto a las reglas comunes el nombramiento de los plenipotenciarios que por parte de esta República han de concurrir a dicha asamblea.

7º. Y por último, deseando el Congreso que en el mismo nombramiento se concilie su arreglo a los principios de la ley fundamental, con la necesidad de verificarlos de manera que los ministros que se destinen a tan interesante misión puedan marchar desde luego al punto designado en la convocatoria y comenzar a ejercer sus altas funciones.

Decreta:

1º. Se procederá inmediatamente a nombrar los dos plenipotenciarios que por parte de esta República deben concurrir a Panamá a formar la Asamblea general de los Estados confederados de la América.

2º. Este nombramiento lo hará el Congreso por dos tercios de votación, y lo comunicará al gobierno para que expida a favor de los nombrados los correspondientes despachos.

3º. Para obtener tan honroso y delicado cargo, se requiere ser natural de esta República, tener la edad de treinta años cumplidos: haber sido ciudadano y hallarse en el ejercicio de los derechos de tal; y ser de reconocida aptitud.

4º. La ley fijará las bases sobre que han de formarse las instrucciones que deba dar el gobierno a dichos ministros; y determinará también su responsabilidad.

5º. Lo prevenido en este decreto se observará por ahora, sin perjuicio de lo que disponga la ley para lo sucesivo.

Guatemala, 28 de octubre de 1825. (Firmas) Toribio Argüello, diputado Presidente, José Francisco Córdova y J. Higinio Sánchez, Secretario. Al Senado.

Sala del Senado, 19 de noviembre de 1825. (Firmas) Mariano de Beltranena. M. Julián Ibarra, Secretario.

Palacio Nacional, 21 de noviembre de 1825. Ejecútese. Manual J.Arce. El Secretario de Estado y del Despacho de Relaciones, Juan Francisco de Sosa".

*** 

"Secretaría del Congreso Federal. El Congreso Federal, teniendo presente el Decreto dado en 28 de octubre inmediato, por el cual se previene que se procediese a nombrar los dos plenipotenciarios que por parte de esta República deben concurrir a Panamá a formar la Asamblea General de los Estados independientes de la América: habiendo prevenido en el mismo Decreto que el nombramiento lo haría el Congreso con los dos tercios de votos: y procediendo a elegir en conformidad de aquellas disposiciones, ha tenido a bien nombrar para la expresada legalización a los ciudadanos doctor Antonio Larrazábal y doctor Pedro Molina, y en consecuencia se ha servido acordar:

Que se comunique al Supremo Poder Ejecutivo para que se haga publicar la elección; expida a favor de los nombrados los correspondientes despachos; disponga que se les dé a conocer y que se les guarden los honores y consideraciones debidas a su carácter. D.U.L. Guatemala, 23 de noviembre de 1825. Juan Francisco de Córdova. J. Higinio Sánchez. Ciudadano Secretario de Estado y del Despacho de Relaciones.

Palacio Nacional de Guatemala, 23 de noviembre de 1825. Ejecútese. Arce. El Secretario de Relaciones, Juan Francisco de Sosa".

***

La Secretaría del Congreso Federal dirigió al Secretario de Relaciones Exteriores las instrucciones que debía dar a los plenipotenciarios Larrazábal y Molina, las cuales son las siguientes:

"Debiendo el Congreso, con arreglo al artículo 4°. del Decreto de 28 de octubre último, fijar las bases de las instrucciones de los ministros plenipotenciarios que deben representar a esta República en la Asamblea General Americana, se ocupó desde luego en formarlas, oyendo previamente el dictamen de una comisión especial; discutiéndose en varias sesiones con el detenimiento que exige la delicadeza del negocio; y teniendo presente cuales han sido los objetos con que ha sido convocada la Asamblea; cuáles las facultades que lo ha concedido esta República en el tratado de unión celebrado con la de Colombia; qué otras se ha proyectado conferirle en los diversos planes escritos y publicados sobre los medios de realizar el de Confederación General en la América, y todo lo que exigen los grandes intereses de ésta y su convicción en las circunstancias presentes.

Examinando tan importantes asuntos y considerando por otra parte el Congreso que el término de sus sesiones se aproxima y que nombrados, como están ya, los plenipotenciarios conforme a lo prevenido en el citado decreto, sólo deben esperarse las bases que fijen sus instrucciones, se ha servido acordar y decretar las siguientes:

PRIMERA: Los ministros plenipotenciarios que deben representar a esta República en la Asamblea General de los Estados independientes de América, están autorizados:

## ARTÍCULO I

1°. Para reunirse en conferencias preparatorias con los de Colombia, Perú y demás enviados de las otras Repúblicas que hubiesen llegado o sucesivamente fuesen llegando a Panamá.

2°. Para concurrir con ellos: 1.—a la designación del lugar en que hayan de celebrarse estas conferencias dentro del territorio de Panamá. 2.—al señalamiento del día en que ha de instalarse la Asamblea, luego de hallarse reunidos los plenipotenciarios de tres Repúblicas. 3.—a fijar, dentro de los límites del Istmo, el punto más apropiado en que celebre sus sesiones la Asamblea.

3°. Para promover oportunamente la traslación de ésta a la República de Centro América, procurándolo con la mayor eficacia, y ofreciéndole las garantías de la inviolabilidad de los representantes, las consideraciones debidas a su alto carácter y los edificios y oficinas que sean necesarias en caso de verificarse la traslación.

4°. Para celebrar, a nombre de esta República, con todas las demás representantes en la Asamblea general, de común acuerdo con sus plenipotenciarios, un tratado que en sustancia contenga los mismos puntos del que se celebró con la de Colombia, concluido y firmado en Bogotá a 15 de marzo del presente año.

5°. Para concurrir a fijar las fuerzas de tierra y de mar con que recíprocamente se ha de auxiliar esta República y la de Colombia, según lo convenido en los artículos 3. y 4. del mismo tratado; y si éste se hiciera extensivo a las demás Repúblicas, designar también el contingente con que deben auxiliar a la del Centro y el que en su caso puedan exigir de ella, para rechazar los ataques e incursiones de sus enemigos comunes.

6°. Para que se invite a la República de Haití con el objeto de que entre a la Confederación general; y si la Asamblea no acordare la invitación o si la misma República no se prestare a concurrir, para que se determine lo conveniente sobre nuestras relaciones políticas y comerciales con ella.

7°. Para solicitar la alianza de Inglaterra o de otra potencia, ofreciéndole las ventajas que se consideren convenientes en caso de haber fundados temores de una próxima agresión por parte de la Santa Alianza. Pero esas ventajas deberán ser iguales respecto de todas las Repúblicas; no deberán cargar sobre algunas; y se entenderá además que los tratados de cada una de ellas permanecen ilesos.

8°. Para acordar en la asamblea que se levante un ejército y marina competentes con el fin de oponer esas fuerzas a las de la misma liga europea, siempre que se perciba que las dirige contra América.

9°. Para acordar igualmente que se señale un término, pasado el cual no se admitirán en los puertos de las Repúblicas aliadas buques de aquellas naciones que no hubieren reconocido la independencia de algunos de sus gobiernos, designando otro término para que sea reconocida la de todas, bajo la misma exclusiva. En cuyo supuesto, ninguna República admitirá, después del segundo término, los buques de aquellas potencias que no hubieron reconocido a todas las Confederaciones. Más para decidir este paso, que puede ser el medio más seguro de obtener los principales fines de la Confederación Americana, deberá proceder el conocimiento del estado de la política europea, a efecto de lograr y no complicar en cualquiera de sus relaciones el intento de que sea reconocida la independencia.

10. Para adoptar todos los planes políticos que se dirijan al mismo importante objeto de conseguir este reconocimiento; procurando sin embargo que los nuevos Estados de América antes española se hallen en circunstancias como las presentes se evite (quemado)... inciso que cualquiera de ellos debe tener alguno o algunos de los gobiernos de (quemado)... prestarles protección.

11. Para concurrir a la designación del contingente de hombres, buques y dinero con que respectivamente debe contribuir cada República a los objetos señalados en los artículos anteriores, y a los que se indicarán en los siguientes.

12. Para dirigir las comisiones diplomáticas que puedan convenir, sobre objetos generales que sean del resorte de la Asamblea, y sin perjuicio de los particulares de los gobiernos confederados.

13. Para resolver respecto de las islas de Puerto Rico y Cuba, reuniendo todas las fuerzas a fin de libertarlas de la dominación española

en el concepto de que, libres, deben unidas formar nación independiente y en el de que el apoyo no debe ponerse en (quemado). ...probabilidades que aseguren el éxito, para que la América entera no caiga en el descrédito que le traería la frustración de la empresa, y calculando al propio tiempo por el estado de la cuestión en Europa que la misma empresa no traiga en resueltas la agresión al continente por parte de la Liga Europea.

14. Para que se realice la idea que ha anunciado ya el Gobierno de los Estados Unidos del Norte de impedir que las potencias de Europa establezcan colonizaciones en el continente americano y sus islas adyacentes: sobre cuyo objeto deberán tomarse las medidas más eficaces, principalmente con respecto a los territorios que habitan las tribus de indígenas aun no reconocidas como naciones(se alude en este punto a la Doctrina de Monroe).

15. Para que se impida del mismo modo en el continente la colonización intentada por particulares extranjeros sin permiso del gobierno a que pertenezca el territorio a donde se dirigiere la empresa.

16. Para que todos los confederados se obliguen, como un medio de llenar los fines propuestos en los artículos anteriores, a colonizar sus respectivas costas conforme a sus leyes particulares y adoptar los (quemados)...ser para conseguirlo.

17. Será también (quemado)..los Ministros para promover y excitar a los (quemado)...y materias siguientes.

18. Que la Asamblea general acuerde todas las medidas que conduzcan a evitar la intervención de cualquier potencia extranjera en los negocios interiores del Gobierno de las Repúblicas Confederadas y la intervención de los gobiernos de éstas entre sí.

19. Que para lograr lo primero, se determine lo conveniente acerca de las resoluciones que las potencias de Europa puedan tomar con las tribus indígenas aun no reconocidas como naciones.

20. Que se determine igualmente sobre los límites respectivos del territorio de las Repúblicas confederadas, haciendo que se les declaren y reconozcan los mismo que naturalmente las separaban antes de la presente guerra de independencia, a menos que por actos libres las que antiguamente se formaron virreinatos o las capitanías generales se hayan incorporado (quemado)… secciones.

21.Que se decrete la paz general del continente, a lo menos por quince años; declarándose desde ahora que se tendrá por enemigo al gobierno de la República que invadiere o acatare a otra de las confederadas.

22. Que todas ellas, en consecuencia de los principios que han admitido y sancionado en sus instituciones fundamentales, decreten cuanto antes la abolición del injusto tráfico de esclavos, prohibiéndole bajo las penas más severas, así en su territorio como en sus costas y en sus buques.

## ARTÍCULO II

Por último, están autorizados los Ministros:

23. Para estipular que los habitantes de una República serán habidos tales en cada cual de las confederaciones (quemado) en todo lo que pertenece a los derechos políticos y comerciales: sin perjuicio de lo que dispuso o en adelante disponga la Constitución particular de cada una de las mismas Repúblicas, y de que en ellas se exijan ciertas calidades para obtener los primeros empleos en sus respectivos gobiernos.

24. Para declarar todo lo que convenga a las relaciones de los confederados con el nuevo imperio del Brasil.

25. Para determinar claramente y establecer por medio de una Convención los derechos, prerrogativas y funciones de los cónsules de las Repúblicas.

26. Para celebrar el estado de comercio más útil a su riqueza, prosperidad y engrandecimiento.

27. Para interpretar sus tratados públicos; ser árbitros y conciliadores en sus disputas y diferencias, conforme a lo convenido entre esta República y Colombia en el tratado de que se ha hecho referencia en los artículos anteriores.

28. Para concurrir a fijar los principios del derecho de gentes, de una naturaleza controvertible; especialmente entre partes de las cuales una se halla en guerra y otra permanezca neutral.

## ARTÍCULO III

En fin, se les autoriza para deliberar y resolver, procediendo de acuerdo entre si los dos plenipotenciarios, sobre todos los demás puntos y materias que no estando expresamente detallados en estas bases, interesen conocidamente al bien y prosperidad de la América; no graven y perjudiquen a esta República; y se hallen en las instrucciones y dentro de las facultades de la mayoría de los representantes que componen la Asamblea.

## ARTÍCULO IV

Los Ministros Plenipotenciarios quedan autorizados en virtud de estas bases para resolver por sí definitivamente y sin necesidad de ratificación, acerca de todos los puntos que en ella se expresan, siempre que la mayoría de los representantes de la Asamblea tengan la misma facultad en sus instrucciones.

## ARTÍCULO V

Debiendo existir perpetuamente reunida la representación de América en la Asamblea General y mientras se llenen los objetos con que esta vez ha sido convocada: los plenipotenciarios promoverán que la misma Asamblea conforme el plan de sus operaciones determine sus facultades en el estatuto que ha de regirla en lo sucesivo, y que concluido que sea se exponga a las Confederadas, con el objeto de que hagan sobre él las observaciones o reformas que estimen oportunas.

## ARTÍCULO VI

Debiendo las presentes bases limitar como conviene las facultades de los plenipotenciarios, no podrán éstos:

1. Comprometerse ni comprometer a la República en más de aquello que por el interés general de la América estén dispuestos a comprometer también los demás plenipotenciarios.

2. Ceder parte del territorio que comprendía la antigua Capitanía General de Guatemala y hoy debe formar el de...(probablemente falta una página en el original, porque continúa así):...venir en que se admita a la Confederación americana la representación de ninguna monarquía.

## ARTÍCULO VII

Los poderes que por esta vez se confieren a ambos ministros para que los desempeñen de acuerdo, se entenderán conferidos a uno solo, en caso de muerte o imposibilidad perpetua o temporal del otro.

## ARTÍCULO VIII

Las presentes bases de las instrucciones que el gobierno los ha de dar, son reservadas y para el uso privado de dichos plenipotenciarios, que sólo podrán manifestarlas según lo fuere exigiendo el curso de los negocios de la Asamblea, o cuando a su juicio lo demande el objeto mismo de su misión.

De orden del Congreso lo decimos a Ud para inteligencia del Supremo Poder Ejecutivo y efectos correspondientes.

Dios, Unión y Libertad.

Guatemala, 17 de diciembre de 1825.

José Francisco de Córdova, Mariano Gálvez.

Estas instrucciones pasaron al Senado y luego al Poder Ejecutivo.

\*\*\*

Los plenipotenciarios Larrazábal y Molina tomaron un barco rumbo a Panamá. Y en septiembre de 1826, "El Indicador", periódico que se publicaba en Guatemala, daba la noticia de la inauguración del Congreso General Americano. La noticia se saludó con salvas de artillería, repique de campanas y un Te—Deum en acción de gracias al Todopoderoso, con asistencia del Gobierno Supremo, de los Ministros diplomáticos de Colombia y Norte—América y de las autoridades y funcionarios de la Federación.

El Presidente Arce creyó oportuno lanzar un Manifiesto celebrando la reunión del Congreso General Americano —que así se le llamaba al Congreso de Panamá— y la consiguiente unión del Nuevo Mundo, concebido en los siguientes términos:

"El Gobierno acaba de recibir aviso oficial de haberse instalado en Panamá el Congreso General Americano.

¡Pueblos! Veis ya reunida la representación augusta de las Repúblicas del Nuevo Mundo. El voto de los libres; los deseos de la filantropía; los designios de una política franca y liberal se han cumplido!.

El día de la reunión de esta gran Dieta ocupara un lugar distinguido en los anales de nuestra historia: este día de júbilo será consagrado en adelante por nuestra devoción patriótica.

¡Pueblos! El Gobierno se congratula con vosotros por un acontecimiento que fija las miradas de todo el mundo civilizado; se congratula por la consideración que merece Centro América, representada en aquel Congreso eminentemente respetable: se congratula, en fin, porque de aquel foco de luz se derramarán a todas las secciones de América bienes y prosperidades que aun no es dado calcular.

Dirigid ¡Pueblos! vuestros ardientes votos al Todo—Poderoso para que se digne proteger los esfuerzos de la alianza benéfica, de la confederación augusta que va a fijar la suerte de toda la América y a presentarla a la faz del mundo digna del alto puesto a que es llamada por el destino.

Palacio Nacional de Guatemala, a 19 de septiembre de 1826.

Manuel José Arce".

***

El Tratado de Panamá firmado por los representantes del Perú, Colombia, Centro América y los Estados Unidos Mexicanos, señores Manuel Lorenzo de Vidaurre y Manuel Pérez de Tudela, Pedro Gual y Pedro Briceño Méndez, Antonio Larrazábal y Pedro Molina, José María Michelena y José Domínguez, respectivamente, firmado el 15 de julio de 1826, se compone de un preámbulo y de treinta artículos cabales. Como se trata de un documento tan importante, igual al que contiene las instrucciones que dio el Congreso Federal de Centro América a los plenipotenciarios Larrazábal y Molina y a la carta de Libertador dirigida a los gobiernos americanos, vamos a copiarlo en su parte substancial, no por llenar páginas sino por hacer ver a los lectores el esfuerzo unionista más grande que registran los anales de América inmediatamente después de lograda la independencia, y que se (proponía prevenir un ataque de reconquista de España o de cualquiera nación europea de las que componían la Santa Alianza.

## ARTÍCULO I

Las Repúblicas de Colombia, Centro América, Perú y Estados Mexicanos, se ligan y confederan mutuamente en paz y guerra y contraen para ello un pacto perpetuo de amistad firme e inviolable y de unión mutua y estrecha con todas y cada una de las dichas partes.

## ARTÍCULO II

El objeto de este pacto perpetuo será sostener en común, defensiva y ofensivamente, si fuere necesario, la soberanía e independencia de todas y cada una de las potencias confederadas de América contra toda dominación extranjera, y asegurarse desde ahora para siempre los goces de una paz inalterable, y promover, al efecto, la mejor armonía y buena inteligencia, así entre sus pueblos, ciudadanos y súbditos respectivamente, como con las demás potencias con quienes deben mantener o entrar en relaciones amistosas.

## ARTÍCULO III

Las partes contratantes se obligan y comprometen a defenderse mutuamente de todo ataque que ponga en peligro su existencia política y a emplear contra los enemigos de la independencia de todas o alguna de ellas, todo su influjo, recursos y fuerzas marítimas y terrestres, según los contingentes con que cada una está obligada por la Convención separada de esta misma fecha, a concurrir al sostenimiento de la causa común.

## ARTÍCULO IV

Los contingentes de tropas con todos sus trenes, transportes y víveres y el dinero con que alguna de las potencias confederadas haya de concurrir a la defensa de otra u otras, podrían pasar y repasar libremente por el territorio de cualquiera de ellas que se halle interpuesta entre la potencia amenazada o invadida y la que viene en su auxilio; pero el Gobierno a quien correspondan las tropas de auxilio en marcha lo avisará oportunamente al de la potencia que se halla en el tránsito, para que ésta señale el itinerario de la ruta que hayan de seguir dentro de su territorio, debiendo precisamente ser por las vías breves, cómodas y pobladas, y siendo de cuenta del Gobierno a quien pertenecen las tropas todos los gastos que ellas causen, en víveres, bagajes y forrajes.

## ARTÍCULO V

Los buques armados en guerra y escuadras, de cualquier número y calidad, pertenecientes a una o más de las partes contratantes, tendrán libre entrada y salida en los puertos de todas y cada una de ellas, y serán eficazmente protegidos contra los ataques de los enemigos comunes, permaneciendo en dichos puertos todo el tiempo que crean necesario sus comandantes o capitanes, los cuales con sus oficiales y tripulaciones, serán responsables ante el Gobierno de quien dependen, con sus personas, bienes y propiedades, por cualquiera falta a las leyes y reglamentos del puerto en que se hallaren, pudiendo las autoridades locales ordenarles que se mantengan a bordo de sus buques, siempre que haya que hacer alguna reclamación.

## ARTÍCULO VI

Las partes contratantes se obligan, además, a prestar cuantos auxilios estén en su poder a sus bajeles de guerra, mercantes que llegaren a los puertos de sus pertenencias por causa de avería o cualquier otro motivo desgraciado; y en su consecuencia, podrán carenarse, repararse y hacer víveres, y en los casos de guerras comunes, además, aumentar sus armamentos y tripulación hasta ponerse en estado de poder continuar sus viajes o cruceros, todo a expensas de la potencia o particulares a quienes correspondan dichos bajeles.

## ARTÍCULO VII

A fin de evitar las depredaciones que puedan causar los corsarios armados por cuenta de particulares en perjuicio del comercio nacional o extranjero, se estipula que en todos los casos de una guerra común, sea extensiva la jurisdicción de los tribunales de presas de todas y cada una de las potencias aliadas, a los corsarios que naveguen bajo pabellón de cualquiera de ellas, conforme a las leyes y estatutos del país a que corresponda el corsario o corsarios, siempre que haya indicios vehementes de haber cometido excesos contra el comercio de las naciones amigas o neutras; bien entendido que esta estipulación durará sólo hasta que las partes contratantes convengan, de común acuerdo, en la abolición absoluta o condicional del corso.

## ARTÍCULO VIII

En caso de invasión repentina en los territorios de las partes contratantes cualquiera de ellas podrá obrar hostilmente contra los invasores, siempre que las circunstancias no den lugar a ponerse de acuerdo con el Gobierno a quien corresponda la soberanía de dichos territorios; pero la parte que así obrare, deberá cumplir y hacer cumplir los estatutos, ordenanzas y leyes de la potencia invadida y hacer respetar y obedecer su Gobierno en cuanto lo permitan las circunstancias de la guerra.

## ARTÍCULO IX

Se ha convenido y conviene asimismo, en que los tránsfugas de un territorio a otro y de un buque de guerra o mercante al territorio o buque de otro, siendo soldados o marinos desertores de cualquiera clase, sean devueltos inmediatamente y en cualquier tiempo, por los tribunales y autoridades bajo cuya jurisdicción esté el desertor o desertores; pero a la entrega debe proceder la reclamación de un oficial de guerra respecto a los desertores militares, y la del capitán, maestro, sobre cargo o persona interesada en el buque respecto de los mercantes, dando las señales del individuo o individuos, su nombre y el del cuerpo o buque de que haya o hayan desertado, pudiendo, entre tanto, ser depositados en las prisiones públicas hasta que se verifique la entrega en forma.

## ARTÍCULO X

Las partes contratantes para identificar cada vez más sus intereses, estipulan aquí expresamente que ninguna de ellas podrá hacer la paz con enemigos comunes de su independencia, sin incluir en ella a todos los demás aliados específicamente; en la inteligencia de que en ningún caso ni bajo pretexto alguno podrá ninguna de las partes contratantes acceder en nombre de las demás a proposiciones que no tengan por base el reconocimiento pleno y absoluto de su independencia, ni a demanda de contribuciones, subsidios o exacciones de cualquiera especie por vía de indemnización u otra causa, reservándose cada una de las dichas partes aceptar o no la paz con sus formalidades acostumbradas.

## ARTÍCULO XI

Deseando las partes contratantes hacer cada vez más fuertes e indisolubles sus vínculos de relaciones fraternales por medio de conferencias frecuentes y amistosas, han convenido y convienen en formar cada dos años, en tiempo de paz, y cada año durante la presente y demás guerras comunes, una Asamblea General compuesta de dos Ministros Plenipotenciarios por cada parte, los cuales serán debidamente autorizados con plenos poderes necesarios. El lugar y tiempo de la reunión, la forma y orden de las sesiones se expresan y arreglan en Convenio separado de esta misma fecha.

## ARTÍCULO XII

Las partes contratantes se obligan y comprometen especialmente en caso que en alguno de los lugares de sus territorios se reúna la Asamblea General, a prestar a los Plenipotenciarios que la compongan todos los auxilios que demanda la hospitalidad y el carácter sagrado e inviolable de sus personas.

## ARTÍCULO XIII

Los objetos de la Asamblea General de Plenipotenciarios de las potencias confederadas, son:

1. Negociar y concluir entre las potencias que representan, todos aquellos tratados, convenciones y demás actos que pongan sus relaciones recíprocas en un pie mutuamente agradable y satisfactorio.

2. Contribuir al mantenimiento de una paz y amistad inalterables entre las potencias confederadas, sirviéndoles de consejo en los grandes conflictos, de punto de contacto en los peligros comunes, de fiel intérprete de los tratados y convenciones públicas que hayan concluido en la misma Asamblea, cuando sobre su inteligencia ocurra alguna duda, y de conciliador en sus disputas diferentes.

3. Procurar la conciliación y mediación entre una o más de las potencias aliadas, o entre éstas con una o más potencias extrañas de la Confederación, que estén amenazadas de un rompimiento o empeñadas en guerra por quejas de injurias, daños graves u otras causas.

4. Ajustar y concluir durante las guerras comunes de las partes contratantes con una o muchas potencias extrañas a la Confederación,

todos aquellos tratados de alianza, concierto, subsidios y contingentes que aceleren su terminación.

## ARTÍCULO XIV

Ninguna de las partes contratantes podrá celebrar tratados de alianza o ligas perpetuas o temporales con ninguna potencia externa a la presente Confederación, sin consultar previamente a los demás aliados que la componen o compusieren en adelante y a obtener para ello su consentimiento explícito, o la negativa para el caso de que habla el artículo siguiente.

## ARTÍCULO XV

Cuando alguna de las partes contratantes juzgare conveniente formar alianzas o temporales para especiales objetos y por causas especiales, la República necesitada de hacer estas alianzas, las procurará primero con sus hermanas y aliadas; más si éstas, por cualquiera causa, negaren sus auxilios o no pudieren prestarles los que necesita, que dará aquella en libertad de buscarlos donde le sea posible encontrarlos.

## ARTÍCULO XVI

Las partes contratantes se obligan y comprometen solemnemente a transigir amigablemente entre sí todas las diferencias que en el día existen o puedan existir entre algunas de ellas; y en caso de no terminarse entre las potencias discordes, se llevará, con preferencia a toda vía de hecho, para procurar su conciliación, al juicio de la Asamblea, cuya decisión no será obligatoria si dichas potencias no se hubiesen convenido antes explícitamente en que lo sea.

## ARTÍCULO XVII

Sea cual fueren las causas de injurias, daños graves u otros motivos que alguna de las partes contratantes pueda producir contra otra, ninguna de ellas podrá declararle la guerra ni ordenar actos de represalias contra la República que se crea la ofensora, sin llevar antes su causa, apoyada en los documentos y comprobantes necesarios, con una exposición circunstanciada del caso, a la decisión conciliatoria de la Asamblea General.

## ARTÍCULO XVIII

En el caso de que alguna de las potencias confederadas juzgue conveniente declarar la guerra o romper las hostilidades contra una potencia extraña a la presente Confederación, deberá antes solicitar los buenos oficios, interposiciones y mediación de sus aliados, y éstos estarán obligados a emplearlos del modo más eficaz posible. Si esta interposición no bastare para evitar el rompimiento, la Confederación deberá declarar si abraza o no la causa del confederado, y aunque no la abrace, no podrá, bajo ningún pretexto o razón, ligarse con el enemigo del confederado.

## ARTÍCULO XIX

Cualquiera de las partes contratantes que, en contravención a lo estipulado a los tres artículos anteriores, rompiese las hostilidades con otra o que no cumpliese con las decisiones de la Asamblea, en el caso de haberse sometido previamente a ellas, será excluida de la Confederación y no volverá a pertenecer a la Liga sin el voto unánime de las partes que la componen en favor de su readmisión.

## ARTÍCULO XX

En el caso de que alguna de las partes contratantes pidan a la Asamblea el dictamen o consejo sobre cualquier asunto o caso grave, deberá ésta darlo con toda franqueza, interés y buena fe que exige la fraternidad.

## ARTÍCULO XXI

Las partes contratantes se obligan y comprometen solemnemente a sostener y defender la integridad de sus territorios respectivos, oponiéndose eficazmente a los establecimientos que se intenten hacer en ellos, sin la correspondiente autorización y dependencia de los Gobiernos a quienes corresponden en dominio y propiedad, y a emplear al efecto en común sus fuerzas y recursos que fueren necesarios.

## ARTÍCULO XXII

Los ciudadanos de cada una de las partes contratantes gozarán de los derechos y prerrogativas de ciudadanos de la República en que residan desde que, manifestando su deseo de adquirir esta calidad ante las autoridades competentes, conforme a la ley de cada una de las potencias aliadas, presten juramento de fidelidad a la Constitución del país que adopten; y como tales ciudadanos, podrán obtener todos los empleos y distinciones a que tienen derecho los demás ciudadanos, exceptuando siempre aquellos que las leyes fundamentales reserven a los naturales, y sujetándose para la opción a los demás, al tiempo de residencia y requisitos que exijan las leyes particulares de cada potencia.

## ARTÍCULO XXIII

Si un ciudadano o ciudadanos de una República aliada prefieren permanecer en el territorio de la otra, conservando siempre su carácter de ciudadano del país de su nacimiento o de su adopción, dicho ciudadano o ciudadanos gozarán igualmente en cualquier territorio de las partes contratantes en que residan, de todos los derechos y prerrogativas de naturales del país, en cuanto se refiera a la administración de justicia y a la protección correspondiente en sus personas, bienes o propiedades, y por consiguiente, no les será prohibido, bajo pretexto alguno, el ejercicio de su profesión u ocupación, ni el disponer entre vivos o por última voluntad, de sus bienes muebles o inmuebles, como mejor les parezca, sujetándose en todos los casos a las cargas y leyes a que lo estuvieren los naturales del territorio en que se hallaren.

## ARTÍCULO XXIV

Para que las partes contratantes reciban la posible compensación por los servicios que se prestan mutuamente en esta alianza, han convenido en que sus relaciones comerciales se arreglen en la próxima Asamblea, quedando vigentes entre tanto las que actualmente existen entre algunas de ellas, en virtud de estipulaciones anteriores.

## ARTÍCULO XXV

Las potencias de la América cuyos plenipotenciarios no hubieren concurrido a la celebración y firma del presente tratado, podrán, no obstante lo estipulado en el artículo XIV, incorporarse en la actual Confederación, dentro de un año después de ratificado el presente Tratado y la Convención de Contingentes concluidos en esta fecha, sin exigir modificaciones ni variación alguna, pues en caso de desear y

223

pretender alguna alteración, se sujetará ésta al voto y resolución de la Asamblea, que no accederá sino en el caso de que las modificaciones que se pretendan no alteren lo sustancial de las bases y objetos de este Tratado.

## ARTÍCULO XXVI

Las partes contratantes se obligan y comprometen a cooperar a la completa abolición y extirpación del tráfico de esclavos de África, manteniendo sus actuales prohibiciones de semejante tráfico en toda su fuerza y vigor, y para lograr desde ahora tan saludable obra, convienen, además, en declarar, como declaran entre sí, de la manera más solemne y positiva, a los traficantes de esclavos con sus buques cargados de esclavos y procedentes de las costas de África, bajo el pabellón de las dichas partes contratantes, incursos en el crimen de piratería, bajo las condiciones que se especificarán después en una Convención especial.

## ARTÍCULO XXVII

Las Repúblicas de Colombia, Centro América, Perú y Estados Unidos Mexicanos, al identificar tan fuerte y poderosamente sus principios e intereses en paz y guerra, declaran formalmente que el presente Tratado de Unión, Liga y Confederación perpetua, no interrumpe, ni interrumpirá de modo alguno el ejercicio de la soberanía de cada una de ellas, con respecto a sus relaciones exteriores con las demás potencias extrañas a esta Confederación, en cuanto no se oponga al tenor y letra de dicho Tratado.

## ARTÍCULO XXVIII

Si alguna de las partes variase esencialmente sus actuales formas de gobierno quedará por el mismo hecho excluido de la Confederación, y su Gobierno no será reconocido ni ella readmitida en dicha Confederación, sino por el voto unánime de todas las partes que la Constituyan o constituyeren entonces.

## ARTÍCULO XXIX

El presente tratado será firme en todas sus partes, y efectos mientras las potencias aliadas permanezcan empeñadas en la guerra actual u otra común, sin poderse variar ninguno de sus artículos o cláusulas, sino de acuerdo con todas las dichas partes de la Asamblea General, quedando sujetas a ser obligadas por cualquier medio que las demás juzguen a propósito a su cumplimiento; pero verificada que sea la paz, deberán las potencias aliadas prever en la misma Asamblea este Tratado y hacer en él las reformas y modificaciones que por las circunstancias se pidan y estimen necesarias.

## ARTÍCULO XXX

El presente Tratado de Unión, Liga y Confederación perpetua, será ratificado y las ratificaciones serán canjeadas en la villa de Tacubaya, una legua distante de la ciudad de México, dentro del término de ocho meses contados desde esta fecha o antes, si fuere posible.

## ARTÍCULO ADICIONAL

Por cuanto las partes contratantes desean ardientemente vivir en paz con todas las naciones del Universo, evitando todo motivo de disgusto que pueda dimanar del ejercicio de sus derechos legítimos, en paz y en guerra, han convenido y convienen igualmente en que luego que se obtenga la ratificación del presente Tratado procederán a fijar de común acuerdo todos aquellos puntos, reglas y principios que han de dirigir su conducta en uno y otro caso; a cuyo efecto, invitarán de nuevo a las potencias neutras y amigas para que si lo creyeren conveniente tomen una parte activa en semejante negociación y concurran, por medio de sus plenipotenciarios, a ejecutar, concluir y firmar el tratado o tratados que se hagan con tan importante objeto.

\*\*\*

La Convención sobre Contingentes entre las Repúblicas de los Estados Unidos Mexicanos, Centro América, Colombia y el Perú, contiene un preámbulo y veinticuatro artículos, y como su nombre lo indica tiene en mira la creación de un Ejército y una Marina de Guerra comunes para defenderse de España y de cualquiera otra nación agresora de la Santa Alianza.

\*\*\*

El convenio a que se refiere el artículo undécimo del Tratado de Unión, Liga y Confederación Perpetua, acordóque la Asamblea General se trasladará a la Villa de Tacubaya, distante una legua de la ciudad de México, debiendo trasladarse los plenipotenciarios a dicha villa para seguir las labores de la Confederación.

\*\*\*

El Concierto a que se refiere el artículo segundo de la Convención de Contingentes dispone la forma en que se prestarán éstos cuando se hallare amenazado un miembro de la Confederación Americana.

\*\*\*

Como se acordó en Panamá, los plenipotenciarios de las partes contratantes se trasladaron a la villa de Tacubaya, México. Constituida la Asamblea General esperó en vano la ratificación del Tratado y anexos. El Congreso mexicano siempre eludió la ratificación, la guerra civil se encendió en Centro América, estallaron tumultos en Colombia y la separación de Bolivia puso en serios aprietos al Perú, hechos que imposibilitaron la Confederación de América.

\*\*\*

Los lectores inteligentes verán con sumo agrado los documentos que hemos transcrito y que prueban el esfuerzo unionista del Libertador Bolívar en áreas continentales. Además, prueban, que el Gobierno Federal de Centro América participó decididamente en favor de la unión del Nuevo Mundo. Y por si ésto fuera poco, son el punto de partida de la política exterior de nuestros países y la lección más preciosa para cualquier intento unionista de la América Latina. La carta de Bolívar dirigida a los gobiernos del Nuevo Mundo, las instrucciones del

Congreso a los plenipotenciarios de Centro América a la Asamblea General de Panamá y el Tratado y las Convenciones firmadas en julio de 1826, no son papeles muertos. Son papeles que tienen vida en la actualidad y que sólo hay que readaptarlos a la situación americana y mundial de estos momentos.

***

Por si faltaba alguna experiencia unionista más, siendo Presidente Federal de Centro América el general Francisco Morazán hubo un nuevo intento de unir al Nuevo Mundo. Plenipotenciarios de México y Colombia se reunieron con el Ministro de Relaciones Exteriores de la Federación, para hacer un nuevo intento unionista, y el que, como es de suponerse, fracasó lamentablemente. Pero quedó la constancia de que se había intentado la unión continental, para que la posteridad contara con hechos abundantes que la hicieran rectificar juicios equivocados.

# BALANCE CULTURAL EN EL MOMENTO DE ESTABLECER LA REPÚBLICA FEDERAL

La Constitución de la República Federal de Centro América fue una supraestructura política que nació del feudalismo desarrollado en los últimos tiempos coloniales; vale decir que fue una supraestructura, que en obligada correspondencia, se levantó dè los latifundios laicos y eclesiásticos, los cuales a su vez se apoyaron en la servidumbre de los campesinos y en los restos sobrevivientes de la esclavitud.

Pero, como a la vez, la Constitución Federal fue copia de desarrollos extranjeros más avanzados, donde la revolución burguesa había triunfado, en el caso centroamericano no coincidía exactamente con la realidad social, viéndose por ello en el imperativo de inventarse un estamento que había tomado el poder, y con este invento proclamar unos "derechos del hombre y del ciudadano" ficticios. En efecto, daba una libertad a todos, allí donde carecían medios de realizarla por los tremendos desniveles económicos, sociales, políticos y culturales existentes, habida cuenta de que no aparecía por ningún lado el viento revolucionario que moviera a las masas para hacer efectiva la libertad. Otorgaba la igualdad a un conglomerado dividido en clases y subclases, y más todavía, afectado de nacionalidades indígenas o tribus sometidas o rebeldes. Y proclamaba la fraternidad en un conjunto humano que internamente se odiaba y se despreciaba. Estas ilusiones políticas establecidas en la Carta Fundamental frustraban los derechos del hombre y del ciudadano, que de otra parte, los agraciados, en manifiesto contra— sentido, podían elegir y ser electos. Vistas estas cosas por el lado de Cervantes y de Voltaire, la Constitución Federal de 1824 resultaba un texto sarcástico por simular una sociedad avanzada y culta, no habiendo en ella más que una minoría de "ilustrados" y una abrumadora mayoría de hacendados feudales, eclesiásticos, indios, negros, zambos, mulatos, mestizos, que componían una masa informe, con una cultura contradictoria compuesta de alfabetizados y analfabetos, de escolásticos y amantes de las "luces del siglo".

Con estas observaciones, veamos otros aspectos estrictamente culturales.

Al ser los hacendados y los curas la clase dominante en Centro América, la cultura legal tenía que ser la de ellos. La correspondiente a las nacionalidades ni siquiera se mencionaba en la Constitución con carácter protector.

Por consiguiente, las costumbres que habían dejado los colonialistas españoles, eran las costumbres del país y atañían a la clase dominante y a la clase dominada. Repugnaban aquellas que se salieran del molde colonial, y los misioneros eclesiásticos seguían tratando de imponerlas a las tribus rebeldes, por considerar que se hallaban al margen de la fe cristiana y de la civilización.

El idioma legal era el que habían dejado los españoles, y la Constitución Federal, sin mandarlo expresamente lo establecía de hecho en las relaciones sociales, jurídicas y políticas. Se insistía en propagar el idioma español entre las nacionalidades indígenas, con la esperanza de que algún día hubiera unidad idiomática a través de la lengua castellana.

La religión, naturalmente, era la católica, apostólica y romana, con exclusión de cualquiera otra. Si por evolución había desaparecido el Santo Oficio, aparato de persecución, enjuiciamiento y castigo de los no católicos, la intolerancia había quedado grabada en la conciencia popular. La intolerancia se manifestaba contra los protestantes de Lutero, los moros (de la religión de Mahoma), los judíos (de la fe de Moisés), los deístas y ateos (que seguían a los revolucionarios franceses) y, en fin, contra las expresiones religiosas de los indios y los negros de África.

La ley de las Siete Partidas y todas las ordenanzas de contenido civil, penal, de procedimiento y judicial, enlazadas con la costumbre, dictaban las normas que regulaban las relaciones jurídicas de los componentes de la clase dominante, agregándose con fueros especiales el Derecho canónico y el Código Militar que se referían a los nobles que vestían sotana o guerrera. Pero en cuanto a los indios, los negros, los zambos, los mulatos y los mestizos, prevalecía la voluntad del hacendado feudal o del eclesiástico que en su finca o monasterio disponía de cepos, calabozos y máquinas de tortura para castigar a los siervos y los esclavos. La clase dominante podía usar a su entero gusto la arbitrariedad con la clase dominada, sin que hubiera ley, apelación, juez o ejecutivo que reparara el daño y castigara al ofensor de la dignidad humana.

La clase privilegiada tenía escuela de primeras letras, colegio, universidad que capacitaban para la vida privada y pública. La clase desheredada vivía en pleno analfabetismo y se consentía la ignorancia para mantener al pueblo en sumisión. De la Colonia había quedado la costumbre de castigar al indio o al pardo que en secreto aprendía a leer. La enseñanza popular, que no necesitaba del alfabeto, se reducía al aprendizaje del idioma por medio de órdenes y regaños en la casa patronal y en los centros de trabajo, y al aprendizaje de memoria de la doctrina cristiana, conforme al catecismo, en la iglesia parroquial.

El profesor Víctor F. Ardón en su libro "Datos para la historia de la educación en Honduras", primera edición, 1957, nos ofrece un refuerzo de lo que se dice en este capítulo al exponer lo siguiente:

"Dice Juan García del Río en ´Revista del estado anterior y actual de la Instrucción Pública en América´: "Persuadidos los dominadores de que nada era tan peligroso para ellos como dejar desenvolver la mente, pretendieron mantenerla encadenada, desviándola de la verdadera senda que guía a la ciencia, menospreciando y aun persiguiendo a los que la cultivaban". (Cita de Ángel Rosenblat).

En carta del Rev. Padre Don Alonso Villanueva, encontramos: "La enseñanza popular de la época colonial fue casi nula; sólo las familias afortunadas y de mayores entronques sociales adquirían conocimientos de aula. Este método imperó entre nosotros, hasta los primeros años del presente siglo. Las escuelas y colegios de aquellos tiempos fueron regidos y generalmente sostenidos por la Iglesia o instituciones particulares. Gracias a estos generosos impulsos, una parte del pueblo aprendió a leer y escribir".

Al ser el idioma valor instrumental para diversos fines, hubo necesidad de enseñarlo a los indígenas. Y las mismas Leyes de Indias y ordenanzas anteriores a ellas, preceptuaban que los catequizadores aprendieron las lenguas americanas, para el efecto de su cometido (enseñar la lengua española), y ordenaban que se pusieran maestros, tomándolos de entre los sacerdotes y sacristanes, de la misma manera que se usaba "en las aldeas del reino".

La enseñanza se redujo al Castellano oral y la Doctrina Cristiana; el método, catequístico; el procedimiento, nemotécnico y de repetición.

Durante la dominación española fue precaria y discriminativa la fundación de escuelas; se realizaba, a pesar de las Leyes de Indias, sólo en beneficio de españoles y criollos; pero aún se excluían los que siendo hijos de españoles lo eran de madre indígena. Dicha discriminación fue rémora del progreso material y cultural de los pueblos".

Y agrega el profesor Ardón: "Desde la Independencia hasta medio siglo XIX, más o menos, continuó la enseñanza a cargo de curas y sacristanes, con raras excepciones, y reducida a lectura, escritura, nociones de aritmética y religión, con la Cartilla de San Juan, el Catón y el Catecismo del Padre Ripalda. La aritmética se reducía a las cuatro operaciones fundamentales", y concluye: "Personas particulares, en algunos pueblos, se dedicaban a enseñar, y no faltaron quienes fundaran cátedras de Gramática Latina, Matemáticas o Dibujo".

Copia Ardón un oficio suscrito por Julián Madrid, escribano del pueblo de Comayagüela, y dirigido a Narciso Mallol, Alcalde Mayor de Tegucigalpa, en que da cuenta que está abierta la escuela del lugar, a cargo del maestro Santiago Bueso y a la que asisten treinta muchachos, con la esperanza que la asistencia sea más numerosa; pero pone en conocimiento de la autoridad suprema de la Provincia que los escolares carecen de libros porque sus padres son muy pobres, razón por la cual solicita Cartillas o Catones y Catecismos. El oficio es del 7 de febrero de 1820.

También hace constar una efemérides del doctor Rómulo Durón, que dice:

"52.—1822.—Diciembre 20. El Ayuntamiento de Tegucigalpa dispone abrir en esta Ciudad una escuela de primeras letras en la que se enseñará lectura, escritura, los primeros principios de la aritmética y los rudimentos de la religión católica; se darán lecciones de ortografía, urbanidad de buena crianza, de la Constitución de España por el momento, y de la que rigiere en lo sucesivo.

Designó para maestro a don Andrés Montero. Señaló el lunes próximo para la apertura del Establecimiento. Para ello había legado de los fondos de esta Parroquia once mil y pico de pesos y hacía completar doce mil de fundación, con cuyos intereses subvenía a la dotación del maestro y demás gastos; pero las ocurrencias políticas de la ciudad de San Salvador en donde estaban dichos fondos, habrían impedido su cobro".

Como se ve —dice Ardón—la primera escuela hondureña para niños, fue fundada en Comayagüela, en el año de 1820, con treinta alumnos, siendo su maestro don Santiago Bueso.

La segunda se estableció en Tegucigalpa, el 20 de diciembre de 1822, y fue su maestro don Andrés Montero.

Refiriéndose a esta escuela, que él llama la primera dice Augusto C. Coello:

"Humilde, oscurecida y olvidada, esa fecha pasa inadvertida entre el desconocimiento de la generalidad y el oleaje de las pasiones en choque, pero la semilla sembrada germinó con fruto y es el origen de la cultura nacional, que si no se ha extendido aún por todos los ámbitos, debido a los desastres del pasado, va conquistando lentamente la conciencia nacional hasta que culmine con la escuela en todos los pueblos, en todas las aldeas, en todos los bohíos…".

(Datos para la historia de la Educación en Honduras, Víctor F. Ardón).

Caben agregados.

Ciertamente, las grandes masas hondureñas sufrían analfabetismo. Los esfuerzos oficiales por abatirlo eran tan pequeños que lindaban en el ridículo. Se ve en los casos de las escuelas de Comayagüela y Tegucigalpa. Como colonia significaba oscurantismo, más interés había en no fundar escuelas que en fundarlas. Esto es axiomático.

Pero a lo largo del siglo XVIII y comienzos del siglo XIX, el mundo había entrado en la era de las revoluciones capitalistas. La Revolución Francesa había sido la explosión máxima que había llegado con sus fulgores hasta los más apartados rincones del globo. La conducta "ilustrada" del rey Carlos III, en cuanto a América había ido ampliándose con los estímulos franceses. Estas coyunturas y acicates habían despertado en las masas el ansia de saber. En efecto, los indios, negros, zambos, mulatos y mestizos, aprendían a escondidas a tartamudear las letras y a hacer garabatos. Muchos en esta forma aprendían a leer y escribir. Y una vez que aprendían, leían papeles públicos o clandestinos y podían comunicarse por medio de cartas con las personas que les interesaban. Cuando las masas llegan a politizarse, buscan el dominio del alfabeto y la comunicación alfabética. Esto es un principio indeclinable.

Pues bien: en la sombra, las gentes, principalmente mayores, se dedicaban al aprendizaje, y este empeño se volvía más intenso en las áreas más revolucionarias. De modo que, hasta cierto punto, no hacían falta las escuelas, que al ser oficiales hacían perder el tiempo en entretenciones escolásticas y religiosas. La revolución pedía letrados a su manera, y en forma que en cada hogar no faltara un entendido que leyera papeles y escribiera cartas. Por eso fue que se propagó el aprendizaje espontáneo, aunque siempre con temor del cura y del alguacil.

Más tarde, cuando las condiciones coloniales fueron menos restrictivas, los artesanos, principalmente sastres y costureras, establecían escuelas privadas, y a su casa llegaban los niños de la localidad, fuera pueblo o aldea. Las escuelas privadas se multiplicaron en Honduras y en el resto de Centro América. Su enseñanza se reducía a la lectura y la escritura y a las cuatro reglas de aritmética. No enseñaban moral y religión, que quedaban a cargo de los padres de familia. Con esto era suficiente para que pudieran lanzarse a las luchas de la vida y la sociedad. De allí en adelante, correría de su cuenta el adquirir nuevos conocimientos.

En una que otra población de Centro América habían Colegios Tridentinos, mandados por el Concilio de Trento para instruir a la juventud en la sabiduría revelada, Teología, y en la comprensión racional de Dios, Filosofía, en elementos de ciencias naturales y ciencias matemáticas, más un poco de Derecho Canónico y otro de Derecho Civil, no faltando la Apologética, o sea aquella parte teológica que se encarga de defender la religión cristiana de los ataques de sus adversarios. Los Colegios Tridentinos tenían sus función militante, habían sido fundados en siglos anteriores y tenían la dirección de los jesuitas. A ellos llegaban jóvenes de familias acomodadas, de sangre española o criolla y, de vez en cuando, uno que otro indio que procedía de alguna tribu cristiana y famosa. En general se observaba la limpieza de sangre para evitar el ingreso a los centros educativos de árabes, judíos y pardos. Pero en los años de revolución, aun en estos colegios se propagó el contagio de las luces francesas, en forma que, en última instancia, de nada servían los programas oficiales y la vigilancia Jesuita. Por eso, en los últimos hubo desencanto de la Iglesia y el Gobierno coloniales respecto de los Colegios

Tridentinos. En la juventud dorada dominaban las ideas de la riqueza y el poder político. Y cuando egresaba ésta con el título de bachiller en Teología, Filosofía, Derecho Canónico o Derecho Civil, para enfrentarse a la vida y a la sociedad, hacía una mezcla de religión y revolución, que puede verse en el Acta de Independencia de 1821, donde hay de las dos cosas.

La Universidad de San Carlos Borromeo fue la casa de altos estudios en el Reino de Guatemala. Fundada a principios de la Colonia por el Obispo Marroquín, funcionó primero en la Antigua Guatemala y después en la Nueva Guatemala, a razón del terremoto que destruyó a la primera. Fue el centro que le dio teólogos, escolásticos, canonistas y letrados al reino. Ingresaban los jóvenes de la nobleza y del dinero coloniales, con exclusión de otros. La limpieza de sangre se observaba con severidad. Los planes de estudios se ajustaban al designio de mantener firme como una roca el imperio español con sus colonias. Esto les interesaba a los jóvenes del Reino porque les garantizaba sus privilegios sobre las masas esclavizadas, que según la conveniencia y el perjuicio habían venido al mundo para la esclavitud y la servidumbre. No había necesidad de vigilancia y disciplina porque los jóvenes llegaban al centro con pleno conocimiento de su clase y de su responsabilidad consigo y con la sociedad. Durante los siglos XVI, XVII y comienzos del XVIII, la Universidad de San Carlos Borromeo cumplió su papel a las mil maravillas. A ella llegaban los jóvenes provinciales a coronar sus aspiraciones culturales. Y una vez coronadas, regresaban a sus lugares a recibir de sus padres la dirección económica y social, que desempeñaban con la monotonía de siempre.

Pero la Universidad de San Carlos empezó a conmoverse a mediados del siglo XVIII. Los planes de estudios seguían con su inmutabilidad implícita. No había nada que alterara el siencio conventual de la vieja casa. Para los profesores y los alumnos todo era paz y dicha. Sin embargo, de la calle llegaban ruidos y noticias. Las fuerzas productivas y las relaciones de producción habían entrado en tal conflicto en el Virreino del Perú, que había estallado una insurrección de esclavos pardos, cuyo centro de gravedad se hallaba en Tinta y abrazaba con su fuego los Virreinatos de Nueva Granada y Buenos Aires, englobando a millones de hombres y mujeres resueltos. Sonó el nombre del jefe de la insurrección, se llamaba Tupac Amaru. Esto produjo comentarios escandalosos: ¡los esclavos se habían levantado! Ya no podía haber tranquilidad en la Universidad de San Carlos de Borromeo. Las reformas legales y económicas del rey Carlos III no llegaban hasta el fondo donde estaba el mal revolucionario. Y estas inquietudes mentales vino a sumarse el terremoto que asoló la capital del reino, que al trasladarse a nuevo valle quedó con el nombre de Antigua Guatemala.

Al hacerse el traslado a la Nueva Guatemala, la Universidad de San Carlos de Borromeo pareció entender que había cambiado su destino. Por ese tiempo Fray José de Liendo y Goicoechea, costarricense, profesor de Teología y aficionado a las ciencias naturales, viajóa España, donde se dio cuenta que el mundo estaba cambiando, que la revelación teológica se hallaba en el crepúsculo y que la razón filosófica llenaba con sus claridades el universo. Después de haber conversado con eminencias científicas, regresó a Guatemala, y en secreto dio estas noticias a sus mejores amigos, quienes entendieron que ciertamente el mundo estaba cambiando. De allí en adelante, la Universidad de San Carlos empezó a conocer el Discurso de Método de Renato Descartes, sin atreverse a llegar hasta el Diccionario Filosófico de Francisco Arouet Voltaire, que de otra parte fue leído en reserva con los demás Enciclopedistas franceses. Hubo más libertad en la casa de altos estudios del Reino, y sin que nadie forzara los hechos, sin saber cómo, de repente cayó en el libre examen. Ya no había jesuitas, los había expulsado Carlos III de sus reinos y el Santo Oficio había perdido vigor. Y el resultado fue el siguiente: que los egresados de la Universidad de San Carlos Borromeo, sin romper con la religión, le dieron su puesto a la razón, y con este convencimiento empezaron a luchar por una modificación social del imperio español, fueron los moderados, bien por la independencia absoluta de América, fueron los radicales, pero no se niegue que ambos fueron revolucionarios.

Es la revisión que se puede hacer de la cultura heredada de la colonia en la época de la Constitución de la República Federal.

## BIBLIOGRAFÍA

Alvarado García, Ernesto       Historia de Centro América.

| | |
|---|---|
| Arce, Manuel José | Memorial del Gobierno Federal de Centro América. |
| Coello, Augusto C. | Digesto Constitucional de Honduras |
| Durón, Rómulo E. | Historia de Honduras |
| García, Genaro | Documentos para la Historia de México, General Vicente Filísola |
| Gómez Carrillo, Agustín | Historia de Centro América |
| Marure, Alejandro | Bosquejo Histórico de las Revoluciones de Centro América |
| Marroquín, Alejandro D. | Cambios en la agricultura y sus repercusiones sociales. Revista de la Universidad de El Salvador, 1965. |
| Montúfar Coronado, Manuel | Memoria para la Historia de la Revolución de Centro América |
| Milla y Vidaurre, José | Historia de Centro América |
| Rodríguez Cerna, José | Participación de Centro América en la Unión Bolivariana |
| Rosental, M. | Diccionario Filosófico |
| Valle Matheu, Jorge | Obras de José Cecilio del Valle |

# LA GUERRA CIVIL (1826—1829)

## BIBLIOGRAFÍA

No presentaremos aquí la lista alfabética y cronológica que corrientemente se acostumbra. Simplemente diremos que nos hemos valido al máximo de las obras de los viejos y nuevos investigadores de historia centroamericana y hondureña y de las obras de algunos extranjeros que se han detenido a observar nuestros hechos y nuestros personajes. Así nos han ayudado en la edificación de esta obra, Ramón Rosa (de quien tomamos íntegra su obra "Historia del Benemérito General Don Francisco Morazán ex Presidente de Centro América", por las razones explicadas en otra parte), Eduardo Martínez López, Rómulo E. Durón, Rafael Reyes (de El Salvador), Jorge Jiménez Solís (de Los Altos), Edelberto Torres (de Nicaragua), Lorenzo Montúfar (de Guatemala), Álvaro Contreras, Salvador Turcios, Agustín Alonzo, Rafael Heliodoro Valle, Marco Antonio Villamar, (Guatemalteco)Francisco Castañeda, y los extranjeros Jacobo Haefkens (holandés), Nicolás Raoul (francés), J.L. Stephens (norteamericano) viajeros éstos que recorrieron Centro América cuando transcurrían la Guerra Civil de 1826 al 29 y la década morazánica..

A esto agréguese la valiosa colaboración de Mario Rodríguez, historiador estadounidense, que nos ha ofrecido dos obras substantivas para orientar nuestros estudios históricos: una, Federico Chatfield, Cónsul británico en Centro América, y otra, América Central. El que escribe ha introducido el tema de las potencias colonialistas y neocolonialistas en nuestra historia. Muchos le han condenado esta irreverencia. Pero no sé qué podrían decir ahora que un historiador norteamericano ofrece en sus libros científicos el mismo enfoque socio—político.

Hay otras muchas colaboraciones de personajes citadas en el texto y que no se mencionan en esta nota. Eso sí, deliberadamente hemos querido dejar en el olvido a los cronistas que en Guatemala sudan por los poros de Rafael Carrera y en Costa Rica respiran por las fosas nasales de Antonio Pinto, porque para esos, quieran o no, ya pasó su hora.

En cambio, de este lado, escuchamos el clarín de Pablo Neruda:
"Hermanos, amanece y Morazán vigila".

Los tratados de Historia de Honduras hasta hoy publicados, han dejado fuera de sus textos Capítulos tan importantes como el de "Honduras Británica", "La Doctrina de Monroe", "La Guerra Civil de 1826 al 29", porque sus autores han sentido temor de tocar a las potencias extranjeras. Así los historiadores no han dado las principales enseñanzas de historia, burlando la buena fe que se puso en ellos.

Honduras Británica en tiempo de la colonia y más tarde de la Independencia, fue de España y fue de la República de Centro América. Pero cuando la maldad rompió la Federación, Honduras Británica por Reales Cédulas es territorio hondureño. El Ingeniero Félix Canales Salazar, un experto en el conocimiento de los derechos nacionales sobre los territorios usurpados a la República de Honduras, prueba este extremo. También está de acuerdo Canales Salazar en que como los tiempos cambian, y hoy el pueblo vale más que el territorio, Honduras Británica, Wallis o Belice, tiene derecho a la autodeterminación de las naciones, habiendo al respecto una resolución favorable de la ONU, y nosotros, humildemente, no la objetamos.

La Doctrina de Monroe, claro está, influyó en el Tratado de Comercio celebrado entre los Estados Unidos y la República de Centro América. Fue el primer instrumento expansionista, y no han querido decir los historiadores que en el Congreso Federal y en el Senado fueron tan duras las críticas a las desigualdades del convenio que el plenipotenciario norteamericano Williams llegó a creer que sería rechazado.

La Guerra Civil de 1826 al 29 tuvo base económica. La crisis socio—política se fue agudizando hasta hacer explosión el 26, momento en que la pequeña burguesía con iniciativa revolucionaria toma el poder y se mantiene en él, con vacilaciones por su debilidad, hasta que la aplastan los conservadores ayudados por Inglaterra. Que consten estas palabras preliminares.

# HONDURAS BRITÁNICA

Acerca de Belice u Honduras Británica —que es lo mismo—hagamos aclaraciones históricas, no para ofender a Guatemala, a la que guardamos sagrado respeto, sino para no seguir ofendiendo a Honduras, con falsedades documentales y sutilezas jurídicas.

No fue un antojo que al nido de ladrones de mar llamado Wallis se le diera posteriormente el nombre de Honduras Británica. Podría decirse que se le dio ese nombre por estar frente al Golfo de Honduras. Pero se agrega que se le llamó Golfo de Honduras por ser parte marítima con sus islas, cayos y costas de la provincia de Honduras.

Las cosas fueron y son así: lo que baña el Golfo de Honduras y comprendiendo el territorio maya, que hoy configura Belice, hasta el paralelo 17 grados y 49 minutos latitud norte perteneció a la provincia de Honduras; y, desde el paralelo 17 grados 49 minutos latitud norte hacia arriba fue del dominio de Nueva España. Allí están los documentos coloniales que comprueban lo dicho.

Cuando en determinado tiempo de la Colonia hubo nueva organización política, la provincia de Honduras con todas sus pertenencias en el Mar Caribe, formó con la provincia de Guatemala — que tenía su territorio en la Costa Sur, y nada, absolutamente nada en las costas y las aguas del Atlántico—, más la intendencia de San Salvador, la provincia de Nicaragua —también territorialmente recostada al Pacífico— y la provincia de Costa Rica, lo que se llamó Capitanía General de Guatemala, cuya capital fue la Ciudad de Santiago de los Caballeros de Guatemala.

Al llegar la independencia centroamericana de 15 de septiembre de 1821, ratificada en el acta de 1o. de julio de 1823, los territorios y mares de la Capitanía General de Guatemala pasaron al Estado recién fundado.

La Constitución de la República Federal de Centro América, de 22 de noviembre de 1824, dijo:

## "SECCIÓN SEGUNDA"
### DEL TERRITORIO

Art. 5. El territorio de la República es el mismo que antes comprendía el antiguo reino de Guatemala, a excepción, por ahora, de la provincia de Chiapas.

Art. 6. La federación se compone actualmente de cinco Estados, que son: Costa Rica, Nicaragua, Honduras, El Salvador y Guatemala. La provincia de Chiapas se tendrá por Estado en la federación cuando libremente se una.

Art. 7. La demarcación del territorio de los Estados se hará por la ley constitucional, con presencia de los datos necesarios.

La independencia mencionada fue de España.

No se extendió la liberación a los territorios retenidos por Inglaterra.

Quedaron en posesión inglesa: Honduras Británica o Belice; las islas y cayos que están al frente de Belice; las Islas de la Bahía; las Islas Santanilla; la Mosquitia hondureña (hoy Gracias a Dios); la Mosquitia nicaragüense (hoy departamentos de Zelaya y Río San Juan); Islas de Maíz; Islas de San Andrés, y en general el Mar Caribe que golpea con sus olas las costas de Centro América.

Como se trata de un asunto delicado, que a la fecha de escribir sigue en controversia, le vamos a ceder la palabra a quién más lo conoce,—al ingeniero Félix Canales Salazar, especializado en el tema de fronteras hondureñas. Su estudio "Territorio irredento de Honduras Británica situado en la costa del Golfo de Honduras" satisface plenamente la curiosidad de los lectores.

Dice: "El territorio maya de Honduras Británica o Belice, está situado en la costa del Golfo de Honduras. Es un problema de resonancia internacional en el presente, a juzgar por la noticia referente a la presencia del Presidente de México en la ciudad de Guatemala el día de hoy (14 de noviembre de 1975).

## AÑO DE 1502

Descubrimiento del Golfo de Honduras: Las islas de Santanilla y Guanaja en el Golfo de Honduras fueron descubiertas por el Almirante Cristóbal Colón, el 30 de julio de 1502.

## AÑO DE 1508

Los navegantes españoles, Vicente Yáñez Pinzón y Juan Díaz de Solís, en nombre de los Reyes de España, cruzaron el golfo de Honduras, de Este a Oeste, desde las Isla de Guanaja hasta los Rápidos de Gracias a Dios en el Río Sarstum, aguas abajo hasta su desembocadura en el Golfo de Honduras, cruzándolo de Sur a Norte, hasta la Isla de Cozumel, límite del Golfo de Honduras y del Golfo de México, en el Océano Atlántico, en 1508.

## AÑO DE 1524

Hernán Cortés, conquistador de Nueva España (México), ostentando el título de Gobernador de Nueva España, salió de la antigua ciudad de Tenochitlán por vía terrestre con rumbo a Honduras, el 12 de octubre de 1524. Cortés traía en la expedición terrestre como prisionero de guerra al cacique Cuauhtémoc, héroe azteca. También traía como intérprete a una india yucateca, conocida en México con el nombre de Doña Marina o la Malinche. Y Cortés traía a Honduras, como Historiador, al joven español don Bernal Díaz del Castillo, quien describe detalladamente las heroicas hazañas de Cortés, en la conquista de Nueva España (México); y en audaz expedición terrestre, desde Tenochitlán, en México, hasta Trujillo, la capital de Honduras; cruzando a lomo de mula el territorio maya de Belice, a la cabeza de un numeroso ejército de guerreros españoles y mexicanos.

## ASESINATO DE CUAUHTEMOC

Refiere el joven historiador Bernal Díaz del Castillo, testigo ocular del asesinato en frío del heroico guerrero azteca, con estas palabras: "Dejemos de contar nuestros trabajos y caminos y digamos, como Guatemuz, gran cacique de México, y otros principales mexicanos que iban con nosotros, se habían puesto en pláticas o lo ordenaban, de matarnos a todos y volverse a México; y que llegados a la ciudad, juntar sus grandes poderes y dar guerra a los que en México quedaban; y tornarse a levantar...". "Y lo que confesaron fue que como nos veían ir por caminos descuidados y descontentos... sería bien que cuando pasásemos algún río o ciénaga, dar con nosotros; porque eran los mexicanos sobre tres mil; y traían sus armas y lanzas y algunos con espadas". Guatemuz confesó que así era como lo habían dicho los demás... El Señor de Tacuba dijo: que daba por bien empleada su muerte, por morir junto con su señor Guatemuz. Y, antes de que los ahorcasen los fueron confesando los frailes franciscanos con la lengua de Doña Marina. Y, verdaderamente, yo tuve gran lástima de Guatemuz, y su primo... (f) Bernal Díaz del Castillo". El cacique Azteca y su primo, el señor de Tacuba, fueron ahorcados por orden del conquistador de Nueva España, Don Hernán Cortés, en Itzancanac, Campeche, el 28 de febrero de 1525.

## RUTA TERRESTRE DE CORTES
## DE MEXICO A HONDURAS

Después del asesinato en frío del cacique azteca Cuautémoc, fue doña Marina, la india maya yucateca, quien en su condición de intérprete, y amante de Cortés, continuó señalando la ruta de la Expedición Terrestres, pasando solamente por pueblos de origen maya, situados a uno y otro lado del Viejo Imperio de Chiapas; y del Nuevo Imperio de Yucatán, mayas los dos, cruzando el territorio maya de Belice, de Norte a Sur, con rumbo hasta los Rápidos de Gracias a Dios en el Río Sarstum; continuando la Expedición por la margen derecha del Río Sarstum hasta su desembocadura, en el Golfo de Honduras; continuando por la Costa Norte de Honduras hasta Puerto Caballos, hoy Puerto Cortés.

## FUNDACIÓN DE TRUJILLO, PRIMERA
## CAPITAL DE HONDURAS

Cuando Don Hernán Cortés llegó a la Costa Norte de Honduras con Doña Marina y Bernal Díaz del Castillo, más un numeroso ejército de españoles y mexicanos, ya había sido fundada la ciudad de Trujillo, primera capital de Honduras, ubicada frente al Golfo de Honduras, por don Francisco de Las Casas, el 18 de mayo de 1525; dándole el nombre de Trujillo, en recuerdo a su ciudad natal, en España.

## PRIMER GOBERNADOR
## ESPAÑOL EN HONDURAS

En la Real Cédula, del 20 de noviembre de 1525, el Rey de España nombró a don Diego López de Salcedo, como primer Gobernador de la Provincia de Honduras, con jurisdicción civil y militar, en los Territorios descubiertos por Colón, en 1502; por Yáñez Pinzón, en 1508, y por Gil González Dávila, en el Golfo de Fonseca en 1522. El Rey de España, en la Real Cédula de nombramiento de Diego López de Salcedo, como primer Gobernador español de la Provincia de Honduras, dijo: "Que cualquier —personas— de las que ahora están o estuvieren en dichas tierras, salgan de ellas y no entren, ni estén en ellas".

Por cierto que, Don Hernán Cortés y su amante Doña Marina, encontrándose en Trujillo, salieron, vía marítima, para Veracruz, México, adonde llegaron en mayo de 1526.

El historiador español, don Bernal Díaz del Castillo, regresó de Trujillo por la vía terrestre siguiente: Trujillo, Choluteca, Río Goascorán, San Miguel, Río Lempa, San Salvador, río de Paz, hasta Santiago de los Caballeros de Guatemala, ciudad fundada por don Pedro de Alvarado, lugarteniente de Cortés, en 1524.

## GOBERNADORES ESPAÑOLES EN HONDURAS

Es oportuno mencionar algunos de los nombres de los Gobernadores españoles en la Provincia de Honduras, que tuvieron jurisdicción civil y militar en el GOLFO DE HONDURAS, desde el RIO HONDO, en la Península de Yucatán, hasta el CABODE GRACIAS A DIOS, en Honduras: desde 1525 hasta 1821.

| No. | NOMBRES DE GOBERNADORES: | AÑOS: |
|---|---|---|
| 1 | Diego López de Salcedo | 1525 |
| 2 | Andrés de Cereceda | 1531 |
| 3 | Diego Albites | 1532 |
| 4 | Don Pedro de Alvarado | 1536 |
| 5 | Alonso de Cáceres | 1537 |
| 6 | Francisco de Montejo | 1537 |
| 7 | Diego García Célis | 1542 |
| 8 | Alonso Maldonado | 1544 |
| 9 | Alonso Ortiz de Elgueta | 1562 |
| 10 | Diego de Herrera | 1573 |
| 11 | Alonso de Cáceres Guevara | 1578 |
| 12 | Rodrigo Ponce de León | 1589 |
| 13 | Jerónimo de Carranza Sánchez | 1598 |
| 14 | Jorge de Alvarado | 1602 |
| 15 | Juan Guerra y Ayala | 1610 |
| 16 | Juan de Miranda | 1620 |
| 17 | Pedro de Rosales | 1631 |
| 18 | Francisco Martínez de la Riva | 1632 |
| 19 | Francisco de Avila y Lugo | 1640 |
| 20 | Melchor Alonso Tamayo | 1644 |
| 21 | Alonso de Silva Salazar | 1652 |
| 22 | Baltazar de la Cruz | 1660 |

| 23 | Juan Suazo | 1664 |
| 24 | Juan Márquez Cabrera | 1668 |
| 25 | Pedro Godoy Ponce de León | 1673 |
| 26 | Francisco de Castro Ayala | 1676 |
| 27 | Lorenzo Ramírez de Guzmán | 1680 |
| 28 | Francisco Ayala Castro | 1686 |
| 29 | Antonio Montfort | 1703 |
| 30 | Enrique Loumeli | 1715 |
| 31 | Francisco de Praga | 1738 |
| 32 | Tomás Hermenegildo de Aranda | 1740 |
| 33 | Diego de Tablada | 1744 |
| 34 | Coronel Juan de Vera | 1745 |
| 35 | Don José Tinoco y Contreras | 1821 |

Todos los nombramientos de los Gobernadores españoles en la Provincia de Honduras, contienen en Reales Cédulas, las mismas jurisdicciones civiles y militares, en las que ejercieron su autoridad los Gobernadores españoles conforme al siguiente mandato del Rey de España: "QUE SE GUARDE, CUMPLA Y EJECUTE EN TODO, SEGUN Y CONFORME PREVIENE Y MANDA, EL REY".

Tegucigalpa, 14 Nov. de 1975.
En un segundo artículo de su estudio "Territorio irredento de Honduras Británica en la costa del Golfo de Honduras", el ingeniero Canales Salazar agrega:

AÑO DE 1544

El historiador mexicano, Lic. don Carlos Pereira, ya fallecido, en su Historia de la América Central, Tomo V, páginas 158 y 159, textualmente, dice:
JURISDICCION DE LA AUDIENCIA DE LOS CONFINES: "Suprimidas las Gobernaciones de Guatemala y Nicaragua, se estableció la Audiencia de los Confines que comenzó a funcionar en 1544. La jurisdicción de la Nueva Audiencia comprendía los Territorios de Tabasco, Chiapas, Soconuzco, Yucatán, Cozumel, Guatemala, Honduras,

El Salvador, Nicaragua, Costa Rica y Panamá. u capital era Comayagua en Honduras; pero se dispuso, por economía, por los mismos Oidores residir en Gracias, como punto más céntrico".

El historiador mexicano Lic. don Carlos Pereira, rindiendo culto a la verdad histórica, textualmente declara que los Territorios de Tabasco, Chiapas, Soconusco, Yucatán, Guatemala, Honduras, El Salvador, Nicaragua, Costa Rica y Panamá, estuvieron comprendidos durante el gobierno colonial, bajo la jurisdicción de la Audiencia de los Confines, con sede en Gracias, en la Provincia de Honduras, en el año de 1544.

Este hecho histórico que nadie puede negar, prueba que el Territorio maya irredento de Honduras Británica, es colindante con México, con Honduras y con Guatemala, en las partes que legítimamente corresponden a cada Estado.

## AÑO DE 1603
### ORIGEN DE LA PIRATERIA EN EL GOLFO DE HONDURAS:

El mismo historiador mexicano don Carlos Pereira, en su Historia de América Central, Tomo V, página 223, dice:

"En 1603, Pie de Palo y el Mulato Diego, se habían apoderado de Puerto Caballos (Puerto Cortés), con 1.200 hombres a pesar de la resistencia que hizo Juan de Monasterio. Este desastre dio origen a que la población de Puerto Caballos (Puerto Cortés) se mudase en 1605. El sitio elegido fue Santo Tomás de Castilla, en la Bahía de Amatique".

El Puerto de Santo Tomás de Castilla, durante el Gobierno colonial, fue puerto de salida de la Provincia de Honduras al Atlántico.

Comayagua, la capital de Honduras, en aquella época lejana, estaba unida con el puerto de Santo Tomás de Castilla, por medio de un Camino Real o del Rey, que partiendo de Comayagua, pasaba por la Cuesta de la Cocona; por Siguatepeque; por Taulabé; por Santa Bárbara; cruzaba la cordillera del Merendón; descendía al mineral de Las Quebradas, en donde cruzaba el Río Motagua, hasta terminar en el puerto de Santo Tomás de Castilla, en el Golfo de Honduras. Aún existen las huellas de esta antigua ruta española, materialmente grabadas en el terreno, desde Comayagua hasta Santo Tomás de Castilla.

## CONTROL DE LA PIRATERÍA INGLESA EN EL GOLFO DE HONDURAS.

El Rey de España, en vista de las constantes invasiones de los piratas ingleses sobre la Costa Norte del Territorio de la Reserva Mosquitia Hondureña; sobre las Islas del Golfo de Honduras; y sobre el Territorio de Belice, con el objeto de controlar —militarmente— la Piratería inglesa, nombró Gobernador de la Provincia de Honduras, al Coronel español don Juan de Vera, según consta en la siguiente:

### CÉDULA REAL DEL 23 DE AGOSTO DE 1745:

"Don Felipe, por la Gracia de Dios, Rey de Castilla, de León, de Aragón, de las Cicilias, de Valencia, de Galicia, de las Mayorcas, de Sevilla, de Cerdeña, de Murcia, de Jaen, de Algociria, de Gibraltar, de las Indias Canarias, de las Indias Orientales y Occidentales, etc.

POR CUANTO: Conviniendo a mi servicio y con motivo de la actual Guerra, os nombro Gobernador y Comandante General de la Provincia de Honduras... con las mismas facultades, jurisdicción y Autoridad que lo han servido los demás Gobernadores de aquella Provincia...

1. He venido asimismo, en nombraros, como por el presente os nombro, por Comandante General de mis Armas, de la citada Provincia de Honduras...y de todos los Territorios y Costas que se comprenden desde donde termina la jurisdicción del Gobernador de la Provincia de Yucatán, hasta el Cabo de Gracias a Dios....

4. POR TANTO: mando al Comandante General de la Provincia de Honduras, con este mi Real Título, y precedido de Juramento que debéis hacer ante el Gobernador de la Provincia de Comayagua (Honduras) os den y pongan en posesión del Gobierno y Comandancia General de aquella Provincia..."

10. Dado en San Ildefonso, el 23 de Agosto de 1745. YO EL REY".

La anterior Real Cédula es confirmatoria de la JURISDICCIÓN CIVIL Y MILITAR que ejercieron TODOS los Gobernadores ANTERIORES de la Provincia de Honduras, desde 1525 hasta 1745, en TODOS los territorios y Costas (de Belice), que se comprenden desde donde termina la JURISDICCION DEL GOBERNADOR DE LA

PROVINCIA DE YUCATÁN HASTA EL CABO DE GRACIAS A DIOS.

REAL CÉDULA DEL 30 DE ENERO DE 1746:

El 30 de Enero de 1746, el Rey de España, envió una Cédula al Capitán General de la Provincia de Guatemala, comunicándole el nombramiento de Don Juan de Vera, como Gobernador y Comandante General de la Provincia de Honduras, con las mismas JURISDICCIONES que habían tenido sus antecesores, desde donde termina la Provincia de Yucatán hasta el Cabo de Gracias a Dios.

## TRATADOS CELEBRADOS ENTRE ESPAÑA E INGLATERRA

En el año de 1762, España e Inglaterra se vieron envueltas en una guerra sangrienta en Europa, que repercutió en las Colonias Españolas de América. Los Ingleses se apoderaron de la Isla de Cuba. Y como ya estaban en posesión de la Isla de Jamaica, fácilmente bloquearon el GOLFO DE HONDURAS y el GOLFO DE MÉXICO. España vio amenazados por Inglaterra aquellos territorios, y se vio obligada a firmar con la citada Inglaterra, los siguientes Tratados:

TRATADO DE 1763

Por el Tratado de París de 1763, España recuperó la Isla de Cuba y obligó a Inglaterra a demoler las Fortificaciones que habían construido en las COSTAS DEL GOLFO DE HONDURAS.

TRATADO DE 1783

Por el Tratado de 1783 España concedió a Inglaterra un PERMISO PARA CORTAR ARBOLES DE TINTE en un Distrito, cuyos límites, fueron determinados posteriormente. Ambas partes contratantes convinieron: en que tal concesión de corte de árbol de tinte —NO— se considera como derogatoria del DERECHO DE SOBERANÍA de España en el Territorio de Belice; según consta en el siguiente:

Artículo 4. Su Majestad Católica, no permitirá en lo venidero, que los —vasallos—de su Majestad Británica, sean inquietados bajo ningún pretexto, en sus ocupaciones de cortar, cargar y transportar el Palo de

Tinte, en un Distrito, cuyos límites se fijarán... Y su Majestad Católica, les asegura por este Artículo el goce de lo que queda arriba estipulado; bien entendido que estas estipulaciones NO. SE CONSIDERAN DEROGATORIAS EN NADA DEL DERECHO DE SOBERANÍA DE ESPAÑA".

## CONVENCIÓN ADICIONAL DE 1786:

Por el Artículo 1º. de la Convención Adicional de 1786, España e Inglaterra de común acuerdo convinieron: Que los súbditos de su Majestad Británica, evacuarán el Territorio de los Indios MOSQUITOS, en Honduras.

Por el Artículo 4 de la expresada Convención Adicional de 1786, España e Inglaterra, de común acuerdo, convinieron: en demarcar los LÍMITES de la Concesión de Árbol de Tinte, de la manera siguiente:

## LÍMITES DE LA CONCESIÓN:

"LA LINEA Inglesa, empezando desde el MAR, tomará el centro del Río Sibún. Y por él continuará hasta el origen del mismo Río. De allí atravesará en LINEA RECTA la tierra intermedia hasta cortar el Río Walix. Y por el centro de este Río bajará a buscar el medio de la corriente, hasta su desembocadura en el GOLFO DE HONDURAS".

## AÑO DE 1810:
## INDEPENDENCIA DE MÉXICO:

El Sacerdote Don Miguel Hidalgo y Castilla, dio el GRITO DE DOLORES, o Grito de Independencia de México, el 16 de Septiembre de 1810. Sin embargo, el Cura Hidalgo y Costilla, cayó prisionero, fue sometido a proceso y fusilado, a la edad de 58 años, en Chihuahua, el 30 de Julio de 1811: MORIR POR LA PATRIA ES VIVIR ETERNAMENTE.

## AÑO DE 1821
## INDEPENDENCIA DE CENTRO AMÉRICA:

Vino la Independencia de Centro América, el 15 de Septiembre de 1821, iluminando con vivos resplandores el pensamiento de Don José Cecilio del Valle, autor del Acta de Independencia de Centro América.
Honduras es HERMANA MAYOR: nació en 1502
Guatemala es Hermana Menor: nació en 1524

Tegucigalpa, 15 de Nov. de 1975.

En su tercer artículo del estudio "Territorio irredento de Honduras Británica situado en la Costa del Golfo de Honduras", el ingeniero Félix Canales Salazar, hombre que de verdad sabe su cuento dice:

## AÑO DE 1821:
## DERECHO DE POSESIÓN Y NO DE DOMINIO:

En el momento en que sonó la hora de la Independencia de Centro América, ciertamente, Inglaterra AUN conservaba un pequeño derecho de posesión en el Territorio irredento de Honduras Británica, entre los Ríos de Belice y Sibún; pero de ninguna manera en la totalidad de los 22 mil kilómetros cuadrados que corresponden al Territorio irredento de Honduras Británica que —actualmente— detenta en Centro América.

Un pequeño Derecho de Posesión de Facto en un Territorio Ajeno, no significa el concepto jurídico del Derecho de Dominio o de Propiedad de tal Territorio; es decir un Derecho de Posesión de Facto, sin validez jurídica, ya caduco desde el 15 de Septiembre de 1821

\*\*\*

Para nuestro objeto, aquí puede terminar la ayuda que con tan buena voluntad nos ha prestado el ingeniero Félix Canales Salazar, hombre que conoce como muy pocos en el país el tema de los territorios que siendo de Honduras, se los han apropiado otras naciones, valiéndose de la debilidad del Estado hondureño en mil formas. Canales Salazar, miembro

249

de comisiones arbitrales, ha visto incluso, con dolor de patriota, como la influencia de los monopolios internacionales ha hecho que se desprecien los documentos irrebatibles y se impongan los intereses económicos en los arbitrajes. Este distinguido ciudadano participó en un caso, como defensor de los derechos territoriales de Honduras, en que la contraparte que no tenía ningún documento ni derecho que presentar o alegar en las audiencias, salió triunfante por la infelicidad del Gobierno Mejía Colindres; por la falta de coraje del doctor Mariano Vásquez en el fiel cumplimiento de su misión; por la parcialidad del árbitro Charles Evans Hughes, inclinado a defender los intereses yanquis establecidos en Centro América, y por otros resortes que determinaron que en el diferendo no triunfara la verdad histórica sino que se saliera con la suya la United Fruit Company. En aquel aquelarre de bandidos y traidores, Canales Salazar fue el único que alzó su voz de protesta. Por ello, la posteridad le ha reservado un gajo de laurel. Con un solo hecho histórico que valga la pena en la vida de un hombre, aunque todo lo demás carezca de valimento, queda salvado para siempre. Decíamos que las luces del ingeniero Canales Salazar podían ayudarnos hasta 1821,—nuestra meta en el presente capítulo—. Pero como la presencia de Inglaterra en Centro América fue un ludibrio a lo largo del siglo XIX, no queremos dejar para después las informaciones históricas que nos da, pudiendo aprovecharlas de una vez en el caso del Territorio irredento de Honduras Británica situado en la Costa del Golfo de Honduras, que sigue debatiéndose aún hoy —parece mentira— en la segunda mitad del siglo XX. Canales Salazar sigue diciendo en su estudio:

AÑO DE 1859
TRATADO DE LÍMITES ENTRE
GUATEMALA E INGLATERRA:

El 30 de Abril de 1859, Guatemala e Inglaterra, de común acuerdo, suscribieron un Tratado de LIMITES. Representó a Guatemala, Don Pedro de Aycinena. Representó a Inglaterra Mr. Charles Lennox Wyke. El Tratado de Límites fue aprobado tanto por el Gobierno de Guatemala como por el Gobierno de Inglaterra. Fue debidamente ratificado por el Poder Legislativo de Guatemala, el 10. de Mayo de 1859. Fue ratificado por Inglaterra, el 14 de Junio de 1859. Fue CANJEADO, entre las Cancillerías de ambas partes contratantes, el 12de Septiembre de 1859.

Es un pintoresco Tratado de Límites y de CESIÓN de los derechos de —SUCESIÓN— Territorial que pudieran corresponderle a Guatemala en el TERRITORIO IRREDENTO DE HONDURAS BRITÁNICA; sin lesionar desde luego, los DERECHOS DE SUCESIÓN TERRITORIAL que legítimamente correspondencia México y a HONDURAS, en concepto de Estados COLINDANTES en el TERRITORIO IRREDENTO DE HONDURAS BRITÁNICA. Mencionaré — solamente— sin comentarios de mi parte, para conocimiento del Pueblo Hondureño, el Artículo 1º. del Tratado de Límites de 1859 que, textualmente, dice: "Queda convenido" —entre la República de Guatemala y Su Majestad Británica—, que los "LÍMITES" entre la República y el Establecimiento y "POSESIONES" Británicas en la "BAHÍA DE HONDURAS" como existían antes del 1º. de Enero de 1850 y en aquel día y han continuado existiendo hasta el presente, fueron y "SON" los siguientes:

"Comenzando en la BOCA DEL RÍO SARSTUM en la                  — "BAHÍA DE HONDURAS"— y remontando la MADRE DEL RÍO— hasta los "RAUDALES DE GRACIAS A DIOS"—; volviendo después a la derecha y continuando por una —"LÍNEA RECTA"— tirada desde los Raudales de Gracias a Dios, HASTA los (Raudales) de "CABUT" Norte derecho, hasta donde toca con la "FRONTERA MEXICANA".

"Queda convenido y declarado" entre las altas partes contratantes, que TODO el Territorio del NORTE y del ESTE de la —LÍNEA DE LÍMITES— arriba señalada, pertenece a Su Majestad Británica; y que todo el territorio SUR y del OESTE de la misma, pertenece a la República de Guatemala".

\*\*\*\*\*\*\*\*\*\*\*\*\*\*\*\*\*\*\*\*\*\*\*\*\*\*\*\*\*\*\*\*\*\*\*\*\*\*\*\*\*\*\*\*\*\*\*\*\*\*\*\*

Guatemala, 30 de Abril de 1859

(f) Pedro Aycinena, Representante de Inglaterra.
(f) Charles Lennox Wyke, Representante de Inglaterra.

He aquí una ironía de Canales Salazar:

El Tratado de LÍMITES del 30 de Abril de 1859 —en mi concepto— fue un grave ERROR de Cálculo Político y Diplomático del "Gobierno MILITAR" del Cacique Rafael Carrera y de su Asesor y Sucesor, Don Pedro de Aycinena, quienes, por causas inconfesables, lesionaron — PROFUNDAMENTE— la Soberanía de su Patria; ocasionándole una — HERIDA— que no cicatrizará JAMÁS.

## AÑO DE 1882
## TRATADO DE LÍMITES ENTRE
## GUATEMALA Y MÉXICO:

El 27 de Septiembre de 1882, Guatemala y México, de común acuerdo suscribieron un Tratado de LÍMITES, para Definir y Demarcar la Frontera Internacional entre Guatemala y México, en el Territorio MAYA, en la parte que corresponde al Departamento de EL PETÉN, en Guatemala; y en la parte que corresponde a la PENÍNSULA DE YUCATÁN, en México, para Definir y Demarcar la COLINDANCIA que existe entre Guatemala y México. Ambas partes convinieron en aceptar el Paralelo de Latitud Norte 17°,49' Este, como LÍMITE, hasta terminar en el Territorio irredento de Honduras Británica; sin prolongarlo a través del territorio de Honduras Británica, porque en 1882, aquel Territorio MAYA, AÚN estaba PRO—INDIVISO, entre: MEXICO, HONDURAS y GUATEMALA, en concepto de Estados COLINDANTES.

## AÑO DE1893:
## TRATADO DE LÍMITES ENTRE
## MEXICO E INGLATERRA.

El 8 de Junio de 1893, Inglaterra y México, suscribieron el Tratado de Límites —"Mariscal Spencer"— para definir y Demarcar sus — "Derechos de sucesión Territorial de México"— heredados de España, en el Territorio MAYA Irredento, situado en los CONFINES del SUR, de la Península de YUCATÁN. Y, las Altas Partes contratantes, de común acuerdo convinieron en aceptar como LÍMITE el CAUCE PROFUNDO del RÍO HONDO DE BELICE.

## AÑO DE 1897
## VOTO DE GRATITUD:

"La Legislatura Constitucional del Estado de Yucatán, en Sesión celebrada el día de hoy, aprobó por unanimidad de VOTOS, la iniciativa del C. Diputado Antonio Guerra Juárez, que termina con el siguiente:

## ACUERDO:

La XVI Legislatura del Estado libre y Soberano de Yucatán, presenta su VOTO DE GRATITUD A LOS CC. Presidente de la República GENERAL PORFIRIO DÍAZ y al Secretario de Estado y del Despacho de Relaciones Exteriores, LIC. IGNACIO MARISCAL; y AL SENADO DE LA UNIÓN, por el ACIERTO Y PATRIOTISMO con que llevaron a cabo la Convención ANGLO—MEXICANA del 8 de Julio de 1893, calificada y finalmente aprobada, el día 19 del actual.

(f) José E. Maldonado. C. Presidente. Diputado.
(f) Pedro Suárez, Diputado Secretario.
Al C. Secretario de Estado y del Despacho de Relaciones Exteriores, Lic. Ignacio Mariscal, México, D.F.
(Tomado de los Tratados de Límites entre México y Honduras Británica, página 111. Biblioteca Nacional de México. Catálogo: M—11—8—9).

## AÑO DE 1893
## EL GENERAL DON PORFIRIO DÍAZ:

El General Don Porfirio Díaz fue un Estadista Mexicano. Gobernó a los mexicanos durante 35 años, desde 1876 hasta 1911. Luchó heroicamente contra la Agresión Francesa en Territorio Mexicano, derrotando a los ejércitos franceses en los campos de batalla. Durante su Gobierno y tenido en su Gabinete al eminente Jurisconsulto Mexicano,

253

Lic. Ignacio Mariscal, suscribió con la Gran Bretaña, el Tratado de Límites, del 8 de Julio de 1893, reconociendo como LÍMITE SUR de la Península de YUCATÁN, el RÍO HONDO de Belice, en su cauce más profundo.

## RÍO HONDO DE BELICE:

El RÍO HONDO DE BELICE, fue el LÍMITE NORTE Arcifinio del Territorio de Belice, reconocido en Cédulas de los Reyes de España, desde 1525 hasta 1821. Fue el Límite Norte de la Intendencia del Reino de Guatemala. Fue el Límite Norte de las Jurisdicciones Civiles y Militares de los Gobernadores Españoles de la Provincia de Honduras desde 1525 hasta 1821. Actualmente, es el Límite SUR de la Pen ínsula de Yucatán, según consta en el Tratado Anglo—Mexicano, del 8 de Julio de 1893.

## LÍMITES DEL TERRITORIO IRREDENTO
## DE HONDURAS BRITÁNICA

Al NORTE: el RÍO HONDO DE BELICE.
Al SUR: el RÍO SAESTUM.
Al OESTE: El Departamento del Petén de Guatemala
Al ESTE: EL GOLFO DE HONDU RAS.

Superficie aproximada: 22.000 kilómetros cuadrados
Población aproximada: 150.000 habitantes.

Aspiración de sus habitantes: Obtener las Independencia de Honduras Británica, con la garantía de las Naciones Unidas, con la finalidad de no dejar caer su—SOBERANÍA—bajo el—Dominio—de Guatemala. Si tal aspiración fuera sometida a la decisión de un — PLEBISCITO— entre los actuales ciudadanos de —HABLA— Inglesa, Africana y Asiática, tal acontecimiento constituiría un Éxito Resonante del Actual Ministro de Estado, Mr. Assad Shoman.

***

En un nuevo artículo titulado "Derechos de sucesión territorial en Honduras Británica o Belice", el ingeniero Canales Salazar hace ver otro aspecto de esta cuestión, como es el derecho de Honduras del Río Sarstum hacia acá.

Al efecto dice:

Honduras desde 1821, al proclamarse independiente de España, hasta 1918—durante 97 años— guardó una firme prudencia sobre sus legítimos derechos de sucesión territorial en el Territorio Irredento de Honduras Británica o Belice. Sin embargo, Honduras en Enero de 1918, fue agredida sorpresivamente por un ejército de 600 soldados guatemaltecos, en las Estaciones de Chachahualilla, Cacao y Jimerito, en el Ferrocarril de la Cuyamel Fruit Company, situado en la margen derecha del Río Motagua, con el objeto de tomar —POSESIÓN MILITAR— del Río Motagua, aguas abajo hacia su desembocadura en el Golfo de Honduras.

HONDURAS —POR FUERZA MAYOR— levantó un Ejército de 3.000 voluntarios en los departamentos de Cortés, Intibucá y Gracias, para arrojar de su Territorio al Ejército Invasor.

MEDIACIÓN DEL GOBIERNO
NORTEAMERICANO EN 1918.

Dice el autor que seguimos al pie de la letra, no sabemos si pensando en la Doctrina Monroe u olvidándose de ella, que el Gobierno de los Estados Unidos de Norteamérica —espontáneamente— ofreció su MEDIACIÓN AMISTOSA a los Gobiernos de Honduras y Guatemala, para buscar una solución pacífica en la Controversia Fronteriza entre Honduras y Guatemala, en 1918.

Ambos Gobiernos aceptaron la Mediación Amistosa ofrecida por el Gobierno de los Estados Unidos de Norte América.

Representante de Honduras: Dr. Policarpo Bonilla.

Representante de Guatemala: Dr. Luis Toledo Herrarte.

Mediador: Mr. Robert Lannsing, Secretario de Estado

SEDE: Palacio de la Unión Panamericana, Washington, D.C.

## RECLAMO TERRITORIAL
## SORPRESIVO DE GUATEMALA:

El Representante de Guatemala, Dr. Luis Toledo Herrarte, presentó a la consideración del Honorable Mediador, Mr. Robert Lanssing, la Real Cédula del 8 de Septiembre de 1563, firmada por el Rey de España don Felipe II, ordenando trasladar la Audiencia de Guatemala a Panamá; y — simultáneamente— trasladar al Gobernador de Panamá, don Luis de Guzmán a Guatemala, señalándole desde España cómo LÍMITES de su nueva Gobernación una LÍNEA IMAGINARIA, desde la Desembocadura del Río Ulúa, en el Norte, hasta el Golfo de Fonseca, en el Sur; reclamando para Guatemala la mitad del Territorio Hondureño.

## REPÚLICA DE HONDURAS

El Representante de Honduras, Dr. Policarpo Bonilla, en el Palacio de la Unión Panamericana, en Washington D.C., en 1918, refutó jurídicamente el reclamo territorial presentado a la consideración del Honorable Mediador, por el Dr. Luis Toledo Herrarte (en concepto de RÉPLICA DE HONDURAS) con la Real Cédula Original del 17 de Mayo de 1564, firmada por el mismo Rey de España, Don Felipe II, con el objeto de DEROGAR su REAL CÉDUL A del 8 de septiembre de 1563. La REAL CÉDULA DEL 17 DE MAYO DE 1564, presentada por el Dr. Policarpo Bonilla, a la consideración del Honorable Mediador, Mr. Robert Lanssing, Secretario de Estado, en su parte RESOLUTIVA textualmente dice:

"Que la PROVINCIA DE HONDURAS, se quede por los TÉRMINOS que hasta aquí ha tenido.... lo cual mandamos que se GUARDE Y CUMPLA, SIN EMBARGO DE OTRA NUESTRA PROVISIÓN QUE MANDAMOS DAR A CONOCER DE LOS DICHOS LÍMITES, EN LA CIUDAD DE ZARAGOZA, a los 8 días del mes de septiembre de 1563: porque nuestra voluntad es que GUARDE Y CUMPLA esta que "AGORA" damos. YO EL REY FELIPE II.

Archivo General de Indias.—Sevilla. Estante 100. Folio 169".

## RECLAMO TERRITORIAL DE
## HONDURAS EN 1918.

El representante de Honduras, Dr. Policarpo Bonilla, en la Controversia Fronteriza entre Honduras y Guatemala, presentó al Honorable Mediador, Mr. Robert Lanssing, Secretario de Estado, en el Palacio de la Unión Panamericana, en Washington D.C. en 1918, los Documentos Coloniales que ostenta Honduras sobre la siguiente:

## LÍNEA INTERNACIONAL DIVISORIA

1) EL CERRO BRUJO

2) EL CERRO OBSCURO

3) CONFLUENCIA del Río MANAGUA con el Río MOTAGUA; LÍMITE de las Concesiones bananeras de Honduras y Guatemala, en 1918.

4) EL GOLFO DULCE Y EL ANTIGUO CASTILLO DE SAN FELIPE.

5) LOS RÁPIDOS DE GRACIAS A DIOS, EN EL RÍO SARSTUM, aguas abajo, hasta su desembocadura en el Golfo de Honduras.

Como ya lo dijo Canales Salazar, con palabras diplomáticas que no se parecen a las crudas y directas del historiador, el monopolio internacional de la United Fruit Company, que dictaba la razón de Estado en Guatemala, durante la prolongada dictadura de Manuel Estrada Cabrera y de los gobiernos posteriores, volvió a mover la cuestión de fronteras de Guatemala y Honduras, para arrebatarle a ésta los lugares apuntados en la RÉPLICA del doctor Policarpo Bonilla, y en especial las fértiles tierras que cultivaba con bananos la Cuyamel Fruit Company.

Como Existe la TORPEZA HONDUREÑA —y ha sido condición indispensable para ser Gobernante de Honduras el SER TORPE—, el que se hallaba en el poder entonces fue convencido que para arreglar la cuestión fronteriza con Guatemala, debía olvidar las CÉDULAS REALES que acreditaban los derechos territoriales de Honduras y aceptar un Convenio en que tuvieran primacía los intereses económicos de aquel momento, contemplados en el—ARTÍCULO 80.—del citado Convenio.

Con esta desnaturalizada consigna fue el Dr. Mariano Vásquez con sus asesores a la capital de los Estados Unidos de Norte América, sólo a oír de labios de Charles Evans Hughes, Secretario de Estado, el LAUDO DE WASHINGTON DE 23 DE ENERO DE 1933, por el cual Honduras "perdió" los territorios de su derecho en los títulos emitidos por los Reyes de España y que podrá recuperar cuando desaparezcan totalmente las causas que le dan vida a la Doctrina de Monroe.

El Ingeniero Félix Canales Salazar que trajo su estudio "Territorio Irredento de Honduras Británica situado en la Costa del Golfo de Honduras" hasta los recientes momentos de nuestros días, hace la correspondiente recapitulación en un último artículo titulado: "ANTECEDENTES HISTÓRICOS CRONOLÓGICOS DEL TERRITORIO MAYA DE HONDURAS BRITÁNICA", en el que expone:

AÑO DE 1662:
PIRATAS INGLESES

Aventureros, Bucaneros, Corsarios, Filibusteros, Piratas, Vasallos y Súbditos Ingleses, procedentes de la Isla de Jamaica, ocupada por Gran Bretaña desde el año de 1655, poco a poco fueron estableciéndose en los Pequeños Archipiélagos de TURNEF y ZAPOTILLOS, situados FRENTE a la desembocadura del RÍO BELICE en el GOLFO DE HONDURAS, en el OCEANO ATLÁNTICO, desde el año de 1662.

AÑO DE 1670:
TRATADO DE MADRID:

El Rey Don Carlos II de España, suscribió con el Rey de la Gran Bretaña, el Tratado de Madrid del 18 de Julio de 1670, cuyo Artículo 7°., textualmente, dice: "Artículo 7°. Se ha convenido que el Serenísimo Rey de la Gran Bretaña y sus herederos y sus sucesores gozarán perpetuamente con pleno derecho de soberanía, propiedad y POSESION de todas las tierras, Provincias, ISLAS, Colonias y Dominios, situados en las Indias Occidentales o en cualquier parte de América, que el dicho Rey de la Gran Bretaña y sus herederos y súbditos, POSEEN al presente".

En el año de 1670, Gran Bretaña, AUN no estaba en posesión de la Concesión de Corte de Madera de Arboles de Tinte o Campeche, en el

Territorio Maya de Belice. La Concesión Maderera fue otorgada por España a Gran Bretaña, en los años de 1783 y 1786. Las Leyes no tienen efectos retroactivos.

## AÑO DE 1763:
## TRATADO DE PARÍS:

España entró en guerra con Gran Bretaña. Al firmarse el Tratado de Paz de París, el 10 de Febrero de 1763, ambas partes convinieron en aceptar los términos del siguiente: "Artículo 17. Su Majestad Británica hará DEMOLER TODAS LAS FORTIFICACIONES que sus VASALLOS puedan haber construido en el GOLFO DE HONDURAS; y en otros lugares del Territorio de España, en aquella parte del Mundo... Y, su Majestad Católica, no permitirá que los VASALLOS (PIRATAS) de su Majestad Británica, sean inquietados o molestados en su ocupación del corte del árbol de tinte o Campeche", en el Territorio de BELICE.

España, con habilidad diplomática, obligó al Rey de Inglaterra, en 1763 a su—Reconocimiento Expreso— de los Derechos del Dominio de España y de sus Herederos, en el GOLFO DE HONDURAS, que comprende los Archipiélagos siguientes:

## ARCHIPIÉLAGO DEL
## GOLFO DE HONDURAS:

1.GRAN ARCHIPIÉLAGO DE LAS ISLAS DE LA BAHÍA

2. Pequeño Archipiélago de, CAYOS ZAPOTILLOS.

3. Pequeño Archipiélago de CAYOS DE TURNEF.

4. Pequeño Archipiélago de CAYOS CASINA o SAINT GEORGES, situado FRENTE a la desembocadura del RÍO BELICE, en el GOLFO DE HONDURAS.

5. Pequeño Archipiélago de las ISLAS SANTANILLA.

## AÑO DE 1745
## CONTROL MILITAR DE LOS
## ARCHIPIÉLAGOS EN EL GOLFO DE HONDURAS.

El Rey de España, Don Felipe V, en REAL CÉDULA del 23 de Agosto de 1745, nombró al Coronel Español Don Juan de Vera, GOBERNADOR DE LA PROVINCIA DE HONDURAS, CON JURISDICCIONES CIVILES Y MILITARES, desde los CONFINES de la Provincia de Honduras con la PROVINCIA DE YUCATÁN, HASTA EL CABO DE GRACIAS A DIOS, en los CONFINES de la Provincia de Honduras con la Provincia de Nicaragua.

Es oportuno decir que todos los Gobernadores nombrados en CÉDULAS REALES, por los Reyes de España, en la Provincia de Honduras ejercieron JURISDICCIONES CIVILES Y MILITARES, tanto en el GRAN ARCHIPIÉLAGO DE LAS ISLAS DE LA BAHÍA, como en los Pequeños Archipiélagos, de CAYOS ZAPOTILLOS, de CAYOS TURNEFF, de CAYOS CASINA o SAINT GEORGES y de las ISLAS DE SANTANILLA, en el GOLFO DE HONDURAS, desde 1525 hasta 1821.

## AÑO DE 1783:
## TRATADO DE VERSALLES:

En el Artículo 4°. del Tratado de Versalles del 20 de Enero de 1783, la Gran Bretaña reconoció el Derecho de Soberanía de España en el Territorio de BELICE, en la parte en que España concedió en USUFRUCTO de CORTE de Palo de Tinte o de Campeche, desde los CONFINES de la PROVINCIA DE HONDURAS con la PROVINCIA DE YUCATÁN, hasta la desembocadura del RÍO BELICE.

## AÑO DE 1786:
## TRATADO DE LONDRES:

El 14 de Julio de 1786, con el objeto de RECONCENTRAR a TODOS LOS PIRATAS INGLESES, en el Territorio de Belice, para poder VIGILAR MEJOR sus actividades, por medio de los

Gobernadores Españoles de la PROVINCIA DE HONDURAS, concedió a la Gran Bretaña LÍMITES MAS EXTENSOS hacia el Sur del RÍO BELICE, para que pudieran dedicarse al USUFRUCTO GRATUITO del Corte de Árbol de Tinte o Campeche, desde los Confines de la Provincia de Honduras con la Provincia de Yucatán, hasta la desembocadura del Río Sibún, en la Costa del GOLFO DE HONDURAS, en el Territorio de Belice. Además, siempre generosa con la Gran Bretaña, en el Artículo 5°. del Tratado de Londres de 1786, le permitió a Gran Bretaña OCUPAR mientras dura la explotación de Maderas de Árbol de Tinte o de Campeche, los CAYOS o isletas del Pequeño Archipiélago de TURNEFF formado por los CAYOS llamados de CASINA o SAINT GEORGES, situados en la Costa del Territorio de Belice, en el GOLFO DE HONDURAS; con el objeto de que la Gran Bretaña pudiera ANCLAR Y REPARAR sus embarcaciones Madereras; pero con la PROHIBICIÓN de no construir fortificaciones militares; ni reconcentrar tropas inglesas en el GOLFO DE HONDURAS.

## AÑO DE 1787
## LÍMITES DE LAS INTENDENCIAS DE
## MÉXICO Y DEL REINO DE GUATEMALA

La Corona de España, al establecer la Intendencia de Nueva España, en 1786, y la Intendencia del Reino de Guatemala, en 1787, fijó previamente el LÍMITE Geodésico de ambas Intendencias, en el Paralelo 17°—49' de Latitud Norte; cuyo Paralelo de Latitud Norte, es a la vez el LÍMITE, de las Aguas Territoriales de las Islas de Santanilla en Honduras y de la Isla de Cozumel, en México. Y, además, el Paralelo 17°— 49' de Latitud Norte, es el LÍMITE de las Aguas Territoriales de las Islas de Santanilla en Honduras y de la Isla de JAMAICA, de la Gran Bretaña, en el Océano Atlántico.

## AÑO DE 1821
## CONSTITUCIÓN FEDERAL DE CENTRO AMERICA

Al proclamarse la Independencia de las Provincias de Centro América, el 15 de Septiembre de 1821, las Provincias se UNIERON y

261

formaron la República Federal de Centro América, cuya primera Constitución Federal, del 22 de noviembre de 1824, declara:

"Art. 5º. El Territorio de la República Federal de Centro América, es el mismo que antes componía el antiguo Reino de Guatemala; a excepción, por ahora, de la Provincia de Chiapas.

"Art. 6º. La Provincia de Chiapas se tendrá por Estado de la Federación cuando libremente se una".

"Art. 7º. La demarcación de los Estados se hará por una Ley Constitucional, en presencia de datos necesarios".

(Ya habíamos copiado los Artículos de la Constitución de Centro América; y los repetimos aquí para decir que pudo aclarar en ellos, que los compromisos de España que afectaran la integridad territorial de la nueva Nación, carecerían de valor y serían nulos. Así, desde el primer momento, las posesiones de Inglaterra en Centro América estarían fuera de la ley. J.M.M.)

AÑO DE 1836:

## EL PRESIDENTE MORAZÁN SE REFIERE
## AL CASO DE BELICE:

El General Francisco Morazán, siendo Presidente de la República Federal de Centro América, en Mensaje Presidencial dirigido al Noveno Congreso Federal, el 21 de Marzo de 1836, entre otras importantes declaraciones referentes a la necesidad y urgencia de arreglar el asunto de Belice y su duración. Como Presidente de la República Federal de Centro América, expresó:

"Estoy seguro que la Corte de Londres no pondrá en cuestión de Derecho Indisputable que Centro América tiene sobre aquel pequeño territorio. Su ilustrado Gobierno que tantos testimonios ha dado a las Repúblicas Americanas de su política franca y generosa, no dudo que se prestará gustosa al arreglo que se desea. Cumpliendo con este acto de justicia, obrará también en favor de los intereses del pueblo inglés, de ese pueblo que ha cifrado siempre su gloria y su riqueza, en la libertad de comercio y en la independencia de las Naciones.

(F) FRANCISCO MORAZÁN

(Revista del Archivo y de la Biblioteca Nacional de Honduras. Tomo V, página 173).

Aquí termina la valiosa cooperación del ingeniero Félix Canales Salazar, en el estudio que hemos titulado HONDURAS BRITANICA. Siempre se ha mantenido bajo los velos de la prudencia el derecho inalienable e imprescriptible que le dieron las Reales Cédulas españolas a Honduras en el Territorio, las Aguas y los Archipiélagos que van desde el Cabo Gracias a Dios hasta el confín con Yucatán. Prudencia estúpida; que incluso, olvido el derecho eminente que le asiste para aceptar convenios desleales que favoreciendo con fingimiento a Guatemala estaban impulsando los intereses expansionistas del Destino Manifiesto. Porque como dice la canción "todos los dulces ríos van a la salada mar".

\*\*\*

## INGLATERRA ANTES DE LA INDEPENDENCIA DE CENTRO AMÉRICA:

La acción de Inglaterra contra España y sus dominios que había caído bajo la influencia de la Francia revolucionaria, por la paz de Basilea de 1795, empezó con gran vigor tanto en Pen ínsula como en sus Colonias regadas en el orbe entero. Y se volvió todavía más vigorosa a raíz de su victoria naval sobre la misma España y Francia en Trafalgar en 1805.

Los historiadores no estiman en su debido valor la batalla naval de Trafalgar que dio a Inglaterra el dominio completo de los mares y la puso en condiciones de acosar ventajosamente a España tanto en su territorio como en sus dependencias coloniales.

Además, vencido Napoleón en el mar y rodeado por la gran alianza en Europa, solo faltaba la batalla decisiva que trajera la paz de Viena (1814—1815), que le daría una nueva organización caprichosa al mundo.

La acción inglesa sobre España y sus colonias fue múltiple:

1) Incrementó sin riesgos el comercio británico hispanoamericano, por haberse suspendido el español creando una época de grandes ganancias para los comerciantes coloniales.

2) Estimuló la revolución antimonárquica en la propia España y liberacionista en las colonias con ideas, dinero, armas y ejércitos. Recuérdese la influencia del pensador Jerem ías Bentham en el congreso de Cádiz (1811—1812); la ayuda militar prestada a las Juntas, y la presencia del Duque de Wellington en Portugal y España donde alcanzó notables triunfos sobre los franceses.

También favoreció con ideas, dinero, armas y ejércitos a la revolución americana, siendo frecuente la combinación de sus fuerzas navales y terrestres con las de los revolucionarios, especialmente en la América del Sur.

3) Procedió en muchos lugares continentales a la ocupación directa, por su cuenta y riesgo.

Los puntos anotados se desprenden de los hechos históricos. A pesar de que Lord Cochrand había sido expulsado del Parlamento inglés y de la Marina, prestó grandes servicios a la independencia de Chile en el mar. El general Miller decidió con sus dragones ingleses la batalla de Junín.

Y fueron las Logias masónicas las que llevaron secreta dirección inglesa, las que conservaron vivo el fuego de la Independencia y las que dieron los hombres de mayor significación en aquella época.

Por supuesto, Inglaterra buscaba una independencia americana acomodada a sus intereses políticos y económicos por considerarse heredera insustituible de la agonizante España.

La influencia inglesa en Centro América por la vía de Jamaica — Belice, Islas de la Bahía, Mosquitia (hondureña—nicaragüense), Río San Juan, era imposible de impedir por las autoridades españolas.

Las Logias masónicas tenían sus agentes secretos y muchos de los próceres eran masones clandestinos.

Poco antes de la Independencia, Inglaterra había situado en Belice a un intrigante de primera como Gobernador del Establecimiento. Nos referimos al Coronel Alexander Macdonald, quien no dormía en el empeño de britanizar toda la Costa Atlántica de Centro América, y eran frecuentes sus intimidaciones haciendo venir barcos de guerra para que se pasearan por lo que él consideraba dominios ingleses.

# INGLATERRA DESPUÉS DE LA
## INDEPENDENCIA DE CENTROAMÉRICA:

Inglaterra era en 1921 la primera potencia del mundo, tanto por el desarrollo de su revolución industrial como por su poderío colonial.

Al aparecer la América hispana con una nueva fisonomía en el concierto internacional, la Gran Bretaña puso en acción su técnica burguesa—colonialista para apoderarse de ella.

Con tal objetivo:

1) Se abstuvo de participar en la Santa Alianza que pretendía la reconquista de América en favor de España, Rusia, Prusia, Austria y la Francia Restaurada, porque dicho proyecto lesionaba sus intereses y sus planes colonialistas bastante adelantados.

2) Propuso a los Estados Unidos una Declaración conjunta, que firmarían los ministros de relaciones Exteriores, para impedir la reconquista americana, viniera de Occidente, del Oriente o de ambos lados. Los Estados Unidos creyeron al principio en la bondad de la Declaración conjunta, pero al final hicieron su propia Declaración porque advirtieron que también Inglaterra constituía un peligro, quizás más grave, y así nació la Doctrina Monroe en 1823.

3) Frustró los planes confederalistas de las naciones hispanoamericanas, trazados en el Congreso de Panamá de 1825, mediante una política de intrigas hábilmente manejadas cerca de los gobiernos recién establecidos. No le convenía la unidad hispanoamericana, que podía crear una nueva gran nación en el continente y logró impedirla con sus medios de gran potencia.

4) Dividió las federaciones que existían en pequeñas repúblicas independientes, en Centro América, en Colombia, en el Perú y en el Río de la Plata. En Centro América, los ambiciosos que no ignoraban de donde procedía la idea maléfica, haciéndose los inocentes apoyaron con la mayor decisión el separatismo colonialista de Inglaterra.

5) Anuló la influencia de los libertadores americanos por medio de las logias masónicas, que desataron una embozada y tenaz propaganda de desprestigio en contra de ellos. La primera víctima fue general José de San Martín. Con los años le siguió Simón Bolívar. Y se acusa al general Juan José Flores, quien separó al Ecuador de la Gran Colombia,

de haber tramado el asesinato del general Sucre en la montaña de Berruecos, y hasta se dice, pero sin fundamento probatorio, que hallándose desterrado en San José de Costa Rica, combinado con el cónsul inglés Federico Chatfield, participó en la muerte del general Morazán. Sé trata de una presunción que conviene investigar a fondo, hasta llegar a la verdad.

6) Apoyó a los caudillos feudales para inhabilitar a los libertadores y a las grandes figuras republicanas que se oponían a la funesta política de Inglaterra y los llevó al gobierno de las pequeñas repúblicas, siempre que obedecieran a sus Encargados de negocios y Cónsules, quienes siempre operaban en la sombra y solo en casos extremos asomaban la cara. Esta conducta había sido ampliamente deliberada y concluida en el Foreing Office.

7) Concedió empréstitos a las recién fundadas repúblicas para que organizaran los servicios, hacienda, caminos, puertos, ejército y defensa. Los agentes diplomáticos y consulares vigilaban las necesidades crecientes de los nuevos Estados para atenderlas, con la mira de someterlos en mayor grado a la dominación británica. El comercio de las nuevas repúblicas —materias primas contra mercancías inglesas— debía sujetarse al interés de la Gran Bretaña.

8) Se reservó el derecho de abrir canales interoceánicos por el sistema de compañías y de ocupar zonas estratégicas para defender su creciente dominio colonial. Aquí en Centro América, habiendo visto la posibilidad de abrir un canal interoceánico por la ruta de Nicaragua, decidió aferrarse a la posesión de Belice, las Islas de la Bahía, la Mosquitia (hondureña y nicaragüense) y la zona del Río San Juan. Como el Gobierno Federal de Morazán interpretaba las aspiraciones de desarrollo capitalista de Centro América, teniendo por base la construcción del canal interoceánico que allegaría el comercio de las naciones del mundo a sus costas, Inglaterra se propuso no tolerar semejante intención progresista con la iniciativa propia.

9) Posteriormente, cuando había abatido la República Federal de Centro América y las Repúblicas Federalistas de la América del Sur, concedió nuevos empréstitos a los Estados que se hallaban bajo su dominio para que construyeran ferrocarriles por las rutas de su conveniencia colonialista. Así fue que fomentó la construcción de un

ferrocarril interoceánico por Honduras en los gobiernos sucesivos de Santos Guardiola y José María Medina.

10) Mientras tanto, en América y en Europa se entregó a la tarea de debilitar a sus competidores en el botín hispanoamericano. En Norte América alimentó la separación de los Estados esclavistas del sur de la federación existente con los Estados industriales del Norte. Así le parecía retrasar la edificación de los Estados Unidos como gran potencia que fuera decisiva en el continente americano con el arma de la Doctrina de Monroe, que ya esgrimía ventajosamente. Y en Europa se afanó en dispersar la Santa Alianza, estimulando las contradicciones de sus socios mayores.

Este bosquejo de la dominación de Inglaterra en la América española puede servir como antecedente para iniciar más profundas investigaciones en la materia. Es una apremiante necesidad iniciar tales investigaciones para que surja como debe ser la verdadera historia hispanoamericana. Sin un concepto claro de las motivaciones de nuestra historia, no podremos fijarnos tareas a cumplir en el presente; y menor podremos atisbar el contenido del porvenir. Haga cada quien el balance que corresponda a su respectivo país hispanoamericano.

En síntesis, la dominación británica en la América española empezó después de la paz de Basilea en 1795; cobró fuerza después de la batalla naval de Trafalgar en 1805, y en Centro América tuvo mayor acentuación en torno a la independencia de 1821; aniquiló la política procapitalista de Morazán con la ruptura de la Federación en 1839, y abrió el período reaccionario de los llamados —TREINTA AÑOS— de los gobernantes feudales, hasta la Reforma liberal que empezó en 1871, y que marca, sin argumentos en contrario, la dominación imperialista de los Estados Unidos de América.

En nuestra Centro América dividida, el verdadero comandante militar, político, financiero, tras bastidores, fue Federico Chatfield. Representante de un imperio colonial mundial, todos le debían obediencia y se inclinaban ante él. En las pequeñas capitales centroamericanas, era recibido con grandes fiestas oficiales, banquetes, bailes, como sucedió en San José de Costa Rica en diciembre de 1840. Todo lo anterior indica —como decía un irónico amigo nuestro— que "cuando los gobernantes se movían por algo que convenía a la Nación, en realidad le andaban haciendo mandados al Cónsul, montados en mulas".

El eclipse de Chatfield le vino de su indiscreta ocupación de la Isla del Tigre en el Golfo de Fonseca, obligando al Presidente hondureño Juan Lindo, llamado "el zorro", a invocar cerca de Squier, cónsul norteamericano, las bondades de la Doctrina Monroe. Este hecho produjo un canje de correspondencia diplomática muy serio entre los Estados Unidos y la Gran Bretaña, dando como resultado el retiro de Chatfield de Centro América, sucediéndole en el cargo el señor Charles Lennox Wyke, quien inició una política más moderada y de arreglos con los pequeños gobernantes centroamericanos.

***

Para terminar, en el Tratado Clayton—Bulwer de 19 de abril de 1850, celebrado por los Estados Unidos y la Gran Bretaña, que vino a cambiar la suerte de Centro América, siempre en sentido negativo, se dice, que las partes del Tratado que "en ningún tiempo ocuparán, ni fortificarán, ni colonizarán, ni se arrogarán o ejercerán dominio alguno sobre Nicaragua, Costa Rica, la Costa de la Mosquitia o parte alguna de Centro América". Lo escrito aparece en el Artículo primero del Tratado, lo que indica que lo convenido abarcaba a los territorios e islas del Mar Caribe que pertenecieran a las Naciones ya separadas de Centro América. Y por tanto, la Gran Bretaña debía abandonar los territorios, islas y aguas que habían estado bajo su dominación, desde el límite de Yucatán hasta el Río San Juan.

Pero en el momento del canje de las ratificaciones, el plenipotenciario de Inglaterra manifestó que tenía instrucciones de su Gobierno "para declarar que Su Majestad Británica no entiende los compromisos de aquella convención aplicables al ESTABLECIMIENTO DE SU MAJESTAD EN HONDURAS NI SUS DEPENDENCIAS. Se canjea por Su Majestad la ratificación de dicha Convención, con la declaración explícita arriba mencionada". Al hacer reserva Inglaterra sobre la no aplicación de lo estipulado a su Establecimiento de Honduras, el Gobierno de los Estados Unidos aceptó la ratificación, pero manifestó, por el conducto de su Secretario de Estado, que si bien entendía que el Establecimiento de Belice no estaba incluido en el tratado "...al mismo tiempo declinaba cuidadosamente afirmar o negar el título británico a su Establecimiento o sus supuestas dependencias". (Libro Blanco, págs.46/47). (Cita del libro titulado "El Caso de Belice a la Luz de la Historia y el Derecho Internacional", tesis de graduación en Derecho en la Universidad de México del ciudadano guatemalteco Gustavo S. Gálvez).

Sigue diciendo el autor citado:

"El tratado limitó las pretensiones de la Gran Bretaña sobre el canal y eliminó las que pudiera tener en cualquier parte de Centroamérica, exceptuando el Establecimiento de Belice. Fue entonces (1854) cuando Lord Clarendon dijo que, "la única cuestión relativa al Establecimiento y sus dependencias en referencia con el tratado, que ahora puede surgir, se refiere a lo que son el Establecimiento de Belice y sus dependencias. . ."; que manifestaba lo anterior porque notaba que el Ministro de los Estados Unidos en Londres, Mr. Buchanan, "restringe dicho Establecimiento dentro de los límites a que fue confinado por el tratado de 1786. . ."; que el Gobierno británico repite que los antiguos tratados con España no pueden mantenerse como obligatorios con respecto a todos los territorios americanos desprendido de la Corona de España; que "ha de observar que el tratado de 1786 tuvo fin por subsiguiente estado de guerra entre la Gran Bretaña y España, ningún tratado de naturaleza política, ni relativo a límites territoriales revalidó los tratados entre la Gran Bretaña y España que previamente existían".

"El Gobierno de los Estados Unidos contestó que no insistía en ese momento, en la evacuación del Establecimiento siempre que todas las cuestiones referentes a Centro América se arreglaran amistosamente entre los dos Gobiernos (inglés y norteamericano), que esa norma de conducta la seguía en vista del Tratado de Amistad, Comercio y Navegación suscrito por Inglaterra y México en 1826, tratado por el cual México otorgó a la Gran Bretaña una prórroga de los privilegios que le habían concedido España por la Convención de 1786; sin embargo, seguía diciendo el Ministro Buchanan, "debe entenderse claramente que el Gobierno de los Estados Unidos no acepta reclamo alguno de la Gran Bretaña a Belice, excepto la temporal "libertad de hacer uso de las maderas de diferentes clases, los frutos y otros productos en su estado natural", y "reconoce plenamente que la anterior soberanía española del país pertenece ya sea a Guatemala o a México" (Libro Blanco, 49).

Como los Estados Unidos ignoraban la división y jurisdicción interna de las provincias españolas a lo largo de la Colonia y solo conocían la soberanía de España en las anteriormente llamadas Indias Occidentales, no percibieron ni siquiera por el nombre de Honduras Británica que este territorio podría pertenecer a la ya existente República de Honduras.

Para aclarar las reservas de la Gran Bretaña en el canje del Tratado Clayton—Bulwer de 19 de abril de 1850, se entró a considerar y a firmar un nuevo tratado, que se conoce con el nombre de Tratado Dallas—Clarendon, de 17 de octubre de 1856, en que participaron en Londres el Ministro de los Estados Unidos, Mr. Dallas, y el jefe del Gobierno inglés, Lord Clarendon.

El Tratado dice en su Artículo II adicional:

"Que el establecimiento de Su Majestad llamado Belice u Honduras Británica, en las costas de la Bahía de Honduras, limitado al Norte por la provincia mexicana de Yucatán y al Sur por el río Sarstún, no estuvo ni estaba comprendido en el tratado celebrado entre ambas partes contratantes el 19 de abril de 1850, y que los límites del mencionado Belice al Occidente como existían el mencionado 19 de abril de 1850, deberán, si fuere posible, ser establecidos y fijados por un tratado entre su Majestad Británica y la República de Guatemala, dentro de dos años a contar del cambio de ratificaciones de este instrumento; y cuyas fronteras y límites no deberán en ningún tiempo ser ensanchadas en lo futuro".

Los Estados Unidos obligaron a la Gran Bretaña con el Tratado Dallas—Clarendon a legalizar su permanencia en Honduras Británica, en el entendido que de no hacerlo se acentuaría la desconfianza norteamericana sobre la situación británica en Belice.

El Convenio Dallas—Clarendon tuvo oposición en el Senado de los Estados Unidos y no fue ratificado. Pero sirvió para que Gran Bretaña viera su falsa posición y se aprontara a corregirla a su manera.

En la ciudad de Guatemala, el 30 de abril de 1859, el señor Pedro de Aycinena, Consejero de Estado y Ministro de Relaciones Exteriores, a nombre del Presidente de la República, Rafael Carrera,y Mr.Charles Lennox Wyke, Encargado de Negocios de su Majestad Británica en la

República de Guatemala, celebraron un convenio que fijó los límites de Belice u Honduras Británica.

Así terminó aquello en que perdieron por igual la República de Honduras con la usurpación de sus derechos territoriales, y Guatemala con la mezquina ambición de asegurar la dictadura perpetua del cacique Carrera y las jugosas ganancias en libras esterlinas de la familia Aycinena, que era la aprovechada en las negociaciones del Estado federal o guatemalteco con la Gran Bretaña.

Tiempo después, el mismo Encargado de Negocios, Mr. Wyke, a nombre de la Reina Victoria devolvió las Islas de la Bahía y la Mosquitia a la República de Honduras en el Tratado. Lennox—Wyke—Cruz, siendo presidente el general Santos Guardiola.

## BIBLIOGRAFÍA

CANALES SALAZAR, Ingeniero Félix
Territorio Irredento de Honduras Británica, Artículos I, II, III, IV, y V.

TRATADOS INTERNACIONALES:
Ministerio de Relaciones Exteriores.

SANTISO GÁLVEZ, Licenciado Gustavo
El Caso de Belice a la luz de la Historia y el Derecho Internacional.

# LA DOCTRINA MONROE

Cuando los Estados Unidos decidieron separarse de Inglaterra en 1776 para constituir un Estado independiente, lo hicieron con la suficiencia de contar con una burguesía poderosa. En otras condiciones ni siquiera lo habrían pensado. Para tamaña empresa contaron con el apoyo de Francia, con la que celebraron un tratado de alianza defensiva ofensiva en 1778, y la victoria de Yorktown fue el producto de las fuerzas combinadas de los generales Washington y Rochambeau en 1781. También contaron con la simpatía de los oprimidos del mundo, algunos de los cuales fueron a sudar y a derramar sangre de sus venas en las acciones de la independencia estadounidense. La misma España, ofendida por Inglaterra, prestaba su apoyo a la revolución norteamericana por medio del rey Borbón Carlos III. España había encontrado un vengador de su agrado en los Estados Unidos.

Pero como está dicho que no todos conocen el don de la gratitud, y con mayor razón tratándose de una clase, la clase burguesa, que apareció en la historia para sembrarla de ejemplos egoístas en el manejo de una economía de usura, a los pocos años fueron olvidados los servicios generosos, y los Estados Unidos —que eran ya, desde su nacimiento, una gran nación— dan un paso que desagrada a su aliada Francia, celebran un tratado de paz y amistad con Inglaterra en 1790, y se dedican a un comercio activo con Europa y con Rusia por el océano Pacífico.

La guerra de Inglaterra y Francia en 1793, es aprovechada por los Estados Unidos para surcar con sus naves todos los mares del mundo y comerciar con todos los países. En 1795 fue tan irritante para Francia la amistad anglo—norteamericana que retiró su embajador, y a su vez los EE. UU. retiraron el suyo de París, que era el señor James Monroe. No obstante, los EE.UU. quisieron restablecer sus relaciones con Francia en 1797, pero el embajador nombrado señor Pinckey no fue recibido. La situación de los dos países se volvió más tirante en 1798. Los EE.UU. se prepararon para la guerra, creando el ministerio de Marina, construyendo nuevos barcos de combate y creando un ejército provisional de 10.000 hombres. Finalmente, llamó al general Washington, que hacía vida privada, para que se pusiera al frente de las fuerzas organizadas. Mientras avanzaban aquellos preparativos, los barcos de guerra y mercantes armados no cesaban de apoderarse de los barcos franceses en la parte occidental del Atlántico y en el Mar Caribe. No se desarrolló la guerra de los dos países, por la presencia de las tropas rusas al mando de Suvurov en pleno corazón de Europa, lo que hizo que Francia le diera primacía a esta inesperada irrupción.

De la preparación militar apuntada nacieron apetencias expansionistas. En ese tiempo, Hamilton, segundo jefe del ejército, concibió, contando con la colaboración del general Miranda, revolucionario hispanoamericano, la ocupación de Luisiana y las dos Floridas que pertenecían a España. Por su parte España que vio el peligro de perder esos territorios, convino con Francia cambiar la Luisiana por la Etruria; un pequeño reino en Italia para darlo a un pariente de Carlos IV. Francia, que ya había restablecido sus relaciones de paz con los EE.UU., necesitaba el territorio de Luisiana como zona de abastecimiento para mantener la posesión colonial de Santo Domingo. Desdichadamente para los franceses, la acción revolucionaria crecía en América, y Napoleón vio con ojo de águila la inutilidad de aquel esfuerzo por lo que se avino a cancelar aquella operación de deshacerse de los territorios de Francia situados al sur de los EE.UU.

Fue nombrado James Monroe, para negociar la compra del territorio de Nueva Orleans y de las dos Floridas por la suma de cincuenta millones de libras. Salió de su país el 8 de marzo de 1803, y el 11 de abril durante sus conversaciones con Talleyrand, Livingstone, embajador norteamericano, escuchó un ofrecimiento que en un principio se resistía a creer. Telleyrad proponía la venta a los Estados Unidos no solo de Nueva Orleans, sino de todo el inmenso territorio de Luisiana. El 30 de abril de 1803, Monroe y Livingstone, por su cuenta y riesgo, compraban a Francia toda la Luisiana por sesenta millones de libras; además de esto, los Estados Unidos entregaban veinte millones de libras como compensación de las pretensiones que los ciudadanos norteamericanos pudieran tener respecto de Francia.

Esta última enajenó una región que de hecho no había llegado ni siquiera a ocupar. Se recurrió al artificio siguiente. Durante veinte días Francia se incorporó Luisiana, apoyándose oficialmente en el tratado de 1800, y luego las autoridades francesas hicieron la cesión a las autoridades de los Estados Unidos (aunque en 1802 el primer cónsul

273

Bonaparte había declarado solemnemente que Luisiana no sería entregada a ninguna tercera potencia).

Indudablemente, los propósitos de los Estados Unidos de entrar en la guerra contra Francia al lado de Inglaterra llegaron a conocimiento del Gobierno francés, y esta circunstancia contribuyó en alto grado a facilitar la "obtención" de Luisiana por Norteamérica. El historiador norteamericano S.F. Bemis describe así el alcance de esta operación: "Luisiana venía a anunciar la expansión americana en Florida, Texas, Nuevo México, California, Oregón y Alaska". Resulta curioso el hecho siguiente: A los pocos años de la incorporación de Luisiana, en 1805—1806, el ex—vicepresidente de los Estados Unidos Aarón Burr y el general Wilkinson preparaban en el territorio de Luisiana la invasión a México. La "obtención" de Luisiana fue, indudablemente, un momento crucial en la historia de la política exterior, y la diplomacia norteamericana inauguraba un nuevo período en la historia de las relaciones exteriores de los Estados Unidos.

*\*\**

Suma y sigue:

Entre 1805 y 1815, los Estados Unidos mantuvieron su primera guerra en África, tratando de afianzarse en su litoral mediterráneo. En ese tiempo, los comerciantes de la república norteamericana habían incrementado considerablemente su tráfico con Turquía, donde por tres dólares la libra compraban el opio que luego vendían en China (en Cantón) a un precio que oscilaba entre 7 y 10 dólares. Los norteamericanos vendían también grandes cantidades de opio en Indonesia y la India. En los últimos años del siglo XVIII y primeros del XIX, los Estados Unidos consiguieron del Imperio Otomano privilegios comerciales, lo que les ayudó a colocar bajo su control los mercados del opio en Levante.

Los veinte años de guerra que, a partir de 1793, mantuvo Inglaterra contra Francia hicieron que el control del provechoso comercio del Mediterráneo, y en particular el control del comercio del opio, que antes estaba en manos de los países de Oriente, pasase a los gobernantes de Marruecos, Argel y Túnez. Los Estados Unidos no deseaban perder tan ventajoso tráfico, y como en aquellos tiempos no disponían de una marina de guerra, en el período comprendido entre 1787 y 1797 concluyeron con los soberanos de Marruecos, Argel, Trípoli y Túnez diversos tratados en los que se comprometían a entregar a estos Estados árabes determinadas sumas que les darían derecho al libre tráfico de los comerciantes americanos en el Mediterráneo. Sin embargo, a medida que el comercio americano crecía aumentaban los apetitos y pretensiones de los soberanos del África del Norte. Los pactos eran violados una y otra vez y los barcos americanos eran capturados, exigiéndose un rescate a cambio de los prisioneros. En 1805, los Estados Unidos empezaron una guerra que, en lo fundamental, trataba de asegurar los fabulosos beneficios del comercio de estupefacientes en los países de Oriente. Al objeto de prepararla, los representantes norteamericanos en Túnez y Argel se entregaron a la organización en la vecina Tripolitana de un golpe de Estado que pusiera en ella a un soberano dócil de los Estados Unidos. Al primer ministro de Túnez le fueron ofrecidos diez millones de dólares si prestaba su concurso. Solo la conclusión del tratado de paz con Trípoli detuvo los preparativos del golpe organizado por los Estados Unidos, a la cabeza de las fuerzas armadas del cual se encontraba el diplomático Eton.[1]

Después de varias guerras, en 1815, los Estados Unidos habían conseguido imponer a los países de África del Norte onerosos tratados que aseguraban ganancias fabulosas a Girard —convertido en el hombre más rico de Norteamérica—. Astor y otros comerciantes americanos.

Más tarde, después de 1830, los Estados Unidos trataron de conseguir del Reino de las dos Sicilias (reino de Nápoles) la entrega en propiedad de Siracusa, que querían convertir en un apoyo de su comercio, aunque las gestiones no se vieron acompañadas por el éxito[2].

Al referirnos a la diplomacia de la democracia americana de los capitalistas y esclavistas en la primera mitad del siglo XIX, es necesario tener presente el carácter expansionista y de conquista de la política de los Estados Unidos en ese período, y también los velos democráticos con que ésa política se veía revestida —como la "doctrina de Monroe" —,

---

[1] N.A. Hafin, Comienzo de la expansión americana en los países del Mediterráneo y del Océano Indico.
[2] El mismo autor citado N.A. Hafin.

así como la forma parlamentaria en que eran resueltas las cuestiones más importantes de la política exterior norteamericana, que, por lo demás, era despreciada a menudo en beneficio de las clases dirigentes: de la gran burguesía y de los esclavistas.

Según queda dicho por igual. los esclavistas del Sur que la burguesía del Norte tendían ávidamente a la conquista de territorios y daban un trato inhumano a los indios, la población indígena de América. En 1786, Thomas Jefferson declaró que los indios no debían ser desposeídos nunca de un palmo de tierra sin su consentimiento. Sin embargo, a lo largo de todo el siglo XIX no cesó el despojo implacable y sangriento. El senador Benton, relevante figura de la democracia norteamericana, afiliado al partido esclavista burgués de los whig, estimaba que la ocupación de las tierras de los indios no divergía lo más mínimo de los designios del "Creador", puesto que eran personas de una "raza inferior".

La expansión territorial de los Estados Unidos se llevó a cabo a expensas de las posesiones europeas en América; de ordinario, esto no se hacía mediante compra u "obtención", como cuando consiguió la cesión de la Gran Luisiana en 1803, sino recurriendo, pura y simplemente a la conquista. De ordinario, la "compra" de territorios por los Estados Unidos, aprobada por el Congreso, era hecha después de que dichos territorios habían sido anexionados por la violencia. Es necesario oponerse enérgicamente a ciertas afirmaciones a que a menudo se entregan los gobernantes norteamericanos: es falso que los Estados Unidos no hicieran guerras de conquista. A nadie se oculta ya que fueron numerosas las guerras de rapiña que la república americana mantuvo en el período de capitalismo premonopolista.

Una característica de los métodos de la diplomacia americana era que los esclavistas estadounidenses, después de apoderarse de la Florida Occidental —posesión española— en 1810—1813, cuando en las colonias españolas de América empezaba un amplio movimiento de liberación, presentaban esta guerra de conquista como un supuesto movimiento popular que trataba de sacudirse el yugo colonial español. En realidad, los preparativos para la conquista de Florida Occidental fueron iniciados por los Estados Unidos en 1806, cuando montaron allí una amplia red de espionaje. En 1810, los esclavistas norteamericanos establecidos en la Florida Occidental española organizaron una revuelta en la región comprendida entre los ríos Misisipí y de las Perlas, y se apoderaron del territorio situado alrededor de Baton Rouge. En las regiones separadas de España se escenificó un plebiscito, pero no en favor de la independencia o de la incorporación a alguna de las antiguas colonias españolas convertidas en Estados independientes, sino a favor de la incorporación a un Estado esclavista, a los Estados Unidos de América. Florida Occidental quedó unida a la parte de los Estados Unidos: donde imperaba totalmente la esclavitud, donde mediante el terror más implacable era ejercida la dictadura de los esclavistas. Inmediatamente después de proclamar la independencia de Florida Occidental respecto de España, los colonos norteamericanos acudieron al Gobierno de los Estados Unidos pidiendo el ingreso en la Unión de la nueva región "independiente". Por orden de Presidente Madison, las tropas norteamericanas ocuparon esta región, que en 1812 era incorporada al Estado de Luisiana. Simultáneamente, un territorio importante situado al este del río de las Perlas hasta el distrito de Mobile era incorporado al territorio de Misisipí. En 1813, también el distrito de Mobile era ocupado por las tropas. La diplomacia de los Estados Unidos hizo circular la versión de que la Florida Occidental era ocupada por ser parte integrante de la Gran Luisiana. La inconsistencia de esta justificación diplomática de la conquista de Florida Occidental no puede ser más evidente: ni siquiera el mismo Gobierno de los Estados Unidos había mantenido antes tal punto de vista. Así, por ejemplo, en 1803. Thomas Jefferson, al enviar a Monroe a París y proponer a los franceses que vendiesen a los Estados Unidos, la región de Nueva Orleans y las dos Floridas, no consideraba en absoluto las Floridas Oriental y Occidental como parte de Luisiana.

Poco después, los círculos dirigentes de los Estados Unidos trataban de apoderarse de Canadá. En 1812, sin previa declaración de guerra, las fuerzas armadas norteamericanas entraron en aquel país con el propósito de conquistarlo. La guerra de los Estados Unidos con Inglaterra en 1812—1814 fue provocada por las acciones agresivas de ambas partes. Inglaterra capturaba los barcos americanos (llegando a apoderarse de 6.000 marineros, a los que obligaba a servir en su propio barco), mientras que la burguesía de los Estados Unidos trataba de aprovechar las dificultades de Inglaterra, derivadas de los éxitos de las armas francesas en Europa, para lograr la anexión de Canadá. "Ardo en impaciencia de incorporar no solo Florida en el Sur, sino también el Canadá en el Norte de nuestro país", manifestó Félix Grandi, miembro de la Cámara de Representantes. Harper, también de la Cámara de Representantes, decía en vísperas de la guerra anglo—americana de 1812—1814: "El Creador ha determinado nuestras fronteras, en el Sur el golfo de México y en el Norte la región de los fríos eternos".

Los argumentos expuestos para justificar las conquistas eran de diversa índole, a veces se contradecían entre sí. Mientras unos expansionistas consideraban "absolutamente necesario" incorporar los territorios de los Estados vecinos para extender en ellos la acción de la "libertad americana" otros —los esclavistas— consideraban que lo principal era implantar en los nuevos territorios la esclavitud.

Algunos gobernantes revelaron, sin embargo, los verdaderos propósitos de conquista de la política exterior de los Estados Unidos.

Henry Clay, presidente de la Cámara de Representantes dijo acerca de las aspiraciones de ocupar Canadá:

"Proyectamos la invasión de un territorio extranjero al cual no tenemos ningún derecho, a juicio de nadie, como no sea el que da el deseo de hacer una conquista. Debe ser una guerra en tierra, emprendida para compensar los daños en el mar. . . Hacemos la guerra a Canadá porque consideramos que este país es tan indefenso que lo podremos conquistar fácilmente". ¿Qué fines se proponía esta guerra?, preguntaba Clay. "Sí, la conquista de Canadá, y a veces, aunque no tanto, hay quien de lejos y de soslayo mira también a Nueva Escocia". Los canadienses son presentados como hombres "dispuestos a levantarse, que sueñan con emanciparse de un gobierno tiránico y aspiran a gozar de los bienes de la libertad bajo la mano protectora de los Estados Unidos". ¡De ningún modo! Los canadienses viven tan bien o mejor que los habitantes de los Estados Unidos, y no tienen el menor interés en incorporarse a ellos. La conquista de Canadá no es una empresa fácil, afirmaba Clay. "Esperemos a que la paz vuelva en Europa y entonces, si necesitamos Canadá, estoy seguro de que podremos comprarlo por menos de una cuarta parte. de la suma que ahora costará su conquista", decía Clay.

La situación era favorable a Inglaterra cuando empezó la guerra. Napoleón había sido derrotado en Rusia; el poderío del Imperio burgués de Francia había sufrido un rudo golpe e Inglaterra podía enviar a América del Norte fuerzas importantes.

Las operaciones militares fueron muy desfavorables para los norteamericanos, cuyas tropas sufrían una derrota tras otra. En 1814, un cuerpo inglés de 4.000 hombres desembarcaba en la costa norteamericana y después de una pequeña escaramuza tomaba Washington. En el mar, la guerra adquirió también un cariz muy desfavorable para los Estados Unidos. Los norteamericanos no lograron más que una victoria importante sobre los ingleses, la de Nueva Orleans, donde el general Jackson había reunido fuertes contingentes de milicianos con ayuda de los cuales, el 8 de enero de 1815, el ejército regular norteamericano derrotó a los ingleses. Esta victoria, la única que lograron las tropas de los Estados Unidos, fue obtenida ya después de haber sido firmada la paz, la noticia de la cual no había llegado todavía hasta Jackson.

Poco después de haber sido empezada la guerra, Rusia, que ocupaba una posición de amistad hacia los Estados Unidos, ofreció su mediación a los beligerantes. Madison, presidente de los Estados Unidos, se mostró dispuesto a aceptarla, pero no así Inglaterra. En el verano de 1813, Castlereagh, ministro de Asuntos Exteriores, propuso iniciar las negociaciones directas de los beligerantes. Se celebraron en Gante, donde el 24 de diciembre de 1814 quedó suscrito el tratado de paz.

Inglaterra no adquirió el compromiso formal de poner punto a la captura de marineros y barcos norteamericanos, aunque de hecho renunció a las medidas de violencia para combatir el comercio de los Estados Unidos. Estos no ganaron ni un solo metro de territorio, pero vieron confirmada su independencia.

Al mismo tiempo que hacían la guerra a Inglaterra, los esclavistas y la burguesía de los Estados Unidos hacían planes de conquista en Iberoamérica. Así, en 1812, cuando empezó la guerra entre los Estados Unidos e Inglaterra y cuando un representante de los revolucionarios mexicanos, Gutiérrez de Lara, acudió al secretario de Estado, James Monroe, solicitando ayuda contra España, aquél se mostró conforme en prestarla, pero a condición de que México, una vez separado de su vieja metrópoli, pasaría a formar parte de los Estados Unidos.

***

En 1818, Inglaterra y los Estados Unidos llegaban a un acuerdo en sus diferencias principales. Los Estados Unidos no revelaban ningún propósito de agresión a Canadá, y después de la guerra de 1812—1814 la frontera entre ambos países había quedado desmilitarizada; en los Grandes Lagos y en la zona fronteriza no quedaban más que barcos del servicio de aduanas cuyo desplazamiento no pasaba de cien toneladas y cuyo armamento se limitaba a cañones de pequeño calibre. En cuanto a su vecino del Sur—México, convertido por fin en Estado independiente en 1821— y Texas, separada de México en 1836, no podían representar ninguna amenaza para los Estados Unidos.

Por lo que se refiere a España, atrasada y débil, cuyas posesiones fronterizas en el Sur habían sido perdidas a consecuencia del movimiento de liberación nacional, los Estados Unidos mantenían una política abiertamente agresiva. "Inmediatamente después de la guerra —escribe el historiador burgués norteamericano Bushnell Hart— los Estados Unidos orientaron toda su fuerza hacia el Sudoeste y el Lejano Oeste".

Entre 1817 y 1819, los Estados Unidos mantuvieron negociaciones con España sobre la compra de la Florida Oriental, pero sin haberlas terminado todavía, sin haber recibido el consentimiento de España, hicieron entrar en aquella región sus tropas. El pretexto para esta invasión de la Florida Oriental fue la persecución de la tribu india de los seminoles "culpables" de haber dado asilo a los esclavos que escapaban de las plantaciones. La verdadera causa de la invasión era el deseo de los plantadores norteamericanos de apoderarse de las fértiles tierras de Florida. El general Andrew Jackson, expansionista rabioso, plantador y esclavista, exponía en una carta al presidente Monroe, el 6 de enero de 1818, su proyecto de ocupación de Florida, prometiendo llevarlo a cabo en sesenta días. El proyecto fue aceptado y la conquista de Florida—conquista y no compra— fue encomendada a Jackson.

Después de largas negociaciones con España, la conquista de la Florida fue "legitimada" mediante el pago por los Estados Unidos de una compensación minúscula, la cual ni siquiera fue a parar al Gobierno de España, sino a los ciudadanos americanos que vivían en Florida Oriental, para satisfacer sus reclamaciones a las antiguas autoridades españolas. Desaparece, pues, incluso la versión de la ficticia compra de la Florida.

El Gobierno Español había consentido en 1819 en ceder Florida a Estados Unidos, pero solo en 1821 ratificaron las Cortes esta decisión. En aquellos años se produjo el levantamiento general de las colonias españolas en América. España, que se veía incapacitada para reprimir el levantamiento, lo estaba mucho más para iniciar una guerra contra los Estados Unidos a causa de la Florida.

El tratado de 1819, por el que España cedía a los Estados Unidos la Florida Oriental, estipulaba también la renuncia de aquélla a toda clase de pretensiones territoriales en las regiones situadas al norte del paralelo 42.

***

El debilitamiento de España y la proclamación de la "doctrina de Monroe" dieron un nuevo impulso al expansionismo norteamericano. En agosto de 1823, el ministro inglés de Asuntos Exteriores, Canning, llamó al embajador de los Estados Unidos, Rush, para hablarle de la importancia que tenía la unidad de criterio y de acción de ambos países en el problema de la independencia de las antiguas colonias españolas en América.

En una carta no oficial a Rush, Canning exponía la posición del Gobierno inglés al particular. El ministro daba por sentado que España había perdido las colonias americanas para siempre y que los Estados Unidos e Inglaterra debían reconocer su independencia, asegurando que su propio país no tenía pretensiones territoriales sobre dichas colonias, aunque no toleraría que ninguna de sus partes fuera ocupada por otra potencia. En la carta se decía: "Si los Estados Unidos aceptan este punto de vista, la acción más eficaz y menos ofensiva (para todos) sería que ambos países desaprobasen los proyectos en contrario".

La esencia de las proposiciones de Canning consistía en que Inglaterra, que durante tanto tiempo había sido enemiga de los Estados Unidos, le sugería ahora una acción común.

Al recibir el despacho de Rush con las propuestas de acción común con Inglaterra, el presidente de los Estados Unidos, Monroe, vista la importancia del asunto, antes de someterlo a la consideración del Gobierno mandó copias del mismo a Jefferson y Madison —los dos presidentes que le habían antecedido en el cargo— pidiéndoles su opinión sobre dicho problema.

En la respuesta de Jefferson se decía:

"Nuestra tarea primera y principal es no mezclarnos nunca en las discordias europeas. La segunda, no permitir ninguna intervención de Europa en los asuntos del otro lado del Atlántico. América del Norte y del Sur, tiene su esfera particular de intereses, distinta de los europeos". Con la Gran Bretaña de nuestra parte, escribía Jefferson, no debemos temer a nadie en todo el mundo. Por esta razón se manifestaba partidario de la amistad más íntima con Inglaterra y hasta se mostraba dispuesto a combatir junto con ella. Suponía que si Inglaterra colaboraba con los Estados de los dos continentes americanos, ni siquiera Europa entera se decidiría a empezar la guerra contra ellos, pues la superioridad en el mar estaría de parte de Inglaterra y América. Jefferson proponía también manifestar su protesta contra las acciones de la "ilegítima" alianza que se daba el nombre de "Santa".

El otro consejero del presidente, Madison, también aceptaba la alianza con Inglaterra. Propuso elevar su protesta contra la intervención de la Santa Alianza en España y consideraba necesario protestar contra toda tentativa de las potencias europeas para impedir la lucha del pueblo griego por su independencia.

El criterio de Jefferson y Madison no fue compartido por el Secretario de Estado, John Quincy (hijo de John Adams), que encontró el apoyo de algunos otros miembros del Gobierno. Adams comprendió que la alianza ofrecida por Canning daría a Inglaterra pie para intervenir en los asuntos americanos. Movido por sus deseos de no proporcionar a Inglaterra tal posibilidad, el secretario de Estado estimaba necesario declinar la proposición de Canning sobre una acción conjunta.

John Quincy Adams pensaba que los propios intereses de Inglaterra obligarían a esta a mantener una actitud amistosa hacia los Estados Unidos. Tomándolo en consideración, proponía que Norteamérica se manifestase en la cuestión de los Estados sudamericanos de conformidad con los deseos de Inglaterra, pero no junto con ella, sino por su propia cuenta.

\*\*\*

El 2 de diciembre de 1823, Monroe dirigió su mensaje al Congreso. Las ideas fundamentales habían sido formuladas por John Quincy Adams, que es, de hecho, el autor de lo que de ordinario se conoce como "doctrina de Monroe".

El mensaje empezaba con la declaración de que los sistemas políticos de Europa y América eran no solo distintos sino opuestos. Los Estados Unidos manifiestan, continuaba Monroe, que no pretenden la intervención en los asuntos internos de los países europeos, pero se oponen categóricamente a la propagación del sistema político de esos países, es decir, del sistema monárquico, a parte alguna de los continentes americanos. Monroe manifestaba a continuación que los Estados Unidos no tolerarían la ampliación de las posesiones coloniales de las potencias europeas en América. "Los continentes americanos —se decía en el mensaje—, en posesión de todas las condiciones de libertad e independencia que ahora disfrutan y mantienen, no pueden ser considerados en adelante como objeto de la futura colonización de ninguna potencia europea".

Monroe se refería a Inglaterra, Francia y también a Rusia, considerando el decreto de Alejandro I, de septiembre de 1821, por el que se prohibía a los barcos extranjeros acercarse a menos de cien millas a la costa de América en el Pacífico por encima del grado 51 de latitud Norte. Sin embargo, Alejandro I no había tratado en revocar dicho decreto, que en aquellos momentos había perdido su vigor. Las conversaciones sobre la intervención de Inglaterra y Francia en América, como lo demostró la marcha de los acontecimientos, carecían también de alcance real, cosa que ha sido comprobada enteramente por las investigaciones más recientes.

Monroe prometía no atentar contra las posesiones que las potencias tenían ya en América: "Nosotros no intervenimos y no intervendremos jamás en los asuntos de las colonias existentes", decía el mensaje.

La última parte del documento atribuía a los Estados Unidos el "derecho", a intervenir en los asuntos de todos los demás países americanos, si bien esta pretensión quedaba hábilmente enmascarada como lucha contra una eventual intervención de las potencias europeas en los asuntos de América. "En caso de que cualquier potencia europea intervenga en los asuntos de aquellos gobiernos (americanos) que han proclamado su independencia — declaraba Monroe —, los Estados Unidos lo considerarán como un acto hostil" hacia ellos mismos. No cuesta trabajo ver que con el pretexto de defender a los países americanos de la intervención europea, los Estados Unidos se atribuían el control de todas las relaciones de los Estados americanos con los Estados de Europa.

La "doctrina de Monroe" no solo rechazaba las pretensiones inglesas a influir en América del Sur, sino que declaraba las aspiraciones expansionistas de los Estados Unidos respecto de ambos continentes americanos. De este modo, contenía un principio expansionista, de agresión. Esta doctrina podía conducir fácilmente a los Estados Unidos a un choque con Inglaterra en la pugna por la América del Centro y del Sur.

La "doctrina de Monroe" llevaba en sí dos principios: uno ofensivo y otro defensivo: los Estados Unidos no renunciaban, como lo pidió Canning en su carta a Rush, a sus pretensiones territoriales y derechos especiales en Iberoamérica. Con su disfraz de defensor de los otros países americanos, pretendían la hegemonía de ambos continentes, a excepción de aquellas regiones que ya eran colonias de otros Estados. Este principio expansionista era lo dominante, aunque en el texto del mensaje de Monroe era colocada en primer plano la idea de oponerse a las potencias europeas en sus nuevas tentativas de colonizar cualquier región de América. De hecho, existía una patente contradicción entre las fórmulas supuestamente defensivas y democráticas del mensaje del 2 de diciembre de 1823 (lucha contra el colonialismo y el sistema monárquico) y el contenido real de la doctrina de Monroe, que perseguía objetivamente fines de conquista, era colonialista y profundamente antidemocrático.

En el mensaje de Monroe se proclamaba la noción de dos sistemas políticos: el monárquico y europeo y el republicano y americano, pero lo principal en él no era su doctrina. En América había una parte del Imperio Británico, Canadá, existía el Brasil como imperio (desde 1822), en México y otros países habían surgido dictaduras militares que tenían muy poco que ver con la democracia burguesa. El mismo régimen "democrático" en el sur de los Estados Unidos, donde imperaba el látigo del esclavista, era más cruel que el que regía en los países europeos sometidos a las peores manifestaciones de la servidumbre.

Refiriéndose a la esencia de la "doctrina de Monroe", hay que tener presente no solo el modo como quedaron formuladas sus tesis, sino la aplicación que de esa doctrina se hizo. Aunque en forma muy general, presuponía la aprobación del régimen republicano y la condena del colonialismo. Sin embargo, su fraseología democrática, en dependencia de la situación, podía ser utilizada lo mismo por las clases dirigentes de los Estados Unidos, para enmascarar la política de conquista, que por los círculos progresivos, en su lucha contra la expansión. (Adelantando el tiempo para ver algunos casos), entre 1861y 1865, cuando España, Francia e Inglaterra iniciaron la intervención, en México, cuando España entró en la República Dominicana y se apoderó de ella, y cuando surgió la amenaza de la intervención anglo—francesa para ayudar a la Confederación esclavista, la "doctrina de Monroe" fue utilizada para la lucha contra la intervención de las potencias europeas, ya desencadenada o a punto de desencadenarse. Pero esto fue la excepción. Posteriormente, lo fundamental en la política exterior de los Estados Unidos fueron las conquistas de territorios ajenos.

Resultan muy curiosas las confesiones del propio John Quincy Adams, autor real de la doctrina, acerca de las perspectivas de su aplicación. Adams declaró categóricamente que América del Norte debía pertenecer a los Estados Unidos. Desde el tiempo en que nos hicimos nación independiente, decía, se convirtió en ley de la naturaleza que el continente de América del Norte debe ser patrimonio nuestro, de la misma manera que el Misisipí debe desembocar en el mar.

Una vez que se apoderaron de la Florida, la burguesía y los esclavistas norteamericanos concentraron sus apetitos en Cuba.

Refiriéndose principalmente a ella, Adams, en 1823,en una carta al embajador norteamericano en España, decía de las Antillas: "Estas islas son por su situación un apéndice natural del continente norteamericano".

Aquel mismo año de 1823 pronuncio Adams su conocida frase que "la manzana arrancada de su árbol por la tempestad no tiene opción, solo puede caer al suelo", y que si Cuba dejaba de ser española "solo podía ir a parar al seno del continente, a la Unión de América del Norte".

Lo que Adams quería decir era que no admitía siquiera la idea de una Cuba independiente. Si dejaba de ser española, los Estados Unidos se apoderarían de ella y la convertirían en colonia suya. La burguesía y los plantadores americanos declaraban así que Cuba podía pertenecer a España hasta tanto no fuese conquistada por los Estados Unidos, pero que nunca debía pertenecer a los propios cubanos. Justamente en este sentido es como las palabras de Adams —uno de los primeros ideólogos del expansionismo yanqui— se convirtieron en la base de la política norteamericana respecto de Cuba.

John Quincy Adams comparaba a Cuba con una manzana; el secretario de Estado, Madison, dijo en 1805 que Canadá era una pera que cuando madurase caería en el seno de los Estados Unidos. El líder de los republicanos, Steward, manifestó en 1869 que las Antillas eran una ciruela dispuesta a caer en manos de los Estados Unidos, etcétera.

A pesar de su fraseología, la "doctrina de Monroe" fue utilizada últimamente a los fines de la política agresiva y de conquista de los Estados Unidos; fue bandera y, al mismo tiempo, cobertura de la agresión del capitalismo americano. La "doctrina de Monroe" apareció como consecuencia de los trastornos experimentados en el sistema de Estados de aquel tiempo y de la nueva relación de fuerzas que se deriva de ello. La revolución americana del siglo XVIII —en su aspecto exterior una guerra de independencia— y, como resultado de ella, la aparición en el mapa del mundo de una nueva república, dieron lugar a la primera etapa de trastornos en el sistema internacional antes formado, que procedía del hemisferio occidental.

La derrota de España por las tropas de la Francia burguesa aceleraron el comienzo de la serie de revoluciones en Iberoamérica, donde apareció una veintena de Estados nuevos. Estas jóvenes naciones se convirtieron en objeto de los apetitos de conquista de la burguesía y de los plantadores americanos, al igual que de los: círculos dirigentes de Inglaterra y Francia.

Después de la transformación de América Central y del Sur en un conjunto de Estados independientes, la relación de fuerzas en el concierto mundial cambió de nuevo. Estos cambios, relacionados con el proceso de desarrollo capitalista de América, fueron la causa fundamental que dio origen a la "doctrina de Monroe".

El decreto de Alejandro I de septiembre de 1821 sobre el régimen de navegación en el Mar de Bering o las conversaciones, desprovistas de todo contenido real, sobre la intervención de la Santa Alianza en las revoluciones de las colonias españolas de América, sirvieron al Gobierno de los Estados Unidos nada más que de motivos inmediatos, o más bien de pretextos para formular la "doctrina de Monroe", pero no son bastantes a explicar su aparición. "América para los americanos": tal era, en esencia, el contenido de la "doctrina de Monroe". Esto equivalía de hecho a las pretensiones de los Estados Unidos a la supremacía dentro de más de veinte países americanos que se desarrollaban por las vías del capitalismo.

Al proclamar la "doctrina de Monroe, los Estados Unidos anunciaban su pretensión a disponer de los destinos de los pueblos de ambos continentes americanos bajo pretexto de "defenderlos", evitando que fuesen convertidos en colonias de los Estados europeos.

En 1825, cuando Adams tomó posesión de la presidencia, surgió la idea de reunir un congreso de todos los Estados americanos independientes. El Gobierno inglés, por boca de Canning, declaró que las tentativas de formar una liga de Estados de América Central y del Sur no encontraba en Inglaterra reparo alguno. No obstante, Canning añadió que si los Estados Unidos querían ponerse a la cabeza de esa liga, ello no sería bien recibido por el Gobierno británico. Canning esperaba sin duda que, con el tiempo, la América española podía convertirse en esfera de predominio de Inglaterra, y de ahí que se opusiera a las pretensiones de los Estados Unidos a ejercer un mesianismo panamericano.

Inmediatamente después de haberse dado a la publicidad la "doctrina de Monroe", Inglaterra, valiéndose de su superioridad industrial sobre los Estados Unidos, estableció con las antiguas colonias españolas unos vínculos comerciales más amplios que Norteamérica. Ello dio origen a una nueva agudización de las relaciones entre ambos países, relaciones que tanto tiempo y tanto trabajo había costado normalizar.

En las primeras décadas del siglo XIX, la expansión de los Estados Unidos era orientada por los intereses de los plantadores esclavistas que ocupan el poder y que contaban con el apoyo de círculos influyentes de la burguesía. Dicha expansión iba dirigida en aquel tiempo, principalmente, a la parte sur del continente norteamericano (conquista a España de la Florida Occidental en 1810—1813 y de la Oriental en1818)

287

y a la isla de Cuba. No obstante, la oposición de Inglaterra en lo que se refiere a Cuba les obligó a aplazar por largo tiempo esta operación.

Paralelamente, la aplicación del comercio de los Estados Unidos con los países de Oriente iba acompañada de una gran actividad de la marina de guerra norteamericana mucho más allá de sus aguas territoriales. En 1799, durante la guerra contra Francia, y en 1816, un años después de terminar con tan poco éxito la guerra contra Inglaterra el Congreso votó créditos para la construcción de barcos de guerra. Después del conflicto armado de 1812 se formaron escuadras que operaban con carácter permanente en el extranjero (por ejemplo, la del Mediterráneo en 1815). En 1822, un buque de guerra de los Estados Unidos realizó un desembarco en Cuba, y entonces fue creada, con carácter permanente, la escuadra de las Indias Occidentales en calidad de fuerza de policía en el Mar Caribe y en el golfo de México. En 1824, las fuerzas militares de los Estados Unidos atacaron la colonia española de Puerto Rico. Hacia 1830, las fuerzas armadas norteamericanas llegaron a apoderarse de las islas Malvinas, pertenecientes a la Argentina, e irrumpieron en el Perú; en 1817 fue enviado un barco vigía de los Estados Unidos al Pacífico, y en 1822 fue formada la escuadra de este océano, a la que en un principio se encomendó la misión de "guardar" todo el litoral occidental de los dos continentes americanos.

Gradualmente, los Estados Unidos empezaban ya los preparativos para sus conquistas en el Extremo Oriente.

# BAJO EL SIGNO DE LA DOCTRINA MONROE

CONVENCIÓN DE PAZ, AMISTAD, COMERCIO Y
NAVEGACIÓN, CELEBRADA ENTRE LA REPÚBLICA FEDERAL
DE CENTRO AMÉRICA Y LOS ESTADOS UNIDOS DE AMÉRICA
(CAÑAS—CLAY) DE 5 DE DICIEMBRE DE 1825.
Aprobada por la República Federal de Centro América
el 3 de agosto de 1826.

Habiéndose concluido y firmado una convención general de paz, amistad, comercio y navegación entre la República Federal de Centro América y los Estados Unidos de América, en la ciudad de Washington a cinco de diciembre del año de mil ochocientos veinticinco, por los plenipotenciarios autorizados al efecto: la cual ha sido ratificada por ambas partes, y cuyo tenor, con la ratificación, que por la primera ha tenido lugar, es como sigue:

El Presidente de la República
de Centro América

Por cuanto entre la República Federal de Centro América y los Estados Unidos de América se concluyó y firmó en la ciudad de Washington el día cinco de Diciembre del año del Señor de mil ochocientos veinticinco, por medio de Plenipotenciarios suficientemente autorizados por ambas partes, una convención general de paz, amistad, comercio y navegación, cuyo tenor palabra por palabra es como sigue:

Convención General
de amistad, paz, comercio y navegación entre la
Federación de Centro América y los
Estados Unidos de América

La Federación Centroamericana, y los Estados Unidos de América, deseando hacer firme y permanente la paz y amistad que felizmente existe entre ambas potencias, han resuelto fijar de una manera clara, distinta y positiva, las reglas que deben observar religiosamente en lo venidero, por medio de un tratado o convención general de paz, amistad, comercio y navegación.

Con este muy deseable objeto, el Poder Ejecutivo de la Federación de Centro América, ha conferido plenos poderes a Antonio José Cañas, Diputado de la Asamblea Nacional Constituyente por la provincia de San Salvador, y Enviado Extraordinario y Ministro

Plenipotenciario de aquella República, cerca de los Estados Unidos de América, y el Presidente de los Estados Unidos de América, a Enrique Clay, su Secretario de Estado, quienes después de haber canjeado sus expresados plenos poderes en debida y buena forma, han convenido en los artículos siguientes:

ARTÍCULO 1º. Habrá una paz, perfecta, firme e inviolable y amistad sincera entre la Federación de Centro América y los Estados Unidos de América, en toda la extensión de sus posesiones y territorios, y entre los pueblos y ciudadanos respectivamente, sin distinción de personas ni lugares.

ARTÍCULO 2º. La Federación de Centro América y los Estados Unidos de América, deseando vivir en paz y armonía con las demás naciones de la tierra por medio de una política franca e igualmente amistosa con todas, se obligan mutuamente a no conceder favores particulares a otras naciones con respecto a comercio y navegación, que no se hagan inmediatamente comunes a una u otra, quien gozará de los mismos libremente, si la concesión fuese hecha libremente, prestando la misma compensación si la concesión fuese condicional.

ARTÍCULO 3º. Las dos Altas Partes contratantes deseando establecer el comercio y navegación de sus respectivos países sobre las liberales bases de perfecta igualdad y reciprocidad, convienen mutuamente, que los ciudadanos de cada una podrán frecuentar todas las costas y países de la otra, y residir y traficar en ellos con toda clase de producciones, manufacturas y mercaderías, y gozarán de todos los derechos, privilegios y exenciones con respecto a navegación y comercio, que gozan o gozaren los ciudadanos nativos sometiéndose a las leyes, decretos y usos establecidos a que está sujetos dichos ciudadanos nativos.

Pero debe entenderse que este artículo no comprende el comercio de costa de cada uno de los dos países, cuya regulación es reservada a las partes, respectivamente, según sus propias y peculiares leyes.

ARTÍCULO 4°. Convienen igualmente que cualesquiera clase de producciones, manufacturas y mercaderías extranjeras, que puedan ser en cualquier tiempo introducidas en la República Central, en sus propios buques, puedan también ser introducidas en los buques de los Estados Unidos; y que no se impondrán o cobrarán otros o mayores derechos de tonelada o por el cargamento, ya sea que la importación se haga en buques de la una o de la otra. De la misma manera que cualquiera clase de producciones, manufacturas y mercaderías extranjeras que puedan ser en cualquier tiempo legalmente introducidas en los Estados Unidos en sus propios buques, puedan también ser introducidas en los buques de la Federación de Centro América y que no impondrán o cobrarán otros o mayores derechos de tonelada o por el cargamento, ya sea que la importación se haga en buques de la una o de la otra. Convienen además que todo lo que pueda ser legalmente exportado o reexportado de uno de los dos países en sus buques propios para un país extranjero, pueda de la misma ser exportado o reexportado en los buques del otro. Y los mismos derechos, premios y descuentos se concederán y cobrarán, ya sea que tal exportación o reexportación se haga en los buques de la República Central o de los Estados Unidos.

ARTÍCULO 5°. No se impondrán otros o mayores derechos sobre la importación de cualquiera artículo, producción o manufactura de los Estados Unidos en la Federación de Centro América y no se impondrán otros o mayores derechos sobre la importación de cualquier artículo, producción o manufactura de la Federación de Centro América en los Estados Unidos que los que se pagan o pagaren en adelante por iguales artículos, producción o manufactura de cualquier país extranjero; ni se impondrán otros o mayores derechos o cargas en cualquiera de los dos países sobre la exportación de cualquier artículo para la Federación de Centro América o para los Estados Unidos respectivamente, que los que se pagan o pagaren en adelante por la exportación de iguales artículos para cualquier otro país extranjero ni se establecerá prohibición sobre la importancia o exportación de cualquiera artículo, producción o manufactura de los territorios de la Federación de Centro América para

291

los de los Estados Unidos, o de los territorios de los Estados Unidos para los de la Federación de Centro América, que no sea igualmente extensiva a las otras naciones.

ARTÍCULO 6°. Se conviene además que será enteramente libre y permitido a los comerciantes, comandantes de buques y otros ciudadanos de ambos países el manejar sus negocios por sí mismos y en todos los puertos y lugares sujetos a la jurisdicción de uno u otro, así respecto a las consignaciones y ventas por mayor y menor de sus efectos y mercaderías, como de la carga, descarga y despacho de sus buques, debiendo en todos estos casos ser tratados como ciudadanos del país en que residan, o al menos puestos sobre un pie igual con los súbditos o ciudadanos de las naciones más favorecidas.

ARTÍCULO 7°. Los ciudadanos de una u otra parte no podrán ser embargados ni detenidos con sus embarcaciones, tripulaciones, mercaderías y efectos comerciales de su pertenencia para alguna expedición militar, usos públicos o particulares, cualesquiera que sean, sin conceder a los interesados, una suficiente indemnización.

ARTÍCULO 8°. Siempre que los ciudadanos de alguna de las Partes Contratantes se vieren precisados a buscar refugio o asilo en los ríos, bahías, puertos o dominios de la otra, con sus buques, ya sean mercantes o de guerra, públicos o particulares, por mal tiempo, persecución de piratas o enemigos, serán recibidos y tratados con humanidad; dándoles todo favor y protección para reparar sus buques, procurar víveres y ponerse en situación de continuar su viaje sin obstáculos o estorbo de ningún género.

ARTÍCULO 9°. Todos los buques, mercaderías y efectos pertenecientes a los ciudadanos de una de las partes contratantes, que sean apresados por piratas, bien sea dentro de los límites de su jurisdicción o en alta mar y fueren llevados o hallados en los ríos, radas, bahías, puertos o dominios de la otra, serán entregados a sus dueños, probando éstos en la forma propia y debida, sus derechos ante los tribunales competentes; bien entendido, que el reclamo ha de hacerse dentro del término de un año, por las mismas partes, sus apoderados o agentes de sus respectivos Gobiernos.

ARTÍCULO 10°. Cuando algún buque perteneciente a los ciudadanos de alguna de las partes contratantes, naufrague, encalle, o sufra alguna avería en las costas o dentro de los dominios de la otra, se les dará toda ayuda y protección, del mismo modo que es uso y costumbre con los buques de la nación en donde suceda la avería; permitiéndoles descargar el dicho buque (si fuere necesario) de sus mercaderías y efectos sin cobrar por esto, hasta que sean exportados, ningún derecho, impuesto o contribución.

ARTÍCULO 11°. Los ciudadanos de cada una de las partes contratantes tendrán pleno poder para disponer de sus bienes personales, dentro de la jurisdicción de la otra, por venta, donación, testamento o de otro modo; y sus representantes, siendo ciudadanos de la otra parte sucederán a sus dichos bienes personales, ya sea por testamento o ab intestato, y podrán tomar posesión de ellos, ya sea por sí mismos o por otros que obren por ellos y disponer de los mismos según su voluntad, pagando aquellas cargas solamente que los habitantes del país en donde están los referidos bienes, estuvieren sujetos en iguales casos. Y si en el caso de bienes raíces los dichos herederos fueren impedidos de entrar en posesión de la herencia por razón de su carácter de extranjeros, se les dará el término de tres años para disponer de ella como juzguen conveniente y para extraer el producto sin molestia y exentos de todo derecho de deducción por parte del Gobierno de los respectivos Estados.

ARTICULO 12°. Ambas partes contratantes se comprometen y obligan formalmente a dar su protección especial a las personas y propiedades de los ciudadanos de cada una, recíprocamente, transeuntes o habitantes de todas ocupaciones en los territorios sujetos a la jurisdicción de una y otra, dejándoles abiertos y libres los tribunales de justicia, para sus recursos judiciales, en los mismos términos que son de uso y costumbre para los naturales o ciudadanos del país en que residan, para lo cual podrán emplear en defensa de sus derechos a aquellos abogados, procuradores, escribanos, agentes o factores que juzguen conveniente en todos sus asuntos y litigios; y dichos ciudadanos o agentes tendrán la libre facultad de estar presentes en las decisiones o sentencias de los tribunales, en todos los casos que les conciernan, como igualmente al tomar todos los exámenes y declaraciones que se ofrezcan en los dichos litigios.

ARTÍCULO 13°. Se conviene igualmente en que los ciudadanos de ambas partes contratantes gocen de la más perfecta y entera seguridad de conciencia en los países sujetos a la jurisdicción de una u otra, sin quedar por ello a ser inquietados o molestados en razón de su creencia religiosa, mientras que respeten las leyes y usos establecidos.

Además de esto, podrán sepultarse los cadáveres de los ciudadanos de una de las partes contratantes, que fallecieren en los territorios de la otra, en los cementerios acostumbrados, o en otros lugares decentes y adecuados, los cuales serán protegidos contra toda violación y trastorno.

ARTÍCULO 14º. Será ilícito a los ciudadanos de la Federación de Centro América y de los Estados Unidos de América, navegar con sus buques, con toda seguridad y libertad de cualquiera puerto a las plazas o lugares de los que son o fueren en adelante enemigos de cualquiera de las dos partes contratantes, sin hacerse distinción de quienes son los dueños de las mercaderías cargadas en ellos.

Será igualmente lícito a los referidos ciudadanos navegar con sus buques y mercaderías mencionadas y traficar con la misma libertad y seguridad en los lugares, puertos y ensenadas de los enemigos de ambas partes, o de alguna de ellas sin ninguna oposición, o disturbio cualquiera, no solo directamente de los lugares de enemigos arriba mencionados, a lugares neutros, sino también de un lugar perteneciente a un enemigo, a otro enemigo, ya sea que estén bajo la jurisdicción de una potencia o bajo la de diversas.

Y queda aquí estipulado, que los buques libres dan también libertad a las mercaderías, y que se ha de considerar libre y exento todo lo que se hallare a bordo de los buques pertenecientes a los ciudadanos de cualquiera de las partes contratantes, aunque toda la carga o parte de ella pertenezca a enemigos de una u otra, exceptuando siempre los artículos de contrabando de guerra.

Se conviene también del mismo modo en que la misma libertad se extiende a las personas que se encuentren a bordo de buques libres, con el fin de que aunque dichas personas sean enemigos dé ambas partes o de alguna de ellas, no deban ser extraídas de los buques libres, a menos que sean oficiales o soldados en actual servicio de los enemigos: a condición no obstante, y se conviene aquí en esto, que las estipulaciones contenidas en el presente artículo, declarando que el pabellón cubre la propiedad, se entenderán aplicables solamente a aquellas potencias que reconocen este principio; pero si alguna de las dos partes contratantes estuviera en guerra con una tercera y la otra permaneciese neutral, la bandera de la neutral cubrirá la propiedad de los enemigos, cuyos Gobiernos reconozcan este principio y no de otros.

ARTÍCULO 15°. Se conviene igualmente que en el caso de la bandera neutral de una de las partes contratantes proteja las propiedades de los enemigos de la otra, en virtud de lo estipulado arriba, deberán siempre entenderse que las propiedades neutrales encontradas a bordo de tales buques enemigos han de tenerse y considerarse como propiedades enemigas, y como tales, estarán sujetas a detención y confiscación; exceptuando aquellas propiedades que hubiesen sido puestas a bordo de tales buques antes de la declaración de la guerra, y aun después si hubiesen sido embarcadas en dichos buques sin tener noticia de la guerra; y se conviene, que pasados dos meses después de la declaración, los ciudadanos de una y otra parte no podrán alegar que la ignoraban.

Por el contrario, si la bandera neutral no protegiese las propiedades enemigas, entonces serán libres los efectos y mercaderías de la parte neutral embarcadas en buques enemigos.

ARTÍCULO 16°. Esta libertad de navegación y comercio se ex—tenderá a todo género de mercaderías, exceptuando aquellas solamente que se distinguen con el nombre de contrabando, y bajo este nombre de contrabando o efectos prohibidos se comprenderán:

1.—Cañones, morteros, obuses, pedreros, trabucos, mosquetes, fusiles, rifles, carabinas, pistolas, picas, espadas, sables, lanzas, chuzos, alabardas y granadas, bombas, pólvora, mechas, balas con las demás cosas correspondientes al uso de estas armas.

2.—Escudos, casquetes, corazas, cotas de malla, fornituras y vestidos hechos en forma, y a usanza militar.

3.—Bandoleras y caballos, junto con sus armas y arneses.

4.—Y generalmente toda especie de armas e instrumentos de hierro, acero, bronce, cobre y otras materias cualesquiera manufacturadas, preparadas y formadas expresamente para hacer la guerra por mar o por tierra.

ARTÍCULO 17°. Todas las mercaderías y efectos no comprendidos en los artículos de contrabando explícitamente enumerados y clasificados en el artículo anterior, serán tenidos y reputados por libres y de lícito y libre comercio de modo que ellos puedan ser transportados y llevados de la manera más libre por los ciudadanos de ambas partes contratantes aun a los lugares pertenecientes a un enemigo de una u otra, exceptuando solamente aquellos lugares o plazas que están al mismo tiempo sitiadas o bloqueadas; y para evitar toda duda en el particular se declaran sitiadas o bloqueadas aquellas plazas que en la actualidad estuviesen atacadas por una fuerza de un beligerante capaz de impedir la entrada del neutral.

ARTÍCULO 18º. Los artículos de contrabando enumerados y clasificados que se hallen en un buque destinado a puerto enemigo estarán sujetos a detención y confiscación; dejando libre el resto del cargamento y el buque para que los dueños puedan disponer de ellos, como lo crean conveniente.

Ningún buque de cualquiera de las dos naciones será detenido por tener a bordo artículos de contrabando, siempre que muestre, capitán o sobrecargo de dicho buque quiera entregar los artículos de contrabando al apresador, a menos que la cantidad de estos artículos sea tan grande y de tanto volumen que no puedan ser recibidos a bordo del buque apresador sin grandes inconvenientes; pero en este, como en todos los otros casos de justa detención, el buque detenido será enviado al puerto más inmediato, cómo y seguro para ser juzgado y sentenciado conforme a las leyes.

ARTÍCULO 19º. Y por cuanto frecuentemente sucede que los buques que navegan para un puerto o lugar perteneciente a un enemigo sin saber que aquél esté sitiado, o bloqueado o embestido, se conviene en que todo buque en estas circunstancias se puede hacer volver de dicho puerto o lugar; pero no será detenida ni confiscada parte alguna de su cargamento, no siendo de contrabando; a menos que después de la intimidación de semejante bloqueo o ataque por el comandante de las fuerzas bloqueadoras intentase otra vez entrar; pero le será permitido ir a cualquiera otro punto o lugar que juzgue conveniente.

Ni ningún buque de una de las dos partes que haya entrado en semejante puerto o lugar, antes que estuviese sitiado, bloqueado o embestido por la otra, será impedido de dejar el tal lugar con su cargamento, ni si fuere hallado allí después de la rendición y entrega de semejante lugar estará el tal buque o su cargamento sujeto a confiscación, sino que serán restituidos a sus dueños.

ARTÍCULO 20°. Para evitar todo género de desorden en la vista y examen de los buques y cargamentos de ambas partes contratantes, en alta mar, han convenido mutuamente, que siempre que un buque de guerra, público o particular se encontrase con un neutral de la otra parte contratante, el primero permanecerá fuera de tiro de cañón y podrá mandar su bote con dos o tres hombres solamente para ejecutar el dicho examen de los papeles concernientes a la propiedad y carga del buque, sin ocasionar la menor extorsión, violenta o maltratamiento, por lo que los comandantes de dicho buque armado serán responsables con sus personas y bienes a cuyo efecto los buques armados por cuenta de particulares estarán obligados, antes de entregárseles sus comisiones o patentes, a dar suficiente para responder de los perjuicios que causen.

Y se ha convenido expresamente que en ningún caso se exigirá a la parte neutral que vaya a bordo del buque examinador, con el fin de exhibir sus papeles o por cualquiera otro objeto, sea el que fuere.

ARTÍCULO 21°. Para evitar toda clase de vejamen y abuso en el examen de los papeles relativos a la propiedad de los buques pertenecientes a los ciudadanos de las dos partes contratantes, han convenido y convienen que en caso de que una de ellas estuviere en guerra, los buques y bajeles pertenecientes a los ciudadanos de la otra, serán provisto con letras de mar o pasaportes, expresando el nombre, propiedad y tamaño del buque, como también el nombre y el lugar de la residencia del maestre o comandante, a fin de que se vea que el buque real y verdaderamente pertenece a los ciudadanos de una de las partes; y han convenido igualmente que estando cargados los expresados buques, además de las letras de mar o pasaportes, estará provisto de certificados que contengan los pormenores del cargamento y el lugar de donde salió el buque, para que así pueda saberse si hay a su bordo algunos efectos prohibidos o de contrabando, cuyos certificados serán hechos por los oficiales del lugar de la procedencia del buque en la forma acostumbrada, sin cuyos requisitos el dicho buque puede ser detenido, para ser juzgado por el tribunal competente, y puede ser declarado buena presa, a menos que satisfagan o suplan el defecto con testimonios enteramente equivalentes.

ARTÍCULO 22°. Se ha convenido además que las estipulaciones anteriores relativas al examen y visita de buques se aplicarán solamente a los que navegan sin convoy, y que cuando los dichos buques estuvieren bajo de convoy, será bastante la declaración verbal del comandante del convoy, bajo su palabra de honor, de que los buques que están bajo su protección pertenecen a la nación cuya bandera llevan, y cuando se dirijan a un puerto enemigo, que los dichos buques no tienen a su bordo artículos de contrabando de guerra.

ARTÍCULO 23º. Se ha convenido además que en todos los casos que ocurran, solo los tribunales establecidos para causas de presas, en el país a que las presas sean conducidas, tomarán conocimiento de ellas.

Y siempre que semejante tribunal de cualquiera de las partes, pronunciase sentencia contra algún buque, o efectos o propiedad reclamada por los ciudadanos de la otra parte, la sentencia o decreto hará mención de las razones o motivos en que aquella se haya fundado, y se entregará sin demora alguna al comandante o agente de dicho buque, si lo solicitase, un testimonio auténtico de la sentencia o decreto, o de todo el proceso, pagando por él los derechos legales.

ARTÍCULO 24º. Siempre que una de las partes contratantes estuviere empeñada en guerra con otro Estado, ningún ciudadano de la otra parte contratante aceptará una comisión o letra de marca para el objeto de ayudar o cooperar hostilmente con dicho enemigo, contra la dicha parte que esté así en guerra, bajo la pena de ser tratado como pirata.

ARTÍCULO 25º. Si por alguna fatalidad, que no puede esperarse, y que Dios no permita, las dos partes contratantes se viesen empeñadas en guerra una con otra, han convenido y convienen de ahora para entonces que se concederá el término de seis meses a los comerciantes residentes en las costas y en los puertos de entrambas, y el término de un año a los que habiten en el interior para arreglar sus negocios y transportar sus efectos a donde quieran, dándoles el salvo conducto necesario para ello, que les sirva de suficiente protección hasta que lleguen al puerto que designen.

Los ciudadanos de otras ocupaciones que se hallen establecidos en los territorios o dominios de la Federación de Centro América o de los Estados Unidos de América, serán respetados y mantenidos en el pleno goce de su libertad personal y propiedad, a menos que su conducta particular les haga perder esta protección, que en consideración a la humanidad las partes contratantes se comprometen a prestarles.

ARTÍCULO 26º. Ni las deudas contraídas por los individuos de una nación con los individuos de la otra, ni las acciones o dineros que puedan tener en los fondos públicos o en los bancos públicos o privados, serán jamás secuestrados o confiscados en ningún caso de guerra o diferencia nacional.

ARTÍCULO 27º. Deseando ambas partes contratantes evitar toda diferencia relativa a etiqueta en sus comunicaciones y correspondencias diplomáticas, han convenido asimismo y convienen en conceder a sus enviados, ministros y otros agentes diplomáticos los mismos favores, inmunidades y exenciones de que gozan o gozaren en lo venidero los de las naciones más favorecidas, bien entendido que cualquier favor, inmunidad o privilegio que la Federación de Centro América o los Estados Unidos de América tengan por conveniente dispensar a los enviados, ministros y agentes diplomáticos de otras potencias, se haga por el mismo hecho extensivo a los de una y otra de las partes contratantes.

ARTÍCULO 28º. Para hacer más efectiva la protección que la Federación de Centro América y los Estados Unidos de América, darán en adelante a la navegación y comercio de los ciudadanos de una y otra, se convienen en recibir y admitir Cónsules y Vicecónsules en todos los puertos abiertos al comercio extranjero, quienes gozarán en ellos todos los derechos, prerrogativas e inmunidades de los Cónsules y Vicecónsules de la nación más favorecida, quedando no obstante en libertad cada parte contratante para exceptuar aquellos puertos y lugares, en que la admisión y residencia de semejantes Cónsules y Vicecónsules no parezca conveniente.

ARTÍCULO 29º. Para que los Cónsules y Vicecónsules de las dos partes contratantes puedan gozar los derechos, prerrogativas e inmunidades que les corresponden por su carácter público antes de entrar en el ejercicio de sus funciones, presentarán su comisión y patente en la forma debida al Gobierno con quien estén acreditados y habiendo obtenido el exequatur, serán tenidos y considerados como tales por todas las autoridades, magistrados y habitantes del distrito consular en que residan.

ARTÍCULO 30º. Se ha convenido igualmente, que los Cónsules sus secretarios, oficiales y personas agregadas al servicio de los consulados (no siendo estas personas ciudadanos del país en que el Cónsul reside) estarán exentos de todo servicio público y también de toda especie de pechos, impuestos y contribuciones, exceptuando aquellos que estén obligados a pagar por razones de comercio o propiedad y a las cuales están sujetos los ciudadanos y habitantes naturales y extranjeros del país en que residen, quedando en todo lo demás sujetos a las leyes de los respectivos Estados. Los archivos y papeles de los consulados serán respetados inviolablemente y bajo ningún pretexto los ocupará magistrado alguno, ni tendrá en ellos ninguna intervención.

ARTÍCULO 31°. Los dichos Cónsules tendrán poder de requerir el auxilio de las autoridades locales, para la prisión, detención y custodia de los desertores de buques públicos y particulares de su país, y para este objeto se dirigirán a los tribunales, jueces y oficiales competentes, y pedirán los dichos desertores por escrito, probando por una presentación de los registros de los buques, el rol de equipaje u otros documentos públicos, que aquellos hombres eran parte de las dichas tripulaciones y a esta demanda así probada (menos no obstante cuando se probare lo contrario) no se rehusará la entrega.

Semejantes desertores luego que sean arrestados se pondrán a disposición de los dichos Cónsules y pueden ser depositados en las prisiones públicas, a solicitud y expensas de los que los reclamen, para ser enviados a los buques a que corresponden o a otros de la misma nación.

Pero si no fueren mandados dentro de dos meses, contados desde el día de su arresto, serán puestos en libertad, y no volverán a ser presos por la misma causa.

ARTÍCULO 32°. Para proteger más efectivamente su comercio y navegación, las dos partes contratantes se convienen en formar luego que las circunstancias lo permitan, una convención consular que declare más especialmente los poderes e inmunidades de los Cónsules y Vicecónsules de las partes respectivas.

ARTÍCULO 33°. La Federación de Centro América y los Estados Unidos de América, deseando hacer tan duraderas y firmes como las circunstancias lo permitan, las relaciones que han de establecerse entre las dos potencias, en virtud del presente tratado o convención general de paz, amistad, navegación y comercio, han declarado solemnemente y convienen en los puntos siguientes:

1.—El presente tratado permanecerá en su fuerza y vigor por el término de doce años, contados desde el día del canje de las ratificaciones, en todos los puntos concernientes a comercio y navegación; y en todos los demás puntos que se refieren a paz y amistad, será permanente y perpetuamente obligatorio para ambas partes.

2.—Si alguno o algunos de los ciudadanos de una u otra parte infringiesen alguno de los artículos contenidos en el presente tratado, dichos ciudadanos serán personalmente responsables, sin que por esto se interrumpa la armonía y buena correspondencia entre las dos naciones, comprometiéndose cada una a no proteger de modo alguno al ofensor o sancionar semejante violación.

3.—Si (lo que a la verdad no puede esperarse) desgraciadamente, alguno de los artículos contenidos en el presente tratado, fuesen en alguna otra manera violados o infringidos, se estipula expresamente que ninguna de las dos partes contratantes ordenará o autorizará ningunos autos de represalia ni declarará la guerra contra la otra por quejas de injurias o daños, hasta que la parte que se crea ofendida, haya antes presentado a la otra una exposición de aquellas injurias o daños, verificada con pruebas y testimonios competentes exigiendo justicia y satisfacción, y esto haya sido negado o diferido sin razón.

4.—Nada de cuanto se contiene en el presente tratado, se construirá sin embargo ni obrará en contra de otros tratados públicos anteriores y existentes con otros soberanos o Estados.

El presente tratado de paz, amistad, comercio y navegación será ratificado por el Gobierno de la Federación de Centro América y por el Presidente de los Estados Unidos de América, con consejo y consentimiento del Senado de los mismos; y las ratificaciones serán canjeadas en la ciudad de Guatemala, dentro de ocho meses, contados desde este día, o antes si fuere posible.

En fe de lo cual, nosotros los Plenipotenciarios de la Federación de Centro América y de los Estados Unidos de América, hemos firmado y sellado las presentes.

Dadas en la ciudad de Washington, el día cinco de Diciembre del año del Señor de mil ochocientos veinticinco, quinto de la independencia de la Federación de Centro América, y quincuagésimo de la de los Estados Unidos de América por duplicado.

\*\*\*

(L.S.) ANTONIO JOSE CAÑAS
(L.S.) H. CLAY

El general Manual José Arce, Presidente del Poder Ejecutivo de la República Federal de Centro América, emitió el Decreto de 29 de Julio de 1826, por el que ratificó el Tratado de Paz, Amistad, Navegación y Comercio, celebrado con los Estados Unidos de Norte América, en Washington, el 5 de Diciembre de 1825.

Refrendó el Decreto el Secretario de Estado y del Despacho de Relaciones Interiores y Exteriores, ciudadano Juan Francisco de Sosa.

\*\*\*

El Gobierno de los Estados Unidos de Norte América acreditó como Encargado de Negocios ante la República Federal de Centro América, al ciudadano John Williams, de quien se dice en los anexos del Tratado de las dos naciones, lo siguiente:

"El 19 (de mayo) fui oficialmente presentado al Señor Presidente Arce. En la tarde del mismo día, dirigí una nota al señor Sosa informándole que estaba preparado para hacer el cambio de las ratificaciones del Tratado entre los dos gobiernos, el que había sido concluido y firmado en Washington el 5 de diciembre anterior. A lo cual dicho señor me contestó que solo hacían cinco días que había tenido en su poder oficial el Tratado y que tan pronto como fuera ratificado por el Congreso, el procedería junto conmigo a hacer el cambio de ratificaciones. La Constitución de esta República exige que un Tratado debería ser ratificado por ambas cámaras del Congreso. Es difícil dar cuenta del atraso injustificado que ha habido. Todos ellos han expresado consideraciones para los Estados Unidos y su estimación para mí personalmente. En conversaciones con aquellos que tienen autoridad en el asunto del Tratado, han manifestado su descalificación para aprobarlo.

Sin embargo, el Presidente decidió presentarlo al Congreso hasta un poco antes de la fecha fijada para la clausura de la Cámara de Diputados para que se prolongasen las sesiones de dicho cuerpo desde el primero al último de junio, los amigos del Presidente votaron en contra. Finalmente fue discutido con la llegada de un miembro ausente. Sin embargo la mayor parte de los caballeros votó en favor del Tratado. En las discusiones secretas de la Cámara de Diputados se hizo una observación de que aunque el Tratado era en su forma de carácter recíproco, en verdad no había reciprocidad en él. Porque este Gobierno no tenía marina. Que por los términos del Tratado, este Gobierno no tendría poder para conceder concesiones peculiares a México y las otras Repúblicas Hispanoamericanas. Que no había un artículo que estipulase la cooperación ofensiva y defensiva en tiempo de guerra, sin el cual este Gobierno no debería tratar y que por la necesidad de tal estipulación se dijo que México había rehusado tratar con los Estados Unidos. Finalmente que el Tratado con los Estados Unidos debería ser referido al Congreso de Panamá o aplazarlo para la decisión de ese cuerpo. Yo recibí esas objeciones de la mejor manera que pude. No he sabido nada de Mr. Poinsett (plenipotenciario norteamericano, rabioso monroista que como tal operaba en México: nota nuestra) y no puedo decir cuál ha sido el curso que ha tomado el Gobierno de México. El día anterior a la clausura de la Cámara de Diputados, los que estaban en favor del Tratado se declararon en sesiones perpetuas (lo que equivale a nuestra cuestión anterior) poniendo por lo tanto fin a las discusiones.

El Senado permaneció sesionando después de la clausura de la Cámara de Diputados. Y recibió el Tratado el 3 de Julio y lo ratificó el 29 del mismo mes. Ellos tenían poco que tratar durante ese tiempo. No he sabido todavía las observaciones precisas hechas en el Senado. No estaba listo para esperar el atraso que ha ocurrido. No atribuyo esto como estoy convencido a un motivo de falta de respeto o de amistad hacia los Estados Unidos sino a una inherente disposición de demora y a una cautela indebida en la transacción de los negocios. No deben haber apreciado verdaderamente la franqueza y generosidad de los Estados Unidos hacia ellos y haber supuesto que algún beneficio podría haber resultado de la demora. Yo los apresuré tanto como el decoro y la propiedad lo permiten. Pero no pude procurar una decisión más rápida.

Las ratificaciones fueron cambiadas ayer y Mr. Marshall saldrá con el Tratado para los Estados Unidos el sábado próximo.

Los infrascritos John Williams Encargado de Negocios de los Estados Unidos de América cerca del Gobierno de la Federación de Centro América y Pedro González Oficial del Departamento de Estado, Despachos de Guerra y Marina, Secretario de la Legación de la República de Centro América cerca de los Gobiernos de América del Sur, autorizado especial y plenamente para verificar el canje de las ratificaciones de la Convención General de Paz, Amistad, Comercio y Navegación, concluida en Washington el día 5 de diciembre del año de mil ochocientos veinticinco entre los Estados Unidos y la República de Centro América.

Certificamos: Que las ratificaciones de la Convención General de Paz, Amistad, comercio y Navegación, entre dichos Estados Unidos y dicha Federación de Centro América, concluida en la ciudad de Washington el cinco de diciembre de mil ochocientos veinticinco, revestidas de todas las solemnidades convenientes y debidamente cobijada una con otra, y con los originales de la Convención, han sido canjeadas por nos en este día.

En fe de lo cual hemos firmado la presente acta por duplicado y en ambos idiomas, y la hemos sellado con nuestros respectivos Sellos en la ciudad de Guatemala, el día dos de agosto de mil. ochocientos veintiséis.

Corrientemente, las Naciones de Cualquier zona del planeta firman tratados de paz, amistad, navegación y comercio para acatar el mandato del Derecho internacional que es de rigor que las naciones históricamente formadas y constituidas, tengan relaciones internacionales de comprensión y ayuda recíproca.

Exactamente, eso hicieron los Estados Unidos de América y la República Federal de Centro América al celebrar un Tratado de Paz, Amistad, Comercio y Navegación en 1825 y ratificarlo en 1826.

Sólo que cuando ese Tratado fue concluido, la burguesía y los plantadores —como dice Potemkin en su obra magistral Historia de la Diplomacia, amalgamados, de común acuerdo, habían proyectado como política propia de los Estados Unidos el expansionismo en América y en el mundo. Y al expansionismo en el continente americano le habían dado un nombre oficial, l llamaron "doctrina de Monroe".

No hay duda que el Tratado es monroista por la desigualdad evidente que contiene en favor de los intereses norteamericanos y en perjuicio de los centroamericanos, como lo notaron los diputados que le dieron voto adverso en el Congreso y los senadores que retardaron su aprobación por ver con claridad las deficiencias de que adolecía, las cuales lesionaban los derechos de la República Federal de Centro América.

El Encargado de Negocios norteamericano, John Williams, un monroista calificado —sin esa calificación no lo hubieran mandado a Centro América— iba a operar en favor de la política expansionista, iba a intrigar bajo el signo de la Doctrina Monroe, con suma habilidad y con suprema sabiduría, ya que tenía al frente a los poderosos ingleses que anticipadamente habían colocado empréstitos en el Estado nuevo y, además de ello, contaban con una colonia en el propio territorio centroamericano, con Belice que les servía de base de operaciones para adueñarse de toda la Nación.

Los historiadores centroamericanos han omitido en sus manuales este capítulo irritante y tedioso de la Doctrina Monroe. Quizá lo han hecho para no enardecerse la sangre. Y con razón.

## BIBLIOGRAFÍA

Nuevos Estudios: Aclaraciones y afirmaciones:
La "Doctrina Monroe" y la "Doctrina Drago", por Francisco Castañeda.

Historia de la Diplomacia: De la antigüedad a la guerra franco—prusiana, por V.P. Potemkin y otros.

Tratados Internacionales, publicados por la Secretaria de Relaciones Exteriores de Honduras.

Apuntes de la Doctrina de Monroe por Medardo Mejía.

# LA GUERRA CIVIL DE 1826 a 1829

Al hacer referencia a las causas económicas que hicieron posible la guerra civil de 1826/1829 en Centro América, provocada por el Gobierno Federal del general Manuel José Arce contra los Gobiernos nacionales de Guatemala, Honduras y El Salvador, se percibe que hubo otras fuerzas concurrentes, al grado que allí tomaron vuelo las acciones del partido conservador y el partido liberal, en enconada pugna, y también allí comenzaron las rencillas entre los dirigentes políticos más importantes, que volvieron imposible un reagrupamiento para repeler al colonialismo británico y poner un alto al expansionismo de los agentes de la Doctrina Monroe.

Aquella guerra civil empezó con un golpe de Estado desde el Poder; con un golpe de Estado del Centralismo contra el Federalismo; de la metrópoli contra las provincias; de las familias de gran poder económico contra las que tenían medianos haberes y pequeños. Aquella guerra civil fue un golpe dado a la Constitución Federal de Centro América con miras a romper el equilibrio forzado que dicha carta había impuesto a las clases sociales de opuestas aspiraciones y a los grupos contradictorios de aquel tiempo.

Como la Independencia, con ser tan benéfica para Centro América y el Continente, había sido el producto de una maniobra de los monarquistas de México y de Centro América para impedir la revolución popular, una revolución que se pareciera con la revolución norteamericana que liquidara todo privilegio, había entregado el Poder a la clase feudal centroamericana, hecho que significaba un contrasentido en el siglo XIX, el siglo de la burguesía industrial y del liberalismo, razón que impulsó a la propia Historia a valerse de "manos feudales" para empujar el carro de los acontecimientos centroamericanos hacia una nueva instancia. En esa nueva instancia se haría el esfuerzo por iniciar la industrialización y el comercio exclusivo de la joven República.

Ahora veamos las raíces de lo que brevemente se ha dicho.

En la realización de la independencia participaron tres grupos:

El primero fue lo que se puede llamar la oligarquía económica, social y política, compuesto por españoles criollos y peninsulares. Se domiciliaba en la capital de la Capitanía General, o Audiencia, o Reino de Guatemala. A mediados del siglo XVIII, se había formado un núcleo ligado hasta por lazos de familia y lo constituían grandes propietarios de tierras y comerciantes exportadores de añil más otros productos naturales e importadores de mercancías europeas. Además eran grandes compradores de ganado centroamericano para consumo local y para la exportación.

El segundo grupo que participó en la independencia estaba compuesto por sectores populares urbanos, particularmente los que habían alcanzado un mayor desarrollo tanto en número como en capacidad en las ciudades de Guatemala y de San Salvador.

El tercer grupo lo formaban los productores de los artículos de exportación particularmente del añil, a quienes se les puede calificar de hacendados provinciales, en cuyas haciendas cultivaban añil, todavía cacao y criaban ganado. Eran criollos, o sea hijos, nietos o biznietos de españoles hacendados en estas tierras. En verdad eran productores, pero en cierto modo también eran comerciantes de segunda clase podríamos decir.

Estas tres grandes agrupaciones sociales son las que realmente sufren de una manera más directa el golpe de los hechos económicos y políticos ajenos a Centro América y también sufren el golpe de los hechos políticos y económicos internos.

Desde fines del siglo XVIII, el comercio de exportación de añil y el comercio exterior en general entró en crisis por razones políticas. Inglaterra empezó a ejercer un bloqueo bastante eficaz del comercio exterior de estas provincias o reinos de España.

Pruebas estadísticas:

## MOVIMIENTO DE BARCOS POR LOS
## PUERTOS DE OMOA Y EL GOLFO Y DE
## LAS ALCABALAS PRODUCIDAS

| AÑO | NUMERO DE BARCOS | ALCABALAS (EN PESOS) |
|---|---|---|
| 1794 | 7 | 58.878.5 reales |
| 1795 | 3 | 35.163.2 reales |
| 1796 | 3 | 45.125.3 reales |
| 1797 | Ninguno | …….. |
| 1798 | 2 | 1.056.1 reales |
| 1799 | Ninguno | …….. |

Nota: En 1796 se produjo nueva guerra de España con Inglaterra.

Tomado de la GACETA DE GUATEMALA DEL 19 DE OCTUBRE DE 1801

*\*\**

## EXPORTACIONES DE AÑIL, DEL REINO
## DE GUATEMALA A ESPAÑA

| AÑO | VALORES DE EXPORTACION EN $ | % |
|---|---|---|
| 1773 | 2.000.000.00 | 100 |
| 1782 | 1.112.000.00 | |
| 1794 | 641,000.00 | 32.05 |
| 1796 | 1.369.000.00 | 68.45 |
| 1798 | 141.000.00 | 7.05 |
| 1800 | 398.000.00 | 19.90 |
| 1802 | 1.921.000.00 | 96.05 |

| 1804 | 846.000.00 | 42.30 |
|------|------------|-------|
| 1806 | 115.774.00 | 5.78 |
| 1807 | 225.444.00 | 11.27 |
| 1808 | 153.361.00 | 7.66 |
| 1809 | Ninguno | |
| 1810 | 315.982.00 | 15.79 |

Tomado de MEMORIAS PARA LA HISTORIA DEL ANTIGUO REINO DE GUATEMALA, DE GARCIA PELAEZ, y "COMERCIO EXTERIOR DE MEXICO", DE MIGUEL LERDO DE TEJADA.

Los informes estadísticos a la vista muestran como desde los últimos años del siglo XVIII, la salida del añil hacia Europa, comenzó a descender hasta anularse en algunos años; el producto de exportación centroamericano se embodegó en las aduanas de la Habana y de Veracruz y aun en las aduanas de Guatemala, y su embodegamiento provocó de inmediato, una caída de los precios que desalentó a los productores añileros provinciales, muchos de los cuales comenzaron a suspender el trabajo en sus viveros de añil, más adelante a limitar la extensión cultivada y también a tomar una cantidad de medidas sociales como la de liberar a muchos de los mozos de sus haciendas, quienes se convirtieron en campesinos libres, en arrendatarios o se trasladaron a los centros urbanos que estaban en crecimiento y fueron allí a engrosar los sectores populares de la clase media emergente y a comportarse de modo distinto a como lo hubieran hecho si quedan en las haciendas de añil.

Los grandes comerciantes exportadores e importadores del sector que estaba en la cumbre de la pirámide social, fueron los que primero sintieron los efectos de este estrangulamiento económico. Algunos de ellos han dejado testimonio de su pensamiento, como don Juan Bautista Irisarri, quien escribía en la "Gaceta de Guatemala", exactamente el 10 de marzo de 1800:

"...en los dos primeros años de la guerra actual se han levantado dos cosechas de tinta sin que se hubiese advertido considerable disminución de ellas, pero la consecuencia precisa y necesaria que las semillas pegadas en los anteriores brotaron en éstos por ser la planta tardía en producirse; en el presente se ha experimentado una baja tan considerable como de 5 a 3, por falta de habilitaciones con qué poder ocurrir al riego de las semillas y demás operaciones costosas hasta levantar la cosecha, por las mismas poderosas e insuperables razones, la escasez de numerario y la absoluta falta de efectos para las habilitaciones que son los agentes con que se fomenta la agricultura, es preciso que el año próximo venidero sea mucho menor la cosecha, faltando muy poco para que se extinga enteramente o que quede reducida a muy poca cosa y que este reino fertilísimo venga parar o ser una pesada carga a la Corona quedando la capital y sus provincias en una espantosa desolación de recursos y anegados sus habitantes en un mar de desdichas y miserias. Con las tres o cuatro cosechas de tinta extraídas de Caracas y otros puntos y exportados a Europa se hallan suficientemente abastecidos de este fruto todas las plazas mercantiles de aquel continente y con las que seguirán llegando de los mismos tonelajes en todo el tiempo que dure la guerra que no les harán ninguna falta las de este Reino. De las últimas 4 cosechas de Guatemala, tenemos existentes dentro del Reino de Veracruz y La Habana 16.000 zurrones de tinta más o menos, que hacen 3.242.000 libras y con algunas porciones que se cosechen en 2 o 3 años siguientes, que es el tiempo que durará en extinguirse enteramente si otros tantos continúan la guerra sin proporcionar algún medio de darle salida, podrán llegarse a juntar 5 millones de libras; ahora bien, que esperanza fundada, qué probabilidad ni aun remota nos podemos prometer de que hecha la paz se vendan nuestras tintas en Cádiz con alguna regular estimación (? ); nada extraño será que el año de hecha la paz y llenas las plazas de Europa con añiles de otras procedencias no haya quien las pague allá a los precios bajísimos que tienen aquí en el día; luego se hace temible que con este ramo de agricultura, único fruto de exportación del Reino de Guatemala nos suceda lo mismo que nos sucedió con el de los cacaos porque disminuidas las cosechas en la mitad o tres cuartas partes cuando no estén enteramente extinguidas las haciendas enmontadas, adeudados los hacendados, desestimado el fruto, quién habrá que quiera emprender de nuevo un trabajo ímprobo y laborioso que después de mucho tiempo y fatigas a los tres años de un tesón no interrumpido en una constancia tenaz y permanente, cuando llegue a recoger las primicias de su sudor y su loable empeño, no puede vender su cosecha sino a un precio bajo y ruinoso; qué esperanza nos queda que le entre alguna plata a este miserable reino (¿?), cómo de qué manera se podrá sostener sin padecer un trastorno general, qué individuo, qué cuerpo sea de la condición, carácter o circunstancia que fuera dejará de ser comprendido en esta catástrofe universal (¿?); alguno sabrá y no serán pocos los que por falta de anotaciones y otras relaciones estrechas que sujeten a los hombres podrán tomar el partido de desamparar esta tierra e irse a establecer a México, a La Habana, al Perú o a España; pero los que tuvimos la dicha o la desgracia de haber nacido en esta capital y las demás villas, ciudades o lugares de este Reino y muchos europeos aquí establecidos, radicados y estrechados y unidos con los lazos del matrimonio, cargados de hijos adonde irán? qué otro recurso les queda más que gemir y llorar su triste, infeliz y miserable suerte...".

En las palabras de don Juan Bautista Irisarri se nota la preocupación del gran sector de exportadores y al mismo tiempo, en abono de la oligarquía colonial, se empiezan a sentir las primeras pulsaciones del sentimiento patriótico.

La crisis de la exportación del añil se podrá apreciar en el número de barcos que venían a Centro América a recogerlo. En el año de 1794 llegaron 7 barcos; en 1795, 3; en 1796, 3; en 1797, no llegó ninguno; en 1798, llegaron 2; en 1799, no llegó ninguno. En esa misma serie de años, en el primero de 1794, los ingresos fiscales producidos por comercio exterior, los ingresos de aduanas, Alcabalas como se les llamaba entonces, llegaron a 58.878 pesos 5 reales; en el siguiente, a 35.163 pesos con 2 reales; en 1796 los ingresos por concepto de alcabalas fueron de 45.125 pesos con 3 reales; en 1798, fueron apenas de 1.056 pesos y 1 real, y en los dos años que no vinieron barcos o sea en 1797 y en 1799, por supuesto no hubo ingreso por concepto de alcabalas marítimas.

Estos informes son suficientes para saber cómo reaccionaron los grandes exportadores e importadores ante la crisis que se estaba produciendo en el comercio exterior. Pero no solo ellos reaccionaron frente a esta crisis, también lo hicieron los demás sectores de la producción y el trabajo, en Guatemala, El Salvador, Honduras y el resto de Centro América, aunque de diverso modo.

Coincidió la crisis apuntada con el traslado de la capital del Valle de Panchoy, donde se asienta la antigua Guatemala, al Valle de la Virgen de la Ermita, donde está la nueva Guatemala. Aquel esfuerzo de traslación que en la actualidad podría llamarse de infraestructura económica determinó un crecimiento enorme de los sectores populares, como era lógico, ya que se estaba construyendo una ciudad. Aumentaron enormemente los artesanos y operarios dedicados a la industria de construcción, albañiles, adoberos, fabricantes de tejas, caleros, carpinteros, todos esos sectores artesanales y proletarios —proletarios incipientes—crecieron desmesuradamente. El crecimiento de la ciudad en las condiciones de una economía de mercado, puesto que la nueva capital de Guatemala dejó de tener la relativa autarquía económica que asistía a la antigua ciudad del Valle de Panchoy, determinaron también el rompimiento en la práctica de las normas sociales y hasta jurídicas que habían mantenido estratificadas las clases en la antigua Guatemala.

En la nueva Guatemala se piensa de manera distinta, y es Simón Bergaño y Villegas, oficinista, miembro de la burocracia colonial de los últimos años señalados, escritor de "La Gaceta", autor de una columna titulada "Delirios patrióticos", quien escribió un plan para enfrentar la crisis que estaba aniquilando a la Nación. Con el sobrenombre de Bañogen de Sagelin escribió Bergaño en "La Gaceta" entre los años de 1804 y 1807, estos párrafos:

"En el mayor de mis delirios formé un completísimo plan para poner este reino en estado floreciente: soñé que estaba viendo la continua entrada y salida de barcos en el Río Motagua, por el de San Juan y el de Trujillo; que estaban compuestos para la rueda de los caminos de Trujillo a San Salvador, a Gualán, a Sonsonate y Guatemala, y desde aquí al Golfo y aun a México. El puerto de Acajutla, el de Usulután y el de Escuintla francos y frecuentados y corriente la navegación de los esteros desde Suchitepéquez hasta Tehuantepec...".

"El añil, único fruto que sostiene el comercio de este reino se ha de extinguir o perder mucho de su valor, ya por falta de cultivo o ya porque los extranjeros lo den más barato. Las señas son mortales, hay puertos, no hay barcos, no hay extracciones, sino de dinero. Esto que ha de suceder con el añil, sucedió con el cacao; hubo un tiempo en que Guatemala daba chocolate a todo el mundo, y ahora tenemos que mendigarlo a otras provincias".

Bergaño y Villegas veía en sus "delirios patrióticos" que "ya no había indios descalzos ni vestidos con sus trajes típicos sino vestidos a la usanza española y hasta soñó que un rico había muerto dejando su herencia para que se estableciera una cátedra de matemáticas para todos los mejores alumnos".

Lo anterior indica que los sectores populares a los cuales pertenecía Simón Bergaño y Villegas se expresaban con mucho optimismo en la aportación de soluciones a la crisis que afectaban las exportaciones y las importaciones con motivo de las guerras entre España e Inglaterra.

\*\*\*

Más avanzado el siglo XIX, hacia 1813, después que habían ocurrido los primeros movimientos independentistas en El Salvador y que el Gobierno colonial había enviado a don José María Peinado, Regidor perpetuo del Ayuntamiento de Guatemala, a buscarle salida al conflicto salvadoreño, este hombre en un informe al Capitán General don José Bustamante y Guerra, expuso lo siguiente:

"...La falta de libertad de comercio en América, la obstrucción del que se hacía con la península, la clase de extracción continua del numerario, estas son las causas de la decadencia de los productos de la agricultura, de la limitación y cesación de ésta, de la ruina de los propietarios, de la falta de ocupación útil de miles de jornaleros y de personas relacionadas con ellos e interesados en la circulación y de aquí necesariamente el desaliento, el hábito de la sociedad y los vicios, acostumbrados nosotros por nuestros mayores a castigar los vicios y todo lo que perturba el buen orden sin tomarnos el trabajo de examinar las causas para resolverlas, sin ni siquiera examinar que los vicios de la sociedad y su ejercicio pueden torcer el sistema mismo de gobierno, y de este modo en lugar de ser los instrumentos de la pública felicidad vinimos sin pensarlo quienes los gobernamos a colmar los males de la miserable humanidad".

El informe del señor Peinado al Capitán General Bustamante y Guerra, un funcionario peninsular que más sabía de represión que de razones, son las justas y saludables apreciaciones de un americano criollo que veía con claridad la crisis económica proveniente de la guerra, y quizás los remedios de esa crisis, en todo caso económicas, viniendo a suceder que las estúpidas medidas policíacas de Bustamante, aplicadas con brutalidad y salvajismo, no llevaban a otra parte que hacer más honda la angustia de la población.

*\*\**

La situación de la Colonia, también puede apreciarse en un informe de don José Mariano Méndez, Cura Párroco del Sagrario de la Catedral de Guatemala y elegido después Diputado por Sonsonate a las Cortes de España. Se trata de un documento de fecha 17 de mayo de 1821 y que también expresa el punto de vista de los sectores populares. Méndez era un sacerdote que vivía en contacto con los sectores populares urbanos, y por tanto está en capacidad de expresar el sentimiento de éstos.

Decía el Padre Méndez:

"A pesar de algunas leyes benéficas, la experiencia constante de los tres siglos corridos han demostrado que lejos de advertirse progresos, todo ha caminado a una completa destrucción de los pueblos, se ven muchos asolados que contaban con 140 y 200 indios con solo 30 o 40 familias; no se ha cuidado de instruirlos y civilizarlos para que salgan de la ignorancia, prisión o miseria en que se hayan sumergidos sin política, industria, arte y comercio, sujetos a corto jornal que en algunas partes se les paga con recios trabajos y las más de las veces sin ninguna retribución, por llamarlos a oficios los gobernantes, haciéndoles entender que una inveterada corruptela era una legítima y laudable costumbre del servicio personal gratuito que prestan a Curas y Alcaldes Mayores, Cofradías de Estilos de justicia y correos con las extorsiones de raciones, tributos y fondos de comunidades de que jamás han visto la utilidad de este establecimiento. Lo mismo que el montepío de cosecheros de la provincia de San Salvador y sobre todo sin escuelas públicas, los más de los pueblos sin caminos, sin puertos para la fase y extracción de productos y con un medio comercio de pocas cosas que hacen cuantiosas utilidades por los excesivos precios a que venden al contado aumentándoles en habilitaciones para los repartimientos de los Alcaldes Mayores, cosechas de añil, algodón, bálsamos, cacao, pimienta, azúcares, y ganado vacuno que toman por lo regular en la mitad del precio de feria; sería cansar el ir especificando el sin número de abusos que se cometen con perjuicio de los pueblos y con solo decir que los gobernantes no han tratado más que de hacer su negocio y no el bien y utilidad de aquellos indígenas queda dicho todo".

Este documento de don José Mariano Méndez refleja más concretamente los intereses de los sectores populares urbanos y haciendo ver como se encontraban las masas indígenas de la provincia de Guatemala, donde estaba la Capital de la Capitanía General, y también señala de una manera precisa el papel que las pocas casas comerciales jugaban en esta crisis económica, al vender, caro y al contado y después al dar a un sobre precio con interés las habilitaciones, porque las mismas casas comerciales efectuaban el papel de entidades bancarias para el crédito de hábito como se diría en este momento, al mismo tiempo que señala el abuso de los grandes compradores al pagar los precios de todos estos productos, cosechas de algodón, añil, bálsamos, pimienta, azúcares y ganado vacuno a la mitad del precio de las ferias.

De manera, pues, que esta era la situación en que se encontraba la economía colonial en esa coyuntura, que no fue de un momento a otro sino toda una coyuntura histórica de larga duración, que se produjo en los últimos años del siglo XVIII y en las dos primeras décadas del siglo XIX, coyuntura en la que no sólo se produjo una crisis económica sino también una crisis política, y si nos atenemos a los dictados de la sociología, los grandes cambios revolucionarios solo ocurren cuando se juntan la coyuntura económica con la coyuntura política.

Es por eso que se considera correcta la interpretación de las tres fuerzas sociales que intervinieron en la independencia: la de los grandes comerciantes exportadores e importadores; la de los productores añileros de las provincias, y la de los sectores populares urbanos de las dos ciudades que estaban en crecimiento por diferentes causas. En esta crisis general de la Colonia se puede identificar la crisis de tipo fiscal o de la Hacienda Pública. La Hacienda de los últimos años de la Colonia o sea el Tesorero Real de la Capitanía General había visto bajar sus ingresos por las causas apuntadas y, además, porque toda la política fiscal de la Colonia desde mediados del siglo XVIII estuvo diseñada como para provocar el descontento de los sectores populares urbanos y de las masas campesinas, por ejemplo la implantación de los estancos de aguardiente, de la pólvora, de los naipes, del tabaco; la ampliación de una política tributaria que las masas indígenas pudieron soportar en los siglos XVI y

XVIII, dada su rusticidad, pero no en el siglo XVIII, cuando habían adquirido una conciencia social un poco más desarrollada, y menos a principios del siglo XIX, cuando sentían cierto calor revolucionario; y a lo dicho, la insistencia en hacer efectivos los llamados Derechos Parroquiales o sea los tributos que la Iglesia cobraba, ya que la Iglesia y el Estado español formaban una unidad política por un Concordato que habían celebrado el Imperio español y el Vaticano. En la etapa final de la Colonia seguían se cobrando los sínodos de los encomenderos que muy mañosamente se les llamaba sínodos de los curas doctrineros, que aparentemente se destinaban para pagar a los curas que se encargaban de evangelizar a la masa indígena; seguíanse cobrando las llamadas Bulas de la Santa Cruzada, que era una verdadera extorsión; y los diezmos o sea la décima parte de la producción de todos los artículos producidos. Respecto a los diezmo existe un testimonio muy clarificador contenido en las instrucciones del Ayuntamiento constitucional de San Salvador para su Diputado a las Cortes, doctor José Matías Álvarez, instrucciones que había escrito el Regidor de San Salvador, don Mariano Francisco Gómez en el año de 1820, y las cuales dicen refiriéndose a los diezmos: "El pago de los diezmos es otra de las causas que más influyen en que la agricultura esté tan abatida; considérese el valor de nuestros frutos y se verá que cualquier cosa que alce su precio hace insufrible la competencia y disminuye las ocupaciones y con ellos la subsistencia de las poblaciones. Como la satisfacción se hace del producto absoluto de las cosechas y sin deducir antes expensas hechas y el trabajo del labrador de aquí es que atendidas todas las circunstancias viene siendo aquello un 40 o un 50%, la igualdad aritmética de estas exacciones es una prueba inequívoca de su desigualdad moral. Hay notable, desigualdad en la fertilidad de las tierras, en su localidad para el laboreo, en la proporción dé conseguir operarios cuyos jornales salgan más o menos baratos en los costos de conducción a los mercados; la hay en los haberes y facultades del labrador y su mayor o menor familia, circunstancias todas que haciendo contribuir a unos de lo superfluo obliga a otros a dar lo necesario".

En el párrafo anterior se ve que el diezmo era el tributo del diez por ciento sobre la producción bruta, neta sobre la utilidad neta; se deducía el diezmo sin haber tomado lo que hoy llamamos los costos de la producción, y, entonces, en la práctica, en vez de ser la décima parte de la producción equivalía como al 40% de la misma. Y otra cosa interesante del texto de estas instrucciones: que por primera vez en la historia de las ideas económicas de Centro América, se asienta el principio de la justicia tributaria, que deben pesar más quienes más tienen, y menos quienes menos tienen; por este principio de justicia tributaria se sigue luchando todavía con redoblado empuje.

* * *

Se ve claro que la crisis final que culminó en la independencia engranaba con la crisis fiscal que hacía descender las rentas del estado, y como el daño era cada vez mayor, las autoridades de Hacienda apretaban las tuercas en la cobranza de los impuestos del ramo de estancos y en la tributación de los derechos parroquiales; y es claro, los sectores populares que pagaban estos impuestos estaban descontentos.

También había una crisis en la producción y comercio del añil, que era el principal rubro de exportación. La crisis del añil se puede localizar en la restricción de las habilitaciones y créditos para su cultivo. Faltaba dinero, y como consecuencia ello se reducía y hasta se suspendía el riego de la semilla y, por consiguiente, se limitaban las nuevas siembras, seguidas de una baja considerable de las cosechas, ya que don Juan Bautista Irisarri calculaba esa baja como de 5 a 3, o sea que bajaban, las cosechas como en un 40%; y, por último, algo contradictorio pero comprensivo. Había super producción de añil a pesar de haber bajado las cosechas, debido al que se hallaba almacenado en las bodegas, el cual, claro está, reducía las exportaciones. Esta era la segunda crisis específica, crisis de Hacienda Pública, crisis de añil, y como corolario o, si se quiere, como gran telón de fondo, una gran crisis general en la economía del Reino de Guatemala, que se caracterizaba por una franca decadencia de la producción agrícola, limitación o cesación de algunos renglones de esa producción agrícola, la ruina de muchos propietarios, la desocupación de los jornaleros y la superproducción de los principales productos exportables. Había una gran escasez de dinero, casi no había crédito y el tráfico marítimo estaba prácticamente suspendido, como lo indica el cuadro puesto al principio de barcos que llegaban y salían en los años anteriores a 1800. Esas crisis general de la economía, tenía sus puntos

317

agudos en el añil y la Hacienda Pública, factores internos de la coyuntura histórica en que se produjo la independencia.

***

En esa crisis fueron adoptados distintos criterios políticos e ideológicos por los diferentes sectores sociales. Por ejemplo, las autoridades españolas que tenían la obligación de defender el sistema de gobierno y la estructura económica de aquel tiempo se volvieron severas, rigurosas, en el cumplimiento de sus obligaciones, tanto para la cobranza de sus impuestos como para lo que se da el nombre de "orden". En ese tiempo fue cuando se crearon los Voluntarios Honrados de Fernando VII, que eran algo así en lenguaje actual, milicias de derecha, verdaderas milicias de derecha para defender el Status quo; así reaccionaron, las autoridades en su mayoría compuestas de españoles peninsulares y de españoles criollos, aunque había en ellas algunos mestizos en Guatemala, en San Salvador, en San Miguel, en Comayagua. Según los funcionarios ofuscados y obtusos, la situación debía sostenerse a pesar de todo.

Los grandes comerciantes importadores y exportadores que tenían cultura como don Juan Bautista Irisarri y su hijo Antonio José, eran partidarios de las reformas económicas, fundamentalmente de la libertad de comercio pero manteniendo la estructura de la sociedad, porque al mismo tiempo eran grandes hacendados. Los hacendados provinciales productores de añil también luchaban por alguna reforma un poco más profunda que los grandes exportadores; ellos querían más que libertad de comercio, un sistema que les permitiera adquirir el control político del país.

Los sectores populares urbanos luchaban también por una plataforma ideológica tal vez más espontánea y empíricamente presentada pero que comprendía de plano no solo las reformas económicas que entonces parecían necesarias e indispensables, sino también las reformas de todo el sistema político. Eran republicanos, no querían la continuación de la monarquía aunque fuera constitucional. Esa fue la actitud de hombres como Simón Bergaño y Villegas, Pedro Molina, Pedro Pablo Castillo y otros muchos en Centro América.

En estas posiciones ideológicas que expresaban los intereses de los tres grandes sectores que intervinieron en la independencia, hay que buscar las raíces de lo que se ha llamado el Conservatismo y el Liberalismo en Centro América. Pero antes tenemos que pasar a otro tipo de consideraciones.

La situación económica en que se encontraban los pueblos al declararse la independencia era angustiosa. Según el informe del Capitán General Carlos Urrutia y Montoya, de 18 de junio de 1818, la Real Hacienda tenía un déficit anual de 250.000 pesos, además de pesar sobre ella una deuda de más de 2.200.000.00 pesos por adelantados que le hiciera el virreinato de México. Es decir, la Hacienda Pública padecía de déficit anual y tenía una deuda que hoy llamaríamos externa.

Manuel Vida, el último tesorero de las Cajas Reales de Guatemala, en el documento que remitió a la Corona en 1824, proponiendo la conquista de Centro América, al hablar de la situación fiscal en el momento que él entregó su cargo, e1 27 de septiembre de 1821, a los pocos días después de firmada el Acta de Independencia, afirma que la deuda pública ascendía en ese momento a 2.655.599 pesos, 4 reales y un cuartillo; que el promedio anual del déficit fiscal era de 92.743 pesos 4 reales y que el efectivo en caja era de 60 pesos y un medio real, aunque en los libros de buenas cuentas fueran 76.978 pesos, 4 reales y medio. A esto, Valentín. Solórzano Fernández ha escrito en su obra "Evolución histórica de Guatemala", sin identificar fuente, dicen que los adeudados en los diversos ramos fiscales montaban 1.436.800 pesos y que los réditos o intereses del principal no llegaban a 500.00, o sea que la deuda total sumaba 2.000.000, como deuda interna.

Lo anterior permite afirmar que en el momento de declarar la independencia, la Capitanía General de Guatemala tenía un presupuesto deficitario; una deuda interna cercana a los 2.000.000.00 de pesos; y una deuda externa con México de un monto semejante, debiéndose aclarar que esta última de plano no se pagó. Y la situación fiscal después de la declaración de independencia del 15 de septiembre se agravó, porque Vicente Filísola, el general mexicano que ocupó Centro América, con ánimo de anexarla a México, impuso un Empréstito forzoso al llegar a la ciudad de Quezaltenango, el 22 de abril de 1822 por la cantidad de 40.000 pesos, emitiendo 400 cédulas de 100 pesos cada una, con garantía hipotecaria de las rentas de las aduanas. La Capital de Guatemala compró cédulas por valor de 24 mil pesos.

La situación era tan desesperada, que, para pagar los gastos corrientes de la administración, el Ayuntamiento de Guatemala fue asistido por la Casa de Moneda que le prestó barras de plata por valor de 19.378 pesos, que estaban destinada a producir monedas: iban a servir para lo que entonces se llamaba los rescates de moneda; y estas barras fueron empeñadas al Arzobispo Cassaus y Torres, quien prestó a cambio de ellas 4,000 pesos en dinero acuñado. Otro ciudadano que participó en esta operación fue don Luis Pedro Aguirre, quien entregó dinero circulante con garantía de las Barras de plata.

Tan extremadamente aguda era la situación, que, en 1823, Gaínza antes de entregar el poder a Filísola, tomó de las Cajas de las comunidades indígenas 2.814pesos, hecho que motivó el memorable voto razonado de José Francisco Barrundia, quien se ocupó de este despojo ante los miembros del Ayuntamiento, de la Junta Provisional Consultiva. Con esta situación fiscal tan apretada, la nueva República se complicó a sí misma al decretar una serie de modificaciones tributarias, en el afán de operar lo que se llama hoy una reforma tributaria. Fue derogado el impuesto de medias anatas que pagaban todos los empleados públicos que devengaban sueldo; el ramo de Bulae; el quinto real sobre el oro y la plata; fue derogada la alcabala que pagaba el hierro nacional por su comercio interior, aunque se ve claramente que esta derogación fue para fomentar las artesanías que lo empleaban. También fue abolido el impuesto de ciudad, es decir el que pagaban los productos por entrar y salir de las ciudades, y el tributo que pagaban los indígenas, ya abolido en 1812 y vuelto a abolir en 1820 para evitar los levantamientos masivos de los indios.

La Asamblea Nacional Constituyente exoneró a los plantadores de tabaco de las deudas que tenían pendientes con el Tesoro; derogó la alcabala que Filísola había vuelto a imponer; redujo la alcabala de internación (o marítima) del 6 al 4%; liberó del pago de impuestos los materiales de guerra que fueron introducidos en el país durante el término de 5 años. De manera que para la naciente República solo quedaban como renglones fiscales para formar su presupuesto, el impuesto del papel sellado, el de correos y el de tabaco, más adelante reorganizados por leyes especiales, y el impuesto de importación que se aumentó en un 4% el 2 de marzo de 1824. En esta situación había una verdadera anarquía fiscal.

El Poder Ejecutivo de la Federación decidió entonces, en el mes de febrero de 1824, nombrar una comisión para que estudiara la situación fiscal, y esta comisión por ley del 21 de diciembre de 1824, solo dejó vigentes 4 impuestos:

a) El impuesto de la pólvora
b) El impuesto del correo
c) El impuesto del tabaco
d) El impuesto de la alcabala marítima (aduana marítima)

Nacidos, pues, como República en medio de una profunda crisis económica que traía consigo una igualmente aguda crisis fiscal, los únicos aprovechados fueron los comerciantes ingleses, ya establecidos en Belice, erigido en gran almacén para el comercio legal y para el contrabando. En esta novedad fueron aprovechados todos los contrabandistas, de casi todas las provincias especialmente de Honduras. En este caso, Honduras fue el territorio elegidos para toda clase de comercio ilegítimo.

Haciendo a un lado el territorio de Belice, Honduras, con una costa tan larga, desde el Río Sarstún, según Cédulas Reales, hasta el Cabo de Gracias a Dios, fue la gran puerta para que entrara el contrabando inglés a Centro América. Belice abastecía de contrabando a las Islas de la Bahía y a la Mosquitia, lugares de donde se derramaba al interior del país, muy a pesar de las autoridades españolas, muchas de las cuales eran sobornadas. Los contrabandistas, violadores de la ley, perseguidos en otro tiempo y ahorcados en la primera rama que se hallaba al paso, posteriormente se les veía como benefactores de la comunidad y se tenía de ellos otra imagen: ofrecían lo que se deseaba y a un precio que lo podían pagar los bolsillos populares. Con entera frialdad, los contrabandistas ofrecían sus mercancías en Juticalpa, centro principal de sus operaciones. Las trasladaban en "pipantes" movidos a golpes de remo por indios mosquitos adiestrados desde la costa siguiendo aguas arriba del Patuca. Allí vendían parte de sus mercancías y las restantes las remitían a sus agentes situados en las demás poblaciones.

Lo anterior solo podía suceder en un clima de aguda crisis económica en la provincia de Honduras, en la que exenta del comercio del añil con excepción del departamento de Gracias y un poco en Comayagua, sus exportaciones principales habían sido metales preciosos, ganado en pie para abastecer el mercado interno de la Capitanía General y cueros para el exterior. La crisis que había afectado a la minería por razón de la "revolución de los precios" en Europa, había reducido la producción minera al mínimo, y con la guerra anglo—española los propietarios de minas subsistentes unos pocos siguieron activándolas y otros liquidaron sus negocios o quebraron. Las empresas que se liquidan o se cierran dejan malestar en las comunidades, porque cesa el movimiento de salarios, la compra de materias primas, alimentos, ropas, etc., y esto produjo una alarmante desocupación de trabajadores mineros, que más tarde encontraron ocupación en el Ejército Protector de la Ley, y que mientras eso llegaba pusieron en tal apuro a los propietarios de minas que siendo peninsulares la mayor parte de ellos tuvieron que huir —es la palabra— a Cuba y a España. Naturalmente, en una crisis tan aguda como, la relatada aminoró el comercio interno del ganado en pie, y se suspendió la exportación de cueros para Europa por las razones explicadas.

Honduras fue distinta de las demás provincias de la Capitanía General. Desde el principio de la Colonia fue un complejo de minerales que llevó el nombre de Real de Minas de San Miguel de Tegucigalpa y Heredia que pretendió igualarse, aunque nunca lo consiguió, con los complejos mineros de Perú y de México. Cuando se produjo la baja de los metales preciosos en Europa por la competencia metalífera que le hacían a España las nuevas naciones colonialistas de Holanda, Inglaterra y Francia, fue la provincia de Honduras la que primero sufrió el golpe de la Capitanía General de Guatemala. Sufrió lo que se llamó la crisis minera que, desde luego, afectó a las otras provincias que se abastecían con los metales del Real de Minas. Para aminorar la crisis, la provincia de Honduras no pasó con sus hombres de negocios al cultivo del añil, del cacao, de la caña de azúcar o de algodón; pasó a la ganadería y se constituyó en el gran abastecedor de carne, quesos y mantequilla en el territorio de la Capitanía General. Pero en la segunda crisis derivada de la guerra de España con Inglaterra, la ganadería de la provincia hondureña sintió la limitación del mercado interno y los bajos precios y también sintió que había perdido el estímulo del comercio exterior.

Llevadas las consecuencias de la segunda crisis a la Hacienda Pública, se vio que ni en Tegucigalpa ni en Comayagua alcanzaban los impuestos para pagar los servicios y que al realizarse la independencia y operarse la reforma tributaria que acordaron los legisladores, se redujo aún más la posibilidad de poner término a la crisis fiscal de la provincia.

Otro punto que conviene aclarar es que las poblaciones de Tegucigalpa y Comayagua no tenían el crecimiento de San Salvador y Guatemala. Tegucigalpa, cabecera del Real de Minas, carecía de atractivos económicos para arrastrar a su seno a los rudos mineros de su jurisdicción; y Comayagua, centro de ganaderos, no tenía estímulos para acumular en sus barrios a los "campistas", haciéndolos abandonar las haciendas.

Los "campistas", hombres de campo, jinetes dedicados al cuidado del ganado vacuno y caballar, en la segunda crisis se volvían campesinos libres, cultivaban granos de primera necesidad en tierras ejidales y del Estado, o se incorporaban a las numerosas cofradías que había en el país para que los mayordomos, de acuerdo con los curas de las parroquias, les dieran el cuido del ganado de algún sitio y de cuya leche, carne y servicio de tracción se aprovechaban de acuerdo con los reglamentos establecidos. Pero esta incorporación a las cofradías no significaba la solución del problema de cada cofrade, sino un arbitrio para medio "ir pasando".

En definitiva, en Honduras la materia explosiva se hallaba en los centros mineros y ganaderos y no en las ciudades, como en El Salvador y Guatemala.

# CAUSAS FISCALES CONCRETAS DE LA GUERRA CIVIL

***

Hablaremos de la pugna que hubo entre los Diputados federales y el Poder Ejecutivo federal presidido por el general Arce, debido a que éste no puso en vigencia la nueva organización para explotar y comerciar el tabaco.

El tabaco era un rubio floreciente. Desde fines de la Colonia se le había estancado, bajo un control que se podía calificar de monopolio estatal. Autoridades estatales compraban la cosecha y la comerciaban pagando un precio más o menos fijo que se estableció a los productores, casi todos eran medianos y pequeños propietarios de tierras, y se cosechaba el tabaco en las provincias. Como este era el renglón más importante del Ingreso fiscal, ocurrió que todos los nacientes Estados federados quisieron quedarse con las utilidades, con la renta del tabaco.

El Gobierno federal pretendía ser el administrador y también el dueño de la renta del tabaco. En la Asamblea se discutió muchísimo, hasta que se llegó al decreto de 1824 por el cual la acción directiva de todo lo relacionado con el tabaco sería federal, y la acción administrativa, estatal.

La opinión de los diputados salvadoreños y de las autoridades de El Salvador, fue adversa al decreto por considerarlo anti—federal. La verdad es que el Presidente Arce no aplicó el decreto, y entonces empeoró el poder económico y fiscal de la federación que entró en la fase de una verdadera anarquía.

Podríase decir en términos generales que en la cuestión del tabaco la posición del Poder Ejecutivo federal coincidió con los intereses de los restos de la oligarquía colonial, que ahora estaba conformándose con el partido conservador de Centro América, mientras que la posición de los Estados coincidió en gran medida con los intereses de los sectores populares provincianos que estaban alentando las ideas del partido liberal en cada Estado y en la Federación en su conjunto.

Además hubo otras razones que vinieron a sumarse al caso señalado, La Asamblea Constituyente dio un decreto en enero de 1825 por el cual la Federación debía satisfacer y cubrir todos los créditos activos y pasivos de la deuda pública. Entre otras cosas para poder atender el pago de estos créditos activos y pasivos, en marzo de 1825 se decretó que todas las fincas y establecimientos hechos con rentas de dos o más de las antiguas provincias, pertenecían a la Federación; este decreto fue otro motivo de discordia, por cuanto los representantes de los Estados federados consideraban que se despojaba de lo suyo a dichos Estados.

A lo anterior se sumó que el Estado provincial de Guatemala preservándose de nuevas medidas similares de la Federación, comenzó a hacer un inventario de las fincas urbanas y rústicas del Estado, llegando hasta determinar el activo de la ciudad de Guatemala. El inventario dio como resultado que el valor de las fincas nacionales era de 106.769 pesos con 4 reales y el activo de la ciudad de Guatemala se estimó en 457.130 pesos.

Para dejar más claro el panorama, de 1821 a 1825 el cambio de manos de la propiedad y la posesión de la tierra creó una sicosis de inseguridad en relación con esta. Las leyes de la Asamblea Nacional Constituyente dadas en 1825 habían derogado las disposiciones coloniales en materia de propiedad territorial, y entonces hubo un gran avorazamiento en los sectores económicamente poderosos por adueñarse de tierras que antes eran terrenos realengos o baldíos y aun ejidales y de comunidades, y esta posesión avorazada determinó en aquellos primeros años de la República una gran inseguridad en materia de propiedad y posesión de la tierra. Así lo deja entrever el Informe del ciudadano Mariano Gálvez al clausurarse las sesiones de la Asamblea Legislativa del Estado de Guatemala en 1831.

Así los hechos, los terratenientes que cargaban la culpa de haber usurpado tierras del Estado, el Municipio y las comunidades, esperaban de un momento a otro que el Congreso Federal emitiera un decreto emitiendo el Impuesto Territorial, manera de hacerlos pagar, a tantos, los terrenos robados, razón por la cual, antes de que sucediera lo sospechado, los terratenientes laicos y eclesiásticos decidieron derribar el gobierno del Presidente Arce.

Tales fueron los fundamentos económicos de la guerra civil, aparte de que hubo elementos propiamente políticos, cuestiones personales y hasta rencillas muy privadas entre los que habían sido próceres, juntos en la misma trinchera en 1821, pero que a la vuelta de 3, 4 o 5 años se encontraban ya en posiciones antagónicas en la lucha por el control del poder del Estado.

Es en ese momento que Manuel José Arce, liberal de primera fila, con una larga lista de hechos honrosos en favor de la Independencia, y al cabo de los grandes sucesos de 1821 a 1823 elevado a la Presidencia de la República federal en la que se cuenta con el apoyo de los liberales de los cinco Estados, da un tremendo salto ("salto que no diera yo por todo el oro del mundo") para caer en el campo de la oligarquía de la capital de Guatemala que era ya conservadora y que luchaba por adueñarse del Poder desde la azonada de Ariza y Torres que le dio vuelta al Gobierno provisional del primer Triunvirato en el que los liberales tenían mayoría de 2 contra 1 y que fue anulada al dejar su asiento el doctor Pedro Molina, hasta la destitución por la fuerza de las autoridades del Estado de Guatemala, los liberales Juan Barrundia y Cirilo Flores y los cuales fueron sustituidos por dos miembros de lo que ya entonces se puede llamar Partido conservador.

La acción conservadora del Presidente Federal Arce que tiene los perfiles de un golpe de Estado desde el Poder al violar la Constitución de la República Federal de Centro América, se extendió con sus hechos ilegítimos y funestos al Estado de El Salvador y al Estado de Honduras, de donde se elevó la respuesta de los liberales con descargas de fusilerías y estampidos de cañones contra los abusos de la oligarquía guatemalteca.

La imposición de autoridades en el Estado de Guatemala donde lógicamente la pugna entre Conservadores y Liberales era más aguda, había de ser el elemento desencadenante para que surgiera y se elevara Francisco Morazán con el Ejército Aliado Protector de la Ley, que fue el brazo armado de los intereses mayoritarios del pueblo de Centro América en su lucha contra la oligarquía guatemalteca, heredera de la oligarquía colonial.

La revolución centroamericana recorrió varias fases.

La primera fue contra la Corona española, dejando en paz a la Iglesia. En esta fase se organizó un frente nacional que abarcó a todos los centroamericanos. El Estado colonial no tuvo más carta en el juego que la componenda. Fue una revolución blanca que dejó instalado al Capitán General como Jefe Supremo del Gobierno, asistido de unos cuantos asesores criollos y que enseguida produjo efectos desastrosos.

La segunda fase fue cuando la anexión de Centro América al imperio mexicano, dejando libres de responsabilidad a los autores de semejante crimen. En esta fase quedó roto el frente nacional centroamericano. Siendo los monarquistas recién derrotados el 15 de septiembre de 1821, los padres de la anexión a México, numerosos propietarios urbanos y rurales, medianos y pequeños, y apreciable cantidad de profesionales que habían sido anti—monarquistas le ofrecieron vasallaje al general españolista Agustín Iturbide, ahora Emperador Agustín I. Y los Ayuntamientos que tenían entonces la voz de las masas, uno votaron en favor de la segunda independencia y otros en pro de la Anexión. Así quedó dividida la opinión pública de Centro América; así adquirió base de masas la desprestigiada reacción colonialista; y, así tomaron cuerpo el Partido Conservador de los Españolistas y Mexicanistas y el Partido Liberal de los Republicanos y Demócratas criollos.

La tercera fase de la revolución de Centro América corresponde a la reunión de la Asamblea Constituyente que instituyó la independencia de la Nación, la República Federal, la Soberanía del pueblo, el Gobierno representativo y el Estado democrático, que en la Constitución manifestó el empeño imposible de conciliar los intereses contradictorios de los monarquistas y los patriotas. Si la Asamblea Constituyente hubiera contado con la asistencia de las masas populares para impedir la beligerancia de los españolistas y los anexionistas en las discusiones parlamentarias y en la prensa, otra habría sido la Constitución y otro el destino de Centro América. Pero no hubo tan asistencia de masas porque los tribunos del pueblo no advirtieron el peligro de la conciliación con los traidores.

La cuarta fase de la revolución de independencia de Centro América la determina la guerra civil que el Gobierno Federal le declaró a los gobernantes de algunos Estados de la Federación, con miras a romper la Constitución federal y a fundar una República centralista al sabor y gusto de los Conservadores.

La guerra civil duró desde 1826 hasta 1829. En el primer año el Gobierno federal tuvo la iniciativa estratégica y táctica capturando, encarcelando y hasta asesinando altos funcionarios; invadiendo Estados con tropas federales y para coronar la obra incendiando poblaciones importantes como Comayagua, capital del Estado de Honduras. En los años siguientes el Ejército Aliado Protector de la Ley le arrebató la iniciativa al Gobierno federal y de triunfo en triunfo hizo capitular a la ciudad de Guatemala, La República Federal se había salvado.

La quinta fase de la revolución contempla el fin de la guerra civil; el triunfo de los liberales con Morazán a la cabeza; la secularización de algunos bienes de la Iglesia; la expulsión de varias congregaciones religiosas y del Arzobispo de Guatemala; la confiscación de las propiedades de algunos conservadores chapines en el Estado de El Salvador; y, la dotación de leyes favorables a la libre contratación, al libre comercio, al trabajo remunerado en moneda nacional, a la enseñanza laica, etc.

La sexta fase de la revolución de la independencia de Centro América, se perfila en la contra—revolución conservadora que perseguía la terminación de la República Federal, es decir la separación de los Estados centroamericanos, y que fue apoyada por Inglaterra que abrigaba pretensiones colonialistas.

La séptima fase la determinó el triunfo de la contra—revolución conservadora con la desintegración de la República Federal y el nacimiento de cinco Estados independientes en el papel por deberle indirecto vasallaje al Gobierno británico, a partir de 1839.

Y en la octava fase se vio el esfuerzo de algunos gobiernos nacionales encaminado a fundar una Confederación de Centro América, instruidos desde luego por agentes discretos del Gobierno de los Estados Unidos cuando se hicieron evidentes las pretensiones coloniales de la Gran Bretaña.

# LOS PARTIDOS POLÍTICOS CENTROAMERICANOS, CONSERVADOR Y LIBERAL DEL SIGLO PASADO

Hace falta una relación histórica sobre las ideas en la década del 20 al 30 del siglo pasado en Centro América. Los líderes representativos de ambas corrientes, en aquellos momentos tenían grandes coincidencias ideológicas por lo menos en cuanto a las ideas económicas; todos eran partidarios del libre comercio irrestricto, del mercado abierto, y apenas unos cuantos de ellos, entre los que conviene mencionar con respeto por su certera intuición histórica es el doctor Pedro Molina, en razón de haber advertido con tiempo los perjuicios que ocasionarían las ideas avanzadas del siglo en la práctica del comercio a la incipiente economía nacional y sobre todo a la producción artesana y a las primeras manufacturas. Consumada la independencia política, es difícil sino imposible encontrar tendencias encaminadas a la organización de una República unitaria o de una federalista que finalmente predominó. Muchas veces la improvisación ocupó el lugar del conocimiento acertado.

En cuanto a otra serie de instrumentos públicos, tanto para el manejo político, administrativo o económico, se tiene el convencimiento de que no hubo la suficiente reflexión en los pro—hombres de aquella época acerca de lo que convenía a los intereses objetivos concretos e inmediatos del momento. En cuanto a la ideología, también se presenta otro asunto que da lugar a confusiones, por ejemplo, véase el caso de José Cecilio del Valle, cuya ilustración se ha reconocido ampliamente y no hay quien la discuta, Valle expresaba en sus escritos doctrinarios el pensamiento liberal, el pensamiento de una incipiente burguesía, las ideas del desarrollo capitalista, que eran las mejores ideas de aquel entonces, a veces hasta con atisbos para la realidad concreta en que él escribía. Sin embargo la acción política del ciudadano Valle no coincidió con las ideas hermosas que escribiera; por ejemplo, cuando él hablaba de la relación obrero—patronal, decía un obrero, un operario no es un esclavo, es una persona que establece un contrato de trabajo con el patrono, el patrono ofrece salarios, el obrero ofrece servicios, es un pacto el que se estipula, no se establece una relación de sujeción. Cuando Valle escribía esto, por su pluma se estaba expresando la ideología que llenaba todos los ámbitos del mundo en aquel tiempo, pero su acción práctica jamás estuvo del lado de las masas de obreros incipientes, ni siquiera de la clase media emergente de las ciudades que más crecían entonces.

Algunos otros ideólogos como Irisarri, tanto Juan Bautista el padre como Antonio José el hijo se presentan al cabo de 150 años como repetidores de las ideas imperantes en Europa que les eran coetáneas pero que no tenían muchas veces base de sustentación en la realidad económica y social de Centro América. Con respecto a las ideas de ambas corrientes no hubo un planteamiento orgánico. La historia centroamericana tiene esta característica muy específica. Sus grandes movimientos no han estado poseídos de planteamientos teóricos, y esta es una distinción que resulta más evidente cuando se compara, por ejemplo, con los grandes movimientos sociales y políticos de México, que tienen la gran suerte histórica de que todos los pronunciamientos han sido precedidos o acompañados de instrucciones, planes o programas, a través de los cuales la ideología se muestra precisa; los objetivos a alcanzar aparecen limpios y claros.

Nosotros no hemos tenido esa suerte, casi ninguno de las grandes figuras históricas del conservatismo, del liberalismo, han sido hombres que planeen orgánicamente su pensamiento. Todavía siguen los historiadores investigando entre cartas, discursos y leyes para lograr la formación de un cuadro más o menos congruente, que permita decir esta fue la ideología de determinado personaje o de determinada corriente en un momento dado.

Los partidos liberal y conservador en el siglo pasado, sin ideario y sin programa inmediato y posterior se parecieron más con las congregaciones religiosas cuyos componentes los une la fe en los milagros de tal o cual santo, llámese San Pedro o San Juan, y nada más. Pero esto acusa un total desconocimiento del papel que juegan los partidos como gestores de las altas funciones del Estado, instrumentos de progreso en los países que salen del feudalismo, y como se desconoce eso que es tan importante, en la acción opuesta han generado el caudillismo, estimulado por los poderes internacionales que se dedican a la colonización de los países pequeños y débiles.

Partidos históricos sin ideario y sin programa han sido fecundos en producir caudillos de ignorancia fenomenal y han sido juguetes de las potencias exportadoras de dominación política, financiera y militar.

## BIBLIOGRAFÍA

Apuntes de una conferencia del Licenciado Marco Antonio Villamar Contreras.

Anotaciones del ensayo Los Caudillos del Doctor Antonio Martínez C.

# GENERAL FRANCISCO MORAZÁN

Consideramos que la obra titulada "Historia del Benemérito Gral. Don Francisco Morazán, ex Presidente de la República de Centro América" escrita por el Doctor Ramón Rosa, debe aparecer íntegra en este libro, porque es más que todo un documento de un gran valor político.

Los escritores y los aficionados del país suelen publicar libros por vanidad, para muy poco o para nada. El Doctor Rosa, de alta estatura intelectual, redactó un libro para ofrecer a la juventud un modelo de hombre capaz de juntar estos cinco pedazos de patria y hacer con ellos una sola Nación, respetuosa y respetada en el Continente y en el mundo.

Como la unión de Centro América habrá que hacerla, hoy, o mañana, algún día, para borrar la ofensa que nos hicieron los imperios colonialistas modernos, la imagen de Morazán siempre estará a la vista, para seguir su ejemplo, adaptado a los tiempos nuevos.

El Doctor Rosa solo escribió seis capítulos en 1882. Aparece el Morazán impresionante en la guerra civil de 1826—1829. Quedó inconclusa la obra y es una lástima. En lo escrito, vemos al guerrero brillante. Quedamos sin ver al estadista como Presidente de la República de Centro América. Y no vemos al mártir.

La Historia de Morazán fue una joya familiar guardada durante 89 años en Guatemala, hasta que una nieta del Doctor Rosa la regaló, a través del Instituto Morazánico al Pueblo Hondureño, en 1971.

## CAPÍTULO PRIMERO
### CONSIDERACIONES PRELIMINARES

El absolutismo del régimen colonial, con su cortejo de desaciertos y de iniquidades; y las rudas luchas siguientes a la independencia, con sus tendencias ora a afirmar el despotismo, ora a plantear las instituciones de la República; tales son los dos grandes hechos que aparecen y resaltan en el vasto cuadro, aun no trazado por completo, de la Historia política de Centro América (1). Para comprenderla, requiérese conocer la época del coloniaje, aquella edad de hierro en que todo se subordinaba al principio de autoridad, llevado hasta el extremo de causar una verdadera parálisis de las actividades sociales; para comprenderla, requiérese también conocer y juzgar aquella edad heroica que sucedió a la independencia, en que el espíritu de libertad y de reforma, aunque muchas veces extraviado, supo obrar milagros de constancia, de abnegación y patriotismo.

En el cuadro que ofrece la edad heroica de Centro América, que comienza en el año de 1822 con la protesta armada contra la anexión de Centro América el Imperio Mexicano de Don Agustín de Iturbide, y que termina con los trágicos sucesos del año de 1842, destácase serena, noble y majestuosa, la figura simpática de un hijo de Tegucigalpa, de Francisco Morazán, que con su brazo supo combatir la reacción encaminada contra la independencia y la libertad, y, con sus indomables carácter y sus ideas firmes y elevadas, mantener viva la fe en los altos e inmortales destinos de la República.

Voy a escribir la Historia de aquel grande hombre, obra dificilísima que declaro ingenuamente, excede, con mucho, a mis fuerzas. Escribir la Historia de Morazán no es redactar los preparativos, combinaciones, y resultados de las batallas de un héroe que supo imponerse a la fortuna; es más que todo esto; es juzgar, en una época de vacilaciones, de dudas, y aún de escepticismo y con el difícil criterio del y de la Filosofía de la Historia a un hombre de ideas, de principios; es apreciar, con mayor exactitud posible, todo un sistema político, si se quiere exótico en una tierra virgen, y para un pueblo nuevo, planteado y desarrollado, durante una dilatada época, en medio de la exaltación de los ánimos, del desbordamiento de pasiones e inocentes o aviesas en su origen y entre el choque de opuestas e irreconciliables ideas, y entre el horrible fragor de los combates.

La vida de Morazán entraña, no tanto una serie dilatada de hechos, de esfuerzos y de heroísmo, cuanto una serie de altas ideas y de fecundas enseñanzas. De aquí la gran dificultad que se presenta para el biógrafo y más para el historiador crítico, con respecto al juicio que debe expresar sobre la vida, obras, tendencias y aspiraciones del repúblico que más honra los anales de nuestra Historia. No es lo mismo juzgar un hecho de armas, que juzgar la trascendencia de una idea: no es lo mismo juzgar los instintos de un déspota vulgar, que juzgar los ideales de un patriota que se encamina en busca de la consecución de no bien conocidos cuanto gloriosos destinos para la República: no es lo mismo juzgar los intereses de un hombre; relacionados con las impurezas, con las corrupciones de su tiempo, que juzgar las aspiraciones de un repúblico, relacionadas con la verdad pura e impersonal de los principios: no es lo mismo juzgar el éxito del momento que pueden obtenerlo tiranuelos, que juzgar las promesas de un honroso y bello porvenir amadas por el corazón y calentadas en el cerebro de un grande hombre; no es lo mismo juzgar la realidad de hechos repugnantes, que se olvidan tan pronto como pasa la repulsión que inspiran, que juzgan la magnífica idealidad de los principios, que es la realidad de mañana, que es la inmortalidad de las ideas, que es el porvenir de los hombres y de los pueblos cultos.

A Morazán toca, en su plenitud, la idealidad de los principios y la inmortalidad de las ideas. He aquí la gravísima dificultad que se opone al que intenta escribir, en toda regla, su verdadera biografía: más que de hechos perceptibles para el vulgo, debe tratarse de altas y trascendentales concepciones. Yo me comprometería a salir airoso escribiendo, con cuatro plumadas, las biografías de todos los criminales tiranuelos que han llenado y llenan de infamia al Centro de América, pero me siento débil y medroso al escribir la vida de Francisco Morazán. Yo experimento cierto religioso respeto al expresar mis juicios sobre la vida, hechos e ideas de Morazán. Yo sé por la Historia que un pintor piadoso cuando reproducía la imagen divinizada de Jesús, lo hacía de rodillas: yo imito en parte su ejemplo: yo no me arrodillo; pero me inclino ante la magnífica figura del mártir de Centro América que personificó los ideales de nuestra destrozada patria, me yergo para mostrar el despotismo indiano que nos deshonra en la Biografía del Repúblico una enseñanza que lo morigere o exaspere, y que sea como la expresión del sentimiento de pueblo destrozados y escarnecidos por conservadores y pseudo liberales; de pueblos que ya ni se atreven, bajo la inmensa pesadumbre del terror, a pedir patria, libertad e instituciones.

Sucede en los países que han retrogradado en lo social y en lo político el fenómeno de que las enseñanzas de lo pasado lejos de relegarse a los archivos para que las estudien los aficionados a lo antiguo, son por lo contrario, cuestión de actualidad, la aspiración de lo presente, y el ideal de lo porvenir. Nuestra gran retrogradación hacia el pasado colonial aunque disfrazada con el ropaje churrigueresco de repúblicas en caricatura hace que la vida, que las obras, que las ideas de Morazán sean tema de actualidad, que constituyan la suprema aspiración de lo presente y que sean, para los hombres pensadores, los ideales que se dibujan en los vastos horizontes de lo porvenir. Dados, nuestros grandes retrocesos, dados nuestros errores en materia política, dados nuestros crímenes que hoy nos exhiben como falsificadores de la República, dados tan funestos sociales, que hoy dan vida a la más funesta escuela de nuestras escuelas de corrupción; no será avilantez la mía el decir que la escuela de Morazán, que la enseñanza en pro de la unidad de la patria y de las efectivas instituciones de la República, es la única enseñanza que debe darse en nuestros días, y que es aún más, la enseñanza que en lo porvenir deben dar, si quieren ser independientes y libres, los hijos de nuestros hijos.

Si los altos fines de la independencia y de la República se hubieran cumplido entre nosotros, a buen seguro que los hechos y las ideas de Francisco Morazán, no tendrían hoy la suma importancia que tienen. Si el sentimiento Nacional de Centro América se hubiese pronunciado en el sentido de asegurar la unidad de la patria y la efectividad de las libertades individuales y públicas; si se hubiese alcanzado esa conquista, digna de nuestro siglo, Morazán sería hoy un notable personaje histórico; pero no sería hoy un notable personaje histórico; pero no sería, por sus hechos y por sus ideas. Nuestra inspiración en lo presente, y nuestro ideal para lo porvenir. Yo que amo, como pocos, la memoria del ilustre repúblico, deploro de todo corazón que sea tan grande, a costa del egoísmo, de la imprevisión, de los errores, y de los crímenes de nuestros partidos políticos; a costa de la desorganización y del envilecimiento de la patria. La Historia, como el individuo, juzga bajo la ley indefectible de los contrastes. La reacción estúpida y criminal mató al héroe, rico en actividades, en esfuerzos, en aspiraciones y nobles ideales; pero el contraste histórico lo hace aparecer, aún hoy en día, como el revelador de nuestros destinos de organización, de verdadero progreso, de cumplida libertad y de inmarcesible gloria. ¡Ah! Yo desearía que tanta gloria hubiese sido eclipsada por hombres y por pueblos que, dejando muy atrás al batallador del 29 y del 40, al mártir sublime del 42, hoy nos dijesen: "Si Morazán trabajó en lo pasado, su noble vida corresponde a la Historia; pero nosotros hemos ido adelante; nos hizo ver la luz crepuscular de la mañana, pero por nuestra virtud vemos ya la esplendente luz del medio día; tenemos, sin zozobras y combates, patria, libertad e instituciones y la felicidad de los nuestros y el aprecio y el respeto de los países extranjeros".

A tan alto grado llegan la significación histórica y la importancia de las enseñanzas de Morazán, que bien puede aseverarse que esos elementos morales son y serán, por mucho tiempo, esencialísimos en el organismo de nuestras sociedades, si es que estas han de tener una vida progresiva, y han de realizar evoluciones regulares en el terreno de la civilización. Sin duda, inspirado por esta idea, dijo con gran sentido histórico al escribir Don Álvaro Contreras, estas notables palabras; "Suprimid el genio de Morazán y habréis aniquilado el alma de la Historia en Centro América".

Sin la acción del héroe desaparece el drama en nuestra vida nacional". "Sin ella no es posible hallar clave de filosófica explicación a la biografía de la familia Centroamericana".

"Protagonista de una gran tragedia, nuestro gran Capitán se destaca fascinador desde su primer campo de batalla, donde se le ve en todas partes, llevando sobre su frente aquella aureola de los predestinados que se hacen sentir, de un modo misterioso, pero formidable".

"Él es el sol que se alza en el Oriente de nuestra existencia como nacionalidad emancipada".

"Desde su aurora hasta su ocaso, no es posible verlo con el ojo de la indiferencia" (2).

Exactas son las apreciaciones del escritor hondureño. Imagínese, que como por encanto desaparecen de la Historia de Italia, de esta musa del mundo moderno, los nombres y las enseñanzas célebres de Cavour de Garibaldi, y de Mazzini; pues bien; la unidad italiana y sus progresos en pro de las instituciones, no desaparecerían, porque el ejemplo y la idea de aquellos hombres, han llegado a convertirse en sentimiento nacional de sus conciudadanos: imagínese que desaparecen de la Historia de los Estados Unidos los nombres venerados de Washington, de Jefferson y de Lincoln, y sus lecciones que son las que más ilustran a este sigo de la República; pues bien; no se perderían ni la unidad de la Federación Norteamericana, ni su credo político del gobierno de sí mismo (self gobernment), porque en el pueblo—rey de las libertades individuales y públicas, se ha hecho carne el verbo de la idea de los hombres que fueran los creadores de su admirable creación de derechos, de garantías, y de portentosos adelantamientos sociales y políticos; imagínese que desaparecen de la Historia de Sur—América los hombres y los ejemplos, casi legendarios, de Bolívar, de Sucre, de San Martín y de O'Higgins, de aquellos hombres extraordinarios que, en medio continente, hicieron dar a pueblos envilecidos por la Colonia, el salto más prodigioso que puede contemplar la moderna Historia; el salto del estado de la servidumbre reglamentada por los Carlos V y los Felipe II, al estado de la República creada y sostenida, entre batallas, y alentada por los principios de la dignidad humana, de la filosofía, de la razón y de la libertad; pues bien, aunque la memoria y las enseñanzas de aquellos pro—hombres desapareciesen en Sur—América, aun se mantendría la vida inquieta, pero fecunda en esfuerzos propicios a la independencia y al derecho de los pueblos, porque en Sur—América, aunque no hay en todos, los movimientos regulares de sociedades definitivamente constituidas, existen ya enérgicas en sus hijos los sentimientos de la dignidad nacional, y existen grandes e irresistibles vocaciones que los llevan, aunque sea entre dolores y lágrimas a la consecuencia del derecho y de la demás altos fines de la cultura social. Pero entre nosotros, amargo y cruel es afirmarlo, no se ha formado el verdadero sentimiento Nacional; y de aquí la necesidad de buscar un poderoso resorte para movernos progresivamente; de aquí la necesidad de buscar, en lo pasado fuerza, aliento e inspiración, para mejorar nuestra condición presente, e ir en pos de un honroso y grande porvenir; de aquí la necesidad de presentar la vida y enseñanza de Francisco Morazán, como tema trascendental de actualidad, como fuerza benéfica de impulsión que nos lleve a realizar mejores destinos, en provecho del hombre, de la familia, del cuerpo social, de la patria, de la humanidad. Hay que repetir con Álvaro Contreras: "Suprimid el genio de Morazán y habréis aniquilado el alma de la Historia en Centro América". Aunque no tenemos pueblo: asimilémonos la idea y el sentimiento de un extraordinario mito. ¿Por qué se dice que la vida, las ideas y las enseñanzas de un grande hombre encierran en síntesis, la causa del presente y del porvenir de Centro América? ¿Hay fe en tales aciertos? ¿Los dicta el corazón que es la entraña del patriotismo? ¿Los inspira el cerebro, que es el órgano de las ideas, y más que todo, el órgano de la ciencia? ¿Se trata de embaucar, en fin, en nombre de engañosa y malograda causa, o de un falso principio político?

Todas estas preguntas, todas estas dudas, y aun muchas más, son naturales para quienes no conozcan nuestra antigua historia y nuestros contemporáneos acaecimientos. Pero si no conocen aquella ni estos conocerán historia de otras edades muy parecidas a la nuestra. "César, los que van a morir te saludan", decían los antiguos romanos; y César la personificación de inhumano absolutismo, llegó a ser, se dice la delicia de la especie humana. "Por mi rey y por mi religión", decían las víctimas aunque ya iluminados por los primeros albores del Mundo Moderno; y aquel rey era Felipe II, el más sombrío, el más poderoso, y el más despótico de los tiranos coronados; y aquella religión era la religión más análoga a la de Satanás en el infierno; era la religión del espionaje, de las tentaciones, del tormento y de la inquisición. "El orden reina en Varsovia", se decía en Europa, por los esbirros de tres reyes poderosos, cuando descuartizaron a la infeliz Polonia y cuando el orden no era más que el pavoroso silencio de la muerte que se hacía sentir por el despotismo inicuo de conquistadores brutales que sumergían sus botas de soldados entre charcos de sangre y de lágrimas. "Viva el ilustre restaurador de las leyes", se decía en Buenos Aires, cuando la más hora infame de uno de los puñados de bandidos más execrables de América, tenía, por orden de Don Juan Manuel Rosas, y momento por momento, el puñal asesino tinto en sangre, en sangre generosa de víctimas ilustres de la República de Argentina. He aquí la historia teatral, la historia cómica y que más bien merece el nombre de trágica, con que se han exhibido las tiranías del antiguo y nuevo continente. Tal historia teatral, es nuestra contemporánea historia, con la falta, sí, de los talentos y la magnificencia de los actores de otros países y sin las vastas proporciones de su escenario social.

Como gusto de la hipótesis, por pura recreación o por antecedente de investigación científica, del mismo modo gusto de la realidad, cuando trato de hechos consumados. He dicho que entre nosotros se ha falsificado la República, y esta falsificación es la más funesta de las falsificaciones. Después que el Gral, Don Miguel García Granados, dejó el poder en Guatemala (3) desinteresada y noblemente los centroamericanos han tenido como único criterio, el criterio de la fuerza;

como único fin social, el éxito, como opinión pública, los gritos del populacho y las adulaciones de una prensa asalariada; y como derechos individuales, y como garantías, la entrega incondicional de sus personas, de sus familias, de sus intereses, y aún más de su conciencia y de sus ideas, al Señor que manda, al dispensador de todos los bienes, al Presidente, al dueño de vidas, de honra y de haciendas.

No falto a la verdad. Que lo digan imparciales extranjeros, dentro de Centro—América: que lo digan los Centroamericanos honrados, de todos los partidos políticos, se entiende fuera de Centro América. Unos y otros convendrán conmigo en que el estado político de nuestro país es el estado más adverso a los derechos y a los progresos de nuestras incipientes sociedades. Tenemos constituciones, códigos y reglamentos; pero no son más que escritos que valen mucho menos que los gastos que causo su impresión. Todo se idealiza, y todo se llena de fango; todo se ofrece, y casi nada se cumple: En teoría palabras y más palabras; y en el hecho atentados y más atentados brutales. Aquí en nuestra desgraciada Centro América, todo se simplifica a estilo del Cesarismo o a estilo de la tribu salvaje. En sociedad, en política, en religión, en industria, en comercio, en agricultura, en instrucción pública, en relaciones exteriores, no hay más que hacer esta pregunta ¿Qué quiere el presidente o el favorito del presidente? He aquí la cuestión de los hombres abyectos, pero no la cuestión de los hombres dignos formados bajo la inspiración de las enseñanzas y de los ejemplos de Francisco Morazán. No el pincel de Murillo, que divinizaba sus lienzos, sino el pincel de Rembrandt que los hacía sombríos y terribles, debiera pincelar los cuadros de nuestra historia. No el Petrarca, que idealizaba dulcemente, sino el Dante que aterrorizaba, debiera escribir el poema que sugiere nuestra historia. En efecto: ¿Cuál es el cuadro de nuestra historia, y más el de nuestra historia contemporánea? El cuadro recargado de las sombras del Romano Imperio, del Bajo Imperio, de los señoríos feudales, de las monarquías absolutas, de los cacicazgos indianos y de las desatentadas dictaduras ejercidas en nombre de la República.

Hoy por hoy, la sociedad vive tranquila, sale a las calles y plazas y se divierte. Es porque el Presidente quiere la paz y el regocijo público. ¿Se agitan cuestiones políticas bajo un tema obligado, y se habla de ellas, con inusitado calor, en la tribuna del diputado, en la tribuna del pueblo, y se escribe en hojas sueltas y en periódicos? Es porque el Presidente, con generosidad nunca bastante encarnecida ha dado el presente de la libertad de la palabra y de la prensa. ¿Se ponen la camándula y el escapulario los centroamericanos, oyen misa, confiesan, comulgan y reverencian a los jesuitas? Es porque el Presidente es piadoso y amigo de la religión. ¿Hacen alarde los centro americanos de descreídos, sin saber lo que es creencia católica, o alarde de libres pensadores, sin saber media palabra de ciencia? ¿Es porque el Presidente no oye misa y destierra a los jesuitas y demás frailes. Optan los centroamericanos por el sistema de nuevas industrias, de inmigración y de libre cambio? ¿Es porque el Presidente así opina. De lo contrario, industrias y comercio a estilo del Paraguay, y murallas a estilo de la China. ¿Quieren la agricultura los centro— americanos? ¿Cultivan las plantas textiles para formar sacos continentes sin contenido? Muy bien, dejan el café, el jiquilite y la grana porque aquel cultivo no le place al Presidente. En instrucción pública, gustan al Presidente los acólitos, los sacristanes y los doctores con capetos a usanza de la Edad Media? Pues están muy buenos y el Rivalda y los Estatutos de Carlos II, el Hechizado. Gustan al presidente, porque alguien se lo insinúa, los métodos de Mantilla, de Sarmiento, de Bello de Horacio Mán, de Lastarria y las de Spencer, de Augusto Comte, de Litree y de Buchner? pues están excelentes los nuevos métodos de enseñanza y las nuevas ideas de la ciencia. ¿En relaciones exteriores, echa una bravada el Presidente por cuestiones de límites o de reclamos extranjeros? Los centro—americanos se exaltan y se disponen a batirse hasta con los Estados Unidos y las primeras potencias de Europa. Pero quiere el Presidente ser diplomático, y entregar nuestros territorios, y pagar lo que no debemos y humillarse ante nuestros contrarios? ¡Magnífico! Nuestros contrarios tienen razón. El Presidente ha salvado la integridad los recursos y la honra de la patria y se levantan arcos triunfales para que pase el insigne diplomático a quien todo se debe hasta el agua que bebemos y el aire que respiramos. En resumen, ¿qué es un Presidente entre nosotros? La viva personificación de la sociedad, del Estado: lo absorbe todo y lo domina todo. En sociedad, es el dispensador de todos los bienes, y aun el propagador de la moda y el buen gusto; en política, es el único sostén del orden interior y de la dignidad en lo exterior y el protector de las libertades individuales y públicas; en industria, agricultura y comercio, es el que da impulso a la producción, el que conserva el ahorro, el capital, el que distribuye benéficamente los consumos público; en religión, es el que define el dogma, y como en tiempo de Luis XIV, resuelve sobre si debe haber hugonotes que asistan a la prédica o católicos que asistan a la misa, y para no amplificar los conceptos expresados, es entre los romanos, cesaristas y pretorianos el emperador y pontífice máximo, omnipotente y divino.

Tal estado social, en que los gobernadores tienen, de hecho, más poder, atribuciones e influencias que el emperador de la Rusia y que el Sultán de Constantinopla, no ha podido menos de traer, como consecuencia lógica, el anonadamiento del espíritu de los pueblos, el indiferentismo o el escepticismo de los pueblos, el indiferentismo o el escepticismo de los hombres pensadores, y la creación de falsas escuelas políticas tan viciosas por su fondo, como adversas por sus efectos a los fines de sofistas, que en todos los tiempos han precedido y acompañado a las épocas de desconcierto y de corrupción social, son las escuelas predominantes entre nosotros. Los sofistas del tiempo de la Federación dieron en tierra con la unidad de la patria: los sofistas de nuestros días han dado en tierra con los pocos elementos que quedaban como sostén de la dignidad Nacional y de los sentimientos del republicanismo. Un grosero sofisma hace que hoy se confundan algunas medidas de progreso material e intelectual con los principios que constituyen el organismo de la república. Quien combate al clero y lo veja, quien funda escuelas, quien establece algunas líneas telegráficas y mejora o abre algunas vías de comunicación, ese es el hombre de las instituciones, aunque, por otra parte, pisotea, día por día, los derechos individuales, aunque haga nulas las libertades electorales y parlamentarias, aunque haga esclava de sus intereses o de su capricho la administración de justicia, aunque convierta en su patrimonio exclusivo la hacienda pública, aunque viole la seguridad del hogar y el secreto de la correspondencia, aunque las manifestaciones de la conciencia y del pensamiento se sofoquen por el espionaje, que finge y que delata y por el terror que oprime y que degrada, aunque la ley del palo suspendida sobre todas las espaldas, sea, en definitiva, la única y suprema ley. Pero, ¿qué importa? "El país progresa", dicen los sofistas, y el orden y el progreso afirman la república, "Libertad y Reforma", dicen a los pueblos y éstos, aunque soportando el peso de horribles atentados de impuestos y de vejaciones, tienen que exclamar, aunque sollozando, "Libertad y reforma: nuestro gobierno es el genuino representante de la república, es el mejor de los gobiernos". Tal es la falsificación monstruosa que se ha hecho entre nosotros de las instituciones. En tiempos pasados, y no muy remotos teníamos cruentas luchas de partidos, pero al fin se trataba dignamente de una cuestión política. Hoy no se lucha: los hombres de los disueltos partidos, o están inmóviles como estatuas o aplauden su deshonra con el frenesí demente que produce el terror: Están sujetos a la coyunda vil del despotismo; y para los hombres pensadores, toda cuestión política ha dejado de serlo; para convertirse en una cuestión de humanidad. Los pueblos, en su abatimiento, no piden ya tal o cual institución: Su mayor anhelo es que se respete por los gobernantes siquiera su dignidad humana. ¡Hasta donde llegan excesos del despotismo! ¡Hasta dónde llega el envilecimiento de los pueblos que no han sabido ser ni previsores ni virtuosos para combatirlo, enérgicamente, en eso de sus sagrados e imprescriptibles derechos!

A la escuela del interés y de la corrupción, a la escuela de los sofistas que difunden espaciosas ideas para encubrir las excrescencias de nuestro cuerpo social, debe oponerse sencilla y noblemente la escuela de la verdad, de la razón impersonal y del sincero patriotismo. Va a hacer tres años que dije "La revolución de ideas, la revolución de principios que sean en espíritu y en verdad, está por hacerse en Centro—América" (4). Hoy afirmo, más convencido, si cabe, que es tan urgente como debido, y hasta humano hacer esa revolución. Más una verdadera revolución no puede hacerse sin bandera, y el patriotismo centroamericano o para moverse revolucionariamente debe levantar, muy alto, la bandera de Francisco Morazán, que simboliza estos dos grandes principios: Unidad de la Patria y efectividad de sus instituciones republicanas. "Este es un tema gastado", se me dirá, y una gran vulgaridad en política. Quién no ha confirmado y repetido que quiere la unidad nacional y el cumplimiento de las instituciones liberales? Convengo en parte con la objeción. Querer y vocear en favor de tales principios ha sido y es harto común y hasta trivial entre nosotros: pero obrar con fe y abnegación en pro de los mismos principios, como obraron durante una dilatada época Francisco Morazán, Trinidad Cabañas y José Francisco Barrundia, esto es excepcional, esto es raro, esto constituye un milagro del patriotismo que debe dar fe a los corazones casi yertos de los centro americanos, y dar un rayo de luz a sus inteligencias entenebrecidas por las densas sombras que proyectan las dictaduras triunfales sobre las ruinas de la patria.

Contémplese a Morazán, contémplese su advenimiento político, su vida y su muerte, estúdiese su historia, y que se me diga entonces por conservadores o pseudo—liberales si es una inepcia o una vulgaridad el decir que la idea de Morazán, su vida y sus hechos deben formar el númen de una revolución benéfica y regeneradora. Desde 1827, Morazán, de ciudadano, convirtióse en soldado de la independencia y del derecho: desde la cañada de "La Trinidad" hasta la capital heroica del Salvador y desde esta a Guatemala, la capital de los Capitanes Generales de la Colonia, hace una carrera triunfal, realiza hechos heroicos, se ve abrumada por el peso de los laureles, y vencedor, sin contradicción, el año de 29 sostiene la unidad de la patria, sostiene la constitución, sostiene la legalidad, y lejos de imponerse como dictador afortunado, deja el gobierno a los poderes legítimos para que en paz y justicia rijan los destinos de la combatida república, de la república salvada por su brazo y por su genio (5). Desde 1830, sin seducciones ni amenazas, es promovido a la primera Magistratura por el voto público. En 1831 y en 1832 vence bizarramente a la reacción liberticida más general y poderosa de que puede haber memoria en los anales de Centro América, y asegura el régimen de las leyes, y bajo su gobierno se operan las reformas de más trascendencia para el ensanche de los derechos de los ciudadanos y de los adelantamientos sociales. En 1834, pudiendo imponerse por la fuerza, deja libres a los electores de las autoridades supremas: es vencido por su competidor el sabio Valle, que tan solo tenía el ascendiente de su talento, de su palabra y de sus escritos, y es electo presidente, para un segundo período por haber bajado al sepulcro el estadista predilecto de los pueblos (6). Desde 1834 hasta 1839, como guerrero y como político, combate en las asambleas de batalla y en el de la diplomacia a los facciosos y sofistas que, so pretexto de reformas constitucionales, desde 1832 empezaron a dar golpes de ariete al gran edificio de la Constitución y de la patria, sostenido a costa de los mayores y más nobles esfuerzos, y de los más grandes y extraordinarios sacrificios; y en tal época, Morazán superando

343

en heroísmo a Guzmán el Bueno y excediendo a Bolívar en republicanismo, consciente en el sacrificio de su esposa y de sus hijos y con puñados de hombres vence ejércitos y desprecia la proclamación de dictador que los conservadores guatemaltecos le ofrecieron humildes y reverentes conceptuándolo como Salvador de la Patria y como sostenedor de sus instituciones. Desde 1839 hasta 1840, por haberse frustrado los esfuerzos del patriotismo y del genio, la república estuvo en el período de una violenta y dolorosa agonía; y Morazán con empeños casi sobrehumanos, entre luchas y conflictos indecibles, quiso volverla a la vida; y cuando perdióse toda esperanza, cuando murió la república a manos de miles de forajidos, Morazán, en su retirada de Guatemala con un puñado de valientes, consumó uno de los hechos de armas de más arrojo y que más ilustran nuestros anales militares. Desde 1840 hasta 1842, Morazán, con el alma desolada, peregrinó en extraños pueblos que le ofrecieron poder y fortuna los que desechó generosamente para regresar a Centro América y libertarla de las invasiones extranjeras, y redimirla de las indianas dictaduras que habían convertido a la patria en un semillero de cacicazgos sin paz, sin libertad y sin honra. Y por fin; en Setiembre de 1842 el egoísmo y el envilecimiento hacen fracasar la empresa salvadora del redentor de dos millones de hombres; y el república es llevado al cadalso por los agentes de traición infame; y la noble víctima se prepara a morir con la serenidad de Sócrates, y con la viva fe de Jesucristo; y muere como héroe y como mártir, y lega, en su testamento, a la juventud centroamericana, su idea regeneradora y luminosa en pro de la Unidad de la Patria y de las genuinas instituciones de la República! (7).

Como los hechos expuestos, y muchos más, serán demostrados, punto por punto, en los capítulos de esta obra, desde ahora tengo derecho para preguntar; quién ha hecho más que Morazán en favor de la verdadera república? ¿Qué otro hombre, por su idea y por su ejemplo, puede presentarse, en primer término, como modelo digno de imitarse por la presente y venideras generaciones? Cierto es que Morazán cometió gravísimo y trascendentales errores en su vida militar y política. Como hombre pagó su tributo a la contingencia de la naturaleza humana. Por convicción y por deber, yo he de juzgar sus errores y de condenarlos con entera imparcialidad. Pero si hay errores en la vida del guerrero y del político, nunca pueden hallarse crímenes en la vida del repúblico. El error no rebaja la dignidad del hombre: el crimen la mancha y la degrada. Morazán, aunque equivocado algunas veces, no en el fondo de su sistema, si en la apreciación de sus aplicaciones, es y será un gran modelo; más no podría serlo si el crimen hubiese viciado su carácter y tornándolo en adulterador de principios, en falso apóstol, y en encubierto o descarado dictador, que hubiese servido a sus egoístas intereses, que hubiesen asaltado el poder para convertirlo en medio de opresión y en objeto de especulaciones, y que hubiese, en suma, conculcado los principios y desnaturalizado los fines de las instituciones republicanas.

Contra tales aseveraciones se pronunciaron los enemigos implacables del Gral. Morazán, quienes lo injuriaron, calumniaron y escarnecieron. (8) Jamás hombre alguno de Centro América, fue tan combatido y ultrajado por sus enemigos, ni tan querido y admirado por sus amigos: para los unos era un monstruo, para los otros era un ídolo Morazán recibió o las maldiciones del odio enconado por intereses destruidos, o los himnos de la alabanza, algunas veces inspirados por pasiones interesantes. Jamás personaje alguno de nuestro país ha producido choques más violentos de juicios, de opiniones, de sentimientos y de ideas. Aún hoy en día parece que la doble figura del héroe se deja ver, en vaga confusión, entre las negras polvaredas levantadas por los pies de rabiosos detractores, y entre las sonrosadas nubes, formadas por los vapores de la imaginación de exaltados y vendidos admiradores. Para la Filosofía de la Historia. ¿Qué significa tanto odio y tanto amor? Significan la grandeza del hombre maldecido o endiosado: significan la fineza granítica de sus ideas y la inmortalidad de su destino. Si Morazán fue odiado de veras, fue porque nunca tuvo transacciones indígenas con el coloniaje, con el servilismo; si fue amado deveras, fue porque siempre se mostró consecuente con sus principios, con el bello ideal de la República. A las medianías en lo científico, en lo literario, y en lo político, se les rechaza, o se les quiere durante el espacio de breves días; pero luego se les olvida, y el olvido es el signo de su nulidad. A los hombres extraordinarios en las ciencias, en las letras y en la política, se les odia o se les ama siempre. He aquí el signo de su viabilidad perdurable en el sentimiento de la posteridad y en las páginas de la Historia. Dichoso Morazán tan odiado y tan amado, que por la virtud de su carácter ha tenido el raro privilegio de sobrevivir a las generaciones, y de ser a través de los tiempos, vida alma y fuerza de las más nobles aspiraciones de la patria.

Los últimos días del repúblico están ya muy distantes de nuestros días y el héroe y sus detractores y admiradores más ardientes hace mucho que descansan bajo la loza del sepulcro, adonde no deben llegar ni los encomios del sentimiento apasionado, ni las recriminaciones; de la maledicencia. Para los hombres de la Edad heroica de Centro América, ha sonado la hora solemne de la posteridad. Para ellos han llegado ya los tiempos del juicio sereno y del imparcial criterio histórico. Nos agitan al presente las pasiones, los intereses y las ideas de los contemporáneos. En medio de nuestros desaciertos, de nuestras amarguras y de nuestros desengaños podrá haber parcialidad, exageración en los juicios sobre los hombres de hoy; y yo declaro que no me creo exento de esa debilidad, propia de todos los hombres, en todas las épocas y en todas las latitudes. Más la muerte y el tiempo están de por medio entre los hombres de hoy y entre los hombres de la Federación de Centro América. La muerte y el tiempo son las mejores garantías para juzgar con calma y con justicia. La verdadera historia tiene siempre un sentimiento de piedad, y esta piedad no es otra cosa que el respeto religioso a los hombres de quienes nada tememos ni esperamos. La Historia, la verdadera Historia tiene y debe tener la solemnidad de lo pasado; la gravedad de lo presente, y la seriedad de las enseñanzas para lo porvenir. La Historia debe reproducir los ecos de las tumbas, representar las agitaciones de la vida que se inclina a lo futuro. La Historia en nuestro siglo no es solo la Crónica, es también el lazo de la idea, las edades y los tiempos, debe proceder por vía de comparaciones, y como el hombre de la ciencia quirúrgica que conoce la moral médica, no debe profanar los organismos, de los muertos, debe estudiarlos y revelar sus juicios a contemporáneas para atenuar los males de lo presente y prevenir los males de lo futuro. Qué gran ministerio el de la Historia! Si la medicina trata de atenuar o destruir las dolencias físicas, la Historia trata de atenuar o disminuir las dolencias morales. La Medicina ha encontrado remedios heroicos para luchar en pro de la vida: la Historia ha encontrado también hombres heroicos para luchar en pro de las ideas de la dignidad y de la felicidad de los pueblos.

Apartándome de consideraciones abstractas, que para muchos serán una pura ideología, debo insistir diciendo que trataré de Morazán subordinándome a los cánones del Sagrado Ministerio de la Historia. Yo no conocí a aquel hombre, ni mis mayores tuvieron que agradecerle, y antes bien algunos de ellos, fueron sus opositores. (9) Yo, que quiero por instinto, y después por reflexión, he estado en abierta pugna con el credo político de los conservadores, (10) de quienes no he recibido ningún daño; y a quienes justifico en muchos de sus actos y procedimientos administrativos, yo que casi desde niño estoy afiliado al partido liberal; pero no al pseudo liberal que falsifica las ideas y es imprevisor e inconsecuente; yo, que no he buscado, ni busco empleos, influencias ni aplausos, que más bien he desechado en observancia del deber; yo que cuento con tales circunstancias, creo tener algunas condiciones para escribir imparcialmente la historia del héroe del Gualcho. El mayor homenaje que puedo ofrecer a su memoria es el de juzgar su vida y sus obras, en honra suya, y en honra de mi patria, guiado por el espíritu de estricta imparcialidad. Así lo exige mi conciencia, así lo requiere la Historia.

Por mucha que sea la imparcialidad con que escribo la historia de Morazán, por mucho que presente, de relieve, las ideas y las virtudes que formaron el fondo de su vida política, no creo cosa fácil que tales enseñanzas penetren de momento en la conciencia de nuestros pueblos, y den inmediatos y saludables resultados. La generación presente está viciada, y es muy difícil que la idea haga reaccionar, de momento a pueblos que tienen en su carácter y en sus costumbres hondos y arraigados vicios sociales. Es en absoluto cierto que los hábitos, buenos o perniciosos, casi constituyen una segunda naturaleza. Por otra parte, costosa, muy ardua es la empresa de seguir en la práctica las ideas y ejemplos de Morazán. Para ello hay que resolver magnos problemas, de mucha entidad en los dominios de la sociedad y de la política. Hay que formar patria; hay que realizar la unidad nacional de Centro América; hay que formar pueblo por la virtud de la educación; hay que darle acertadas, sabias y liberales instituciones; y hay que cumplir y respetar estas instituciones haciéndolas pasar del papel escrito a la más cumplida realidad de los hechos. De lo contrario no tendremos más que lo que tenemos: la careta de la República encubriendo el semblante grotesco y despreciable de la miseria, de la imbecilidad, de la corrupción y del despotismo.

Pero, ¿cómo resolver tan arduos problemas? se me dirá Exprésense, no ideas abstractas: Señálanse medios prácticos para llegar a soluciones definitivas y mejorar la condición de nuestra suerte.

Pienso que en la práctica la Unión Nacional no podrá alcanzarse, desde luego, constituyendo, de una vez un cuerpo de Nación compuesto de todos los dispersos miembros de la familia centroamericana. A este fin se opondrán, por muchos años, temores de dominación, rivalidades de pueblos, opuestos intereses, y, sobre todo el egoísmo de los unos y la indiferencia de los otros. La Unión, pues solo puede ser gradual, progresiva: (11) la unión solo puede intentarse y realizarse, con éxito, por pueblos homogéneos, por pueblos que, por sus antecedentes, por su seguridad, por sus intereses, por su igualdad de hábitos políticos y comunicar de costumbres y por sus simpatías, pueden formar y sostener de un modo natural y espontáneo una entidad nacional. Para corroborar los expuestos, pueden servir de ejemplo las Repúblicas del Salvador y Honduras. Verdad es que la unión de pueblos homogéneos, sería repugnada y combatida por intereses egoístas, que sólo medran al favor de nuestra debilidad; pero aun en el caso de una lucha, los pueblos unidos en su derecho, triunfarían por la fuerza de su unión y por la justicia de su causa. El buen resultado de tal linaje de unión aseguraría el equilibrio centroamericano, haciendo casi imposible las intervenciones escandalosas, y los atentados brutales de los Estados más fuertes, en daño y en desdoro de los Estados más débiles: tal arreglo desvirtuaría muchas causas de turbación, de guerra y de anarquía; y el favor de una nueva situación de paz sólida y honrosa, y al favor de un saludable y alto ejemplo, y de nuevos y respetables intereses, y de nuevas y fraternales vínculos, de manera ordenada y pacífica, se operaría gradualmente la fusión de todos los pueblos centroamericanos, bajo un solo gobierno, y en el seno de una sola y verdadera patria. Fuera de la unión gradual de las repúblicas del centro únicamente puede lograrse la unidad nacional por la fuerza o por la conquista: hay que esperar que aparezca un hombre extraordinario que una militarmente lo que políticamente está dividido; o hay que esperar que una potencia extranjera, lo que es más probable, aprovechándose de nuestra desorganización, de nuestra incapacidad, de nuestros vicios y escándalos, venga a ponernos en regla y nos una y nos gobierne a la ley de conquista disimulada por inmigraciones y por empresas y reclamada por los fueros de la civilización. O la fuerza de dentro, creando, en todo Centro América, una dictadura militar permanente, o la fuerza de fuera labrando para siempre nuestra humillación merecida; tales son los lastimosos extremos que se nos presentan, sino se efectúa la unión gradual de nuestros pueblos, por la virtud de benéficas y salvadoras evoluciones. Estas para realizarse, darán ocasión a sacudimientos y luchas; pero si se realizan el éxito será seguro y honroso, y se salvará el porvenir de los hijos dela región más central y más bella de nuestro continente.

La patria no puede existir sin verdadero pueblo. Nosotros tenemos pueblos en el sentido vulgar de la palabra; pero no en la acepción política, pero no en la acepción de la República, acepciones que hacen juzgar al pueblo como una entidad nacional poseedora de efectivos deberes y derechos, poseedora de la soberanía, y capaz de dirigir sus destinos, dándose libremente, por medio del organismo del gobierno, su representación interior y exterior. Nosotros podemos decir que, en vez de esa entidad nacional, tenemos masas dispersas, colonos a la española, que olvidados de sus derechos, bajo el peso de la anarquía o de la dictadura, en el gobierno, por diabólico que sea, una divina Providencia, y trabajan y obedecen, y gimen a hurtadillas o bien aplauden delirante a sus propios tiranos, porque el poder es todo, y el pueblo nada: máxima terrible cuya cumplida observancia hace que formemos una monstruosa excepción, la nota disonante en el concierto de los países libres de América. Este estado de abyecta miseria, que no exagero, tan sólo podrá desaparecer por la virtud de la educación, práctica obtenida en la grande escuela de la vida pública.

De nada sirve que el maestro de escuela enseñe, tímidamente a los niños que tienen deberes y derechos políticos, si estos niños cuando son hombres hacen un segundo aprendizaje, en la escuela de la indignidad, de la bajeza, y de la corrupción, organizada por el despotismo: escuela que los enseña a olvidarse de sus derechos y a prosternarse ante el poder de sus mandarines, para alcanzar la merced de vivir, cuando más, para obtener algunos medros personales. La educación práctica que haga a nuestros conciudadanos dignos, esforzados y celosos de sus derechos es la educación que necesitamos para tener verdadero pueblo. Todos los hombres de convicciones, capaces de pensar, de hablar y de escribir algo de provecho con los llamados, aunque sean calumniados y perseguidos, a formar el noble y santo magisterio, que ha de proporcionar con la idea y el ejemplo, la educación práctica de nuestros pueblos. Si alguien cree que estas son vagas teorías, yo le preguntaría si en la pasada generación ejercieron o no positiva influencia la palabra y los escritos de Valle, de los Barrundia, de Morazán, de Herrera, de Marure, de Gálvez y de Molina. Sin aquella palabra y sin aquellos escritos, no se habrían formado sentimientos de dignidad y de libertad en los pueblos de épocas pasadas. ¡Digan lo que quieran, y hagan lo que quieran los hombres de la fuerza bruta, la palabra que desciende de la Tribuna o que se agita con la hoja del periódico o del libro, forma un huracán que destruye las fortalezas de los tiranos y que deja libre el campo para que se levante el Capitolio de los pueblos libres!

Un verdadero pueblo tiene que regular su vida por las instituciones. Sustituir estas al poder discrecional, a la arbitrariedad, al capricho, a los antojos del que manda, es asegurar entre nosotros, el imperio de la ley; es asegurar el cumplimiento de los fines de sociedad regularizadas y cultas, hoy por hoy, ¿qué es en Centro América una institución, una ley? Se puede contestar como los puristas del cesarismo romano; la institución, la ley, es la voluntad del sumo imperante. Pero debemos salir de estado tan oprobioso de absolutismo, para tener instituciones impersonales, únicas, que aseguran los derechos del hombres, y que labran la felicidad y el engrandecimiento de los pueblos. Más del absolutismo, ¿debemos pasar a la realización de un bello ideal en materia de instituciones? Pienso que tal propósito haría frustráneo cual esfuerzo del patriotismo. Nuestras instituciones no deben ser las más avanzadas y perfectas: deben ser, tomada en cuenta nuestra pésima constitución social, las más practicables y sensatas, y a la vez, las que más favorezcan, de un modo seguro, aunque lento, al desarrollo de los primordiales intereses del orden, de la libertad, y del progreso. Yo admiro a Barrundia y a Morazán por su generoso radicalismo sostenido al calor de su corazón y a la luz de su genio. Pero tal radicalismo del tiempo de la Federación, contribuyó de eficacísima manera, a producir la disolución de la patria y la muerte de todas nuestras libertades. Si hemos de tener modelos, imitemos en parte, la sólida y progresiva organización de Chile, para imitar después en todo, la admirable organización de los Estados Unidos y de los Cantones Suizos.

Seamos sensatos, y conquistemos, por medios seguros aunque gradualmente, los mayores adelantamientos sociales y políticos.

Se extrañará por algunos que hable de la necesidad de instituciones, cuando se ve que en nuestras pequeñas repúblicas del Centro se han dado y se dan, muchas leyes libérrimas. Pero estas casi siempre no son más que humoradas del despotismo o de la anarquía. Esas leyes no son verdad; no se respetan ni se cumplen. Esas leyes, en vez de moralizar a los pueblos y de asegurarles sus derechos, más bien lo acostumbran a recibir lecciones diarias, en la escuela política de la hipocresía, de la falsificación, de la mentira. Preferible es, pues, tener instituciones, no avanzadas, en teoría, no perfectas; pero que sean verdaderas, que sean un hecho en las esferas de la vida privada y pública; instituciones que se respeten y se cumplan, que protejan el derecho de sus sostenedores y de sus contrarios. No de otra suerte se procede en los Estados Unidos, en donde la ley, buena o mala, se cumple. A este respecto, en una ocasión solemne, dijo el Presidente Mr. Ulises S. Grant, estas notables palabras que revelan el espíritu político de aquel gran pueblo:

"Seré fiel ejecutor de todas las leyes, merezcan o no mi aprobación. En todas las cuestiones tendré una política que recomendar, ninguna que imponer contra la voluntad del pueblo".

"Las leyes deben gobernar a todos, lo mismo a los que las combaten que a los que las defienden. No conozco mayor método para obtener la abrogación de una ley mala o perjudicial que el de ejecutarla estrictamente". (12) Ojalá que estas palabras lleguen a grabarse en el ánimo de nuestros gobernantes y de nuestros pueblos. La escuela Norte—América debe ser nuestra escuela, con respecto al acatamiento a la luz. El respeto a las instituciones ha convertido a los Estados Unidos en una de las Naciones más respetables, más prósperas y felices de la tierra.

Las numerosas cuanto amargas consideraciones anteriores, que me duelen en lo íntimo del alma, por referirse a mi patria, alguien podrá conceptuarlas fuera de oportunidad pero yo las juzgo pertinentes al objeto de este libro. Demuestran la magnitud de los problemas políticos que hay que resolver en Centro América; demuestran, a la vez, la alta conveniencia que hay en estudiar y en seguir, en todo lo posible y debido, los principios políticos que regulan la conducta de Morazán que aparece más grande y glorioso a medida que los tiempos pasan y que aumentan nuestros retrocesos e infortunios. Jamás se encarecerá demasiado la importancia de nuestros problemas sociales y políticos. Para los hombres pensadores deben ser el objeto de reflexión y enseñanza de todos los días, de todas las horas, de todos los momentos, y su solución debe ser, para los pueblos, una aspiración incesante. Unidad de la patria, pueblo formado por la virtud de la educación, instituciones libres, y práctica respetuosa de estas instituciones; he aquí el resumen de los grandiosos y civilizadores principios, que, sustentados por Morazán, con la idea y con el ejemplo, así en los campos de batalla, como en el terreno de la política, han de resplandecer en las páginas de este libro, como enseñanza salvadora inspirada por las virtudes del patriotismo y del genio. Necesitase, con urgencia, aprovechar esa enseñanza, y resolver dignamente nuestros problemas políticos. De lo contrario, tendremos la triste y pavorosa alternativa de ser, para siempre, un Estado Asiático; en donde imperen la inmovilidad, el atraso, la injusticia, la barbarie, o de ser, andar el tiempo, la desgarrada presa de una humillante dominación extraña.

No nos hagamos ilusiones, nuestros países son países inconstituidos, por más que tengamos nominales constituciones y Códigos y Reglamentos; por más que hayamos alcanzado algunos intelectuales y materiales progresos, obra en parte ineludible de la acción del tiempo y del influjo extranjero. Necesario es, pues, que nos constituyamos para tener derechos, para tener república, para vivir libres y felices, y para pronunciar, sin rubor, ante las demás naciones, el dulce y querido nombre de patria, que hoy no podemos pronunciar dignamente ante el extranjero que, con justicia, o nos compadece o nos desprecia. Sino reaccionamos contra nuestro pasado, y contra los vicios que canceran nuestra sociedad presente, probaremos que somos, como los nictálopes, que no ven a la luz del medio día, y que solo fijan sus miradas, en medio de las densas sombras de la noche: probaremos que somos incapaces para cumplir los altos fines del derecho y de la libertad. Debemos, empero, desechar aflictivo y enervante pesimismo. Si el patriotismo quiere se hará una revolución de principios, y la Patria y la República se ostentarán triunfantes, teniendo por aureola las inmortales ideas del mártir de nuestra Democracia; más el patriotismo es palabra vana, si el patriotismo ha muerto en la América Central, al menos ha de quedar el consuelo para las almas elevadas de que, cuando en la mar tempestuosa de nuestras pasiones y de nuestras luchas, de nuestras demagogias y de nuestros despotismos, acabe de sumergirse, como resto de nuestro naufragio, hasta nuestra última tabla de salvación, todavía entonces podrá verse al Público, con su majestuosa figura noble y radiante, dominando las tinieblas, a manera de faro luminoso asentado en el seguro puerto de la Historia.

## NOTAS

(1). A diferencia de los Estados Unidos del Norte, de México y de la América del Sur, en Centro América no puede marcarse el acto de la emancipación política de la Metrópoli Española, como un hecho dominante que inspire vivo interés por haberse consumado a virtud de grandes sacudimientos sociales. Nuestra independencia, si bien fue preparada por algunos movimientos de insurrección y por la expresión acentuada de ideas de libertad, no obstante, llegó a proclamarse el 15 de setiembre de 1821, no al favor de pujantes esfuerzos, sino más bien, al favor de las circunstancias: se consumó en paz y en libertad. Nuestro paso de la condición de Colonos a la condición de hombres libres, no fue el resultado de una verdadera lucha fecunda en sacrificios del pueblo, en actos de heroísmo de sus prohombres, y en manifestaciones ardientes y radicales de las ideas de los sostenedores de la nueva causa. Nosotros, como los Estados Unidos, México, Colombia, Buenos Aires, el Perú y Chile, no tenemos una epopeya de las guerras de la independencia; no tenemos pueblos que se formaron en la escuela del sufrimiento, de las privaciones más dolorosas, del sacrificio y de la abnegación; no tenemos hombres que como Washington, Bolívar, Hidalgo, Morelos, San Martín, Sucre, O 'Higgins, fueron como el alma enérgica y la viva inspiración que atentase a nuestros mayores, al calor de la libertad y con ejemplos de patriotismo que hoy parecen legendarios, para mantener las conquistas de la independencia. Vinimos, como por ensalmo, a la vida de los hombres libres sin que nuestro pueblo sintiése los grandes

353

estremecimientos y los supremos dolores que, en lo humano y en lo social preceden y acompañan al alumbramiento de un nuevo ser: vinimos a la vida de la independencia sin recibir un bautismo de sangre y de lágrimas. La lucha y el dolor fortifican la vida, los propósitos y los ideales del individuo: también fortifican las actividades y las aspiraciones de los pueblos.

La gran prueba de la lucha acerba, del sufrimiento continuo, y de la adversidad sentida en el fondo del alma, faltoles a nuestros pueblos y a los próceres de nuestra independencia. He aquí un fenómeno histórico que es necesario tener muy en cuenta al tratar de la Historia social y política de Centro América: he aquí un fenómeno que debe servir de punto de partida para explicar el egoísmo, la ceguedad y la resistencia que tuviera en su contra el General Morazán cuando empeñóse en sostener la unidad de nuestra patria, y la efectividad de las instituciones republicanas: he aquí un fenómeno que explica en mucha parte, nuestras pasadas y presentes e inauditas desventuras: he aquí un fenómeno que, en épocas no lejanas, trajo el indiferentismo, y que hoy produce, como fruto natural el escepticismo político más destructor de la dignidad, del verdadero progreso y del derecho de nuestros pueblos: he aquí un fenómeno que habiéndose opuesto a la organización y buen nombre de la patria, hoy me hace decir con intenso dolor, que Centro América, en toda la América es el país en donde menos existe El Sentimiento Nacional, es el país en donde con más facilidad puede imponerse, casi sin contradicción, las dictaduras más absorbentes, brutales y salvajes, y en donde la dominación extranjera puede enseñorearse a su placer aun trayéndonos el patriotismo de la servidumbre y de las humillaciones. Lo que digo puedo demostrarlo con la Historia en las manos; y esta demostración es lógica e incontestable.

No se formó un pueblo en la escuela del sufrimiento para conquistar la libertad: no hay entre nosotros arraigadas virtudes Cívicas. Nuestro pueblo nominal no supo corresponder a los Morazán y a los Barrundia: Sólo ha sabido derramar sangre y lágrimas a los pies de un clero ignorante desorganizador y absolutista, y de caudillejos brutales, miserables personificaciones del Cesarismo del Bajo Imperio, que han formado y aun forman hoy la ignorancia y el escándalo de la América Española. Iluminado por los últimos reflejos de la esperanza, yo pido un rayo de luz para mi patria: yo pido a la Providencia que en el Centro de América, se suspenda la obra de perdición de las dictaduras infames y envilecedoras: yo le pido que nos aleje de la dominación extranjera a la que estamos muy predispuestos. ¡Ojalá que esta no sea el castigo de nuestra incapacidad, de nuestras bajezas, de nuestros errores, de nuestra previsión y de nuestros crímenes! Ojalá que nos ampare la sombra protectora de Morazán que quiso legarnos patria e instituciones. Ojalá que nuestras cenizas, rebullendo en el sepulcro, se agiten, siquiera sea cuando los hijos de nuestros hijos tengan patria y libertad; cuando sean ya imposibles en este edén intermedio de las dos América, ni las brutalidades de dictadores bárbaros, ni las influencias y dominación de poderes extranjeros Grandes son nuestros errores y nuestros crímenes, pero hemos sufrido mucho, y los hemos espiado y los espiamos experimentando infinitas desventuras. Que venga una época de concierto y de rehabilitación. ¡Estos son los votos del patriotismo!

(2). Véase el discurso pronunciado el 15 de marzo por Don Álvaro Contreras en nombre del Ejecutivo de El Salvador en el acto solemne de la inauguración del Monumento erigido a la Memoria del Gral. Francisco Morazán. "Diario Oficial" de la República de E1 Salvador Núm. 68, correspondiente al 23 de Marzo de 1882.

(3). No es de ahora que expreso las ideas enunciadas condenando el régimen de la fuerza. Cuando renunció la presidencia el Señor García Granados compelido por la ingratitud de los unos y por las sugestiones indignas de los otros, fue el único que como diputado hablé en favor de la justificación del gobernante y de los intereses y fines de la revolución de que tuvo en su origen un programa y actos honrosísimos, pero que bien pronto llegó a desnaturalizarse por completo. En mi discurso pronunciado en la noche del 31 de Diciembre de 1842, ante la Asamblea Constituyente y un público numeroso; dije lo que sigue: "Los partidos políticos cuando no son constantes con su programa, se quitan la vida, son suicidas. Y bien, señores, suponed por un momento que aceptaseis la dimisión del Señor Presidente García Granados: dad ese supuesto y entonces tanto valdría como decir, que el partido liberal negaba su confianza al hombre que ha personificado y personifica sus principios, y

355

entonces, al renegar ingratamente al hombre que ha defendido los fueros del derecho y de las libertades públicas, renegarías en cierto modo de los principios, haciendo ver que no os place sean servidos con constancia y con lealtad".

"No se me oculta, que mucho se habla de la extrema generosidad, de la suma tolerancia del Presidente Granados, actitud que al sentir de algunos, alienta los trabajos de los enemigos, produce la incertidumbre, el malestar, dando pábulo a la moda de criticar y escarnecer al gobierno, porque, señores, se ha hecho de moda falsear y vilipendiar todos sus actos; y ojalá que moda tan usada no cueste días de sangre, de lágrimas y duelo!". "Pero señores, es tan extraño como desconsolador, que algunos queriendo poner remedio a los males de la situación, pretendan fuerza y solo fuerza del gobierno actual. Yo no me opongo a la energía en la administración, más yo no quiero, no puedo querer, el imperio de la fuerza en nuestro país".

"El Señor García Granados, seguido de sus valientes, trajo una revolución encaminada a formar un sistema de instituciones, un régimen administrativo que garantiza los derechos de todos, que vivifique el espíritu de la sociedad y aliente y proteja los positivos progresos de la República, no vino, no, ese hombre generoso a fundar un gobierno personal, a privilegiar clases sociales, a convertir la política en mercado de infames logrerías. Y si hay alguna verdad que restablezca en la historia, para eterna enseñanza de los hombres y los pueblos, es que un programa como el del Señor García Granados no se realiza con la fuerza. Esta mantendrá a los hombres más o menos tiempo en la cima del poder, aunque sea entre ríos de sangre y torrentes de lágrimas; pero la fuerza, señores, en ningún tiempo ha fundado nada y nunca será capaz de dejar algo estable de dejar las instituciones permanentes del derecho y de la libertad".

"Para confirmar mis acerbos no quiero espaciar la mirada por el viejo mundo, citaré ejemplos de las Repúblicas latinoamericanas, que han tenido las mismas vicisitudes que la nuestra, que algunas tienen circunstancias análogas a las actuales de este país, y que sin duda les está reservada el mismo porvenir. Santa Ana, en México, Rosas en Buenos Aires, el Doctor Francia en el Paraguay. Monagas en Venezuela, Melgarejo en Bolivia, y aquí nomás Carrera en Guatemala y Medina en

Honduras. ¿Qué han dejado de permanente y honroso? La fuerza que fue su sistema. ¿Formó la conciencia pública? ¿Disipó las tinieblas de la ignorancia? Desarrolló las riquezas naturales e hizo sacar provecho a los pueblos de sus grandes ventajas? Dejó moralidad en las sociedades, moralidad en la administración del Estado? No, señores, la fuerza solo ha dejado hondos vicios sociales y ruinas justamente lamentables , y eso nos prueba la verdad de lo que ha dicho el gran tribuno de la democracia española. Castelar; Las bayonetas servirán para todo menos para sentarse sobre ellas.

"Hoy tenemos norma segura para juzgar que se atiende a la opinión pública, y que se va en pos de un régimen de legalidad y de justicia. Si realizáis un cambio, yo aseguro que en medio de complicaciones y cercados de dificultades reaccionarias, yo auguro, señores, que el porvenir no corresponderá a las esperanzas y justas previsiones del patriotismo, cifradas en el cumplimiento en la práctica del programa de la revolución del 71" (Véase "El Crepúsculo" periódico de Guatemala correspondiente a la primera semana del mes de Enero de 1873).

En 1870 y en principios de 1871, todavía bajo el gobierno teocrático, pero moderado del Mariscal Vicente Cerna, combatí enérgicamente, en "La Semana" y en "La Sociedad Económica" los errores económicos de las leyes dictadas por los hombres de Carrera y la intolerancia y el absolutismo de los Jesuitas a quienes nadie había osado, durante 21 años, dirigirles ni la más respetuosa observación por medio de la prensa. Yo decía en "La Sociedad Económica": "Nosotros creemos estar en un pueblo republicano, en donde debe decirse todo, y en donde no se necesita que se declare previa competencia, ni se dé mandato alguno, para que cualquiera pueda externar lo que piensa acerca de los intereses sociales. Quede para los gobiernos opresores el decidir sobre quienes hayan de hablar de los asuntos públicos: quede para los publicistas retrógrados el enseñar la humillante política de abstención y de silencio; pero no se quiera que quienes no conocen ni el temor, ni el egoísmo, sellen sus labios, renunciando al derecho de manifestar francamente sus ideas. En los Estados Unidos de América del Norte, que es el país más bien gobernado del Mundo, se publican centenares de diarios en donde se discuten todas las cuestiones que ilustran al pueblo y que le aseguran sus derechos, dándole a comprender sus intereses; y los Norte—

americanos no han pensado nunca ni en el mandato ni en la competencia para hablar de los asuntos que a todos corresponden. Así creemos nosotros que debe ser en todo país libre. Que cualquiera externe ampliamente sus ideas; si verdaderas que se acepten: Si falsas que se combatan; que la verdad saldrá triunfante, porque así en lo moral como en lo físico del choque brotará siempre la luz, y la luz penetra en el alma de los hombre para esclarecer la conciencia de los pueblos.

Véase mi escrito: "Algunas observaciones sobre el préstamo y los teólogos de la edad media", publicado en los últimos números de la sociedad económica, 1871. La revolución de García Granados amenazaba a la sazón, al gobierno del Mariscal Cerna, y por mis imprudencias sediciosas, se decía, el periódico fue suprimido por una orden verbal del Ministro de la Gobernación no obstante la inculpabilidad de su redactor en Jefe, mi buen amigo el inteligente botánico Don Julio Rosignon. Pero declaro en honor del último gobierno de los treinta años que yo no fui objeto de una advertencia severa, ni mucho menos, de vejaciones salvajes.

Si he escrito las notas que anteceden, no es por odio a los que me han insultado soezmente, ni menos por vanidad para hacer aparecer mi nombre, que ha sido y es oscuro y humilde, y que en nada estimo políticamente, aunque mucho estimo mi conciencia, mis convicciones y mis ideas. Mi objeto, al hacer recuerdos que en algo,atañen a mi persona, está subordinadas a miras impersonales y nobles. Yo no he sido liberal de circunstancias: yo no he sido liberal del día del éxito, de los medros y de los aplausos: yo no he sido ni soy liberal de las contemplaciones, de los empleos y de los sofismas que aseguran poder, influencia y fortuna: yo he dejado posiciones y empleos que con dos o tres rasgos de servilismo habría podido conservar, como podré demostrarlo hasta la saciedad, y demostrarlo con documentos. Yo tengo derecho a que se me crea, no obstante mis errores, y quiero que se me crea, porque tratando hoy de la historia de un hombre de principios, nadie podría creerme, si se juzgase que en la teoría y en la práctica no tengo fe en los principios. Por lo que digo me vendrán como me vinieron, y como lo dije previéndolo, tras la Biografía del sabio Valle, ridículos grotezcos, injurias soeces y calumnias infames. No importa iré adelante. Para las ideas existe el tribunal de la posteridad y de la historia. Yo apelaré, no por mi persona, sino por mi familia, para ante aquel severo e incorruptible Tribunal. Entretanto, diré la verdad, y entrego al público mis ideas para recibir de los sátrapos centro—americanos a manos llenas los dones del ridículo, de la injuria, la calumnia y la personificación. ¡Oh tiempos! ¡Oh costumbres!

(4) Véase mi libro "Biografía de Don José Cecilio del Valle", escrito en 1882. Este pequeño libro en que hice el elogio de las ideas en desprestigio de la fuerza bruta, valióme, como puedo demostrarlo con documentos, desinteresados felicitaciones de publicistas y literatos americanos y europeos que ni siquiera me conocen. En cambio, me produjo, como lo preví, y como lo dije, una abundante cosecha de ridículos, de injurias y calumnias autorizadas en los periódicos por el anónimo. No se han discutido las ideas expresadas en el libro consagrado al sabio Valle: únicamente se me ha calumniado e insultado: este es el recurso de quienes obtienen garantías, posición y medros a trueque de ser injustos y hasta infames.

(5) En apoyo de mis afirmaciones expreso el juicio de José Francisco Barrundia, del escritor más sincero, más radical y más grandilocuente de nuestros escritores. He aquí su juicio sobre al aparecimiento de Morazán en la escena política: "Hízose una coalición entre los Estados para restablecer la Constitución y las leyes patrias. Apareció un genio; la libertad le ciñó la espada y lo puso al frente del civismo. El conocía los hombres, los pueblos y la revolución. El apareció inspirado por la patria y por la gloria. El marcha rápidamente de victoria en victoria, y entra a la capital con la Constitución en la mano. Restablece la gran ley y hace aparecer de nuevo las autoridades disueltas. No derrama una gota de sangre, sino es en el campo de batalla; aleja el servilismo de la escena pública; abre la prensa a todo género de publicaciones, con la libertad más omnímoda; desprecia la injuria y la calumnia más audaz. Reorganiza el país lo restablece en toda la dignidad de sus instituciones, y se somete a la autoridad nacional. Este era Morazán". Véase la Revista de los partidos en Guatemala y de los hechos en que se caracterizan; instructiva y brillante serie de artículos publicada en "El Progreso" de San Salvador — Número 2 correspondiente al 18 de Abril de 1850.

(6) Véase la Biografía de Don José Cecilio del Valle. 1882.

(7) El Dr. Don Marco Aurelio Soto, consagró al testamento de Morazán las siguientes frases, muy bellas literariamente y de grande alcance político: "Hoy se me presenta la sombra majestuosa del gran mártir, y veo que con semblante severo pide a la juventud estrecha cuenta del encargo que le hiciera en sus últimos sublimes momentos. El testamento del Gral. Morazán casi no se conoce, cuando es la hoja en que debieran aprender a leer los niños de Centro—América. Este documento venerable es la oración del patriotismo que las madres debieran hacer rezar a sus hijos; al dormirlos en sus blancas cunas, para que todo centroaméricano desde la infancia sepa que no tiene patria". Véase el No. 123 de la "Paz" de Tegucigalpa, correspondiente al 15 de setiembre de 1880.

(8) Véanse los escritos de Don Manuel José Arce, de Don Manuel Montúfar, del Márquéz de Aycinena, algunas poesías del Dr. Don José Trinidad Reyes, y las publicaciones de Honduras y Guatemala en tiempo de los gobiernos de los Generales Francisco Ferrera y Rafael Carrera. Véanse también las publicaciones de El Salvador, Nicaragua y Costa Rica, correspondientes al año de 1842.

(9) Mi abuelo Don León Rosa y mi tío el Dr. Don José Trinidad Reyes fueron, en un tiempo, acérrimos enemigos del Gral. Morazán.

(10) Les doy este nombre y continuaré dándoselos, aunque no lo merezcan, por ser un calificativo generalmente aceptado por las escuelas políticas de los países cultos. En Centro América se les ha llamado y llama serviles o cachurecos. Se les dice serviles por su sujeción incondicional a la fuerza del que manda, y por su fin político de mantener a los pueblos en la servidumbre: se les dice cachurecos, porque el indígena Gral. Carrera, que fue el más conspicuo representante, la primera vez que entró en Guatemala con sus hordas, llevó por clarín un cuerno o cacho que le servía para dar sus órdenes militares, y de cacho se ha derivado la palabra cachureco, hoy muy usada particularmente en Honduras. En los tiempos de la independencia se les dio el nombre de

gazistas o Bacos, sin duda, por considerarlos el pueblo muy aficionados a los placeres de la bebida. Esta interpretación no la he visto en ninguno de nuestros cronistas e historiadores, pero es la única que me parece aceptable.

(11) Sobre este importante punto tengo hecho un estudio fundado en antecedentes históricos, en hechos de observación en nuestra circunstancia de actualidad y en razonamientos inspirados por la Filosofía y por la Ciencia Política. Alguna vez tendré ocasión de publicar mi estudio, para que si algo útil contiene sea objeto del juicio y de la aceptación o improbación de mis conciudadanos.

(12) Véase el discurso inaugural del Presidente Grant, y la obra intitulada "Vidas y Retratos de los Presidentes de los Estados Unidos".

## CAPÍTULO SEGUNDO

Familia de Morazán. Su Nacimiento. Su instrucción. Su Segundo Aprendizaje. Carácter y Costumbres de Morazán. Su empleo de Oficial en la Escribanía de Tegucigalpa. Reflexiones.

Los ascendientes paternos de Morazán pertenecieron a la familia Morazzani de la Isla de Córcega, que hace más de un siglo es posesión francesa y que en tiempos anteriores correspondió a Italia. Parece probable que en el siglo pasado debido a las turbulencias y guerras de los Corsos, algunos de los Morazzani vinieron a América y se establecieron en la Provincia de Honduras. Como no podían vivir como extranjeros, pues el régimen colonial rechazaba al extranjero, tuvieron, sin duda, que aceptar sin reserva, una nueva nacionalidad y así se explica cómo hasta el apellido Morazzani degeneró en Morazán por ser este conforme con una de las terminaciones de los apellidos castellanos.

Por parte materna, los ascendientes de Morazán pertenecieron a la familia de los Quezada y de los Herrera establecida en Tegucigalpa (1). Esta familia fue de las más antiguas y distinguidas por su posición social, por su carácter noble y caballero y por los talentos e instrucción de algunos de sus individuos. Hay que considerar además, que los Quezada y los Herrera (2) eran gente de distinción atendiendo a que Tegucigalpa fue declarada por el gobierno español Real de Minas, y bajo este concepto los peninsulares no podían venir a establecerse a esta comarca sin obtener para ello patente del Rey. Esto constituía un nuevo privilegio, una nueva restricción aun para los españoles en medio del fárrago de restricciones y de privilegios que caracterizaba el fondo de la legislación de la Metrópoli.

El rey no concedía el privilegio de patente sino era a peninsulares distinguidos por su posición, por sus haberes, por servicios prestados o por otros méritos. Así es que puede asegurarse que todas las familias antiguas, de origen español y del Real de Minas de Tegucigalpa, no descienden de aventureros sin nombre conocido y sin fortuna, sino de peninsulares que aun en España tuvieron una reconocida posición social. De aquí proviene el derecho que tenían todas las familias antiguas de Tegucigalpa, a anteponer la partícula de a su apellido, lo que denotaba como muy bien se sabe, en los tiempos de rancias preocupaciones, un distintivo de verdadera nobleza. Bajo tales conceptos pueden, pues, afirmarse que Morazán por parte materna perteneció a una de las familias más antiguas y nobles de la provincia de Honduras.

Es digno de notarse el cruzamiento de razas de las dos familias de quienes desciende Morazán. Sin duda ese cruzamiento se debe que Morazán haya poseído cualidades y virtudes eminentes, al parecer opuestas y que es muy difícil ver reunidas en su mismo individuo. De la raza paterna heredó Morazán la suavidad de carácter, la penetración, el disimulo, y las grandes dotes diplomáticas que tanto distinguen a los hijos de Italia: de la raza materna heredó el valor, la constancia, la tenacidad, y la hidalguía que tanto caracterizan a los hijos de España. El estudiar la vida de Morazán no puede menos de notarse rasgos que en lo político hacen recordar a Cavour y a Garibaldi y que en lo militar hacen recordar a Guzmán El Bueno y al Gral. Prim. El hombre, según la ciencia, ha sido y será siempre un compendio de las virtudes y vicios de su raza.

En el último cuarto del siglo pasado contrajeron matrimonio, en la Villa de Tegucigalpa Don Eusebio Morazán y Doña Guadalupe Quezada. Tuvieron como fruto de su unión cuatro hijos: Don José Francisco, Doña Marcelina, Doña Cesárea y Don Benito quien se dedicó a la carrera eclesiástica.

El primogénito del expresado matrimonio, Don Francisco, nació en Tegucigalpa (3) el día 3 de Octubre del año de mil setecientos noventa y dos. He aquí una copia auténtica del original de su fé de bautismo".

Yanuario Giron Cura y Vicario de este Beneficio

*Certifico:* que en uno de los libros de bautismo de esta parroquia, que comienza el año de 1792 y concluye el de 1802, al folio 13, vuelto, número 365 se encuentra la partida siguiente— En la Iglesia parroquial del Señor San Miguel de Tegucigalpa, a diez y seis de Octubre de 1792. Yo Don Juan Francisco Márquez, Cura y Vicario, Juez eclesiástico de este beneficio, solemnemente bauticé, puse óleo y crisma a un niño que nació a 3 de dicho mes, a quien puse por nombre José Francisco, hijo legítimo y de legítimo matrimonio de Don Eusebio Morazán y Doña Guadalupe Quezada, de esta feligresía. Fué su Madrina que le tuvo y sacó de pila Doña Gertrudis Ramírez, viuda, de este vecindario, a quien advertí su obligación y parentezco espiritual y lo firmó— Juan Francisco Márquez— Hay una rúbrica—El margen— José Francisco Morazán, español— Yanuario Girón— Tegucigalpa, Abril 14 de 1882". (4)

Debe llamar la atención el calificativo de Español que se da a Morazán en la nota marginal de su fe de bautismo. Esa nota se ponía en tales documentos, 1°. porque antes de la independencia ninguno debería llevar el nombre de Americano; y 2°. porque la sociedad estaba dividida en clases desiguales ante la ley y era de alta importancia para las familias el fijar el carácter español de sus hijos, con lo cual tenían derechos y prerrogativas de que estaban desposeídas las demás clases sociales. Solo el Español podía obtener empleos; solo los hijos de españoles podían entrar en las aulas y dedicarse al ejercicio de profesiones científicas o literarias y de las artes liberales y solo ellos podían eximirse de la aplicación de castigos infamantes. Para los indios, para los mestizos, para los mulatos, para los zambos y los negros, quedaban la servidumbre, los trabajos forzados en las minas, la ignorancia perpetua y la aplicación de leyes penales envilecedoras de la especie humana. La igualdad ante la ley no existía bajo el régimen colonial: Esta igualdad es una preciosa conquista que se obtuvo a merced de nuestra revolución de independencia.

Cuando Morazán hubo salido de la infancia, sus padres que se distinguieron por la sencillez de su carácter, por la pureza de sus costumbres y por un grande y amoroso apego a sus hijos, se empeñaron con esmerada solicitud en proporcionar a su primogénito la mejor educación posible. Dificultades insuperables se oponían a la satisfacción de aquella solicitud paternal. Todavía a fines del pasado siglo y en los comienzos del presente eran casi nulos los medios de educación en Honduras. Entraba en el sistema político y administrativo de la madre patria mantener a los americanos en perpetuo estado de ignorancia deberían tener sus ojos cerrados a la luz de la ciencia y del derecho, porque la ciencia y el derecho alguna vez habían de hacerles conocer su carácter de hombres libres y rechazar un régimen de odiosa desigualdad, de inicua explotación y de embrutecedor oscurantismo. Los agentes de España en Honduras fueron muy consecuentes con el sistema de colonización adoptado por la Metrópoli. Las sombras del Escorial fueron espesas tinieblas que envolvieron durante tres siglos a esta hermosa región de Centro América.

Morazán tuvo la desgracia de nacer y formarse en aquella triste época de aislamiento y de completa oscuridad en que Honduras carecía de escuelas. Únicamente en Comayagua se estableció una clase de latinidad en 1588 por el Señor Quintanilla, tercer obispo de la provincia: después se fundó por el obispo Vargas y Abarca un colegio Tridentino destinado a la enseñanza del derecho canónico y de la Teología; y por último en 1784 se creó por el obispo Antonio de Guadalupe una clase de Filosofía, dada bajo los principios del sistema de los ergotistas. He aquí todo lo que había respecto a enseñanza, y ésta limitada a los hijos de españoles (5).

Tegucigalpa, al tiempo en que los padres de Morazán trataban de educarlo carecía de todo establecimiento de enseñanza: era una triste villa mandada por su alcalde mayor europeo; era una especie de residencia de mineros peninsulares de todo en todo privilegiados, y ocupados casi exclusivamente en sacar provecho de los indios, que, bajo sus órdenes, hacía con rudas fatigas las labores de las minas de Santa Lucía, de San Antonio, de Villa Nueva, de Yuscarán, de Cedros, del Plomo y del Corpus. Aumentar el número de barras de plata que en grandes cueros se sacaban al sol y que se amontonaban en los extensos patios de las casas grandes, tal era, fuera de ejercicios piadosos, la primordial atención de los peninsulares residentes en Tegucigalpa. La educación, el cultivo de la inteligencia, era cosa, si se quiere, baladí, para sus propósitos.

Morazán, pues, tuvo que aprender las primeras letras, lectura, escritura, y las reglas elementales de la Aritmética en escuelas privadas de pésima organización y sostenidas con una especie de contribución que aprestaban los padres de familia. No obstante lo rudimentario y mal sistemado de tales escuelas el niño aprendió a formar una clara y hermosa letra española, a leer con alguna corrección y a hacer muy felices ensayos en la ciencia del cálculo (6).

Los padres de familia de Tegucigalpa en 1804 por sus reiteradas súplicas, y aprovechando los empeños del Padre Guardián del Convento de San Francisco, Fray Santiago Gabrielín, hijo de Guatemala, lograron que se estableciese una clase de gramática latina que fue servida por el Padre Maestro Fray José Antonio Murga mandado de la Metrópoli y de la Capitanía General por su respectivo Prelado. La clase tuvo veintitrés alumnos y entre ellos contó al joven Francisco Morazán, de edad de doce años. Pero, a poco más de un año, dejó la Guardianía el Padre Gabrielín y encargóse de ella el Religioso europeo Fray Andrés López, quien se opuso a la continuación de la naciente enseñanza del idioma latino, a pesar del contrario y decidido interés de los padres de familia que después no pudieron obtener ni una clase privada para sus hijos, debido a las reiteradas negociaciones del Guardián, y al regreso posterior a Guatemala del maestro Murga (7).

Aun en lo más pequeño nótase la oposición entre españoles criollos y españoles europeos: los criollos propicios al progreso de América; los peninsulares refractarios a todo adelanto en la tierra conquistada. El criollo Gabrielín sostenía la enseñanza del idioma de Virgilio en Tegucigalpa; el peninsular López se opuso con obcecación a esa enseñanza. Los españoles europeos nunca quisieron la fusión de clases sociales que habría realizado el progreso y la cultura de los colonos, que habría producido una grande armonía de derechos y de aspiraciones, y que habría asegurado los intereses y salvado en toda la honra de la madre patria. Tal antagonismo entre criollos y peninsulares, tan absurdo como funesto y que se observa así en lo pequeño como en lo grande, andando el tiempo costó a la España la pérdida de sus Colonias de América (8).

No impunemente se mantiene un régimen de opresión atentatorio a los más sagrados derechos de la humanidad.

Suprimida la clase del idioma latino, Morazán y sus compañeros de estudio quedaron haciendo una especie de peregrinación difícil y penosa en pos de las luces del saber. Ora concurrían al Convento de la Merced para que algún religioso bien intencionado les diése como de limosna algunas lecciones, ora aprovechaban la llegada a Tegucigalpa, lo que rara vez ocurría, de algunas personas instruidas con quienes se relacionaban para adquirir graciosamente algunos, conocimientos. En tan dificultoso cuanto noble aprendizaje, Morazán "era ayudado, según la expresión de alguno de sus condiscípulos, el verídico y probo ciudadano Don Liberato Moncada, (9) por su genio amable, su natural viveza y recto juicio que le captaron el aprecio de los mejores hombres y de los empleados de la época".

Llegaron para Morazán los más floridos años de la juventud, pero en vez de disiparla en esparcimientos de fútiles empresas y en peligrosos devaneos cercanos de los vicios, hizo propender la actividad de su espíritu a fin de cultivar sus claros y privilegiados talentos. De esta suerte llegó a estudiar con bastante provecho las matemáticas y el dibujo lineal que era uno de sus estudios predilectos.

El Coronel Don Manuel Montúfar, conservador de gran talento y detractor implacable de Morazán, dice en sus Memorias para la Historia de la Revolución de Centro—América:(10) "Examinado por sus principios y por su carrera se le encuentra formado por sí mismo sin instrucción y sin escuela; pero ni aun el trato del mundo en una sociedad regular ha podido desenvolver sus disposiciones naturales. Casi todo lo debe a la casualidad como acontece en los caprichos de las revoluciones, pero su carácter o sus condiciones propias no son despreciables".

De buen grado y en justicia, puede convenirse con el Coronel Montúfar en que Morazán no haya sido un hombre de escuela, en el sentido técnico de la palabra: pero no puede asegurarse como asegura que era un hombre sin instrucción o más claro, un ignorante. Morazán no se formó en buenos colegios como Bolívar, como San Martín y otros grandes generales de la revolución de la América latina; pero tal falta de preparación para la vida militar y política, en vez de degradar a Morazán lo enaltece, Morazán es hijo de sus propias obras. Si le faltaron escuelas a la europea, le sobró genio.

En lo que no puede convenirse con el Coronel Montúfar, es en que Morazán haya carecido de instrucción y no haya podido desenvolver con el trato social sus naturales facultades. Morazán conocía bastante bien su propio idioma como lo revelan sus escritos, conocía mucho del idioma latino, conocía diversas ramas de las matemáticas y tenía muchos conocimientos sobre jurisprudencia, Historia, y derecho público. Sus escritos y juicios que reproduciré en parte, comprobaron la verdad de mis aciertos. Morazán no fué un sabio y ni siquiera un hombre verdaderamente ilustrado, pero no puede decirse con imparcialidad que fuese un hombre sin instrucción.

Respecto a que Morazán, no desarrollase sus facultades naturales ni aun "con el trato del mundo en una sociedad regular", esta afirmación solo ha podido hacerla el coronel Montúfar, tanto más prevenido cuanto más generoso fue para con él, el vencedor a quien deprime. Morazán tuvo el mayor desarrollo de sus grandes facultades intelectuales, políticas y sociales que le daban lugar distinguido doquiera que se encontraba. No juzgaron a Morazán socialmente como lo juzga el Coronel Montúfar los hombres más ilustres de Centro América y hombres importantísimos de Colombia, del Ecuador, del Perú y de Naciones de Europa que tuvieron ocasión de conocer y tratar al enemigo jurado de la pseudo—aristocracia de Guatemala. (11) Las pasiones enconadas tratan de rebajar el verdadero mérito; pero el criterio histórico lo reconoce y le señala el puesto que le corresponde.

El carácter de Morazán fue en todo excepcional. Había en él tres eminentes cualidades: firmeza de voluntad, inteligencia perspicaz y previsora, y una sensibilidad delicada; pero predominaban en él la fuerza reflexiva y la entereza en sus resoluciones. Desde muy joven, según lo afirman personas que lo conocieron íntimamente, se distinguió entre sus compañeros sobre quienes ejercía una especie de predominio que se hacía sentir como una consecuencia natural de su carácter firme y reflexivo; pero tenía este predominio siendo siempre suave, agradable, urbano y circunspecto. Sus amigos lo respetaban en todas ocasiones y era considerado como árbitro para resolver sobre las diferencias que entre ellos ocurría. Era austero por sus ideas y su temperamento, y cortés y afable por sus modales: era hasta retraído por sus hábitos reflexivos, pero esto no le impedía ser comunicativo y cariñoso cuando del retraimiento pasaba a tomar parte en el trato de la familia o de la sociedad.

"No parecía sino, dice uno de sus contemporáneos, (12) que aquel hombre estaba predestinado para obrar grandes acontecimientos".

Tenía Morazán un carácter tan notable por lo excepcional y una atracción tan simpática, que aun sus mayores enemigos, aunque desfigurándolas torpemente, reconocieron sus grandes cualidades. El Coronel Montúfar dice: "tiene dotes naturales bastantes felices: a una figura recomendable, aunque no militar, reúne el talento y modales insinuantes, aunque sus maneras se resienten de la afectación o del arte.

"Su carácter o sus condiciones propias no son despreciables: tiene naturalmente lo que en otros es el resultado de una larga carrera política, o del manejo de muchos negocios públicos, esto es, la inmoralidad política y el frío cálculo de un hombre cuyo corazón está en su cabeza, y que todo lo sacrifica a sus intereses; bien público, palabra de honor, compromisos sagrados, consecuencia y verdad. Su conducta privada corresponde a estas funestas dotes: la venganza también es en él un resultado de cálculos fríos. Si a estas cualidades hubiese reunido Morazán el conocimiento de las revoluciones, y si la codicia y la ambición no lo hubiesen cegado, en 1829 habría hecho la felicidad de la República y asegurado su nombre para siempre. Pero las revoluciones, tan fecundas en seres maléficos, rara vez producen un hombre necesario que sepa terminarlas. Todo es también proporcionado: era imposible que en el combate de las más pequeñas pasiones y de los intereses más rastreros, descollase un alma grande. Largo tiempo pasará para que fructifique entre nosotros la semilla de los héroes: no está preparado el terreno".

He aquí el criterio del odio que aunque apasionado hasta el extremo de la crueldad no ha podido menos de reconocer cualidades de primer orden en el Repúblico que es objeto de tantas injurias y calumnias. Que de contradicciones, que de imposturas, que de absurdos. Si Morazán no tenía una figura militar, ¿por qué con su apostura, con su voz de mando y con su arrojo, dominó a los ejércitos de Centro América y alcanzó victorias que hoy parecen legendarias? Si ni aun con el trato del mundo pudo desarrollar sus facultades, ¿por qué sus maneras se resienten del arte que siempre revela un grande estudio y un gran conocimiento de las sociedades? Si predominaba en Morazán la inmoralidad política, ¿por qué no entró en transacciones con los conservadores el año 29? ¿Por qué dejó el gobierno a los poderes legítimos y regresose a su pueblo nativo a recibir órdenes como militar subordinado y a dar paz y tranquilidad a sus conciudadanos? Por qué sostuvo la libertad de la prensa, la dignidad de la administración de justicia, y las leyes más progresivas en materia de enjuiciamiento y de instrucción pública? ¿Por qué en 1834 disponiendo del poder dejó vencerse en el terreno electoral por su competidor el Sabio Valle que no tenía más fuerza que la de sus ideas? ¿Por qué en 1838 no aceptó la dictadura que le ofrecieran reverentes los nobles de Guatemala? Por qué en 1842 no aceptó una alta y lucrativa posición en el Perú? Por qué, en el mismo año, no se satisfizo con ser el gobernante, sin penas ni zozobras, encomiado y aplaudido del pueblo de Costa Rica? ¿Por qué ofreció su sangre generosa a los revolucionarios, a los traidores, en cambio de la seguridad y en bien de sus compañeros y amigos? Por qué murió con la serenidad del héroe y con la fe del mártir? Si la venganza era la pasión dominante en Morazán, por qué perdonó a su vencido, el mismo Coronel Montúfar? ¿Por qué no derramó ni una gota de la sangre de los asesinos de sus amigos, de los que vejaron a su familia, de los que lo encarcelaron, faltando a su palabra, de los que incendiaron la capital de su nativo Estado? Si la codicia y la ambición cegaron a Morazán dónde están los millones que se apropió durante diez años de gobierno en Centro América? ¿Cómo quedó asegurado el porvenir de su Familia? ¿Por qué su viuda y su hija inocente, después de la muerte del héroe vivieron casi de la caridad pública, en la noble San Salvador? No, la mentira que se dice en nombre del odio, no está destinada a prevalecer.

¿Qué significan hoy ante la posteridad los Arce, los Aycinena, los Montúfar? Casi nada. Pueden recordarse tan solo porque sus errores nos dejaron sin patria, porque sus familiares vivieron de rodillas postergados ante el salvajismo de Carrera porque aún hoy besan el polvo que levanta el chicote de la dictadura. En cambio, el nombre de Morazán es un nombre universal: se habla de él con elogio y con respeto por publicista ilustres americanos y europeos: su retrato se ve en las primeras galerías de hombres célebres de América y de Europa, y el Mármol de Carrara y los eternos bronces inmortalizan su memoria en los pueblos mártires de la libertad, en El Salvador y en Honduras. Se equivocó el Coronel Montúfar: el extravío de sus pasiones lo hizo formar un juicio falso. El terreno estaba preparado entre nosotros y fructificó la semilla de los héroes. Morazán fué el grande héroe de Centro América: así lo reconoce el juicio imparcial de la posteridad.

Las costumbres de Morazán estaban en perfecta consonancia con su carácter. Gustaba mucho de la lectura y frecuentemente rehusaba asistir a reuniones por entretenerse con sus libros o con el despacho de su correspondencia. Era metódico para el trabajo y generalmente por la tarde lo reemplazaba con ejercicios a caballo que hacía por lo común sin ninguna compañía. Vestíase con suma sencillez y era muy sobrio en sus comidas: uno de sus gustos era hacer uso de polvos de rapé y por lo común en lances apurados aspiraba un polvo. Era muy parco para hablar y solo entraba en discusión cuando el asunto era de verdadera importancia. Oía con gran atención a las personas que a él se dirigían y escuchaba en particular con benevolencia sus indicaciones y observaciones que siempre valoraba con mesurado y reflexivo juicio. Alguna vez tuvo pasiones y extravíos muy reprensibles, aunque propios de un corazón joven y ardiente. Pagó su tributo a la frágil naturaleza; pero las debilidades del hombre, si bien censurables, nunca llegaron a falsear las virtudes del ciudadano y del público.

Con sus amigos Morazán llegó a tener rasgos hasta de verdadera ternura y siempre fue para con ellos respetuoso y consecuente. En sociedad, Morazán fue afable hasta la dulzura, y ninguno de sus contemporáneos imparciales habla de que tuviese afectación en sus maneras: todo lo contrario, se distinguía por una suma sencillez y por una gran naturalidad en sus modales. Amaba con pasión a su familia y la suerte incierta de su hija y de los suyos lo hacía con frecuencia tener las más amargas reflexiones y sentir los más agudos y profundos dolores. "Más de una vez —dice un testigo ocular—, le vimos verter lágrimas de dolor cuando marchaba a una Campaña; pero defendía una causa santa y se conformaba con decir: Sufro pero primero tuve patria que familia". Tales fueron, a juzgar por varias relaciones de personas, los sentimientos de Francisco Morazán (13).

Cuando Morazán hubo dominado todo el horizonte intelectual para él visible, agotados los medios de acrecentar el caudal de sus conocimientos tuvo que pensar en proporcionarse una ocupación útil, que contribuyese a satisfacer sus necesidades, y tomó plaza de Oficial en la Escribanía de Tegucigalpa, que estaba a cargo del Señor Don León Vásquez.

En el ejercicio de su empleo adquirió varios conocimientos en el ramo de jurisprudencia y hábitos de trabajo en la gestión de negocios de Oficina.

Refiriéndose a aquella época dice el Coronel Montúfar: "Su ejercicio había sido la pluma en la oficina de un escribano de Comayagua, y en ella había dado a conocer disposiciones muy felices, pero poco honrosas, para la imitación de letras o firmas: como dependiente de un almacén o casa de comercio, tampoco dejó satisfecho al propietario a quien servía" (14).

Las afirmaciones anteriores forman un tejido de falsedades calumniosas. Morazán no estuvo en ninguna oficina de escribano de Comayagua; estuvo empleado, como queda dicho, en Tegucigalpa. Los conceptos de que Morazán hicióse mal uso de la letra como falsificador y de que abusase cuando se ocupó en negocios de comercio, carecen de todo fundamento. Los contemporáneos de Morazán, de distintos partidos y opiniones afectos y desafectos, han rechazado tales especies. Morazán antes de figurar en la vida política, cuando no podía haber ningún interés en adularlo, tuvo la particular estimación y la confianza de las personas más distinguidas y honorables de Tegucigalpa. Si hubiera tenido los manejos indignos o criminales que le atribuye el Coronel Montúfar, habría sido el objeto constante del aprecio y de la deferencia de una sociedad en que predominaban la moralidad, y la serenidad de las antiguas costumbres? Por otra parte, los mayores enemigos de Morazán que en su país nativo lo combatieron por escrito injuriándolo, no le echan en cara las horribles faltas que supone Montúfar.

El Doctor José Trinidad Reyes, el poeta nacional de Honduras, en algunas de sus poesías, atacó a Morazán hasta con cruel e inmoral ensañamiento: no respetó ni las mayores intimidades de su vida privada. Pues bien, el Doctor Reyes y los demás escritores de Honduras no atribuyen a Morazán las criminales acciones que le imputa el Coronel Montúfar, en términos generales, vagos, sin precisar épocas, hechos ni personas ante el público se le atribuye la comisión de faltas o de crímenes. Basta conocer los principios para desechar por completo tales especies.

Los primeros años de Morazán revelan en vista de los relatos precedentes, noble afán por educarse, estudios interrumpidos y recomenzados con ardor, trato frecuente con las clases sociales más importantes de su época, altas aspiraciones contrariadas por dificultades, a veces vencidas, a veces insuperables, y asiduos trabajos en la Oficina de un escribano; humildes y oscuros trabajos que algún día debían ser reemplazados por las grandes y fecundas labores del guerrero y del político llamado a tener por teatro, no el estrecho recinto de una escribanía de pueblo, sino el vasto y hermoso teatro de la República de Centro América. Que tal es el destino de ciertos hombres privilegiados que aparecen de tarde en tarde en la escena de las sociedades, que salen de entre las sombras humildes, desvalidos e ignorados y que se convierten de improviso y como por ensalmo en altas personificaciones de una época, en agentes de un poder que avasalla, en poseedores de un nombre que fatiga la fama, y en representantes de una causa que por doquiera deja recuerdos que se gravan en el alma de las generaciones y que se contemplan siempre a la luz de los resplandores de la Gloria.

## NOTAS

(1) Documentos antiguos del archivo Municipal de Tegucigalpa, Relación hecha al autor: Don Francisco Alcántara, instruido sacerdote que en edad avanzada murió en Guatemala y que conocía hasta los detalles de las tradiciones de la Provincia de Honduras.

(2) Individuos de la expresada familia fueron los distinguidos ciudadanos Don Dionisio, Don Justo y Don Próspero, de Herrera. De Don Dionisio dijo Don José Barrundia: "Estudió en Guatemala él formó su espíritu al lado de un Goicoechea, de un Valle. Desde muy joven leía los filósofos más profundos, los Genios de la Francia, la Historia Antigua. Véase "El Progreso" de San Salvador, 1850.

(3) El origen de la palabra "Tegucigalpa" es Teguzgalpa, voz indígena que significa "cerro de plata".

(4) Mr. E. Geo Squier en su "Compendio de la Historia Política de Centro América" dice que Morazán nació en 1799. Don Rafael Reyes en su apreciable escrito intitulado "Vida de Morazán" publicado en 1882, siguiendo a Mr. Squier, incurre en el mismo error respecto a la fecha de nacimiento de Morazán. La equivocación de nada menos que una diferencia de siete años. El documento auténtico que publicó en el texto, rectifica por completo tales equivocaciones.

(5) Documentos del archivo de la Catedral de Comayagua incendiado en 1872 por el Capitán General José Ma. Medina a quien con justicia puede llamarse El Omar Hondureño.

(6) Biografía del General Morazán por Don Liberato Moncada.

(7) Obra citada del Señor Moncada. Se halla inédita en la Biblioteca Nacional de Honduras. Esta obra se refiere sucintamente a la vida de Morazán desde 1792 hasta 1829. Más bien que el nombre de verdadera biografía merece el calificativo de breves Apuntamientos Biográficos. Me he fundado en los curiosos aunque incompletos datos que proporciona para escribir los párrafos relativos a la educación y primeros empleos de Morazán. El Señor Moncada fué condiscípulo de Morazán y su sucesor como Ministro del Gobierno de Honduras: fué un hombre que se distinguió por su recto juicio y por su probidad acrisolada. Aunque tuvo altas posiciones como empleado, jamás tuvo las pasiones e intereses de un sectario político. Sus afirmaciones, pues, merecen fe. El Señor Moncada, ya anciano, murió en Tegucigalpa, respetado por liberales y conservadores y en medio de una honradísima pobreza. Perteneció a aquella noble generación de los Herrera, de los Rivera y de los Cabañas que no hizo de la política el medio de especulaciones indígenas y de vergonzosas granjerías.

(8) Véanse las obras de Restrepo, de Lastarria y de Samper.

(9) Biografía citada.

(10) Son generalmente conocidas con el nombre de "memorias de Jalpa". Fueron escritas en México e impresas en Guatemala en 1853 bajo la dominación del Gral, Carrera.

(11) Entre los centroamericanos más ilustres pueden citarse al Sabio Valle, al publicista Barrundia, al estadista Herrera, al escritor Don Molina, al padre Delgado y al célebre filólogo don Antonio José de Irrisarri que figuró en Chile en primera línea y que acabó por ser amigo del Gral. Morazán después de haberlo combatido durante algunos años. Entre los extranjeros pueden citarse los nombres preclaros del Gral. Gamarra, del Gral. O'Higgins, del Gral. Flores, del Gral. Echenique, del Gral. Bermúdez y del poeta Olmedo, cantor inmortal de las glorias de Bolívar.

(12) El Gral. Don Cruz Lozano que acompañó al Gral. Morazán día por Día durante los ocho últimos años de su vida. El estimable caballero Señor Lozano que está establecido en San Salvador tuvo la bondad de facilitarme "algunos apuntamientos sueltos sobre la vida privada del Gral. Morazán". A este documento importante, que obra en mi poder, he de referirme varias veces en algunos capítulos de esta obra.

(13) Algunos apuntamientos por el Gral. Don Cruz Lozano.

(14) Memorias de Jalpa.

# CAPÍTULO TERCERO

Consideraciones generales sobre la independencia de Centro—América. Morazán es nombrado Teniente de Milicias con motivo de la escisión entre Comayagua y Tegucigalpa. Comisión de Morazán a los llanos de Santa Rosa. Viaje de Morazán a Guatemala y comisión que desempeñó. Constitución de 1824. El Jefe del Estado de Honduras, Don Dionisio de Herrera, nombra a Morazán Secretario General del Gobierno. Constitución de Honduras de 1825. Morazán es nombrado individuo del Consejo Representativo. Morazán es nombrado Presidente del Consejo.

Como Cristóbal Colón al poner su planta en la Isla de Guanahaní el 12 de octubre de 1492, descubrió y aseguró un nuevo mundo en beneficio de los reyes absolutos de España, así los americanos del Norte al tomar perfecta posesión de sus derechos en el día siempre memorable 4 de julio de 1777, descubrieron y aseguraron en beneficio de los pueblos un nuevo mundo moral de ideas, de principios, de instituciones. Al grande hecho del descubrimiento de América siguieron las heroicas conquistas con que los Hernán Cortés, los Pizarro, los Balboa y los Alvarado aumentaron los vastos dominios de la España: al gran derecho de independencia proclamado por los padres de la Federación Americana, siguieron en el orden político las fecundas revoluciones de emancipación con que los Bolívar, los Hidalgo, los Morales, los San Martín, los Sucre, los O'Higgins y los Belgrano, aumentaron para bien de la humanidad el número de pueblos independientes, bajo el régimen de la República, que es el régimen de la verdadera libertad.

Un hecho consumado engendra siempre una serie de hechos: un derecho proclamado engendra siempre una serie de derechos. El hecho del descubrimiento de América trajo los hechos de la conquista; y el derecho revelado en Norte América trajo las luchas legítimas llevadas a cabo para la emancipación de los demás pueblos americanos. Presiden lógicas e inflexibles leyes a la realización y desarrollo de todos los acontecimientos que marcan, por decirlo así, los pasos de retrogradación o de progreso de los individuos y de las sociedades.

Las enunciadas leyes que desde la famosa acta de 4 de Julio de 1777, señalaron el comienzo de un nuevo período histórico en América, no pudieron menos de ejercer su inevitable influencia en Centro—América (1) que dominada por la opresión, por los engaños y los intereses alhagos de los peninsulares permanecía como en profundo letargo en medio del Continente y en medio de la gran conflagración revolucionaria de que fueron teatro desde el año de 1810 los pueblos colonizados por España del Norte y Sur de América.

Más el ruido de los extraordinarios acaecimientos del siglo empezó a despertar a Centro—América. En los años de 1811 y 1812 ocurrieron en San Salvador y en Granada, pronunciamientos revolucionarios en pro de la independencia. Mal iniciados y peor concertados, fueron bien pronto reprimidos por las autoridades coloniales que usaron del más duro tratamiento para con los independientes que malograron su empresa. No obstante, aquellos sucesos, las conjuraciones de Betlen en Guatemala, el ejemplo de los Estados Unidos, la influencia magnética de las ideas de la revolución francesa, la situación creada en España en 1820 con motivo de las reformas hechas por las cortes, y los sucesos verificados en México y en la Provincia de Chiapas, todas estas circunstancias favorecidas por el carácter débil y tornadizo del Capitán General Gabino Gaínza, dieron margen a que se formase el gran sentido de los independientes, a que externase sus opiniones en favor de su causa, ya que por fin en el día 15 de setiembre de 1821 se celebrase entre las aclamaciones del pueblo, en el Palacio de los Capitanes Generales, el acta inmortal en que se proclamó la independencia del antiguo Reino de Guatemala(2)

Todas las personas importantes de la Metrópoli de la Capitanía General concurrieron a realizar el acto solemne y trascendental de nuestra emancipación política; pero no todas fueron guiadas por iguales móviles ni alentadas por las mismas inspiraciones: unas consumaron la independencia para convertirla en provecho de los pueblos y con una fe sincera en las instituciones de la República que se proponían establecer para dar seguro goce del derecho a todos los ciudadanos: otras proclamaron la independencia cediendo a las circunstancias del momento y para convertirla en provecho de una clase social creando un régimen político análogo al de los tiempos coloniales. De esta diversidad de propósitos y de ideas surgieron al nacer la patria dos partidos políticos el de los liberales y el de los conservadores; el uno apegado al espíritu de democracia y de reforma, el otro apegado a los intereses creados y a las tradiciones coloniales. La historia de los proyectos, de los trabajos, de las luchas, de las virtudes, de los crímenes y de los errores de estos partidos, constituye el fondo de la historia política de Centro—América. Para comprender la situación, las obras y las vicisitudes del más grande de los personajes de esta historia, de Francisco Morazán, necesitase poner en cuenta el antagonismo político a que me he referido, antagonismo que por su carácter, las más veces irreflexivo y por sus exageraciones ha labrado la desgracia y el descrédito de la América Central y ha hecho frustráneo el cumplimiento de los verdaderos fines de su independencia.

El día 28 de Septiembre de 1821 llegaron a Comayagua los pliegos del Gobierno provisional de Guatemala en que se comunicaba al Intendente de Provincia, Brigadier Don José Tinoco de Contreras la proclamación de la independencia. Igual comunicación llegó al Ayuntamiento de la Villa de Tegucigalpa, por la mañana del día 29 del mismo mes, en ocasión que el Ayuntamiento con el vecindario se disponía a asistir a la misa Solemne que iba a celebrarse en la Iglesia Parroquial en honor de San Miguel, Patrono de Tegucigalpa. Muy distinta acogida tuvo en Comayagua y en Tegucigalpa la nueva de la independencia.(3) Comayagua influenciada por Tinoco, que era español, y por su junta provincial que gustaba de los intereses tradicionales, optó porque la Provincia se uniese a México: Tegucigalpa, que ha sido el pueblo de los hombres de entusiasmo y de ideas levantadas, optó, con mucha razón por unirse a Guatemala, secundando el plan político derivado del acta de independencia del 15 de Septiembre. El pueblo de Tegucigalpa en aquella sazón, lleno de fé y con trasporte de alegría, hizo suya la causa de Guatemala, que era por entonces la causa favorable a los legítimos intereses de las Provincias de Centro América.

Los contrarios propósitos de Comayagua y Tegucigalpa produjeron una verdadera escisión entre ambos pueblos: se prepararon para la lucha, y el pueblo de Tegucigalpa, con inusitado entusiasmo, según lo refieren testigos oculares, (4) tomó las armas, y a fines de 1821 y principios de 1822 formó y disciplinó compañías de milicias que nombraron sus oficiales por elección. En la primera de éstas Compañías fué nombrado Teniente Francisco Morazán, de edad de veinte y nueve años y este grado le sirvió para obtener el nombramiento de ayudante del primer batallón. Tal fué el comienzo de la carrera Militar de Francisco Morazán.

Al tratar del inicio de la vida del guerrero no juzgo fuera de propósito describir el físico del joven Teniente de las milicias de Tegucigalpa. Era

Morazán de regular estatura, de proporcionado cuerpo, de gallardo continente, en especial cuando montaba su corcel de batalla, de blanca y sonrosada tez empalidecida, a veces, por las fatigas del trabajo; de bien formada cabeza poblada de negros y suaves cabellos, de frente protuberante, despejada y espaciosa, de vivos, negros y rasgados, sombreados y grandes ojos, de mirada atractiva y profunda, de nariz correcta, en que se notaban los perfiles del tipo griego, de pequeña boca, en cuyos labios, algo movibles, revelábanse la resolución, la benevolencia, movimientos y expresiones que dejábanse ver más por la ausencia del bigote: y de barba de muy acentuado y muy gracioso corte. Este era en su apostura y en su facción el hombre que aun sus mayores enemigos, no pudieron menos de reconocerle grandes atractivos en su físico, y cierto ascendiente, cierta seducción en sus maneras serias y a la vez corteses, afables y hasta dulces(5).

Gran perturbación y graves daños produjeron en Honduras las desavenencias y aprestos militares de Comayagua y Tegucigalpa. La confianza se había perdido, así es que, estando demorada en los llanos de Santa Rosa una conducta del rescate de platas, el gobierno provisional de Guatemala pidió a Tegucigalpa unos cien hombres para lograr que la conducta llegase a su destino con la debida seguridad. La autoridad de Tegucigalpa mandó los cien hombres previniéndoles se desviasen del camino real por un gran rodeo para evitar un encuentro con las fuerzas de Comayagua; y al mismo tiempo, abril de 1822, comisionó al Teniente Morazán que en calidad de comerciante debía pasar del Valle de Comayagua a Gracias para que hiciese todos los preparativos conducentes a la pronta y segura marcha de la conducta. Pero Morazán en unión de su criado fué preso en el mencionado Valle y conducido a la capital para someterlo a juicio en concepto de oficial de comisión de fuerzas enemigas.

El más duro tratamiento recibió Morazán en su prisión: las autoridades de Comayagua lo tuvieron como en capilla y con un cañón sobre su persona. Este lujo de fuerza y de intimidación tenía por objeto descubrir los fines reservados de su viaje a Gracias para restablecer su responsabilidad. Vanos fueron esos procedimientos inquisitoriales. Nada pudo obtenerse que comprometiese al reo: su sangre fría, su firmeza y su sagacidad hicieron que sus aprehensores se conviniesen que todo rigor era inútil, y al cabo de tres días le dieron su pasaporte. Morazán en vez de regresar intimidado a Tegucigalpa como lo hubiera hecho cualquier otro falto de ánimo resuelto se dirigió con presteza a los llanos de Santa Rosa para cumplir su comisión. Cumplida esta satisfactoriamente, volvió a Tegucigalpa con unos catorce soldados después de haber pasado por el mismo Valle donde fué preso, y burlado así la vigilancia de las autoridades de Comayagua (6).

Después de haberse celebrado el acta fatal de 5 de Enero de 1822 por lo que los conservadores de Guatemala entregaron el país al imperio de Iturbide; después de haber recibido heroicamente el pueblo del Salvador a ese atentado fecundo en males y en mil gérmenes de desgracias públicas; después de haberse verificado la expedición del Brigadier Mexicano Don Vicente Filísola que con seiscientos soldados vino a sofocar los esfuerzos de los independientes y a constituirse en Centro América en calidad de primer Representante de Agustín 1°. después de haber aprobado aún los mismos conservadores todas las amarguras que hace sentir una dominación extranjera, sostenida por una soldadesca orgullosa y desenfrenada; después de haberse consumado por la ambición el crimen que dio muerte a la patria, que engendró los primeros odios de Guatemala y El Salvador, que ahondó las divisiones de Comayagua y Tegucigalpa, preparadas por el anexionista Tinoco y las divisiones más profundas todavía de León y Granada, preparadas y fomentadas por el reaccionario Teniente Coronel González Saravia; después de tantos y tan dolorosos acontecimientos, ocurrió el pronunciamiento de Casa Mata que dió en tierra con el imperio de Iturbide, que destruyó la base del poder de Filísola y que por fin en conformidad con los deseos y trabajos de Don José del Valle, de Don Juan Mayorga, de Don José Francisco Barrundia, de Don Manuel José Arce y de los demás patriotas y de los pueblos sojuzgados, dejó a Centro América en capacidad de constituirse y regirse como nación soberana e independiente.

El vergonzoso atentado de que fue víctima la patria fue infructuoso para las pretensiones egoístas de los conservadores, pero no lo ha sido con respecto a los profundos males que de él se han derivado y que aun experimenta sus efectos la generación presente Efusión de sangre, aniquilamiento de propiedades y capitales, descrédito en el interior y en el exterior, arraigadas desconfianzas entre los hombres públicos, enconados odios y porfiadas rivalidades entre los pueblos, tales fueron los funestos resultados de la anexión al imperio mexicano, resultados que influyeron de manera decisiva en la adopción de inoportunas instituciones para Centro América, y en la consiguiente desorganización y ruina de este hermoso país que habría marchado por vías regulares y asegurado en mucha parte los intereses del orden y de la libertad a no haber mediado los sucesos de 1822 que perturbaron los ánimos, que desviaron el buen sentido nacional y que dieron a la política el pésimo y disolvente criterio de la prevención de la desconfianza y de las pasiones exaltadas e irreconciliables. Para quien estudia filosófica e imparcialmente la historia política de Centro América, la pequeña batalla librada en la Hacienda del Espinal, que fue primera en que los independientes salvadoreños mandados por el Gral.

Arce lucharon con los guatemaltecos que sostenían el imperio, bajo el gobierno del Capitán General Gaínza, señala el tristísimo comienzo de la guerra civil, de las luchas fratricidas que andando el tiempo habían de dejarnos sin patria (7).

Destruido el imperio de México, y rota por lo mismo la anexión de Centro América, el Capitán General Don Vicente Filísola comprendió que su situación era insostenible y procediendo con una habilidad política, que le hace honor, no obstante alhajarlo con el mando los conservadores, el 29 de marzo de 1823 convocó extraordinariamente a la Diputación Provincial, le expuso con franqueza el estado de anarquía en que estaba México y que para salvar de ella a Guatemala le presentaba como único árbitro el decreto de convocatoria para la reunión de un Congreso en la Capital conforme al plan de 15 de setiembre. Así se obtuvo después de aciagos diez y ocho meses de dominación extranjera el recobro de la independencia y del régimen legal de Centro América conmovida entonces a causa de las maquinaciones reaccionarias de Sarabia y de grandes disturbios en Nicaragua y Costa Rica. El Decreto de Convocatoria fue acogido en las provincias con verdadero entusiasmo; las elecciones se practicaron y el descrédito de los conservadores anexionistas hizo que los liberales independientes obtuvieran un completo triunfo. Entretanto se reunía el Congreso que debía instalarse el 1º. de julio de 1823, una comisión formada de los ex—diputados a las

Cortes de España y de México preparaba los trabajos que debían ser objeto de las deliberaciones y resoluciones de la Representación Nacional.

El día 24 de Junio se instaló solemnemente la Asamblea Nacional Constituyente con cuarenta y un representantes cuya mayoría era de los hombres más notables de Centro América. Abrió sus sesiones el 29 del mismo mes y empezó por tomar en consideración el Acta del 5 de enero de 1822 y por declarar en su memorable decreto del 1°. de Julio de 1823 que las Provincias de que se componía el reino de Guatemala eran libres e independientes de la Antigua España, de México y de cualquiera otra potencia, así del antiguo como del nuevo y que no eran ni debían ser el patrimonio de personal ni familia alguna. En el mismo decreto previno que las indicadas Provincias tuviesen la dominación de Provincias Unidas del Centro de América.

La Asamblea se ocupó después en constituir el Poder Ejecutivo de la Nación y nombró para que lo ejercieran a Don Manuel José Arce, Don Pedro Molina y Don Juan Vicente Villa Corta. Por ausencia del primero y renuncia de su sustituto el Canónigo Don Antonio Larrazábal, formó parte del Ejecutivo Don Antonio Rivera Cabezas. A poco tiempo por renuncia de los nombrados se hizo una segunda elección que recayó en Valle, O'Horan y Arce, quien después por rivalidades con Valle se separó del Poder siendo sustituido por Don José Manuel de la Zerda, sujeto muy estimable por su carácter moderado y por su sincero patriotismo.

El Poder Ejecutivo se ocupó activamente en pacificar a la Provincia de Nicaragua presa de la más desenfrenada anarquía. Conseguido este importante resultado después de varios y dilatados esfuerzos, la Nación entera entró en pleno goce de la paz, no obstante algunas conmociones en Comayagua que no tuvieron sensibles consecuencias y que desaparecieron por completo tan pronto como dejó el mando de la Provincia Don Juan Lindo quien había sucedido al Brigadier Tinoco y sido uno de los sostenedores más ardientes de la anexión de Centro América a México.

Estando reunida la Asamblea Nacional Constituyente hizo Morazán un viaje a Guatemala, llevando por objeto algunos negocios de comercio. La Asamblea se ocupaba a la sazón en designar los Estados que debían componer la República Federal, y en fijar las bases de la población de la

Provincia para el efecto de las elecciones. La Asamblea nombró una gran Comisión de personas conocedoras de las Provincias para que le diese seguros datos sobre su situación y número de habitantes, y en su vista proceder con el acierto posible. La Asamblea nombró a Morazán vocal de la Gran Comisión: aceptó tan honroso encargo; y después de desempeñarlo a satisfacción de sus comitentes regresó a Honduras en donde permaneció en Tegucigalpa al lado de su familia y sus numerosos amigos (8).

Mal puede juzgarse la vida pública de Morazán relacionada con los principales acaecimientos de la Historia de Centro—América sin formar reflexivo juicio sobre la organización política que dio al antiguo Reino de Guatemala la Constitución Federal. La Asamblea constituyente que aseguró en definitiva nuestra independencia, que proclamó y garantizó los derechos del hombre, que destruyó de un solo golpe la esclavitud, que abolió los derechos de quinto sobre el oro y la plata, que con estas y otras medidas se anticipó a otras repúblicas del Continente en hacer reformas que honran a la humanidad y a la civilización; que de todo en todo se puso a la altura de las ideas más progresivas del siglo, la Asamblea que tan grandes cosas hizo y que por ello es acreedora al reconocimiento y al aplauso de la posteridad, emitió por fin en 22 de Noviembre de 1824, después de libres porfiados y ruidosos debates parlamentarios, la Constitución de la República Federal de Centro América. Puso así remate a su obra importantísima de creación y de organización, obra que conceptuó durable y benéfica y que a su juicio fue trabajada y acabada para asegurar la firme alianza del orden y de la libertad en el centro de América.

Nobles aspiraciones determinaron al partido liberal a adoptar en la Constitución del año de 24 el sistema federal, a virtud del que se crearon los Estados de Guatemala, El Salvador, Honduras, Nicaragua y Costa Rica, independiente en su gobierno interior y sujetos a un gobierno general en lo relativo a los intereses a un gobierno comunes de la Nación. El partido conservador a quien en este punto, como en otros muchos, no se ha hecho la debida justicia, se declaró en favor del centralismo, del gobierno de la República Unitaria. El partido conservador aunque egoísta, aunque apegado a tradicionales intereses y privilegios, ha dado en muchas ocasiones pruebas de tener un buen sentido práctico. Así lo demostró en la época en que se organizaba Centro—América abogando ardientemente en pro del régimen unitario. Vana fue su oposición, vanos sus razonamientos concluyentes. Los malhadados sucesos de la anexión al impero habían creado profundas desconfianzas y acerbas rivalidades entre Guatemala y El Salvador de las que participaban las demás Provincias. Se temía la preponderancia que tomaría Guatemala bajo un gobierno central y en esto se veía un peligro para los provincianos y para las instituciones democráticas.

Los liberales difundiendo estas ideas hijas del celo, o del resentimiento, o de una previsión irreflexiva, dieron vigoroso cuerpo a las opiniones federales en las Provincias; de suerte que, cuando se discutía el proyecto de ley fundamental la Federación, si se quiere existía de hecho en Centro América. Dadas estas circunstancias y la influencia que los liberales tenían en los pueblos, debida en gran parte al descrédito de los partidarios de la anexión a México no pudo menos de tenerse como resultado la emisión de una Constitución Federal que tuvo que aceptar resignada, pero no convencida la fracción de los conservadores.

La adopción del sistema federativo fue un error capital. El antiguo reino de Guatemala era uno y la Federación vino a romper artificialmente esta unidad que contaba con la sanción de tres siglos. Las condiciones morales, políticas y económicas de los colonos de ayer, se oponían a la Federación.

El sistema federal es el más difícil de practicarse, y el que requiere mayor educación moral en los pueblos. Los pueblos de Centro América, si bien amantes de la independencia, no habían arrojado ni en pequeña parte el enorme peso de las preocupaciones y viciadas costumbres que les diera el gobierno secular de la colonia. La lucha y el sufrimiento no habían dado a nuestros pueblos como fruto bendito del color grandes virtudes públicas. La independencia se obtuvo sin grandes sacrificios y mal podía amarse como un derecho conquistado a fuerza de lágrimas y sangre cuando la emancipación se operó en el seno de la paz y de la tranquilidad. Además no habiendo un enemigo común a quien combatir, los pueblos centro—americanos no sintieron la necesidad de estar unidos para sostener una sola causa. Si el poder colonial autoritario, al desaparecer dejó rotos los lazos que unieran a las Provincias, los hombres de la independencia liberales o conservadores, debieron reanudar aquellos lazos sobre la base de nuestra antigua constitución social para constituir una nación estable por su unidad y sus instituciones. Los vínculos morales, sociales, y económicos, parecen cosa superficial para los hombres poco reflexivos; pero esos vínculos son la realidad viviente, a despecho de quienes lo desconocen. Los antecedentes históricos y tradicionales no pueden desconocerse impunemente ni pueden desviarse sus resultados por los decretos de los hombres sino por las leyes de la naturaleza. El carácter moral y social de los Centro—Americanos exigía la unidad política sobre la base de la Historia, y de las tradiciones, y de la educación de nuestros pueblos: los hombres predominantes en lo político quisieron lo contrario: quisieron sin ser empresarios previsorios de grandes y suficientes recursos cambiar de curso a un gran río: abrieron zanjas, las aguas se dividieron, el gran río perdió su majestuosa corriente y las aguas están esparcidas por doquiera y producen pantanos deletereos y por ninguna parte hay fondo por donde pueda pasar gallarda y rica en frutos la nave de la República y de la libertad.

La población de Centro—América al tiempo de emitirse su ley fundamental se calculaba como sigue:

| | |
|---|---|
| Guatemala | 670.580 hs. |
| El Salvador | 212.573 hs. |
| Nicaragua | 207.269 hs. |
| Honduras | 137.069 hs. |
| Costa Rica | 70.000 hs. |

Esta población diseminada en un área de tierra de 26.152 leguas componíase en su mayor parte de indios y negros sin ninguna cultura intelectual y muy poco productores. Para tan pequeña población situada en un vasto territorio, separados sus pequeños grupos por distancias y entorpecidas sus relaciones por pésimas vías de comunicación, no fue oportuno, no fue racional, establecer cinco gobiernos locales y un gobierno general. Si el gobierno de la Capitanía general pudo ser efectivo, no sin grandes dificultades, durante tres siglos, fue debido al vigor de un régimen unitario y a la acción constante de principios de autoridad. Consumada la independencia, si bien debieron adoptarse, como si adoptaron, distintos y aun contrarios fines políticos, no debieron desconocerse, dadas las condiciones de la población y del territorio; los principios administrativos de una perfecta unidad de régimen y de una acción gobernadora que impidiese la ruptura o la disolución política de los pequeños grupos de la población de Centro América, grupos desposeídos de educación republicana, y sin grandes intereses creados, únicos elementos que en falta de un buen gobierno podían haber salvado la unidad nacional.

Por lo que respecta a recursos, punto capitalismo en materia de gobierno, tampoco había medio para sostener un gobierno federativo. El monto total de las rentas del último período del régimen colonial ascendió a seiscientos treinta y seis mil ochocientos veinte y seis pesos. Desde el año 21 el tesoro nacional vino a menos, y su situación fue verdaderamente ruinosa durante la anexión al imperio mexicano que costó grandes sacrificios y que consumó por completo el fondo de cuatrocientos mil pesos de la casa de moneda. El presupuesto de la Federación en los primeros años fue No. 878.576 (pesos) y las rentas la de alcabala Marítima producía No. 500.000; la de tabaco No. 200.000; la de pólvora No. 15.000; y la de correos No. 10.000; esto es No.725.000, suma que aunque hubiera sido producto de entradas no eventuales no podía cubrir el presupuesto expresado de los gastos generales. Los Estados tenían las rentas de aguardiente, de alcabala interior, de papel sellado y de otros ramos insignificantes, y sus productos, con excepción a veces del Estado de Guatemala, no alcanzaban a satisfacer ni aun los gastos ordinarios de la administración. La hacienda es la base del gobierno; y de la mala situación rentística de los Estados y del gobierno general debían provenir, como provinieron la debilidad de todos, cuestiones de competencias con motivo de administración y de inversión de fondos que bien pronto se convertían en cuestiones políticas, y lo que es peor empréstitos internos y exteriores que sin recursos para amortizarlos produjeron el desconcierto de la naciente república necesitada de rentas y de crédito para cimentar el orden y llevar a práctica urgentes obras de progreso material y moral. No obstante, ese estado de cosas y esos resultados que eran de esperarse, se adoptó el régimen federal, falto de base en materia de recursos en todo sentido antieconómico, dispendioso y radicalmente opuesto a un buen arreglo rentístico que garantizase la estabilidad del poder público que hubiese de provecho sus labores administrativas, que favoreciese la comunicación material y la educación intelectual de los pueblos, y que contribuyese, en suma al bienestar y progreso de la nación.

Pero el resultado que era más fácil de preverse y que ha sido más fecundo en males era el aparecimiento del caudillaje. Un solo gobierno respetable por su unidad de acción y por sus elementos habría, sino destruido, dominado las oposiciones de los ambiciosos y de las facciones. Más un gobierno general con limitadísimas atribuciones, con un poder insignificante, algunas veces tan ilusorio como ridículo, sin un palmo de tierra siquiera que le sirviese de Distrito; (9) y cinco gobiernos independientes en cinco Estados pobres, poblados en su mayor parte por pequeños y distantes grupos de masas sin educación intelectual y política; tal arreglo era el más idóneo para crear por doquiera pandillas con la denominación de partidos, atentados por la debilidad del poder público y por las sugestiones y rebeliones de osados caudillos que pululan y se atreven a todo en los países en donde predomina la ignorancia de las mayorías, sin el contrapeso de una autoridad bien constituida y respetable por sus medios de acción. El caudillaje que desde fecha remota ha sido el azote de Centro América, al agente que ha sacado a la vergüenza pública, fue el que dio en tierra con el gobierno federal, fue el que hizo frustráneos los esfuerzos y sacrificios de Morazán y el que por fin produjo la disolución y la ruina de la República Centroamericana.

Si el partido liberal en los años de 23 y 24 hubiera sido no exaltado y sí reflexivo, no idealista y sí práctico, no inflexible y sí intransigente, le habría hecho opinión en las Provincias a la causa centralista, habría hecho opinión en las Provincias a la causa centralista, habría atenuado o anulado los rencores y prevenciones de provincianos, habría dado en lo justo satisfacción a las ideas de los conservadores y habría hecho sobre la base de nuestra Constitución social, una constitución política firme, sostenible y práctica, apta para afirmar los intereses del orden y del progreso y para garantizar los intereses de la democracia y de la libertad. Cierto es que no podía confiarse en la buena fe de los conservadores que entregaran la patria al imperio de Iturbide: cierto es que Guatemala habría tenido preponderancia en un gobierno unitario; pero estas confianzas y estos celos habrían sido cosa baladí si los liberales hubieran reflexionado que siendo dueños en aquella época de constituir y representar el poder público, de poco o nada habrían valido las arterias, maquinaciones y trabajos del bando contrario adverso a la reforma de las instituciones y al planteamiento de los verdaderos principios de la República; si además hubieran reflexionado sobre que la preponderancia de Guatemala era un hecho proveniente de su mayor suma de población, de ilustración, de industria, de comercio; y de riquezas, y que este hecho común en todos tiempos y lugares, con federación, o sin ella, había de dar mayor influencia y poder a Guatemala con respecto a la dirección y arreglo de los negocios políticos de Centro América. Reconocer este hecho aceptarlo y aprovecharlo en el sentido de asegurar el éxito de las instituciones liberales, y de constituir para ello un gobierno respetable por sus elementos, estable y benéfico, tal debió ser la política de los constituyentes del 24, política salvadora que habría hecho imposible la disolución de nuestros pueblos, que hoy sería aplaudida con legítimo entusiasmo, que tendría la sanción de la historia y más tarde todas las bendiciones de la posteridad.

A pesar de una juiciosa política y de la adopción de un régimen unitario, habría habido, sin duda algunas perturbaciones en Centro—América, puesto que habiéndose emancipado sin grandes sufrimientos y luchas que desvirtuasen la colonia, estaban muy vivos y muy robustos los elementos coloniales resistentes a los progresos y a las conquistas de la república. Pero el partido conservador que entrañaba la fuerza de esos elementos habría sido impotente para luchar con ventaja contra un solo gobierno lleno de vigor, de influencia y de poder y prestigiado por una causa simpática al sentimiento de los pueblos. Las reacciones liberticidas habrían acabado por ser dominadas, y Centro—América no habría sido presa de la guerra civil, ni sido en lo político como hasta hoy, un país inconstituido, en que todo depende de situaciones personales, que acaban con los caudillos que los representan en vez de ser un país regularizado en que todo dependen de la aplicación natural y pacífica de las instituciones.

Cuando se escriba imparcialmente la historia de Centro América sin otro móvil que el deber y sin otro fin que la verdad, seguro estoy de que se hará un justo elogio por sus elevadas y generosas ideas a Don José Francisco Barrundia, Don Pedro Molina, Dr. Don Mariano Gálvez y Prof.

Don Matías Delgado que fueron los principales autores de la constitución federal del 24: pero también estoy seguro de que será juzgada su obra como uno de los orígenes de la desorganización y de las desgracias de Centro América. La historia dirá que el partido liberal de aquella época, aunque abundando en nobles deseos, careció de buen sentido; que no supo aprovechar su ventajosa posición; que no supo prever las consecuencias de su obra que bien pronto debía sepultarlos bajo sus ruinas; y que esos errores y esas imprevisiones han dado a los Centro—americanos, como legado funesto, resultado contrarios al pensamiento de los patriotas que, intransigentes, absolutistas en su idealismo, quisieron labrar por la virtud de instituciones exóticas la felicidad y el buen nombre de Centro—América. ¡Qué singulares ejemplos! ¡Qué altas enseñanzas! (10).

Después de dieciocho meses de ímprobos trabajos disolvióse la Asamblea Constituyente en 29 de Abril de 1825. Conforme a la irregular convocatoria del 5 de Mayo del año anterior, los pueblos eligieron las autoridades federales. Los conservadores, no guiados por sus sentimientos sino un cálculo político trabajaron por la candidatura del Sabio Don José Cecilio del Valle. Los liberales creyendo no poder dominar el carácter altivo y superior de Valle, trabajaron por la candidatura del General Don Manuel José Arce, persona que había prestado grandes servicios a la causa de la independencia, y a quien los liberales conceptuaban muy capaz para corresponder a sus pretensiones. Ochenta y dos era el número total de sufragios: se reunieron en la Asamblea que hizo el escrutinio sesenta y nueve: de estos obtuvo Valle cuarenta y uno y Arce treinta y cuatro, Valle, pues fue electo por popular y absoluta mayoría de votos, Presidente de Centro—América. Contrariados de esta suerte los liberales buscaron un pobre expediente en la manera de computar los votos y viendo con los ojos de la pasión, oscuro lo que estaba claro, lograron atraerse la fracción conservadora que no había proclamado con sinceridad la candidatura de Valle. Tan indigna coalición contra el derecho de los pueblos, y contra un grande hombre que había trabajado por la patria, y que honraba a Centro América con su talento y con su ciencia, dio al Gral. Arce la presidente de la República a virtud de elección hecha por la Mayoría del Congreso. He aquí otro error trascendental de los liberales, no solo dieron un indigno ejemplo de inmoralidad política, sino que también arrebataron el poder al hombre más capaz de hacer el bien de Centro—América. Valle era un gran estadista: se habría ocupado poco en política teórica y mucho en práctica y útil administración; habría dado un gran sentido económico a los trabajos gubernativos; se habría sobrepuesto a las rivalidades y exclusivas pretensiones de los partidos, y, de no lograrlo, cediendo a su perspicacia y a su entereza de carácter, habría dejado el poder antes de entregarse como Arce a los conservadores de dar incompletos golpes de estado y de operar una contrarrevolución liberticida, cuyas consecuencias liberales y conservadores, pagaron bien caro en expiación de sus coaliciones indignas y de sus veleidosos e inmorales manejos. Que no impunemente se desvían los partidos políticos de la línea recta del deber, desatendiendo los mandatos del patriotismo, hollando, de modo inconsiderado y antojadizo, la voluntad de la Nación.(11)

El 29 de abril de 1825 tomaron posesión el Presidente Arce, el Vicepresidente Don Mariano Beltranena electo por renuncias de Valle y Barrundia. Igual posesión de sus respectivos puestos tomaron las demás autoridades federales. En los Estados desde el año de 24 fueron electos, en Costa Rica, Jefe Don Juan Mora y Vice—Jefe Don Mariano Montealegre; en El Salvador, Jefe Don Juan Vicente Villacorta y Vice—Jefe Don Mariano Prado; en Honduras, Jefe Don Dionisio de Herrera y Vice—Jefe Don Justo Milla; en Guatemala, Jefe Don Juan Barrundia y Vice—Jefe Don Cirilo Flores. En Nicaragua a causa de sus grandes perturbaciones interiores, hasta el 10 de Abril de 1825 se constituyó su poder ejecutivo habiendo sido electos, Jefe Don Antonio de la Zerda y Vice—Jefe Don Juan Argüello.

Electo Don Dionisio de Herrera el 16 de Diciembre de 1824, Jefe del Estado de Honduras por la Asamblea del mismo, a causa de no haber habido elección popular, una de sus primeras atenciones fue la de nombrar, con acierto, un Ministro General, Herrera se fijó en Morazán pero vacilaba en nombrarlo porque siendo primo hermano de su esposa Doña Micaela Quezada, temía que su nombramiento se le criticase atribuyéndolo al favor de un espíritu de nepotismo. Más como las principales personas del país y los mismos diputados invitasen a Herrera a la elección de Morazán se decidió al fin a nombrarlo Ministro General. Este fué el primer empleo político que tuvo Morazán y en su ejercicio refrendó la primera Constitución del Estado emitida por la Asamblea Constituyente en 11 de Diciembre de 1825(12).

Aflictiva era por entonces la situación de Honduras: la fuerza estaba desorganizada: el tesoro exhausto y las rentas comprometidas: la escisión de Comayagua y Tegucigalpa había agotado los recursos: más de cuatrocientos mil pesos se habían gastado en sostener fuerzas que hicieron indispensables los disturbios públicos: el Poder Judicial estaba sin organización y la desconfianza reinaba a consecuencia de las animosidades de los partidos. En tan difíciles circunstancias, Morazán en su calidad de Ministro prestó su eficaz cooperación al hábil e ilustrado político don Dionisio de Herrera a quien tocaron los más penosos trabajos para fundar las primeras bases de administración en Honduras.(13)

En cumplimiento de la ley de 30 de Agosto de 1824, de la Asamblea reunida en el Mineral de Cedros, el 29 del mismo mes el gobierno de Tegucigalpa se trasladó a Comayagua; y en Abril de 1826, en que se reunió la primera asamblea ordinaria, Morazán fué electo Consejero de Estado. Por este motivo dejó el ministro general, puesto en que había correspondido a la confianza de su jefe y a las esperanzas de sus conciudadanos. Fue honrado además con el nombramiento de Presidente del Consejo. En este nuevo puesto, hemos de ver más tarde a Morazán revelar las grandes facultades de su genio militar y político (14).

## NOTAS

1. Bosquejo histórico por Don Alejandro Marure.

2. He aquí una denominación impropia que solo ha podido admitirse irreflexivamente por seguir el modo de expresarse de algunos cronistas. Antes de la conquista no había un reino de Guatemala sino varios reinos y cacicazgos independientes en el territorio de Centro—América. Sólo en el área de tierra que hoy ocupa la República de Guatemala podían contarse los reinos de los Cachiqueles, de los Quichés y de los Sutujiles: en las provincias los gobiernos de los Lempiras y de los Nicarao eran independientes. Verificada la conquista no se estableció en Centro América ni siquiera un virreynato sino una capitanía General cuyos poderes supremos eran ejercidos por el Capitán Genera y la real audiencia. No se comprende, pues, que significación propia pueda tener

el nombre de Antiguo Reino de Guatemala aplicado a las provincias, que durante la Colonia y a los Estados y Repúblicas que, después de la independencia, formaron y aun forman la América Central.

3. Biografía del Gral. Morazán por Don Liberato Moncada. Como documento curioso para la historia reproduzco a continuación el acta de independencia celebrada en Tegucigalpa: "Habiéndose reunido los señores que firman esta acta a efecto de leer pliegos que acaban de venir por extraordinario de Guatemala, se procedió a su apertura y se leyó un oficio del Excmo. Ayuntamiento de Guatemala en que da noticia de haberse jurado la independencia. Enseguida se leyó un manifiesto del Señor Jefe Político relativo a los mismos, y la acta celebrada el quince de octubre de mil ochocientos veintiuno, y en vista de todo unánimemente se acordó que se publique y circule inmediatamente que se le dé el obedecimiento debido, se evite del modo posible a la libertad y al orden, y que para acordar a lo que convenga se llame a esta Junta a los Señores P.C. Vic. a los R.R.P,P. Guardián de San Francisco y Comandador de la Merced, y a todas las autoridades; empleados y militares, y algunos vecinos de la Villa, Tomás Midence—Felipe Santiago Reyes—Mariano Urmeneta— Francisco Suárez —Manuel Ugarte—Eusebio Ruiz—Juan Estrada — Dionisio Herrera, Secretario". Véanse los documento del año de 21 en el archivo de Tegucigalpa.

4. Don Liberato Moncada, en su biografía citada, y Don Gregorio Boquín en sus relaciones verbales que oí en la ciudad de Comayagua en 1877.

5. Álbum de un antiguo veterano del ejército federal escrito en Costa Rica en Noviembre de 1842. El veterano decía: "mi general era un hombre muy buen mozo: en su trato era fino, de maneras suaves y amables, circunspecto y muy urbano, hombre corazón de bronce para las fatigas, y corazón de mujer en su trato familiar; hombre peligroso, de aquellas personas fascinadoras a quienes no se pueden ver sin dejar de unirse a ellas por un atractivo magnético que poseen y que es inexplicable". La copia de este curioso documento que existe original en San Salvador, me la proporcionó en 1877, mi buen amigo el distinguido jurisconsulto Don Cruz Ulloa, natural de Honduras y Ex—ministro de Relaciones Exteriores del Gobierno del Salvador. Hoy vive retirado de la política, en la ciudad de Santa Tecla.

6. Biografía del Gral. Morazán por Don Liberato Moncada.

7. Bosquejo histórico por Marure.

8. Biografía del Gral. Morazán por Don Liberato Moncada.

9. Véanse las obras que siguen: Bosquejo de la República de Costa Rica por Felipe Molina, 1851: notas geográficas y económicas sobre la República de Nicaragua por Pablo Levy, 1873: Reseña Histórica de Centro América por Lorenzo Montúfar,1878.

10. Véase Biografía de Don José Cecilio del Valle, 1882.

11. Biografía de Don José Cecilio del Valle. En esta obra dije: "La elección de Valle, ante la historia, honra tanto a los pueblos de Centro América, como deshonra a los partidos que la anularon. ¡Felices tiempos aquellos en que los pueblos no estaban corrompidos por el caudillaje! ¡Felices tiempos aquellos en que el falso brillo del funesto militarismo no había hecho perder a los pueblos de su buen sentido práctico! Los pueblos sabían que Valle era un hombre honrado, que Valle era un hombre amigo de la legalidad, que Valle era un hombre incorruptible, que Valle era un sabio estadista apreciado, por su ciencia, dentro y fuera de Centro—América. Los pueblos atendieron a su verdadera conveniencia, hicieron justicia al mérito, y eligieron Presidente a Valle a despecho de los trabajadores inmortales de liberales y conservadores. Nuestra Historia a vuelta de muchas y muchas páginas, en que solo puede verse. la ignominia, tiene también algunas páginas honrosas. La elección de Valle, para consuelo del patriotismo, formará siempre una página honrosísima en la Historia del pueblo Centroamericano.

12. Véase "Colección de las Constituciones políticas de la República de Honduras hecha por Antonio R. Vallejo, 1878".

13. Véanse el mensaje del Jefe Don Dionisio de Herrera y la Memoria del Ministro Morazán, documentos correspondientes al año de 1826, y existentes en la Biblioteca Nacional de Honduras.

14. Biografía del Gral. Morazán por Don Liberato Moncada.

# CAPÍTULO CUARTO

Situación general de Centro—América en el año de 1826. Situación del Estado de Honduras. Invasión injustificable del Estado de Honduras por fuerzas federales mandadas por el Coronel Don Justo Milla Esfuerzos de Morazán para repeler la invasión. Rendición de Comayagua después de un dilatado sitio. Prisión de Morazán en Tegucigalpa. Fuga de Morazán y su viaje a Nicaragua. Su regreso con una división. Situación del Coronel Milla. Derrota del Coronel Milla en los campos de la Trinidad, en cuya acción Morazán reveló su genio militar. Reflexiones.

A poco tiempo de haber tomado posesión de la Presidencia de Centro América el Gral. Don Manuel José Arce, empezaron a manifestarse disensiones, competencias y conflictos entre el Presidente de la República Federal y las autoridades del Estado de Guatemala, secundadas por los liberales exaltados.(1) Los desacuerdos se reagravaron de día en día; así es, que fácil fue prever, desde los comienzos de la presidencia de Arce, que el caudillo elevado al mando supremo por los liberales, acabaría por romper ruidosamente con el partido político a quien debía su elección.

Tal situación, preñada de dificultades y en que tantas veces se ha visto al partido liberal, fue creada por faltas y desaciertos de los liberales y por inconsecuencias imperdonables del Presidente Arce. Su responsabilidad es solidaria y por la Historia. Los Barrundia, los Rivera Cabezas, y los demás liberales importantes de Guatemala, puesto que habían dado la Presidencia a Arce, y depositado en él su confianza, debieron considerarlo como su jefe, ser tolerantes, prestigiar su administración, ayudarla decidida y generosamente en sus primeras difíciles labores administrativas. Esto exigía la lógica de los acontecimientos; esto demandaba su deber y hasta su propia conveniencia. Mas su conducta no fue regulada por tales ideas, cuyo efectivo ascendiente había salvado por entonces la causa del partido liberal. Por cuestiones de poco momento, y aun por motivos pueriles, se hizo a Arce ruda oposición por la prensa, se puso en abierta pugna la autoridad del Gobierno del Estado con la del gobierno federal, y se acumularon sobre la causa de este todos los elementos que podían debilitar su acción, y causar su desprestigio, su descrédito. Arce, por su parte, en vez de apurar todos los medios posibles de conciliación, de observar una política, al par que sensata, noble y elevada, trató de contemplar las pasiones e intereses del partido conservador, de usar en todo de represalias y de resolver a tajo las dificultades, ordenando la prisión del Jefe del Estado de Guatemala, Don Juan Barrundia, dando en 10 de Octubre del año de 26 golpe de estado por el que decretó la renovación de las autoridades federales y entregándose, en fin, a partido conservador que había de vejar y perseguir a sus antiguos amigos y acabar de alterar el sistema de instituciones que empezaba a plantearse. Arce, aunque hombre de honrosos antecedentes, de alguna instrucción y de sentimientos patrióticos, era de carácter débil y carecía de predicción política. No comprendió que aquella época, en que había fe en las ideas, no era propicia para dar impunemente golpes de estado; no comprendió que su suerte estaba vinculada con la de los liberales, que debía atraerlos sobreponiéndose a pequeñeces, y serles consecuentes a toda prueba, o bien resignarse a dar un alto ejemplo de patriotismo y a dejar con honra el gobierno de la República. No comprendió que entregarse a los conservadores era faltar a sus históricos antecedentes, era faltar a sus sagrados compromisos, y era confiar su autoridad y su nombre a enemigos embozados que lo tomarían como instrumento, y que andando el tiempo, como sucedió, cuando no fuese útil a sus miras le arrebatarían el poder para condenarlo a la impotencia y al desprecio particular y público y para convertirse en dueños absolutos de la suerte de Centro—América. Hay transacciones que ya por cálculo o ya por deber, el hombre público debe tenerlas siempre como transacciones imposibles:

La conducta de Arce, como era natural, produjo en los pueblos centroamericanos un profundo malestar que fue seguro precursor de la guerra. Prado, Jefe del Estado del Salvador, se puso en oposición con el Presidente de la República: los liberales de Honduras y de Nicaragua mantenían igual espíritu de hostilidad. Los liberales de todos los Estados habían perdido la fe en Arce a quien veían inspirado y dirigido por los conservadores que habían combatido la República, hostilizado a las provincias y hecho la anexión a México. Bien pronto los resentimientos y las oposiciones debían convertirse en hechos y dar por resultado la desastrosa lucha entre El Salvador y Guatemala y la invasión a Honduras por tropas federales, hechos que conmovieron a toda Centro—América, que causaron la ruina de sus más caros intereses y el descrédito de su nombre y de sus nacientes instituciones. En el año de 1826 en que la desconfianza reinaba por doquiera se preparó la realización de aquella gran catástrofe que se consumó por la exaltación inconsiderada de los liberales, por las inconsecuencias de Arce por la mala fe de los conservadores y por la inexperiencia e imprevisión de todos los centro—americanos que a la sazón influían en la gestión de los negocios públicos (2).

El estado de cosas en Honduras presagiaba en 1826 un completo desconcierto social, y se prestaba de todo en todo al desarrollo de los planes de Arce quien, después de haber derrotado a los salvadoreños en los Campos de Arrazola, ensanchó sus ambiciones de mando, acarició grandes sueños de gloria y se propuso para dar cima a sus proyectos cambiar a toda costa el gobierno de Honduras que presidía Don Dionisio de Herrera por otro gobierno que fuese dócil instrumento de sus miras y de su poder, que, merecía el triunfo alcanzado, conceptuaba incontrastable.

Crítica era la situación de los liberales de Honduras. Desde 1°. de Junio de 1826 la primera Asamblea ordinaria, dominada por los conservadores, decretó la separación del poder el Jefe Herrera, porque habiendo sido electo antes de emitirse la Constitución del año de 25 consideró su Nombramiento como puramente provisional. Herrera que estaba muy comprometido en la cosa pública y que sostenía lucha tenaz con el partido de sus contrarios, hizo ilusorio el decreto de la Asamblea fundándose en que en los demás Estados los jefes electos habían continuado en el mando, no obstante haberse emitido las respectivas constituciones en posteridad a su elección. Herrera se fundaba en una razón de hecho y la Asamblea, en mi concepto, se fundaba en razones de derecho, que el jefe debió atender para dar, como en otras ocasiones, un alto ejemplo de desprendimiento y de moralidad política y una prueba de verdadero liberalismo, sujetándose a lo que en rigor prescribía el régimen Constitucional.

Los desacuerdos de la Asamblea y del Jefe del Estado enardecieron más los ánimos de los partidos contendientes; y a la exaltación de los conservadores se dio mayor pávulo cuando por no estar constituida la Corte de Justicia, y haberse disuelto el Consejo de Estado, que habíase instalado en 6 de Abril del año a que he hecho referencia, el Jefe Herrera reasumió las atribuciones de aquellos altos poderes, ejerciendo entonces casi un poder absoluto. En tales circunstancias, que sobre todo comprometían la tranquilidad y las instituciones del Estado, surgieron enojosas contestaciones entre el Jefe Herrera y el Provisor Don Nicolás Irías. Irías, hombre terco irascible, y de añejas ideas, como lo es la mayor parte de los hombres del clero, quería sostener con el absolutismo de los más oscuros tiempos de la colonia todas las pretensiones, todos los intereses, y todos los privilegios clericales. Herrera, por su parte, deprimía a Irías y no dejaba pasar ocasión que fuese propicia, para insubordinar al clero. Un recurso de fuerza, intentado por el Presbítero Pedro Brito, amparado por Herrera, exacerbó las prevenciones de Irías haciendo desbordar su espíritu revolucionario. La casa del Provisor Irías se convirtió en un verdadero centro de conspiración; se organizó una especie de logia; el Jefe Herrera escapó de ser asesinado. Nada pudo averiguarse de cierto respeto a aquel criminal atentado; así es que la Asamblea, por orden de 8 de Octubre de 26, previno se echase un velo sobre tan escandaloso suceso (3).

Las escisiones y los disturbios no fueron sofocados por el espíritu conciliador de la Asamblea. Esta, en 13 de Noviembre, estableció un nuevo arreglo para el cobro e inversión de la renta decimal. Irías desobedeció el decreto de la Asamblea, lo mismo que las órdenes relativas al pago de la masa decimal adecuada al Estado. El jefe Herrera estrechó al Provisor para que cumpliese su deber; pero siendo todo apremio infructuoso lo redujo a prisión en castigo de su desobediencia. Desde entonces la lucha entre el poder civil y el clero fue lucha abierta y terrible, sin tregua ni descanso. La Asamblea por decreto de 22 de Diciembre puso al Provisor fuera de la Ley: este pudo fugarse de Comayagua y en represalia sublevó los pueblos de Gracias, Olancho y Santa Bárbara; obró en favor del Presidente Arce; excomulgó al Jefe Herrera; (4) provocó la invasión del Estado; organizó una junta clerical que exigió préstamos y contribuciones; decretó embargos; vendió alhajas de Catedral en Walis o Belice, para comprar fusiles; y armó a los sublevados que, a fines de Diciembre de 1826, a las órdenes del Presbítero José María Donaire, fueron batidos y derrotados en el pueblo de Erandique por las fuerzas del gobierno. Allí corrió la sangre de los hondureños, sangre que clama contra la memoria del sacerdote rebelde y despiadado que en nombre de una religión de paz y mansedumbre causó la muerte y la desolación de sus hermanos, aumentando así los grandes infortunios de la patria:(5)

El presidente Arce observaba con vivo interés la difícil situación del Jefe Herrera, y se propuso sacar partido, para someter a Honduras, de su estado de disensiones y de luchas intestinas. Arce estaba bajo la inspiración de los conservadores y le era tan grato como conveniente a sus miras, seguir los consejos del Marqués de Aycinena, que después de la batalla de Arrazola, le decía: "arrancad del suelo centro—americano los últimos vástagos de la anarquía para que el árbol funesto no renazca en esta tierra virgen". En sentir de los conservadores de Guatemala, las palabras de libertad y anarquía han tenido siempre una perfecta sinonimia. Debido a esta errónea y lastimosa confusión de ideas, han arraigado en aquel hermoso país, un sistema político de opresión y de terror cuyas consecuencias han sufrido y sufren sus propios autores. El Marqués de Aycinena vió cumplidos sus deseos y aun los vería si viviese; pero que satisfacción tan horrible. Vencido Morazán se arrancaron del suelo centroamericano los últimos vástagos de la libertad o de la anarquía, como la llamaba Aycinena; pero en cambio el caite del salvaje Carrera quedó impreso en la cara de la humillada pseudo—aristocracia guatemalteca. El árbol funesto de la libertad o de la anarquía, como decía Aycinena, no ha renacido, ¡ay! en aquella tierra virgen; pero en cambio, aún resuenan en Centro América las soberbias bofetadas y los sendos latigazos con que la dictadura, más cruel y salvaje todavía que la de Carrera, ha castigado talvez providencialmente a los descendientes de aquellas nobilísimas familias, que reñidas con el siglo y con la República, que adoradoras de Felipe II y de Torquemada quisieron fundar fuerza y solo fuerza, objeción y solo objeción, terror y solo terror, como el más fácil y perfecto sistema de gobierno para los pobres pueblos de la América Central. Oh sabias indicaciones de la severa historia! ¡Que de cosas nos dice! Qué de cosas nos enseñas, para que despreciemos los egoístas intereses del momento, para que seamos justos y previsores, para que sepamos que la vida se dilata y tiene incalculables trascendencias, para que sepamos que nuestros crímenes de hoy los pagarán mañana y siempre los hijos de nuestros hijos, para que amemos lo bueno y lo ideal, para que trabajemos aunque derrotados y perseguidos, como obreros que labran la obra de lo porvenir, para que dejemos siquiera sea, un átomo de libertad, de progreso y de civilización a las generaciones que han de sucedernos, para que seamos después de la tumba siquiera sea un puñado de cenizas que atraiga como rocío fecundo, lágrimas de gratitud y de bendición, en vez de atraer lágrimas de hiel y de eternas maldiciones. ¡Oh Historia, deidad de lo pasado! Si no fueran sus enseñanzas, el destino de la humanidad sería la sempiterna barbarie, en vez de ser un destino progresivo que nos hace confiar en las inefables promesas del bien y que nos hace entrever inmortales y gloriosos ideales, aun entre las brumas de lo desconocido, como fin perdurable y casi divino de los hombres y de los pueblos. ¡Oh Historia! Tú has llevado y llevarás siempre un rayo de amor, de esperanza, de luz y de consuelo a los grandes corazones y a las altas inteligencias que sobrenadan en las turbias y encrespadas aguas de las humanas corrupciones y miserias, y de los inicuos y ominosos despotismos sociales! ¡Oh Historia, yo te amo y te bendigo!

Consecuente con sus cálculos y propósitos, el presidente Arce, después de consumada la rebelión del clero, a fines del 26 creyó oportuno invadir a Honduras con fuerzas federales. Por tanto en el mes de Marzo de 1827, el batallón federal No. 2 a las órdenes del Coronel Don Justo Milla, Vice—jefe electo de Honduras, invadió a este Estado so pretexto de custodiar en la Villa de los Llanos. de Santa Rosa, los tabacos allí almacenados, cuya especie formaba una de las rentas de la Federación. Milla desde que llegó a los Llanos, que ocupó sin resistencia, observó una conducta hostil al gobierno del Estado: armó a los sublevados del Provisor Irías de acuerdo con la junta clerical, aprobóos procedimientos de ésta, y dio sanción a sus arbitrariedades. Engrosadas las fuerzas federales que ascendían al número de quinientos quince hombres de todas armas, con los auxilios que les prestaran los revolucionarios, el jefe invasor se dirigió a Intibucá, hoy ciudad de la Esperanza, treinta leguas distante de los Llanos de Santa Rosa.

Al conocer el Jefe Herrera de la invasión y de la conducta de Milla de pronto comprendió que trataba destruir, a viva fuerza su autoridad: reunió en Comayagua algunas compañías de milicias que formaron el número de cuatrocientos hombres y mandó una escolta compuesta de cuarenta individuos de tropa, al mando del Coronel Don Casimiro

Alvarado, para que observase los movimientos del invasor. En el pueblo de indígenas de Yamaranguila, distante dos leguas de Intibucá, el oficial Francisco Ferrera, que se adelantó con diez hombres de la escolta, se encontró con la división de Milla: se batió denodadamente con sus diez hombres con la división, que logró detener, rasgo de valor heroico que elogia en sus memorias el General Morazán, haciendo noblemente justicia a Ferrera, que fue uno de sus más encarnizados enemigos. ¡Que nunca es celosa y pequeña el alma de un héroe! Ferrera no pudo sostener su ataque y lograda su resistencia heroica, se encaminó a dar parte de lo ocurrido al jefe de la escolta. Alvarado, ya con pleno conocimiento de la situación y propósito de las fuerzas invasoras, regresó a Comayagua para informar al Jefe Herrera sobre el resultado de su comisión (6).

Herrera se ocupó en hacer construir con la precipitación que las circunstancias exigían, algunas trincheras para resguardar el centro de la Capital: no podía defender los barrios o cantones de ésta, porque la línea de defensa había sido muy extensa y sus fuerzas eran muy escasas para sostener, siquiera, sus principales posiciones. Entre tanto el Coronel Milla continuaba su marcha y el día 4 de Abril puso sitio a Comayagua estableciendo su cuartel general en la iglesia del barrio de San Sebastián situada sobre una altura de suaves pendientes y que domina gran parte de la población. Desde entonces comenzó una resistencia tan desventajosa como heroica para los sitiados: estos carecían de todo auxilio, al paso de los invasores reciban esfuerzos de todas partes: los sitiados se disminuían de día en día por el plomo, o acosados por el hambre y por la sed. "Los víveres faltaban, dice el Gral. Morazán, y muchas veces era mayor la sangre que se derramaba que el agua que se tomaba en el río defendido por los contrarios". (7) Los sitiadores en cambio, de día en día engrosaban sus filas, y poseían abundantes víveres y toda clase de elementos para sostener con ventaja un prolongado asedio. No obstante una posición tan desigual, pasaba el tiempo sin que el Jefe Herrera y los patriotas que lo acompañaban decayesen de ánimo, y menos se amedrentasen. Herrera ejerciendo su derecho, y en obsequio de la paz reclamó al Presidente de la República contra la conducta de los invasores, y a la vez pidió auxilios a los Estados del Salvador y Nicaragua; pero el Presidente no atendió a sus justas reclamaciones, ni los auxilios llegaron. Herrera hizo proposiciones pacíficas a Milla, pero éste, en cumplimiento de órdenes recibidas, las desestimó, e intimó la rendición de la plaza. Entonces el esforzado Herrera redobló sus esfuerzos: quería el sacrificio, pero no la ignominia. Los sitiados hacían frecuentes salidas de las trincheras y había encuentros sangrientos cuyos desastres aumentaban los sitiadores entregando al incendio y al saqueo, los cantones o barrios indefensos de la capital.

Las fuerzas de los sitiadores aumentadas con las gentes que se les unieron del Valle de Comayagua, y con todos los moradores del cercano mineral de Opoteca, conducidos y capitaneados por el Prof. Don Antonio Rivas, llegaron a tener más de mil hombres, mientras que las fuerzas de los sitiados cada vez más disminuidos por los combates diarios y atormentados por el hambre y la sed, que se agravaban momento por momento, buscaban ya a un último y doloroso extremo. En esta situación el cumplido caballero y leal soldado Coronel Don Remigio Díaz, Comandante General del Estado, de acuerdo con el Jefe Herrera, aprovechando las sombras de la noche, salió de Comayagua acompañado de un Oficial y un sargento, y se encaminó a Tegucigalpa, distante 24 leguas, en cuya ciudad alistó ochenta soldados y varios oficiales y patriotas que se le unieron, fuerza con la que se propuso auxiliar a los sitiados atacando a los sitiadores de flanco o por retaguardia. Si Irías hubiese combinado sus operaciones con el Jefe Herrera para hacer movimientos simultáneos y decisiones, indudablemente los sitiadores habrían sido deshechos; pero sus operaciones militares se operaron sin concierto y casi aisladamente; y de aquí el mal éxito de los supremos esfuerzos de los auxiliares y la pérdida de los sitiados.

Morazán, que estaba en calidad de patriota, al lado de su jefe y amigo Herrera salió también de la plaza sitiada para tomar parte directa en el arriesgado movimiento del Coronel Díaz. Este y Morazán organizada la pequeña fuerza que queda mencionada, se dirigieron de Tegucigalpa a Comayagua y aumentaron su tropa hasta el número de 300 hombres, o sea tres compañías. Los jefes de la expedición estaban alentados por la esperanza de que se les agregaría el Coronel Cleto Ordóñez, que sabían estaba en marcha con el auxilio de 200 hombres que mandaba el vice—jefe del Salvador Don Mariano Prado, pero Ordóñez por inexperiencia o por imprevisión, en vez de dirigirse directa y precipitadamente al Valle de Comayagua, tomó el camino de Tegucigalpa cuando ya la causa de Herrera, sin auxilio, estaba completamente perdida.

Díaz, Morazán y los suyos llegaron a la Hacienda de la Maradiaga situada a dos o tres millas de la capital. Al día siguiente de su llegada se destacó una pequeña fuerza de 60 hombres de mando del Capitán Felipe Peña con el fin de que ocupase la Villa de Las Piedras, hoy ciudad capital del Departamento de La Paz. Operando este movimiento, que en mi concepto, fue un error porque no hizo más que debilitar las pequeñas fuerzas auxiliares, la Villa fue ocupada sin resistencia; pero a pocas horas, como era de preverse, Peña fue atacado por 400 hombres mandados por el Capitán Rosa Medina, vecino de Sulaco, del Departamento de Yoro. Peña fue derrotado sufriendo considerables pérdidas y con la fuerza que le quedó se replegó a la tropa del Coronel Díaz.

Bien pronto tuvo el Coronel Díaz parte de que Medina, alentado por su facilísimo triunfo, iba a atacarlo con cuatro compañías: la fuerza de Tegucigalpa se parapetó tras los cercos de los corrales de la Hacienda de la Maradiaga: a poco llegó Medina y se rompió el fuego por ambas partes: después de una hora de ruda pelea, Medina notó que sus fuerzas sufrían muchas pérdidas; mandó que sus soldados disparasen sus armas acostados para librarlos del nutrido fuego que se les hacía desde los corrales; pero no valiendo este medio, y transcurrido un cuarto de hora más habiéndoles roto una bala el pie derecho ordenó la retirada que se hizo en el mayor desorden. Los invasores dejaron en el campo algunos muertos y llevaron numerosos heridos (8).

En la pequeña acción de la Maradiaga, que fue un triunfo del patriotismo, se distinguió, fuera del Coronel Díaz por su inteligencia, su intrepidez y constancia en el combate: allí se distinguieron también por su arrojo el Capitán Felipe Peña, el Teniente Guillermo Girón, el Subteniente León Ramírez y el patriota Don Esteban Guardiola. La victoria estaba alcanzada; desde el alta torre de la catedral de Comayagua veían los sitiados correr en derrota a las Compañías del Coronel Milla; pero no supieron aprovechar tan preciosa oportunidad haciendo una salida que empuñase todos sus esfuerzos y que por ende fuese decisiva para su causa. Por otra parte, Díaz y Morazán no pudieron sacar provecho de la victoria porque el parque habíasele concluido. De esta suerte, no podían perseguir al enemigo, ni enfrentarse a nuevas fuerzas, ni menos dirigirse a la sitiada capital en auxilio de las fuerzas de Herrera. En trance tan adverso, los auxiliares empezaron a disolverse y sus jefes dispusieron retirarse a Tegucigalpa a donde llegaron brevemente, después de haber hecho esfuerzos dignos de mejor suerte y que la historia debe recordar como una enseñanza de lo que puede la decisión de los hombres que defienden sus hogares y los derechos de su patria (9).

Al tratar de la acción de la Maradiaga no es fuera de propósitos rectificar la idea de que la fuerza disuelta fue la de los salvadoreños auxiliares que en número de 200, mandó al Vice—Jefe Prado bajo las órdenes del Coronel Cleto Ordóñez. Tal afirmación equivocada la ha hecho el Dr. Reyes al historiador en compendio la vida de Morazán y la han hecho algunos otros escritores centroamericanos. Más como queda dicho, el Coronel Ordóñez, en vez de dirigirse al Valle de Comayagua, que era el teatro de las operaciones militares, tomó el camino de Tegucigalpa de donde salió para el Departamento de Choluteca cuando la causa del Jefe Herrera fue ya insostenible por el triunfo de los sitiadores. La fuerza auxiliar que se disolvió en La Maradiaga, después de haber triunfado y cuyos esfuerzos he relacionado con detalles, fue la de los Tegucigalpenses organizados y mandados por el Coronel don Remigio Díaz. Mi afirmación la fundo en documentos y relaciones incontestables (10).

La dispersión de la fuerza auxiliar de la Maradiaga produjo el desaliento en el ánimo de los sitiados. Sin embargo, aun resistían los patriotas con verdadera entereza; más los jefes españoles don Antonio Fernández y Don Ramón Tablada, en quienes el Jefe Herrera había depositado su confianza, dándoles el mando de la fuerza, estaban en secretas inteligencias con el Coronel Milla, y Fernández se aprovechó de la mala impresión que causó la malograda acción de la Maradiaga para insurreccionar, con malas artes la tropa y concluir con el Coronel Milla un vergonzoso arreglo en virtud del cual entregó la plaza juntamente con el Jefe Herrera, pero obteniendo en cambio garantías para él y sus adictos y la seguridad de conservar sus respectivos empleos. Así terminó, el 11 de Mayo de 1827, después de 37 días de asedio, la heroica resistencia de Comayagua entregada al incendio y al saqueo. El valor desgraciado fue reducido a la impotencia y a humillaciones de todo linaje por la más infame de las traiciones. Pero el éxito del momento, alcanzado a costa de atentados brutales y de desvergüenzas descaradas, jamás de justifica ante la posteridad. Nada queda impune ante el severo tribunal de la Historia. El nombre de los traidores Tablada y Fernández, de los cuales el último, pagó más tarde con la vida, en el puerto de Omoa una nueva traición, se conservan marcados con la mancha indeleble de la infamia, al paso que los nombres de Herrera, de Díaz, de Morazán, de Vijil, de Guardiola, de Ramírez, y de los demás patriotas que los acompañaron en días de dolorosas y supremas pruebas, se conservan en la memoria de nuestras gentes como benditos nombres que se invocan con tierno respeto para alentar los corazones de los buenos ciudadanos con los sentimientos del deber, de la lealtad y del heroísmo, que saben sacrificarse en aras de una noble y santa causa (11).

Dueño el Coronel Milla de la Capital de Comayagua, trató de asegurar el éxito de su triunfo. Al día siguiente de la ocupación de la plaza, de acuerdo con los conservadores Lindo y con el Coronel José María Zelaya, Comandante de Olancho, nombró dictatorialmente, Jefe del Estado a Don Jerónimo Zelaya, vecino de Santa Rosa hoy capital del Departamento de Copán. Zelaya tomó en el acto posesión de su cargo: tuvo por Vice—Jefe a Don Cleto Bendaña, también nombrado por Milla y oriundo de Nicaragua, quien no estuvo en su puesto ni una hora, porque liberal sincero y de antecedentes honrosísimos, acreditados durante la época de la independencia, no quiso tomar participación en un régimen creado por una de las más inicuas usurpaciones. Constituido el nuevo gobierno, viciado por su origen y atentatorio y humillante por sus fines, Milla mandó escoltados al Jefe Herrera y al Presbítero Pedro Brito con destino a la Capital de Guatemala. El Señor Bustillo de Comayagua, el Teniente Centeno y algunos otros prisioneros fueron mandados a las mortíferas bóvedas del Castillo de San Fernando de Omoa, que constituyen el Fernando Poo de la América Central, para que espiasen el gran crimen que habían cometido defendiendo la seguridad de su familia y los derechos de su patria. A estos procedimientos se agregaron órdenes de persecución y de captura contra los patriotas que se habían sustraído a la acción del vencedor. Dadas estas disposiciones debe reconocerse, en honra del Coronel Milla, que trató de moderar el espíritu de odio y de venganza, empezando por disolver las fuerzas clericales que lo auxiliaron, no obstante el manifiesto descontento del Provisor Irías y de los suyos, que tachaban al Jefe invasor por falta de entereza y de energía. La energía para Irías y su clero debía tener por signo el completo exterminio de los liberales. ¡Siempre el mismo espíritu clerical, intolerante y cruel, haciendo recordar las furias implacables de la inquisición! Siempre almas envenenadas rebozando de odio y de venganza! ¡Siempre hombres pequeños y fanáticos lleno su corazón de saña salvaje, clamando en nombre de Dios por el absoluto exterminio de sus enemigos! ¿Hasta cuándo la humanidad, regenerada por las ideas del bien, de la justicia y de la misericordia dejará de ser víctima de los fariseos de nuestros tiempos, que en nombre de la religión hacen que se derramen torrentes de sangre y de lágrimas y huellan despiadadamente la santa fraternidad de los hombres? ¿Hasta cuándo la idea religiosa purificada en el crisol del amor y de la Caridad ha de reflejar los ideales que nos hacen contemplar el Cielo y ha de significar vida, paz, armonía, consuelo y perdón para los pobres seres que nos agitamos probando la amarga hiel de mil dolores en este valle de miserias y de lágrimas? ¡Oh religión, que de crímenes se cometen en tu nombre! ¡Oh religión, yo te amara si te viera cumplida en la tierra siendo la noble exaltación de las más sublimes virtudes del humano espíritu!

Rendida Comayagua y dominada Honduras por el Coronel Milla, la fuerza auxiliar del Salvador, que muy tarde llegó a Tegucigalpa, como queda expuesto tuvo que evacuar la plaza y dirigirse por la vía de Choluteca al vecino Estado de Nicaragua, a la sazón perturbadísimo por las rivalidades y luchas del Jefe Zerda y del Vice—Jefe Argüello, Morazán y los Coroneles Remigio Díaz, José Antonio Márquez y José María Gutiérrez, viéndose expuestos a ser capturados y vejados, salieron de Tegucigalpa para buscar su seguridad uniéndose a la fuerza auxiliar salvadoreña; más habiendo cometido el Jefe de ésta un asesinato en la persona de un español con el objeto de robarle, Morazán y sus compañeros juzgaron deshonroso continuar en compañía de tal jefe. En la Villa de Choluteca, hoy Capital del Departamento del mismo nombre, se separaron de los salvadoreños y determinaron pedir garantías al Coronel Milla para permanecer en Honduras. Con este fin escribieron a Milla que residía en Tegucigalpa, y con el mismo correo que le llevara la solicitud les mandó pasaporte accediendo en todo a sus deseos.

Morazán con sus compañeros, confiando en la palabra de Milla, salió de Choluteca y se dirigió al pequeño pueblo de Ojojona, distante ocho leguas de Tegucigalpa y situado en la pintoresca falda del Cerro de Hule: su objeto era el de vivir pacíficamente a lado de su familia. Ya en Ojojona Morazán y sus compañeros recibieron aviso dado por la Sra. Dra. Josefa de Vijil de que iban a ser capturados, no obstante el pasaporte, los compañeros de Morazán se ocultaron, pero éste no quiso hacerlo, dando fe a la palabra de Milla y diciendo que el aviso recibido era obra "de debilidades o sospechas de mujeres". Mas a las diez horas de haber llegado a Ojojona fue preso por el Teniente Salvador Landaverri, de orden del Mayor Ramón Angiano, Comandante local de Tegucigalpa, Morazán presentó al Teniente su pasaporte, pero fue inútil pues fue llevado, como un criminal, a la cárcel pública de Tegucigalpa en donde fue objeto de tratamientos vejatorios (12). Díaz, Márquez y Gutiérrez, debido al aviso de la Sra. de Vijil y a su poca confianza en Milla, no corrieron la misma suerte. Refiriéndose a ellos dice Morazán en sus memorias: "Por un presentimiento que jamás cupo en la confianza que me inspiraba la palabra de Milla, dichos jefes no corrieron la suerte, que se nos guarda en aquel pueblo; y yo víctima de mi credulidad, conocí, aunque tarde, lo poco que debe confiarse en los que defienden una mala causa".

Aunque preso aún resistíase Morazán a creer que el Coronel Milla violase la fe de su palabra empeñada: le dirigió una exposición enérgica reclamada contra su presión. La respuesta de Milla le hizo comprender que había caído en una especie de emboscada. Desde entonces Morazán solo pensó en evadirse. Después de haber sufrido veintitrés días de estrecha y penosa cárcel, dicen los contemporáneos que se fingió enfermo; que se hizo algunas incisiones en la boca que mucho lo hacían sufrir y que el práctico Lozano, no sé si de buena o mala fé, certificó que el caso era muy grave, que el preso padecía de escorbuto. Debido a este doloroso ardid de Morazán y a los empeños de sus familiares y amigos fué trasladado con centinelas de vista a casa de los Sres. Martínez una de las más respetables, (13) de donde burlando la vigilancia de sus guardias logró evadirse aprovechando la oscuridad de la noche.

Morazán se dirigió sin demora alguna, a la ciudad de San Miguel del Estado del Salvador y de allí pasó a la ciudad de León del Estado de

Nicaragua con el objeto de buscar auxilios para libertar a Honduras. En su tránsito por el Puerto de La Unión habló, por vez primera, con Don Mariano Vidaurre, que en calidad de comisionado del gobierno salvadoreño, se encaminaba a Nicaragua para procurar un advenimiento entre el jefe y Vice—Jefe de aquel Estado, que en circunstancias tan críticas para Centro América, se hacían cruda y desastrosa guerra. Vidaurre que de momento apreció las dotes de Morazán tomó vivo interés en que el Vice—Jefe Nicaragüense le diese auxilios para reaccionar contra los usurpadores del poder público de Honduras.

Entre tanto el Coronel Milla, dueño de la situación, hacía sus preparativos para marchar sobre San Miguel en virtud de órdenes recibidas, con el objeto de flanquear a los salvadoreños, que, en guerra con el Presidente de la Federación se hallaban sitiados en la Capital del Estado por numerosas fuerzas guatemaltecas. No obstante la importancia decisiva del movimiento militar confiado a Milla, este no pudo llevarlo a efecto debido a las dificultades que tuvo para organizar sus fuerzas y a la situación difícil en que permanecía el Estado de Honduras, muy expuesto a una contrarrevolución que por momentos se esperaba, obrasen los liberales emigrados con tropas auxiliares de los Estados vecinos del Salvador y Nicaragua.

Así las cosas, Morazán acompañado de los Coroneles Gutiérrez y Márquez llegó a mediados del mes de Setiembre, a León de Nicaragua y por el mismo tiempo llegó preso el Coronel Don Cleto Ordóñez, quien formó una revolución contra el Vice—jefe Argüello que dio por consecuencia la deposición de este mandatario. Entonces se dio a Morazán una fuerza auxiliar compuesta de los militares que eran más adictos a la causa del Vice—Jefe. Morazán salió de León con 135 hombres entre jefes y oficiales, llegó a Choluteca en los primeros días de Octubre y con los descontentos hondureños que se le agregaron y un auxilio que mandó el gobierno de El Salvador, organizó una considerable División. Los Coroneles José de Jesús Osejo y José María Gutiérrez salieron en comisión al pueblo de Texiguat distinguido por sus valientes soldados a recibir a un cuerpo de tropa que había ofrecido la Municipalidad. El Capitán Juan Reyes con 40 hombres del Mineral de San Antonio y el Capitán Francisco Ferrera con 30 de Cantarranas, llegaron muy a tiempo para engrosar la fuerza expedicionaria. El Coronel

Díaz Comandante General de Honduras organizó la división y nombró como segundo Jefe al Coronel Pacheco. De acuerdo con Morazán dispuso marchar con toda la fuerza a Tegucigalpa. La división tomó su camino de Nacaome en cuya ciudad se unió con el auxilio salvadoreño de 200 hombres mandados por el Coronel Rosco; y reunidas todas las fuerzas la división continuó su marcha para enfrentarse al enemigo, donde quiera que lo encontrase.

El Coronel Milla que no había podido efectuar su movimiento sobre San Miguel, por los motivos que quedan expresados pensaba encontrar a sus contrarios en Texiguat y salió de Tegucigalpa con toda su fuerza para batirlos. En el pueblo de Sabanagrande, a doce leguas de Tegucigalpa, Díaz y Morazán supieron que Milla se movía para presentarles acción. Coincidieron los deseos de las fuerzas enemigas y la fuerza libertadora prosiguió su marcha cada vez más resuelta a encontrarse con las fuerzas de Milla para librar una batalla decisiva.

El 10 de Noviembre, al caer la tarde, ocupó la fuerza libertadora de Honduras, el punto llamado "La Trinidad", distante seis leguas de Tegucigalpa. La Trinidad es una cañada en que está sita una casa de campo a cuyas inmediaciones se destaca una especie de cordillera de pequeños cerros. Acampada la fuerza en La Trinidad, los espías dieron parte al Gral. en jefe de que el enemigo que había salido de Tegucigalpa estaba próximo a llegar. Entonces, refierese por los contemporáneos, que Morazán inspirado por la amistad y confianza que tenía con el Jefe Díaz, y llevando su carabina en la mano, como soldado patriota, dispuso la acción. Colocó 400 hombres hondureños, nicaragüenses y salvadoreños en la planicie en que está situada la casa de La Trinidad; e hizo tomar posiciones a más de 600 hombres, en las alturas de un cerro cercano a la casa, cuya fuerza formaba la retaguardia del ejército. El Coronel Díaz, el Coronel Bosco, el Coronel Pacheco y el patriota Morazán con sus respectivos ayudantes estaban a la vanguardia.

Al amanecer del día 11 de Noviembre (14) las fuerzas enemigas estuvieron a la vista, y sin demora se hizo por ambas partes un nutrido fuego. Díaz, Morazán, Bosco y Pacheco, con las cuatro compañías de vanguardia cargaron sobre el enemigo. A poco el Coronel Valladares, en cumplimiento de órdenes, dejó la altura que ocupaba flanqueando por la izquierda con dos compañías a las fuerzas guatemaltecas que empezaban a desorganizarse. Notado ésto por Díaz y Morazán, se redobló la carga de la vanguardia que ocupaba el centro, y las plazuelas de Tegucigalpa, que acompañaban a Mila, empezaban a desbandarse en pequeños grupos. Díaz y Morazán dieron un soberbio y decisivo ataque general que no pudieron resistir los guatemaltecos, quienes con su Jefe Milla y sus Jefes y Oficiales huyeron en todas direcciones, yendo a parar muchos de los vencidos hasta el distante pueblo de Esquipulas, perteneciente al Estado de Guatemala, Hubo algunos heridos y muertos hondureños y considerables pérdidas entre muertos y heridos de parte de los guatemaltecos. En el campo se recogieron un cañón con todos sus útiles, parque de todas clases y quinientos fusiles. Cuéntase que Morazán estuvo magnífico en el combate, y desde entonces refiérese el fenómeno que se operaba en él al entrar en batalla. Su fisonomía suave y apacible descomponíase en la pelea y tornábase feroz y aterradora. El caballero agraciado y cortés se convertía en el hombre sañudo y terrible: era la trasfiguración del ciudadano convertido por amor a la patria y al derecho, en el rayo destructor de la guerra. Cuéntase además que veíase en los campos de La Trinidad, en los puntos de mayor peligro, a un pequeño soldado, casi a un niño, disparando su carabina sin descanso. Cuéntase que se preguntaba —¿Quién es aquel niño? y que se respondía, es Cabañas. El heróico niño fue después uno de los primeros capitanes del Gral. Morazán, el prototipo de la honradez, del valor y de la hidalguía; y ha sido y será siempre por su abnegación y por su generosas ideas una de las glorias militares más puras y más bellas de la América Central. ¡Cómo las ideas engrandecen a los hombres!. ¡Cómo su abnegación les levanta monumentos imperecederos en el sentimiento y en la memoria de la posteridad! (15).

El Jefe de la fuerza vencedora era como queda dicho el Comandante General del Estado Coronel Don Remigio Díaz;pero refieren los contemporáneos, algunos de los cuales estuvieron en la acción, que Díaz, militar de alma grande, tan rico en valor y patriotismo como falto de ambición y de envidia, dijo a Morazán en el campo de "La Trinidad", después haber observado su inteligencia y de nuevo: "Eres más apropósito que yo para el mando en jefe. ¿Lo aceptas? Morazán respondió: "Acepto el mando". A continuación el Coronel Díaz dio a conocer a Morazán como General en jefe del ejército libertador de

Honduras. Díaz confiaba en Morazán noblemente los destinos de la patria al darle la dirección suprema de las operaciones militares: Morazán, talvez por una de esas visiones excepcionales del presentimiento, aceptó desde entonces la gran responsabilidad de dirigir los destinos de Centro América.

El triunfo de La Trinidad que fue como el despertar del genio militar de Morazán, dejó libre a Honduras de las fuerzas intrusas que hollaran su dignidad y sus derechos. Honduras había dado una terrible lección a los usurpadores y empezado a castigar el Presidente Arce por sus desafueros y golpes de estado. Honduras, antes postrada y escarnecida se levantaba como Antinoo, más grande después de sus caídas. Honduras no era ya un motivo de desconsuelo, era una esperanza que sonreía, era un estímulo, que alentaba al partido liberal de Centro América. Raros fenómenos los que ofrece la historia. ¿Por qué tan súbita y extraordinaria transformación? ¿Por qué los conservadores, vencedores y poderosos ayer estaban en completa derrota? ¿Quién preparó el triunfo espléndido de La Trinidad? ¿Quién hizo aparecer al genio de Morazán, radiante de gloria y de promesas? ¿Quién entregó su nombre a la historia, a las futuras generaciones? ¿Quién con aquel genio, con aquel nombre cambió los destinos de Centro—América? Fue el Coronel Milla con su deslealtad. Si Milla hubiera guardado la fe de su palabra, Morazán habría vivido vida patriarcal en el pequeño y pobre pueblo de Ojojona: no habría ido en busca de auxilios al Estado de Nicaragua, no se habría organizado la división victoriosa y no habría aparecido el guerrero que dio las batallas de La Trinidad, de Gualcho, de las Charcas y que entró a la Capital de Guatemala el año de 29 tremolando la hermosa bandera de los libres.

¡Que enseñanza, que fecunda enseñanza!. Los más grandes y sorprendentes acontecimientos dependen a veces de incidentes, en la apariencia, pequeños y despreciables. ¿Qué habría sucedido si Milla, fiel a su palabra no hubiese hecho aparecer a Morazán en la escena política? la causa de la libertad de los Estados se habría perdido por completo. Pero ¿qué habría sucedido entonces vencido Honduras, vencido El Salvador, triunfantes los conservadores por doquiera y llenos de orgullo y de poder? Habría vuelto Centro—América, de reacción en reacción, a los tiempos de la colonia? ¿Habría habido una completa disolución social, causada por los abusos de un poder absoluto y seguidos por los desmanes de una anarquía irremediable? ¿Habría el partido conservador, dominado la anarquía salvado siquiera, la Unidad de Centro—América? ¿Habría convertido la República a un gobierno central y siendo sensato y previsor, habría afirmado gradualmente, un régimen de instituciones? Ante la magnitud de tamaños y tan pavorosos problemas no se puede menos de exclamar, como en caso análogo exclamaba el inspirado autor de Luis XI y su siglo: "Hay abismos de que se espanta la vista, y que no se atreve a sondear la inteligencia humana!".

## NOTAS

(1) Véase "El Bosquejo Histórico" por Marure y las memorias de Don Manuel José Arce, publicadas en México a 18 de Julio de 1830.

(2) Véase el "Bosquejo Histórico" por Marure, las Memorias de Jalapa y la Biografía de Don José Cecilio del Valle.

(3) Véase la Historia Social y Política de Honduras por Antonio R. Vallejo. Este escritor asegura que el asesinato frustrado del 1°. de noviembre del año de 26 fue una falsa fraguada por el Jefe Herrera para tener pretexto de perseguir a sus desafectos políticos". El Señor Vallejo funda su afirmación en las aseveraciones de una antigua sirvienta de Herrera y de otras personas, en lo general adversas a las ideas de aquel Jefe. Sin negar que se hayan hecho tales aseveraciones, yo creo que la sana crítica debe rechazarla, pues basta conocer los principios y la vida pública de Herrera, la rectitud, de su juicio y los elementos de que disponía para considerarlo incapaz de una farsa tan ridícula y en todo contrario a su carácter, a sus propósitos y a su misma conveniencia. El gran poder del Presidente de la República Federal, que desafió, con franqueza, las iras del clero y que fue tan enérgico como hábil pacificador de Nicaragua, no puede comprenderse empleando un sano criterio, como haya acudido al recurso de un miserable ardid para perseguir a sus desafectos políticos. Herrera despreció su reposo y dejó su familia y su gran fortuna por servir a la patria. El hombre que esto hace puede emplear

una ridícula farsa para perseguir a sus enemigos cuando estaba en su mano el hacerlo, disponiendo del Poder? Ojalá que estas observaciones sean acogidas por mi amigo el Señor Vallejo, que como historiógrafo y bibliotecario nacional ha prestado muchos e importantes servicios a la República de Honduras.

(4) Véase "Bosquejo Histórico" por Marure y "La Historia Social y Política" por Vallejo. En esta obra dice: Que los enemigos del Jefe Herrera habían hecho entender a los pueblos que era hereje, masón y enemigo de la iglesia. Aquí llega la oportunidad de decir, que años después, la famosa librería del Jefe Herrera, que estaba toda en francés, fue quemada porque decían que eran libros herejes. Un contemporáneo. Don Francisco Botelo, dijo con este motivo: "Que no había cosa más hereje que la ignorancia". Ahora bien, yo pregunto a mi amigo Vallejo, que es clérigo, pero clérigo con las ideas del Siglo XIX. Los enemigos clericales de Herrera, que inventaron tales especies, que hicieron un acto de fe hasta con sus libros, que de seguro no podían entender, no fueron capaces y muy capaces de seducir, por medio del confesionario, hasta sus sirvientes, para falsear la opinión pública y hacer prevalecer la especie de que el asesinato frustrado no fue más que una farsa del Jefe del Estado para perseguir a sus pacíficos y benditos enemigos?

(5) "Bosquejo Histórico por Marure". Historia Social y Política por Vallejo.

(6) Véanse las Memorias del Gral. Morazán.

(7) Véanse sus Memorias. Esta obra que ya he citado está incompleta y se supone que su conclusión quedó en manuscritos, en San José de Costa Rica. El Gral. Morazán escribió sus memorias más relativas a los sucesos políticos que a lo personal en el año de 1840 y en la ciudad de David, Cabecera del Departamento de Chiriquí en la República de Colombia. Dichas memorias se publicaron en un folletín del "Eco Hispano—Americano", y después se hizo de ellas una edición en París en la imprenta de Rouge Hermanos en el año 1870. Los editores dijeron en la introducción a las Memorias: "En estas cuantas páginas que el lector

va a leer, encontrará al hombre sincero y deseoso del bien de su país, al hombre, que bajo el uniforme de militar, esconde un espíritu, recto y elevado y un corazón paternal y amante del progreso. Tal fue Morazán. Hoy que su vida y su memoria entran en la historia, no le queda más que recoger, como los mártires de la patria, o el olvido e ingratitudes de sus compatriotas, o los laureles de su gloria.

No debemos desconocer el mérito de nuestros grandes hombres, cualquiera que él sea. Todas las naciones cultas prueban todos los días, con grandes monumentos, con estatuas y panteones, el tributo que deben a sus hijos beneméritos. Es el mejor modo de ensalzar la patria.

Que no se olvide Sur—América lo que debe al gran Bolívar, que no olvide Centro América, y sobre todo El Salvador y Honduras, lo que debe a Morazán: más que una estatua es la memoria imperecedera de sus inmortales glorias".

(8) Recuerdos del General Don Manuel Escobar. Bajo este título el Señor Escobar, veterano de tiempo de la Federación, formó unos minuciosos apuntamientos históricos relativos a los sucesos del 27 y 28. Estos apuntamientos los proporcionó Escobar en 1878 al Señor Don Antonio R. Vallejo, quien me favoreció facilitándomelos.

(9) Recuerdos del Gral. Escobar.

(10) Véase "Vida de Morazán" por el Dr. Don Rafael Reyes. El Gral. Escobar en sus recuerdos dice: "El movimiento que hizo el Coronel Díaz de Tegucigalpa con la fuerza que pudo reunir, 300 hombres, fue por la esperanza que tenía de que debía llegar a reunírsele el Coronel Veterano Don Cleto Ordóñez, que ya estaba en marcha con el auxilio de 200 hombres que mandaba el jefe del Estado del Salvador, Don Mariano Prado; pero Ordóñez, no sé por qué causa, tomó el camino para Tegucigalpa a donde llegó cuando se había rendido la plaza de Comayagua, y entonces con la fuerza que traía se dirigió para León". El Gral. Morazán en sus memorias dice: "Como uno de los jefes de las fuerzas que se disolvió en La Maradiaga, marché en busca del auxilio, que mandaba el Vice—jefe del estado del Salvador. Pero este auxilio, que llegó a Tegucigalpa, después de haberse rendido la plaza de Comayagua,

era tan pequeña, que tuvo que retirarse hacia el estado de Nicaragua. Los coroneles Díaz, Márquez, Gutiérrez y yo buscamos en el nuestra seguridad y acompañamos al jefe que lo mandaba. Un incidente desagradable, que podía comprometer nuestro honor, nos obligó a separarnos de él, en la Villa de Choluteca y a pedir garantías al Coronel Milla, para permanecer en Honduras. Nuestros deseos fueron satisfechos por este jefe mandándonos el pasaporte con el mismo correo que condujo la solicitud". El Señor Vallejo en su "Historia Social y Política de Honduras" está de acuerdo con tales conceptos y los confirman algunas relaciones que me han hecho en Tegucigalpa antiguos soldados de la época de la Federación.

Recuerdos del Gral. Escobar. Memorias del Gral. Morazán, Biografía de Morazán por Don Liberato Moncada. No están de acuerdo nuestros escritores sobre la fecha en que se rindió Comayagua. Escobar dice que el 17 de Mayo, Moncada dice que fue el 11 y Morazán que el 9: Otros afirman que fué el 10. Yo acepto la fecha fijada por Don Liberato Moncada en atención a que no escribió su biografía ateniéndose a sus recuerdos ni fuera del país, sino en vista de documentos fehacientes. Además, el Señor Moncada se distinguió siempre por una suma escrupulosidad hasta para ser exacto en la relación de un suceso antiguo o en la fijación de una fecha. Tenía en todo espíritu de orden, y escribía en su país sin precipitación, con ánimo tranquilo y reposado.

(12) Apuntamientos históricos por Don José Antonio Vijil. Este caballero, que pertenece a la distinguida familia de los Vijil, de Honduras, conoce mucho la historia del país, y en 1883 formó sus apuntamientos; que tengo en mi poder, y que se refieren a hechos respecto a los cuales tomó parte o fue testigo presencial. Acompañó largo tiempo al Gral. Morazán y tiene presente los actos y vicisitudes del que fue su jefe. Vijil, hoy anciano, de liberal radical ha tornádose en Calambuco. Está desligado de la causa de su jefe y de mayores; y por lo mismo cuanto dice con relación a su antigua causa merece entera fe pues más bien abriga prevenciones contra el liberalismo.

(13) Dicha casa menoscabada hoy en la mitad por la apertura de una nueva calle pertenece en la actualidad a Doña Ester de Raudales.

(14) Algunos de nuestros escritores afirman que la acción de La Trinidad se dio el 10 de noviembre de 1827. Yo fijo la fecha del 11, de acuerdo con lo que afirma Don Liberato Moncada, por las razones que expuse en la nota undécima de este Capítulo. Estas razones me determinaron, como Ministro de Estado a hacer que se fijase la fecha del 11, en el bajo relieve de la batalla de La Trinidad que orna uno de los frentes del Monumento erigido en Tegucigalpa en honra de la memoria del Gral. Morazán.

(15)Relaciones que me han hecho soldados veteranos de Honduras que tomaron parte en la acción de La Trinidad.

# CAPÍTULO QUINTO

Después del triunfo de La Trinidad, Morazán se hizo cargo del Poder Ejecutivo de Honduras. Pacificación del Estado. Primera Expedición sobre El Salvador. Batalla de Gualcho. Su regreso a Honduras y sus trabajos. Morazán en San Miguel. Rendición de los sitiadores de mexicanos. Segunda Expedición sobre El Salvador. Morazán hace capitular a Aycinena en San Antonio. Rectificaciones.

Pocas horas después de alcanzada la victoria de "La Trinidad" Morazán se dirigió con su fuerza a la ciudad de Tegucigalpa a donde llegó al día siguiente, 12 de Noviembre. El ejército de Milla había sido completamente vencido, pero el Estado estaba en plena desorganización política y en algunas partes del territorio aún quedaban algunos grupos de sediciosos afectos a la causa de los invasores que acababan de sucumbir. La necesidad de reorganizar el poder público, la conveniencia de restablecer la Administración y de allegar recursos para evitar nuevas invasiones y poner término a la guerra y el deber imperioso de aprovechar el triunfo procurando sin demora la pacificación del Estado, estos motivos determinaron al vencedor a encaminarse a Tegucigalpa para fijarse después en la Capital del Estado.

Como no era posible en el mismo día del triunfo hacer marchar la fuerza con todos los elementos de guerra tomados al enemigo y con los prisioneros, Morazán dispuso dejar en La Trinidad al Capitán Manuel Escobar al mando de una compañía y con el encargo de custodiar los prisioneros y lo enseres de guerra que de pronto no pudieron ser llevados a Tegucigalpa. Los heridos fueron curados con solicitud y todos los prisioneros fueron tratados, no solo con humanidad, sino también con benevolencia. El día 12 por la mañana llegaron a La Trinidad 400 soldados de Texiguat que iban a prestar sus servicios a la causa del Coronel Díaz y de Morazán. Escobar los armó en el acto y con su fuerza de 500 hombres marchó para Tegucigalpa a unirse con sus jefes verificando su ingreso el 13 por la tarde.

Reunido el ejército en Tegucigalpa, Morazán dispuso trasladarse con sus fuerzas a la Capital en donde debía reorganizarse el Poder Ejecutivo. Este se reconstituyó siendo nombrados Jefe del Estado el Gral. Morazán y Vice—jefe Don Diego Vijil, nombramiento que recayó en ellos por ser individuos del Consejo Representativo. El Coronel Montúfar y los demás detractores de Morazán dicen que se intituló Jefe del Estado, dando a entender con tal modo de expresarse, que de hecho y como usurpador se apoderó del poder. Se recordará que el Jefe Herrera había sido llevado preso a Guatemala y que el Vice—Jefe Milla que no aceptó el cargo fue el invasor de Honduras y el incendiario de la capital de su país nativo. ¿Podían, pues, ejercer el poder Herrera o Milla? Excusada es la respuesta. Por la Constitución por falta del Jefe y Vice—Jefe debía tener las atribuciones del Ejecutivo el primer Consejero. Morazán tenía este carácter: su puesto lo debió en consecuencia a la ley Constitucional y no a una indigna usurpación motivada por su triunfo y por sus prestigios militares.

Situado en la capital Morazán se ocupó en primer término en obtener la completa pacificación del país. Facciones enemigas aun soplaban el juego de la discordia y de la guerra en la Costa del Norte y en los pueblos fronterizos de Honduras y Guatemala. El Coronel Díaz salió de Comayagua con 200 hombres a ocupar San Pedro Sula y el Coronel Pacheco marchó con su fuerza a situarse en Copán. Díaz fue atacado en San Pedro por fuerzas de Omoa mandada por el Teniente Coronel Fadro Martínez, quien fue derrotado por completo: entonces Don Juan Portal Comandante de Omoa y las personas notables que lo secundaban entraron en arreglos con Díaz, le entregaron el Castillo y se retiraron a Isabel, perteneciente a Guatemala. Por su parte Pacheco batió y venció a los facciosos de la frontera y de orden superior se replegó como auxiliar a las fuerzas de San Salvador.

Debido al feliz éxito de las expediciones referidas, Honduras quedó pacificada. El jefe intruso Don Gerónimo Zelaya y el famoso Provisor Don Nicolás Irías con todos sus compañeros de sedición se presentaron en San Pedro al Coronel Díaz demandándole seguridades. Díaz recibióles con particular consideración y les dió pasaporte para que se encaminasen tranquilos a sus hogares: los sediciosos se demostraron agradecidos e Irías fijó su residencia en el Naranjito pueblo de Santa Bárbara. En donde ejerció en paz su ministerio. Si el Coronel Díaz y los suyos hubiesen sido vencidos ¿Los habría tratado de igual suerte el Provisor Irías?

No obstante haberse perturbado el orden por la sublevación de los habitantes de Opoteca, pueblo cercano a la capital, y dueño de una casi inexpugnable posición militar; no obstante haber derrotado los sublevados en la Sabaneta a las fuerzas del Gobierno en 1º. de Enero de 1828; no obstante ese adverso suceso reagravado con la falta de recurso, el Gral. Morazán encaminó todas sus medidas a reunir elementos para llevar a cabo una expedición sobre El Salvador con el fin de auxiliar a los sitiados de la Capital y de contribuir a la completa expulsión de los invasores de Guatemala. Así como el Presidente Arce había tenido empeño en que la división ya deshecha del Coronel Milla pasase al Salvador a favorecer el éxito de las operaciones militares de los guatemaltecos, así también el Gral. Morazán fijo toda su atención en llevar un ejército al vecino Estado para hacer triunfar la causa de los salvadoreños y proseguir la guerra hasta quitar a los enemigos de las instituciones el poder de dañar a los Estados.

Consecuente con tales propósitos Morazán pidió auxilios al gobiernos de Nicaragua por medio de los comisionados de Honduras, el distinguido y malogrado ciudadano Don Joaquín Rivera y Don Joaquín Aguiluz, y a la vez se ocupó activamente en organizar una división de hondureños. Hechos los principales arreglos, a fines de Abril del año de 28 salió de Comayagua el Coronel Márquez con 300 hombres y con las instrucciones de ocupar San Miguel y de aumentar su fuerza para auxiliar a los Salvadoreños. Habiendo llegado el Coronel Márquez al pueblo de Santa Rosa, perteneciente al Estado del Salvador supo que la plaza de San Miguel estaba ocupada por el Coronel Don Vicente Domínguez quien tenía a sus órdenes 600 guatemaltecos veteranos y se ocupaba en hacer reclutamientos para aumentar su fuerza. Después Márquez recibió aviso de que lo amenazaba con un ataque el ejército de Domínguez en número de 700 hombres, y siendo su fuerza muy reducida el jefe hondureño contramarcó a Nacaome y se retira después a Choluteca y habiendo perdido alguna fuerza tuvo que situarse por último en Texiguat. Entre tanto el Coronel Domínguez invadió el territorio hondureño y llegó a situarse en el pueblo fronterizo de Goascorán sin atreverse a internarse para atacar las fuerzas de Morazán. En consecuencia, después de haber hecho una corta excursión por la Costa Sur de Honduras, contramarchó para San Miguel con su ejército.

Morazán atentó a los sucesos del Salvador y Honduras había dejado el Poder Ejecutivo para encargarse exclusivamente de dirigir las

417

operaciones militares. Estableció su cuartel general en Texiguat, pueblo de liberales y guerreros soldados que fueron el terror de las huestes enemigas y que blanquearon con sus huesos todos los campos de Centro América. Habiendo contramarchado Domínguez, Morazán se dirigió a Nacaome con fuerzas de Tegucigalpa, Comayagua y Texiguat y con las compañías del Coronel Márquez: de allí se dirigió a Goascorán estando ya en Choluteca la fuerza auxiliar de Nicaragua, compuesta de 600 hombres con sus correspondientes equipos y caja militar. Los auxiliares recibieron orden de unírsele, y a los días, se reunieron todas las fuerzas y se arregló el ejército haciéndose los siguientes nombramientos: Don Manuel Escobar, Mayor Gral. Don Guillermo Merino Ayudante de Estado Mayor, Don Ramón Valladares y Don Juan Munguía, Jefes de la Fuerza Nicaragüense, Don José María López, Don Inés Navarro y Don Francisco Domínguez, Jefes de la República Hondureña, Don Miguel Cubas, Secretario del Gral. en Jefe Don José Antonio Márquez y Don Rafael Castillo, edecanes del Gral. en Jefe; y Don José de Jesús Osejo, Comandante del cuerpo de artillería (1).

Al día siguiente de haberse organizado por completo el ejército que ascendía al número de 1400 hombres el Gral. Morazán prosiguió su marcha con dirección a San Miguel. Comisionados de Guatemala con los del gobierno del Salvador habían formulado algunos arreglos para la cesación de hostilidades, los que tuvieron efecto principalmente por la falta de sinceridad de las partes contratantes. Sin embargo, el Coronel Domínguez comunicó al Gral. Morazán que se había celebrado un tratado, y el Gral. contestó que no se consideraba obligado a respetarlo porque no se le había comunicado oficialmente de San Salvador y prosiguió su marcha con dirección al Lempa. Morazán habría entrado en arreglos pacíficos pero conocía ya por dolorosa experiencia, la falsa política y los actos salvajes de exterminio de los Agentes Militares de Don Mariano de Aycinena, Jefe de Guatemala y alma de la reacción liberticida en Centro América. El horrible asesinato que Domínguez había cometido en San Miguel en la persona del Teniente Coronel Rafael Merino, que había perdido un ejército salvadoreño. En Chalchuapa, y que ya fuera de servicio, regresaba como particular, a Colombia, su patria; tan execrable crimen acabó de hacer imposible toda inteligencia entre Domínguez y Morazán. "Este asesinato, dice en sus Memorias sin ninguna mira política: Esta víctima sacrificada a la venganza ajena, cerró todos los medios de conciliación entre Domínguez, y yo, rompiendo la correspondencia que habíamos establecido con este objeto: presagió la suerte que correríamos los que fuésemos prisioneros de semejantes enemigos, y acabó de uniformar la opinión pública" (2)

Casi a la sazón en que Morazán se negaba a entenderse con Domínguez, el gobierno del Salvador, que conocía los proyectos del jefe hondureño, se ocupaba en mandar una fuerza bajo las órdenes del Coronel Ramírez para proteger el paso por el Lempa, de la fuerza aliada. Con este motivo, Morazán se situó con su división en el pueblo de Lolotique. En vez de referir las disposiciones y marchas de Morazán y su celebración de Gualcho, prefiere reproducir el relato de sus memorias porque da la idea más completa de su posición, de sus esfuerzos, y de su triunfo.

"La esperanza dice, del auxilio que me había ofrecido el gobierno del Estado del Salvador para engrosar mi pequeña división me obligó a colocarla en el pueblo de Lolotique, fuerte por su localidad y por su posición aparente para proteger la llegada de los salvadoreños".

"El Coronel Domínguez con todas sus fuerzas vino a situarse a distancia de una legua en el pueblo de Chinameca".

"Hizo varias tentativas para forzar las guardias avanzadas colocadas en los desfiladeros que conducían a la altura que yo había ocupado; y aunque siempre fue rechazado con pérdidas logró, sin embargo, ver desplegarse la fuerza y se enteró de su número. La confianza que le inspiró este conocimiento la acreditaron sus hechos posteriores. Domínguez pudo muy bien contar nuestros soldados; pero pronto conoció por una costosa experiencia, que no es dado calcular a un jefe mercenario el valor de hombres que defienden su patria y sus hogares".

"Once días se pasaron sin ocurrir nada notable entre las dos fuerzas. Al duodécimo recibí una comunicación del Teniente Coronel Ramírez, jefe de la tropa auxiliar, tanto tiempo esperada. Me aseguraba que al siguiente día pasaría, con alguna dificultad. El Lempa, por falta de barcas".

"La facilidad con que el enemigo podía descubrir la aproximación de aquel Jefe, y destruir su pequeña fuerza, me decidió a protegerlo. A las doce de la noche emprendí mi marcha con este objeto; pero la lluvia no me permitió doblar la jornada y me ví obligado a aguardar, en la hacienda de Gualcho, que mejorase el tiempo".

"Entre tanto, Domínguez, que había sabido mi movimiento y marchaba por mi izquierda, detenido también, por la lluvia, fue igualmente obligado a situarse a una legua distante de aquella hacienda, sin que se hubiera podido descubrir su movimiento hasta entonces".

"A las 3 de la mañana, que el agua cesó, hice colocar dos compañías de cazadores en la altura que domina la hacienda, hacia la izquierda, en razón de ser el único lugar por donde podía presentarse el enemigo. A las 5 supe la posición que éste ocupaba, y pocos minutos después, el jefe de una partida de observación aseguró que se hallaba a tiro de cañón de las dos compañías de cazadores".

"No podía retroceder en estas circunstancias, porque una retirada con tropas que no son veteranas, tiene peores consecuencias que una derrota, sin la gloria de haber peleado con honor. No era ya posible continuar mi marcha sin grave peligro por una inmensa llanura y a presencia misma de los contrarios. Menos podía defenderme en la hacienda, colocada bajo una altura de más de 200 pies, que en forma de semicírculo, domina a tiro de pistola el principal edificio, cortado, por el extremo opuesto, con un río inaccesible que le sirve de foso. Fue pues, necesario aceptar la batalla con todas las ventajas que había alcanzado el enemigo colocado ya en actitud de batirse a tiro de fusil de nuestros cazadores".

"Conociendo el tiempo que había de gastar la división en salvar la altura que se hallaba entre el campo y la hacienda, hice avanzar a los cazadores sobre el enemigo, para detener su movimiento, el que conociendo lo crítico de mi posición marchaba contra estos a paso de ataque. Entre tanto subía la fuerza por una senda pendiente y estrecha, se rompió el fuego, a medio tiro de fusil, que luego se hizo general. Pero ciento setenta y cinco soldados bisoños, hicieron impotentes por un cuarto de hora, los repetidos ataques de todo el grueso del enemigo".

"Este obligado por instinto, a tributar el respeto que se debe al valor, no se atrevió hollar la línea de cadáveres a que quedó reducido el pequeño campo que ocupaban los cazadores, para detener la marcha de la división que volaba en su auxilio".

"El entusiasmo que produjo en todos los soldados el heroísmo de estos valientes hondureños, excedió al número de los contrarios. Cuando la acción se hizo general por ambas partes fue obligada a retroceder nuestra ala derecha, y ocupada la artillería y decidió la acción, arrollando parte del centro, y todo el flanco izquierdo que arrastraron, en su fuga, al resto del enemigo, dispersándose después en la llanura".

"Entre los muchos prisioneros que se hicieron se encontraron algunos vecinos del Departamento de San Miguel, que vinieron en gran número a ser testigos de nuestra derrota. Tal era la seguridad que tenían en la táctica, en la disciplina y en el número de nuestros contrarios".

Los salvadoreños auxiliares, que abreviaron su marcha, al ruido de la acción, con el deseo de tomar parte en ella, llegaron a tiempo de perseguir a los dispersos".

"Cediendo a un sentimiento de justicia, he descendido a pormenores que no a todos podrán ser agradables; pero ofrezco omitir en adelante los que pertenecen a los sucesos ocurridos hasta la conclusión de la guerra. Mi deseo ha sido el de honrar la memoria de los patriotas hondureños y nicaragüenses, que pelearon aquel día, cuyo valor se ha querido poner en duda, porque no han sido tan afortunados otras veces. Es el de fijar los hechos que tuvieron lugar en aquella jornada, desfigurados después por la malicia o la ignorancia. Es el de dar a conocer la importancia que merece este hecho de armas. Si él fue en sí bien pequeño, produjo sin embargo, los mejores resultados, porque economizó la sangre, que inútilmente se derramara por tanto tiempo en las trincheras del Salvador, facilitando la rendición de mexicanos, y abrevió el desenlace de la revolución de 1828, revolución que tan abundante, como después, fue en acciones de guerra ganadas por nuestros soldados, todas ellas se deben considerar como una consecuencia de este triunfo".

El Gral. García Granados, en sus memorias, censura la conducta del Coronel Domínguez por haber seguido a Morazán, y obligándolo a entrar en acción. Pero a la verdad, tal censura no es fundada. Domínguez podía y debía seguir los movimientos de Morazán porque disponía de fuerza veterana y de considerables recursos, y porque no pudiendo Morazán pasar el Lempa, le era dable atacarlo cuando estuviese en una posición desventajosa como lo fue en efecto la posición de Gualcho. Además, Domínguez como pretende García Granados, no podía demorarse, para tomar siempre las posiciones más ventajosas y esperar indefinidamente que lo atacasen las fuerzas de su contrario. Las fuerzas de Domínguez habían salido de la plaza de mexicanos en donde hacían considerable falta para resolver la cuestión capital, que era la rendición de los salvadoreños sitiados. Domínguez, pues, además de tener ventajas para tomar la ofensiva, tenía el deber imperioso de acelerar sus operaciones para contribuir prontamente al desenlace decisivo de las principales operaciones de la guerra. El interés vital de ésta no estaba para los guatemaltecos en la expedición que se hacía en el Departamento de San Miguel: el interés vital estaba en el sitio de la Capital del Salvador.

En mi concepto la conducta censurable fue la del Gral. Morazán. Este ocupaba una posición ventajosísima en Lolotique, disponía de una fuerza en su mayor parte compuesta de reclutas, y con tal fuerza dejó su excelente posición por proteger el paso de un auxilio insignificante, exponiéndose a perder todo su ejército y sabiendo o debiendo saber que ya en Lolotique o en otra localidad ventajosa, el Coronel Domínguez tenía la necesidad de atacarlo dada su urgencia de terminar la campaña en el Departamento de San Miguel para coadyuvar al éxito de los sitiadores de mexicanos cuya posición de día en día se hacía más difícil y estaba ocasionada a reveces decisivos. Los graves conflictos que tuvo Morazán en Gualcho prueban la exactitud de estas observaciones: tuvo que aceptar el combate donde sus enemigos quisieron atacarlo: si hubieran fracasado, no hubiera tenido ni un solo punto por donde hacer su retirada: no habría salvado ni una sola escuadra de las compañías de su ejército: todo se habría perdido. Morazán, pues cometió un error militar exponiéndose a ser batido y deshecho en las peores posiciones por un enemigo que seguía sus movimientos y que disponía de tropas veteranas y de recursos superiores. El buen éxito de la batalla de Gualcho forma la justificación del genio militar de Morazán, y del valor de sus soldados en su mayor parte colecticios; pero no justifica el plan y las marchas de General que sin necesidad imperiosa se expuso a perder la causa de Honduras y en consecuencia la de sus aliados los salvadoreños y nicaragüenses.

El Coronel Montúfar, refiriéndose a la batalla de Gualcho, explica el triunfo de Morazán de este modo: "La victoria estaba a punto de decidirse por Domínguez; que había tomado la artillería de Morazán; pero al tiempo que la caballería debió cargar, un oficial volvió caras y la suerte cambió repentinamente". El Gral. García Granados, lo explica diciendo: "Morazán ocupaba la hacienda de Gualcho y parapetándose en las casas y corrales de la hacienda peleaba con ventaja. El ataque de la división Domínguez, fue tan brusco y atrevido que Morazán se creyó derrotado y el mismo confesaba después que lo que lo salvó fue una carga desesperada de caballería dada como último recurso por el Comandante Corzo, altense". Estas son maneras pueriles en la forma, pero mal intencionadas en el fondo, de explicar un triunfo que hace honor al genio de Morazán y a la entereza de los valientes hondureños y nicaragüenses. La acción de Gualcho se ganó, no porque volviera caras un oficial de la caballería guatemalteca, ni porque diera una carga desesperada un jefe altense. La acción de Gualcho histórica y militarmente considerada se ganó por los motivos que siguen: porque Morazán tuvo suma vigilancia y suma previsión; porque desde la madrugada del día 6 en que se libró la acción colocó dos compañías de cazadores en la altura que domina a Gualcho; porque dispuso que los cazadores avanzasen a campo raso sobre el enemigo para impedirle la toma de la altura que dominaba la hacienda; porque los 175 cazadores hondureños que se opusieron al empuje de toda la división de Domínguez pudieron detenerla a costa de quedar casi todos muertos en el campo disputado; porque Morazán, aprovechando la resistencia heroica de los hondureños hizo subir el resto de su fuerza por una senda difícil para disputar al enemigo la única posición ventajosa en Gualcho; porque Morazán, rechazada su ala derecha y la artillería que le protegía empleó sin demora la reserva hondureña a las órdenes del Coronel López y restableció su línea y recobró la artillería y arrolló el centro y el ala izquierda del enemigo en la llanura; y porque en fin al hacer uso de la reserva empleó su caballería, no al mando de Corzo, sino del Capitán Sebastián Goyena, quien dió una magnífica carga y acabó de decidir la acción en favor del ejército de Honduras. Esto es lo que consta de la relación de Morazán y de la del Gral. Don Manuel Escobar y de otros veteranos que estuvieron en Gualcho, que están perfectamente de acuerdo con lo que Morazán hace ver en sus memorias, documento que, muchos de los veteranos que me han dado informes minuciosos no han conocido ni de nombre. Montúfar y García Granados no estuvieron en Gualcho ni se fundan, como yo, en documentos que puedo exhibir. Montúfar y García Granados cuando se refieren a Morazán puede decírseles como Don Ramón de Campoamor a Don Emilio Castelar, que hacen la historia, que no la escriben. Montúfar negando su mérito a Morazán y desfigurando sus ideas y sus hechos cedió a los sentimientos de un odio profundo. García Granados, haciendo lo mismo aunque sin saña cedió a los sentimientos de un espíritu lugareño. ¡Lástima grande que aquel hombre de alta inteligencia y noble corazón haya dado cabida en su alma a las prevenciones de un estrecho localismo! (3)

García Granados manifiesta que no puede decir cuáles fueron las pérdidas de la división de Domínguez en la acción de Gualcho y se milita a asegurar que cuando desde mexicanos llegaron al Departamento de San Miguel fuerzas superiores no se le unió del ejército vencido ni el número de 100 hombres. Por el relato del Gral. Escobar que estuvo en la acción, consta lo que ignoraba García Granados. La fuerza hondureña y nicaragüense tuvo 20 muertos y treinta heridos, entre estos de gravedad dos capitanes. La fuerza de Domínguez tuvo 60 muertos y ochenta y seis prisioneros en su mayor heridos. Se tomaron a los vencidos más de 400 armas, varias cargas de parque y numerosas bestias. En su fuga los derrotados buscaron el camino de San Miguel. El Oficial González con algunos oficiales y soldados pudo llegar a la Unión y embarcarse para Sonsonate. Domínguez se escondió en una Hacienda del Departamento y sus oficiales y soldados, que no llegaron a la Unión se dispersaron por todas partes (4).

CORO
Columna gloriosa,
Legión de honor
La patria hoy respira
Por vuestro valor.

De males sin cuentos
La habéis libertado

Habiendo triunfado
del servil poder.
Desde este momento
de inmortal memoria
su esplendor, su gloria
verá renacer.

Que tiemble el tirano
Godo detestable (*)
Que la paz amable
Turbó en San Miguel.
Que tiemble el que vino
Y erguido creyera
Que siempre le diera
La suerte un laurel.

No es la primera
Que a serviles crueles
Humillan aquellos
De Marte en la lid;

No es de hoy que los viera
El sol combatiendo
Bizarro venciendo
A Ibero Adalid.

¡Cuál huye el infame!
Cuál huye el malvado
De oprobio colmado
De terrible estupor

¡Cuál por donde quiera
Tan despavoridos
Los restos vencidos
Del vil opresor!

(*)Domínguez.

Como se ve la victoria de Gualcho fué completa y fundamento tiene el Gral. Morazán al darle una grande importancia. Si las fuerzas de Domínguez no hubieran sido vencidas, Honduras ya agitadas por nuevas facciones habría sido inútil como aliada del Salvador; las fuerzas de Arzú que dejaron debilísimos a los sitiadores y guatemaltecos no habrían salido de mexicanos para rendirse después en San Antonio y por lo contrario, dichas fuerzas unidas con las de Domínguez, que debía contramarchar, habrían obtenido la rendición de la plaza de la capital salvadoreña que se sostenía tanto por la constancia y el valor de sus defensores, como por la confianza que tenían en que los guatemaltecos dividían sus fuerzas para combatir a Morazán de quien directa e indirectamente aguardaban una ayuda eficaz y decisiva. Aquí es oportuno agregar, contrariando la opinión del Coronel Montúfar y de otros escritores, que el Presidente Don Manuel José Arce, tuvo razón sobrada para quejarse en sus memorias, de la lentitud y poca previsión y ninguna exactitud para cumplir órdenes del Coronel Milla, vencido en La Trinidad. Arce veía muy claro con respecto al fin primordial de la guerra. Si Milla que había hecho capitular a Comayagua en mayo de 27, y después vencido en Sabanagrande a la fuerza auxiliar salvadoreña perdiendo casi 6 meses, en vez de invernar en Tegucigalpa prontamente hubiese marchado victorioso, aunque con pequeña fuerza para flanquear a los salvadoreños o auxiliar a los sitiadores, se habrían evitado la derrota de La Trinidad, la pérdida de la división de Domínguez en Gualcho, la pérdida de la división de Arzú en San Antonio, y todas estas fuerzas malogradas, sin tener los desprestigios que traen las derrotas, habrían, sin duda, logrado la rendición del Salvador, verdad es que Honduras habría operado una contrarrevolución; verdad es que Morazán con los hondureños y los auxiliares nicaragüenses y salvadoreños, habría recobrado el poder del jefe Herrera pero esto no era lo esencial para la causa de la revolución de los Estados. La cuestión capital debía revolverse en El Salvador y aunque Morazán dueño de Honduras hubiese acudido a auxiliar a los salvadoreños, habría sido impotente con sus aliados a fuerzas numerosas, veteranas y compactas que tenían en lo material grandes recursos y en lo moral el prestigio de las victorias alcanzadas en Chalchuapa, en Comayagua y en Sabanagrande. No hay que dudarlo, así en lo político como en lo accesorio haciendo prescindencia    de lo principal. Razón pues ha tenido para quejarse amargamente el Ex—presidente Gral, Arce.

A las seis de la tarde del 6 de Julio, día de la referida acción, el ejército de Morazán estaba ya todo reunido en el pueblo de Moncagua en donde había terminado la persecución de los vencidos. Casi en los momentos de acampar el ejército llegaron de algunas autoridades y vecinos principales de San Miguel a dar parte al Gral. en jefe que los barrios de la ciudad y pueblos circunvecinos estaban en la mayor efervescencia y dispuestos a cometer desórdenes y entregarse al saqueo de la población. Suplicaron al Gral, que pasara con su fuerza a ocupar la ciudad. Morazán accedió a su solicitud y sin pérdida de tiempo, llevando su secretario, su edecán Castillo y 400 hondureños se dirigió a San Miguel en donde restableció el orden e hizo cesar la desconfianza pública. El resto del ejército que el 10 se incorporó a la fuerza de Morazán quedó en Moncagua bajo las órdenes de Escobar.

Morazán salvó a los propietarios de San Miguel de un populacho levantisco que ha dado repetidas pruebas de su espíritu de insurrección para cometer entre motines feroces atentados criminales y escandalosos depredaciones. Morazán salvó a los migueleños de su patria, que por divertirse acompañado a Domínguez para solazarse y reírse viendo la derrota de los hondureños, pero que, cuando la fortuna volvió caras, como diría Montúfar, llegaron sumisos a pedir al jefe hondureño protección para sus familias y propiedades amenazadas por el populacho. Morazán, salvados los migueleños debía hacerlos contribuir para sostener y recompensar su fuerza. Sus soldados tenían sus haberes atrasados, muchos estaban casi desnudos y no se les había dado la gratificación de un mes de sueldo que se les había ofrecido como recompensa de sus fatigas y sacrificios. Por lo tanto el Gral. Morazán exigió a los migueleños un empréstito de $ 16.000 para satisfacer las indicadas necesidades.

Con relación al impuesto que dio margen a muchas calumnias de Montúfar y demás enemigos de Morazán, dice este en sus memorias lo que sigue:

"En uso de la facultad que me había concedido el gobierno del Estado del Salvador, mandé exigir un empréstito forzoso de diez y seis

427

mil pesos. Este se distribuyó en un pequeño número de propietarios que más servicios había prestado al enemigo".

"La noticia que se difundió en la ciudad de que el Gral, Arzú había salido para atacarme, del cuartel general de mexicanos, produjo una fuerte resistencia en algunos prestamistas, que se negaron a pagar bajo diversos pretextos su contingente".

"Cuando se confirmó la noticia que el enemigo se aproximaba al Lempa, expedí una orden para que el que no quisiese prestar sus servicios como propietario, se le obligara a hacerlos como soldado, presentándose en el cuartel de cazadores. Todos pagaron a esta intimación; sólo el ciudadano Juan Pérez, primer propietario del Departamento, quiso tomar las armas. Pero pocas horas después de hallarse sufriendo, en el cuartel, todos los castigos y privaciones de un soldado recluta, entregó los cinco mil pesos que le fueron asignados y volvió a su casa".

"La cantidad recaudada fue distribuida a los soldados en medio de la plaza, a presencia de los jueces municipales, de los ciudadanos Gregorio Ávila, que contribuyó con el género suficiente para dos mil vestuarios, Pedro Gotay y otros muchos de los principales de aquella ciudad, que aún existen hoy en ella para comprobar esta verdad".

"Como este fue el último empréstito, y el único de alguna consideración que yo asigné hasta la conclusión de la guerra, y como algunos han exagerado su valor, y tratado de tiránicas las medidas que se tomaron para realizarlo, no me ha sido posible pasar en silencio estos pormenores".

"Si hubo alguna severidad contra Pérez, fue provocada por su misma resistencia: lo exigía además el orden público, amenazado por los soldados leoneses, cansados ya de sufrir escaseces y de esperar el día que esta cesasen, tantas veces prometido; y lo demandaba imperiosamente la necesidad de marchar a disputar el paso de Lempa al Enemigo".

"El único atentado que yo supiese y pudiese remediar, fue cometido por el Capitán Cervantes, que arrancara del cuello a una señora prestamista, su cadena de oro, y por el cual fue sentenciado a la pena de muerte, y fusilado en la plaza de San Salvador.

"Los jefes guatemaltecos que invadieron El Salvador y Honduras aprovecharon siempre los recursos de estos países para satisfacer las necesidades de su ejército, causando para ello hasta daños que podían evitarse sin perjudicar la conveniencia de los invasores. De estos procedimientos no se extrañan el Coronel Montúfar y los demás escritores que inconsultamente han prohijado sus acertos; pero se extrañan de que Morazán que estaba autorizado por el gobierno del Estado y que había salvado los intereses del comercio de San Miguel, impusiese a algunos enemigos, de su causa, una contribución que a ellos mismos les convenía afrontar puesto que su producto debía servir para sostener la fuerza que constituía la seguridad de las familias, al comercio y el orden público. Si algún rigor empleó Morazán para con algunos de los contribuyentes sus medidas fueron justificadas. Morazán hacía la guerra en buena ley y debía responder del éxito de sus operaciones y del orden de su fuerza y de las poblaciones que ocupaba. En momentos críticos se le hizo por los propietarios una resistencia impolítica, tenaz, y hasta ingrata; y a nadie puede ocurrírsele que con ruegos y lágrimas anulase esa resistencia. Debió anularla como lo hizo, usando con discreción de oportunas medidas coercitivas.

En la ciudad de San Miguel el Gral. se ocupó con solicitud de atender a las necesidades de su fuerza. Se ocuparon dos casas cómodas y se arreglaron para el servicio de hospitales: allí fueron bien asistidos tanto los heridos hondureños y nicaragüenses, como los guatemaltecos pertenecientes al enemigo: casi todos los heridos de uno y otro bando recobraron la salud debido a la buena asistencia que se les prestaba. No fueron tratados así los hondureños y salvadoreños que en el año de 40 quedaron en Guatemala por no haber podido romper la línea de las huestes de Carrera. Aun los heridos fueron asesinados. El Gral. además, premió a su ejército. Por una orden general se dieron las recompensas que siguen: un ascenso a los Jefes y Oficiales hondureños y nicaragüenses; a los mismos Jefes y Oficiales una mensualidad de su sueldo; a los sargentos siete pesos; a los cabos seis pesos; a los soldados 5 pesos; y a los heridos pertenecientes a la tropa una tercera parte más de la cantidad respectivamente asignadas: también se dieron a los soldados hondureños y nicaragüenses dos vestidos a cada uno y a los salvadoreños auxiliares a más de su sueldo, un vestido para cada uno: al mismo tiempo se cubrieron veintidós presupuestos cuyo pago estaba retrasada. El 12 de Julio la Tesorería del ejército en público los correspondientes pagos y distribuyó las recompensas. El Gral. Morazán, pués, no allegó recursos para convertirlo en su provecho: El Gral. Morazán ni en guerra, ni en paz, nunca tuvo el criterio novísimo que hace que en nuestros tiempos el que manda vea la caja militar o la de la tesorería como su propia caja. En aquellos tiempos la hacienda pública no se confundía con la hacienda del jefe victorioso o de los excelentísimos Generales Presidentes.

Al saberse en el cuartel general de mexicanos el revés sufrido en Guatemala por la división de Domínguez, dispuso el Gral. Don Manuel Arzú salir de la plaza con 900 hombres para pasar el Lempa y atacar en el Departamento de San Miguel a las fuerzas vencedoras. Arzú se proponía impedir el avance de las operaciones militares de Morazán y alcanzar un triunfo que compensase los desastres ya experimentados, los cuales de día en día influían de la manera más adversa en la suerte de los guatemaltecos. Las fuerzas de los sitiadores de mexicanos se pusieron bajo las órdenes del Coronel Don Manuel Montúfar, quien con la salida de Arzú quedó con pocos hombres y pocos elementos de guerra, circunstancias que no le daban la seguridad de proseguir con ventaja el sitio de la capital del Salvador.

Morazán, que residía en San Miguel, al tener noticia del movimiento de Arzú se propuso inutilizar sus esfuerzos en su origen; y concibiendo un plan certero, como lo fueron casi todos sus planes militares, marchó con su fuerza para impedir a Arzú el paso del Río Lempa, lo que habría conseguido si el Teniente Coronel José del Rosario López Plata, no hubiese descuidado el punto por donde logró desembarcar el jefe guatemalteco. Quedó frustrado el atinado proyecto de Morazán y a la vez su situación era difícil por cuanto los soldados nicaragüenses, que en su mayor parte eran voluntarios, se habían empeñado en regresar a Nicaragua. Al Coronel Valladares que se opuso al regreso lo amenazaron haciendo uso de las armas y Morazán tan solo pudo lograr que continuasen en servicio sesenta soldados. Dadas las bajas de Gualcho por muertos y heridos las bajas por enfermedad en el clima malsano de San Miguel y la separación de más de 500 nicaragüenses, Morazán quedó con su fuerza reducida al número de 500 hombres poco más o menos, fuerza compuesta de hondureños, de los salvadoreños auxiliares y de los pocos nicaragüenses que habían quedado a sus órdenes. Esta circunstancia y la de no haberse impedido el paso de Arzú por el Lempa, obligaron a

Morazán a contramarchar para Honduras con el objeto de rehacerse, de no malograr sus victorias alcanzadas y de presentarse nuevamente al enemigo con fuerzas suficientes para decidir en definitiva la cuestión capital. La contramarcha de Morazán revela el buen sentido del militar experto y la previsión del hombre político que trataba de dar solución completa y satisfactoria a los asuntos de la guerra.

Arzú marchaba a retaguardia de Morazán y llegó a Honduras hasta la ciudad de Nacaome, pero no se atrevió a perseguirlo por el camino de la Sierra. Morazán continuó su marcha para Tegucigalpa pero con la precaución de haber fortificado y guarnicionado el punto más ventajoso por donde el enemigo podía seguirlo. En efecto, el coronel Ramírez con 100 hombres quedó como a diez y ocho leguas de Tegucigalpa, construyendo fortificaciones que aún hoy en día se conocen con el nombre de "Trincheras de la Venta". Escobar, de orden superior, se situó en el pueblo de Ojojona para proteger al Coronel Ramírez, quien después pasó a ocupar el pueblo de Sabanagrande distante doce leguas de Tegucigalpa.

Al volver a pisar el territorio hondureño, Morazán tuvo noticia de que los opotecas habían vuelto à insurreccionarse, que capitaneados por el español Gual Ermida ocupaban la capital del Estado que la saqueaban y cometían todo linaje de desórdenes y que los pueblos intermedios entre Tegucigalpa y Comayagua se hallaban agitados por el espíritu de rebelión. Morazán que seguía su marcha para Tegucigalpa, mandó al Coronel Don José Antonio Márquez al mando de 100 hombres con el objeto de que sometiese a los pueblos rebeldes, de que recobrase la capital y redujese al orden a los Opotecas. Márquez cumplió su encargo. Pacificó los pueblos del tránsito: sorprendió a los Opotecas y los batió causándoles la pérdida de Ermida, Medida y Tintas, que eran sus principales jefes. Este triunfo se obtuvo el 11 de Agosto. Los opotecas se sometieron por completo y el gobierno empleando una buena política y teniendo una benevolencia digna de elogio, indultó a los opotecas responsables de la sedición y a todos los vecinos de los demás pueblos que los auxiliaban.

Recobrado nuevamente el orden en Honduras, el Gral. Morazán, firme en sus propósitos y en sus provisiones, se ocupó en llevar a cabo una segunda expedición sobre El Salvador. Encargó al Coronel Márquez que regresase a Comayagua con 200 hombres, que dejase el mando del Departamento al Coronel Don Manuel Escobar y que aumentase su fuerza para situarse en la frontera con su fuerza que ascendía al número de 400 hombres. En la misma fecha mencionada, 2 de setiembre, después de haber asegurado la paz de Honduras, Morazán salió de Tegucigalpa con 400 hondureños, 100 nicaragüenses y 100 salvadoreños, llevando el intento de unirse en la frontera con las fuerzas del Coronel Márquez. Las dos secciones del pequeño ejército se unieron en el pueblo fronterizo de Goascorán, y el General dispuso proseguir su marcha para ocupar nuevamente el territorio salvadoreño y perseguir o atacar la división del Gral. Arzú.

Arzú, que según queda dicho, llegó hasta la ciudad de Nacaome, viendo defraudada su esperanza de hostilizar con ventaja a Morazán, contramarchó a San Miguel, en donde permaneció en completa inacción perdiendo fuerzas y recursos y sin apreciar debidamente las críticas circunstancias de los sitiadores de mexicanos, necesitados de aliento, de estímulos y de auxilios eficaces. Arzú obró con acierto al contramarchar a San Miguel pues no podía ni debía internarse por la Sierra de Honduras para combatir a un enemigo aguerrido y victorioso, conocedor de los quebrados terrenos de su país y poseedor de ventajosas posiciones que ya tenía fortificado en puntos casi inexpugnables como lo son algunas de las alturas que hay desde Moramulca hasta la Venta. Pero Arzú, siendo activo y previsor debió seguir adelante para hacer con sus compañeros un esfuerzo supremo en mexicanos. El Coronel Montúfar, jefe de los sitiadores se duele con justicia de la inacción de Arzú. Esperar en San Miguel, en un clima malsano, perdiendo fuerzas y recursos a una nueva División de Morazán, cuando los sitiadores de mexicanos ya muy disminuidos y hostilizados por su contrario estaban en gravísimos conflictos, esto fue el error de los errores. Si Arzú a marchas forzadas acude a proteger a los sitiadores de San Salvador, es muy probable que hubiera cambiado el curso de los sucesos de la guerra. Arzú se limitó a dejar hacer, pasar y esto en la guerra como en la política equivale a perder, sin tener el mérito de los esfuerzos y de los sacrificios. Arzú no carecía de inteligencia, de serenidad, ni de valor, pero carecía de actividad, de previsión y más que todo de genio, cualidades que superabundaban en Morazán. Arzú no podía luchar contra este hombre, como no pudieron luchar todos los políticos, guerreros y guerrilleros de la América Central. Morazán sólo pudo ser vencido por la fatalidad de nuestro destino, preparado por la Colonia, desconocido por los errores de los liberales, acariciado después por el salvajismo aristocrático indiano y por fin sancionado y consumado por las fatalidades de la traición y de la muerte(5).

Bien pronto el Gral. Arzú recogió los frutos de su inactividad. Los oficiales y la tropa se insubordinaron porque el Gral. con su inercia les impedía socorrer a sus compañeros de mexicanos. Al fin cedió el Gral. a los deseos de su fuerza: marcharon 500 hombres como auxiliares de los sitiadores; pero fue ya tarde, porque cuando estaban cerca del Lempa supieron que se había rendido mexicanos y de orden de su jefe tuvieron que contramarchar.

Angustiosa era la situación del Gral. Arzú y de su fuerza, con motivo de los rebeldes y vencimiento de las fuerzas del cuartel general. Los sitiadores de mexicanos hostilizados por los salvadoreños al mando del Gral. Don Juan Prem no podían ya recibir auxilios ni recursos: sus contrarios les quitaban sus comboyes, disolvían los auxilios de reclutas que se les mandaban, batían y destruían las pequeñas fuerzas que salían de la plaza para obtener víveres y recursos, y ora por la retaguardia, ora por los flancos les causaban pérdidas considerables. Con tal arte, con tal firmeza y con tal audacia eran hostigados y perjudicados los sitiadores que se creyeron formalmente contra sitiados por los salvadoreños. De agresores se convirtieron en agredidos y creyéndose importantes para resistir, el día 30 de setiembre capitularon quedando prisioneros de guerra el Jefe Coronel Don Manuel Montúfar y toda su plana mayor. Así terminó el dilatado y desastroso sitio de la Capital del Salvador. La terminación de asedio tan célebre forma un caso verdaderamente excepcional en los anales militares de Centro América y en los de las demás naciones. Lo observado en la guerra es que el sitiador o toma la plaza sitiada o levanta el sitio y se retira con sus fuerzas. Solo al Coronel Montúfar, militar muy apto para la intriga pero muy inepto para guerrear, con previsión y denuedo pudo tener el peregrino desenlace de verse sitiado cuando era el sitiador y de no tener el suficiente acuerdo para levantar a tiempo el sitio o para romper la línea de los supuestos sitiadores que creía que lo acosaban por doquiera. Morazán, gran General, hombre de previsión, de audacia y de genio, en la posición de Montúfar, no habría tenido tan triste y hasta risible resultado. Morazán fue sitiado varias veces en distintos puntos de Centro América por fuerzas dos y hasta seis veces superiores a las suyas y siempre rompió la línea enemiga, salvando la mayor parte de sus soldados y salvando sobre todo, la honra de su nombre y de su ejército. ¿Qué debió hacer el Coronel Montúfar, que tanto se empeñó en desprestigiar y calumniar a Morazán? Debió levantar el sitio a tiempo, y se perdió tiempo, debió romper la línea de los que creía su contra sitiadores y salvar así su honor militar y el de los suyos o perecer con ellos en desigual contienda, antes que entregarse como manso cordero a los enemigos de su noble estirpe, de su divina religión y de su ilustre patria. Muy fácil es escribir Memorias inexactas y calumniosas (6) para menguar la envidiada fama de un grande hombre; pero no fué fácil en mexicanos elevarse a la altura de la dignidad del guerrero, de la nobleza del ciudadano esforzado y de la abnegación del jefe que todo sabe sacrificarlo en aras de su deber y del buen nombre de su causa.

Como dejo dicho, Arzú se hallaba en una situación desesperada. Rendido mexicano estaba colocado entre dos enemigos formidables: entre los salvadoreños victoriosos y la división de Morazán que de cerca lo amenazaba en San Miguel. Para formar idea de la posición de Arzú, de su retirada y del triunfo que Morazán alcanzó haciendo capitular en San Antonio al Coronel Don Antonio de Aycinena, Jefe del último resto de la fuerza guatemalteca que quedaba por destruir, reproduzco a continuación lo que el Gral. hondureño nos ha dejado escribir en sus Memorias: "El Gral. Arzú ocupaba entonces dicha ciudad, que por una marcha forzada amenacé atacar. Como aquel no quería comprometer una acción, se retiró por la Villa de Usulatán, para atravesar después el llano de la Paba y tomar el camino del Departamento de Gracias con el objeto de pasar a Guatemala. Yo, que calculaba esta retirada, me coloqué por un movimiento de flanco en aquel llano, al tiempo mismo que la vanguardia enemiga tomaba posición de la margen izquierda de un arroyo profundo. Era su mira disputarnos este paso, para poder evitar la ocupación de la hacienda de San Antonio, en la que comienza a elevarse la sierra por donde había pensado retirarse. Pero fue arrollada y arrojada hacia el llano en donde estaba formada su retaguardia, dejando en nuestro poder un cañón".

"La hacienda fue enseguida ocupada por nosotros, y los contrarios pasaron la noche deliberando".

"Al amanecer se me aseguró que deseaban capitular. En efecto, hablé con el Teniente Coronel ciudadano Antonio Aycinena, que había sucedido en el mando al Gral. Arzú Me ofreció aquel Jefe entregar las armas, y quedar prisionero con sus principales soldados; pero no a disposición del gobierno del Estado del Salvador".

"La capitulación que redacté, fue firmada inmediatamente y con sorpresa vieron los enemigos, que cuando ellos habían convenido ya en ser mis prisioneros de guerra, se les dejaba en libertad de volver a Guatemala, suministrándoles además, el dinero necesario para el préstamo del soldado y concediéndoles por una gracia, todo lo que solicitaron".

"Aunque nunca me arrepentí de haber observado esta conducta, pocos días después tuve el disgusto de saber que el enemigo saqueaba los pueblos del tránsito, y había cometido un asesinato en pago de la generosidad con que se le trató, violando así la capitulación que se acababa de firmar, en la que se había consignado un artículo a la seguridad de estos mismos pueblos".

"Un jefe militar del Estado del Salvador que con dos compañías ocupaba Ocotepeque, por donde aquellos debieron pasar, recibió de los pueblos iguales quejas, y se redujo algunos oficiales a presión, por orden de su gobierno, a quien yo había dado conocimiento de aquellos hechos".

"Aunque siempre he creído que el Jefe Aycinena no los mandó ejecutar él es, sin embargo, único responsable de ellos, por haber abandonado la tropa a su propia suerte, forzando sus marchas para llegar pronto a Guatemala con todos sus jefes y oficiales allegados".

"La fortuna que jamás protege a los que huyen del peligro de la guerra para poder disfrutar de las ventajas del triunfo, castigó a los que sitiaban, la plaza del Salvador, haciéndoles por una capitulación, prisioneros de los sitiados y premiando de este modo, el valor con que estos defendieron por tanto tiempo su patria y sus hogares".

Las aseveraciones de Morazán guardan perfecta conformidad con lo que firma en sus recuerdos el Gral. Don Manuel Escobar y con los relatos de algunos otros veteranos que tomaron parte en la persecución de las fuerzas de Arzú. El Coronel Montúfar, García Granados y los demás adversarios de Morazán, pretendían sostener, con tan poco buen sentido como sobrada deslealtad, que las condiciones de la capitulación de San Antonio fueron ventajas obtenidas por el jefe Don Antonio Aycinena y no concesiones generosas hechas por el vencedor de Gualcho. Si Morazán dejó libres a Aycinena y a todos sus oficiales y soldados, si les dió cien armas para que llevasen una fuerte escolta que atendiese a su seguridad, si les entregó la suma de tres mil pesos para que satisficiesen los gastos de su regreso a Guatemala, si ordenó a sus fuerzas y a las autoridades de los pueblos vecinos que diesen toda clase de garantías al Brigadier Arzú, que después de haber confiado el mando de Aycinena se había retirado al cercano pueblo de Tecapa; si Morazán tuvo tanta largueza y tanta benevolencia para con los vencidos, a juicio de estos, alcanzaron tan buenos resultados porque Aycinena tuvo arte para hacer una buena capitulación.

En sus Memorias, García Granados refiere detalladamente las dificultades, contratiempos, desaciertos, reveses y conflictos que tuvo el casi invadeables tuvieron que hacer su penoso regreso por caminos que quebrados y tortuosos. Aycinena y muchos de sus oficiales, entre ellos García Granados, cometieron la grave falta de separarse de su fuerza para acelerar su marcha. Esta circunstancia dio margen a que los guatemaltecos ya indisciplinados saqueasen algunos pueblos del tránsito y cometiesen un asesinato. El Gobierno del Salvador supo estos hechos que violaban la capitulación y ordenó al jefe militar que ocupaba Ocotepeque, pueblo fronterizo de Honduras que redujese a presión a los guatemaltecos, y en efecto capturó algunos oficiales entre quienes se hallaba García Granados. Los presos pasaron a la Capital del Salvador.

Los mencionados sucesos hicieron que el Coronel Montúfar, García Granados y sus compañeros pusiesen el grito en el cielo. Con amargura han recriminado a Morazán asegurando que consintió en que violase la capitulación. Morazán escribió sobre el particular al Gobernante Prado, pero dado los antecedentes del caso no obtuvo la inmediata libertad de los presos. No obstante les manifestó por último que a su regreso de Santa Ana se ocuparía de su reclamo. Con este motivo García Granados exclama indignado: "Esta era una burla indigna de un hombre que ocupaba tan alto puesto y que aspiraba a representar, como en efecto representó, el primer papel en Centro América. No es extraño, pues, que por entonces no formase yo un concepto aventajado del carácter del héroe hondureño". Infundada si son tales quejas. Por la capitulación se había convencido en que los pueblos del tránsito serían respetados por los guatemaltecos que llevaban una sección armada. Aycinena y sus jefes y oficiales debieron ir al mando y al cuidado de su fuerza, tanto para no perderla como para que no cometiese desórdenes y se violase la capitulación. Los guatemaltecos cometieron injustificables atentados en pueblos indefensos: Aycinena, sus jefes y oficiales no cumplieron con su deber; y el gobierno del Salvador estuvo en su derecho de reducirlos a prisión como violadores de un pacto sagrado. El mismo García Granados cuenta en sus Memorias que en su regreso su asistente le robó un caballo. Si esto hacían los soldados con sus paisanos y jefes; ¿qué de cosas no harían en pueblos enemigos e indefensos? Si el gobernante Prado no puso en libertad a los presos capturados con justicia, Morazán no tenía derecho para hacer ruidosos reclamos ni entrar en desacuerdos. Pero Montúfar y García Granados habrían querido que por la prisión de unos cuantos oficiales, responsables del desorden, Morazán hubiese hecho la guerra al Salvador. Nunca hay razón para tocar ni un cabello a los nobles hijos de las distinguidas familias de Guatemala, pero si es permitido hacerlo todo en contra de los hijos de las familias provincianas. No me extenderé más juzgando pormenores de las Memorias de García Granados. Estas, a vuelta de algunas observaciones juiciosas, de algunos datos útiles y de algunas narraciones sabrosas, que tienen la amable naturalidad y el incorrecto desparpajo de la conservación familiar, contienen candideces propias de un niño, conceptos de un nonagenario. No corresponde tal obra al talento e ilustración de su autor, dotes que siempre me he complacido en reconocerle y elogiarle. En lo de adelante solo he de impugnar a García Granados en materias de capital importancia (7).

Debido a la capitulación de San Antonio los territorios del Salvador y Honduras quedaron completamente libres de fuerzas enemigas. Había terminado de desgraciadísima manera para los guatemaltecos la tercera invasión que hicieron al territorio del Salvador. Morazán no hallando ya enemigos a quienes combatir, se ocupó en alistar su división y con ella salió a la hacienda de San Antonio con dirección a la capital. El día 23 de Octubre del año de 28, Morazán vestido como de costumbre, con su levita de cortas faldas y abotonado por completo, llevado por su brioso corcel de batalla entró triunfalmente en San Salvador entre las aclamaciones de un pueblo libre y entusiasta que lo saludaba por primera vez, que después fué su pueblo predilecto, el compañero de sus más altas proezas, el partícipe de sus grandes infortunios y por último, el sincero y religioso guardador de su nombre, de sus recuerdos, y de sus glorias. Iban al lado del héroe de Gualcho los Coroneles José Antonio Márquez y José María Gutiérrez (8) que tenían la nobleza de alma y la entereza de los mejores caballeros de la edad media, que poseían las virtudes puritanas de los patriotas republicanos del Norte de América y que más tarde tuvieron en medio de las lobreguezas de reacción liberticida un fin honroso y tristísimo que ha inmortalizado sus nombres y dejado páginas bellísimas que con enternecimiento deben leer siempre los hijos de Honduras. Gran día fue para Morazán, para los suyos y para los salvadoreños el día 23 de octubre. En ese día se dieron estrecho abrazo Morazán, el genio de la guerra, y Mariano Prado, el Vice—Jefe salvadoreño, el modelo de constancia cívica, el acerado carácter del patriotismo, que a despecho de las invectivas de sus enemigos, y no obstante, sus errores ha de sobresalir perdurablemente en la historia. El abrazo de Morazán y de Prado fue la expresión sentimental del concepto de un gran decreto: el Derecho Nacional de los Estados por el que se llevó la guerra a Guatemala, para que, tras la perpetración de grandes crímenes, viniése la consumación de grandes expiaciones.

## NOTAS

(1) Recuerdos del Gral. Don Manuel Escobar, quien en su escrito ha dejado detalles minuciosos sobre los preparativos y circunstancias posteriores de la primera campaña de Morazán en El Salvador.

(2) Merino, después de haber perdido la acción de Aguachapán y sido despojado del mando de las fuerzas salvadoreñas se retiraba para Guayaquie en el Bergantín Caupolicán que portaba bandera chilena. Domínguez a pesar de las protestas del Capitán sacó a Merino al puerto de "La Unión" y lo condujo a San Miguel en

donde lo fusiló sin forma ni figura de juicio, violando a la vez los principios más elementales del derecho de gentes y las más conocidas leyes de la guerra, Merino murió con el valor de un militar entero, pero su sangre dejó manchada hasta la cara del advenedizo y cruel Domínguez. Este cafre fue no obstante, el hombre de la confianza y del afecto del noble y religioso Jefe Aycinena y de los suyos. Cómo se desprestigia una causa prohijando el crimen y santificando iniquidades.

(3) A pesar de lo dicho debo reconocer que algunos atenuantes tienen la responsabilidad de García Granados. Cuando escribió sus Memorias sus circunstancias personales y políticas le impedían dar vuelo a libres ideas y a inspiraciones generosas. Más agregó que en tales circunstancias más valiera que no hubiera escrito. O se escribe con libertad como José Francisco Barrundia o se guarda dignísimo silencio como en época no remota lo guardó en Guatemala Don José Milla Vidaurre, en materias que atañen en la política. Pero en fin, ya que escribió García Granados bajo la presión de una atmósfera política, que pesaba como loza de plomo sobre su cerebro y sobre su corazón. Hay que confesar en justicia que tuvo circunstancias atenuantes. No todos los que hemos escrito o escribimos en Centro—América podemos vernos libres de compromisos contraídos, talvez irreflexivamente y de cadenas que nos atan por el instinto de conservación o por la dignidad personal casi siempre comprometida, cadenas que llegan a rozarse hasta con la libertad del espíritu y del pensamiento produciendo el fenómeno de reconcentrar en el fuego interno las ideas que tímidas esconden en las profundidades de la conciencia para huir de las tinieblas del despotismo que hacen caer a los hombres generosos en los principios de las humillaciones, de las afrentas del salvajismo. Tales son los frutos de nuestro modo monstruoso de ser social y político: las ideas reflejándose en la conciencia cuando pudieran iluminar a pueblos y gobierno, y las palabras de la hipocresía en los labios envileciendo el carácter del hombre y contribuyendo a ensalzar los triunfos y execrables absolutismo. ¡Oh libertad! Alguna vez la palabra de los Centro—americanos será la fiel expresión de su conciencia entre tantas sombras, miserias y abyección.

(4) El Dr. Don Rafael Reyes en su escrito "Vida de Morazán" dice con referencia a la batalla historiada: "En Gualcho se veía en el combate a un personaje vestido con una levita abotonada montando un brioso caballo, dando órdenes con la mayor serenidad como en un día de parada".

"Era Morazán, el héroe de aquella jornada".

"Esta acción de armas produjo inexplicable júbilo en El Salvador y aceleró la rendición de mexicanos. De aquel sentimiento da idea un himno del que copiamos las siguientes estrofas:
A los vencedores de Gualcho

El himno anterior literalmente juzgado es de muy escaso mérito, tanto por su vulgar concepción poética como por lo defectuoso de algunos de sus versos. Sea de esto lo que fuere expresa el sentimiento nacional de los salvadoreños en la época de sus luchas con Guatemala.

(5) Véanse las "Memorias de Jalapa". "Las Efemérides de Don Alejandro Marure", "Las Memorias" de García Granados y la "Reseña Histórica" del Dr. Don Lorenzo Montúfar.

(6) Aun escritores de Guatemala, amigos del Coronel Montúfar, confiesan que sus Memorias son inexactas. Así lo afirmaron el conservador Don José Francisco de Córdova, Ministro de Aycinena y el liberal moderado Don Miguel García Granados.

(7) En Guatemala bajo el dominio, fue impugnada su obra en algunas sueltas; pero tales impugnaciones carecieron de elevación de miras de discernimiento y hasta de templanza en el lenguaje: tuvieron por objeto molestar ruinamente al gobernador caído y no rectificar equivocaciones en obsequio de los principios y en provecho de la historia.

(8) Al Coronel Gutiérrez, de origen español, se le llamaba héroe en los combates, y por su afabilidad de maneras, se le llamaba en Guatemala "El Niño Dulce". Fue esposo de la distinguida matrona Doña Margarita Lozano, cuyas virtudes y cuyas bondades para conmigo, cuando niño, recuerdo con respeto y tierna gratitud. Enrique Gutiérrez, el menor de los

hijos del héroe de Jaltique, heredó como hombre, como caballero, y como militar, todas las virtudes de su ilustre padre bondad de corazón, dulzura de carácter, constancia y lealtad, inteligencia, valor patriotismo y abnegación. Si el Gral. Enrique Gutiérrez que representó el poder público de Honduras, como Ministro de la Guerra, no hubiese muerto inesperada y prematuramente, habría asegurado, en definitiva, los intereses y la dignidad de su país. Tal vez más tarde podré escribir la Biografía del amigo y del patriota que me ha arrancado lágrimas y que tiene en mi corazón el culto de los afectos adentrados y de los recuerdos que no mueren.

# CAPÍTULO VI

Alistamiento del ejército de la ley para invadir a Guatemala. Expulsión del Salvador del Presidente despojado Gral. Don Manuel José Arce. Cargos injustos que hace a Morazán en sus Memorias. Restauración de las autoridades del Estado en la Antigua Guatemala. Derrota de una división de Morazán en México. Derrota de las fuerzas de Guatemala en San Miguelito. Triunfo de Morazán en "Las Charcas". Negociaciones para hacer cesar la guerra. Rectificaciones. Sitio de Guatemala y capitulación de su ejército. Entrada triunfal de Morazán en la capital. Prisiones de los vencidos y juicio sobre las mismas. Anulación de la capitulación y consideraciones sobre esta medida. Restauración de las autoridades del Estado y de las Federales: juicio sobre la legitimidad de sus poderes. Don José Francisco Barrundia encargado de la presidencia de la República. Expulsión del Arzobispo y de los frailes y demás medidas contra las comunidades religiosas. Deportación de las principales autoridades y personas notables comprometidas en la guerra a los Estados: medidas dictadas contra ellas a juicio sobre las mismas. Juicio sobre la conducta del Gral. Morazán. Rectificaciones. Honores acordados por la Asamblea al Gral. Morazán.

Con la entrada triunfal del Gral. Morazán en la capital del Estado del Salvador quedó terminada la primera parte del drama revolucionario y sangriento a que dio comienzo el presidente Don Manuel José Arce con sus golpes de Estado llevados a efecto a fines de 1826. Faltaba, empero, la segunda y más interesante parte del drama. Los Estados del Salvador y Honduras veían sus territorios libres de enemigos: habían pasado felizmente los asedios, los incendios, los asesinatos, las depredaciones, los combates y los sacrificios; pero la tranquilidad y las ventajas alcanzadas no podían sostenerse, no podía haber seguridad para el día de mañana si los vencedores, dormidos sobre sus laureles, dejaban a los guatemaltecos tiempo y ocasión para rehacerse. Ningún avenimiento, ninguna transacción podían lograrse entre los Estados y Guatemala, mientras esta estuviese dominada por los Aycinena, los Barrundia, los Pavón, el Arzobispo Casaus y los frailes de distintas reglas, todos enemigos irreconciliables de las ideas y tendencias sustentadas por el partido liberal de Honduras, El Salvador y Nicaragua. Los vencidos podían dar una tregua, pero para romperla cuando recobrasen sus fuerzas. Los odios, los desacuerdos, los daños recibidos y los temores abrigados eran tan profundos, que requeríase una nueva lucha que resolviese en definitiva las cuestiones pendientes y que dejase como dueños exclusivos del campo a los liberales o a los conservadores. Hay situaciones en política en que no se puede hacer alto y mucho menos retroceder. Tras la guerra defensiva de largos años, los Estados debieron tomar la ofensiva. Sin esta actitud preciso habría sido que se resignasen a malograr sus sacrificios y sus triunfos y a tener por toda recompensa, desde luego la desconfianza, al día siguiente el desprestigio de su causa, más tarde la hostilidad de sus contrarios y por último una inevitable y completa derrota.

Animados de estas ideas, emanadas de una dolorosa experiencia y de una justa previsión. El Jefe Prado, el Gral, Morazán y sus partidarios se prepararon sin demora para llevar una guerra ofensiva al Estado de Guatemala. Bajo este concepto, pocos días permaneció Morazán en la Capital del Salvador en donde se puso de acuerdo con las autoridades del Estado sobre las necesidades que había que satisfacer para organizar ejércitos, para proporcionarle recursos y para asegurar el éxito militar y político de la campaña que iba a abrirse. De la capital se dirigió a la villa de Ahuachapán para ser más propia su situación para organizar el ejército. Allí permaneció los últimos meses del año de 28 y logró alistar y disciplinar un ejército de tres mil hombres compuestos en su mayor parte de hondureños y salvadoreños. Casi excusado, es decir que Morazán no solo fue el organizador de esta fuerza sino también su Gral. en jefe nombrado por los gobiernos de los Estados. Las divisiones organizadas en Ahuachapán tomaron el nombre de ejército aliado protector de la ley. Como se ve estos calificativos correspondían a la unión de los Estados y al fin de la guerra que fue el de restablecer el orden constitucional.

A poco tiempo de haber llegado el Gral, Morazán a la Villa de Ahuachapán, el jefe político del Departamento, Don Juan Manuel Rodríguez, recibió orden del gobierno para expulsar del Estado al presidente Don Manuel José Arce. Arce fue el principal causante de la guerra iniciada el año de 26; hizo causa común con los conservadores en contra de los Estados; en 14 de febrero de 28, cediendo a su debilidad y

443

a las artes de la intriga, encargó el poder supremo al Vicepresidente Don Mariano Beltranena; desprestigiado en el ejército por la pérdida de la , acción de Milingo, y en los círculos políticos por su poco acierto para realizar sus golpes de Estado, en vano quiso recobrar el poder de que se habían señoreado los conservadores pretendió entrar en arreglos con los salvadoreños para volver a su puesto y dar a los asuntos públicos un curso favorable a sus intereses; los liberales lo trataron con desconfianza y con altísimo desprecio. En tal situación tal falsa como llena de ridículo, el presidente sin presidencia, el gobernante sin gobernados, el general sin ejército, tuvo que refugiarse en Santa Ana perteneciente al Salvador, de donde era originario. Pero no obstante las circunstancias excepcionales de Arce, vió de mal ojo los triunfos de los Estados. Odiaba al jefe Prado y al Gral. Morazán, y aunque asilado y sin ningún prestigio, conspiraba contra las autoridades salvadoreñas y aprovechaba para subvertir el orden de sus pocas relaciones. Estos motivos determinaron al gobierno a decretar la expulsión de Don Manuel José, como desdeñosamente lo llamaban los salvadoreños.

Arce debía ser conducido escoltado hasta el río de Paz, que forma la línea divisoria entre El Salvador y Guatemala. La escolta estaba lista; pero un amigo de Arce suplicó al Gral. Morazán que se evitase al expulsado el disgusto de ir como reo custodiado por una partida de soldados. Morazán no quiso recordar que Arce lo había incluido en la lista que en el año de 24 dirigió al Coronel Milla para que mandase presos a Guatemala al Jefe, altos funcionarios y patriotas del Estado de Honduras. En consecuencia, Morazán mando al Coronel Don José María Gutiérrez a Santa Ana para que comunicase a Arce la orden del gobierno expresándole sus deseos de que saliese del Estado y se sustrajese a tratamientos vejatorios.

No obstante lo expuesto, Arce inculpa a Morazán como coautor de la medida relativa a su expulsión, cuando Morazán no tomó parte en que se dictase tal medida y cuando más bien quiso evitar que se cumpliese con aparatos de fuerza, humillantes para el presidente despojado. Refiriéndose a su expulsión, dice Arce en sus Memorias: "Se presenta un hombre nuevo en nuestra revolución que se ignora quién es, de dónde ha salido y cómo pudo apoderarse de la suerte de Centro América, que por algunos días estuvo en sus manos, y que a no ser tan malo, la hubiera hecho feliz en lugar de las desgracias que ha ocasionado: es menester hablar de este hombre que vino a poner el último gravamen en los sufrimientos públicos; y a la vindicación de las injurias más innecesarias y detestables, es preciso ofrecer el sacrificio de ocuparme de su aparición y de su depravada conducta, desde que asecho mi persona por un cálculo meditado con frialdad. A la historia corresponde el penoso encargo de retratar toda la vida política del Gral. Francisco Morazán, para que nuestros descendientes lean en ella todas las perfidias y los estragos que ejerció en sus progenitores la inmortalidad de este hijo de la anarquía (1)".

He aquí la recompensa que amén de otros juicios todavía más injuriosos dió Arce en 1830 a la generosidad del Gral. Morazán. Las memorias de Arce son la obra de la prevención y del despecho. Morazán empezó a contestarlas pero con calma y mesura, sin calumnias ni injurias para su adversario. El gigante no lastima al pigmeo; el genio no deprime a las medianías. Peregrinas ideas las del Gral. Arce que solo debió condenar su incapacidad, y condenar a los nobles y religiosos conservadores de Guatemala que le arrebataron el poder y la honra de su nombre, y el prestigio de las instituciones de la República. Morazán era desconocido y se formó por su propio esfuerzo; pero esto constituye su mayor elogio. ¿De dónde han salido los hombres más grandes que recuerda la Historia, llámense filósofos, literatos, publicistas, guerreros, sabios, conquistadores o republicanos? De la nada. Arce con su lógica tendría que condenar al desprecio a las primeras personalidades de la Historia. ¿De dónde salió el mismo Gral. Arce? ¿Era acaso un conocido y poderoso descendiente de los Borbones, o poco menos de los Osuna o de los Medinacili? ¿Era acaso un genio militar como el de Napoleón o el de Bolívar? ¿Era acaso un genio científico o literato como el de Linneo, como el de Newton, como el de Lock, o como el de Milton, de Chateu Brian o Víctor Hugo? Nada, nada de esto. Arce fue conocido en 1811 como insurrecto contra las autoridades de la Colonia, reproducida en 1827 y 1828 por sus amigos los conservadores a quienes confiara su poder. Arce vino a la vida política como faccioso a quien nadie conocía, como hijo de la anarquía, puesto que la legalidad positiva estaba de parte de los reyes de Castilla. Pero su noble causa triunfó y a esto debió que se conociera su nombre del que hizo uso malísimo como presidente de la

República. Morazán no pudo hacer la felicidad de Centro América, pero trabajó por ella con patriotismo y con abnegación y dejó enseñanzas y ejemplos que honran su gobierno y que viven como fecundas inspiraciones en el espíritu de los centroamericanos. Arce que recibió la república en paz y con recursos, sin las corrupciones del caudillaje y que contó con el apoyo de liberales y conservadores, ¿hizo acaso la felicidad de Centroamérica? Lo que hizo fue desacreditar las instituciones en los precisos momentos en que empezaban a plantearse, y encender una desastrosa guerra civil y entregar el poder a los enemigos de la patria y hacer retrogradar la república a los más oscuros tiempos del coloniaje. Arce se queja de haber sido acechado por Morazán. Esta es una vanidad tan pueril como injustificable. ¿Qué importancia política y militar tenía el Gral. Arce en 1828 y en 1829 para que Morazán se empeñase en perseguirlo y anularlo? Ninguna. El ejército desechaba a Arce considerándolo inepto; los conservadores y los liberales lo despreciaron considerándolo atentatorio y desleal. Un hombre que solo contaba con su propia vanidad, ¿para qué había de ocuparse de él el Gral. Morazán, que conocía las circunstancias que lo rodeaban? Se comprende que un rival poderoso aseche a un rival influyente; pero no se comprende que el hombre del prestigio y del poder aseche al hombre del desprestigio y de la impotencia. Arce echando facha de despreciativo pretendió entregar el nombre de Morazán a la execración de la Historia y a la condenación de la posteridad, pero si viviese vería con dolor cuan vanos fueron los votos y esfuerzos de su odio, vería que sus descendientes contemplan en la capital del Salvador la estatua del vencedor del 29, colocada sobre suntuoso monumento, que contemplan allende el Goascorán otra estatua del héroe levantada por el patriotismo en Tegucigalpa y que oyen, día por día, los aplausos que en la tribuna y en la prensa nacional y extranjera, se prodigan al hijo de la anarquía, que es ante la Historia y ante la posteridad, el hijo predilecto, el egregio patriota de la República Centro Americana. ¡Cuán pobre y oscuro aparece Arce que miró a lo pasado y a las circunstancias del momento. Cuán grande y magnífico aparece Morazán que miró a lo porvenir concentrando en su alma la ley de sus más bellos ideales!

No obstante estar resuelta la guerra contra Guatemala. Prado y Morazán aprovechando la mediación del Señor Don Manuel Aguilar, comisionado de Costa Rica, por medio de su delegado Don Juan Manuel Rodríguez, entraron en últimas conferencias con los delegados guatemaltecos Don Juan Francisco de Sosa y Don Fernando Antonio Dávila, con el fin de alcanzar un arreglo pacífico y evitar las consecuencias de la guerra. Las conferencias se celebraron cuando ya se había obtenido la rendición de mexicanos. El gobierno del Salvador insistió en proponer lo que había propuesto antes de romperse las hostilidades: a saber la reposición del Congreso y Senado de 1826, de la Asamblea y Jefe de Guatemala y la indemnización al Salvador de los daños causados por la guerra. Estas proposiciones fueron nuevamente desechadas por los Guatemaltecos, así es que el estado de guerra se hizo de todo punto indispensable. Como he dicho antes, ningún avenimiento, ninguna transacción podían tener cabida entre las autoridades de los Estados y de la del Estado de Guatemala y de la Federación.

Los escritores (2) que contra viento y marea han tratado de defender la causa del usurpador, vicepresidente Aycinena y del religioso jefe Beltranena echan en rostro a Prado, a Morazán y a sus adeptos la dureza y carácter deshonroso de las posiciones indicadas pero no se atreven ni a expresar, como era debido que proposiciones habrían sido justas, aceptables y honrosos. Las autoridades y jefes de los Estados estaban dentro de la órbita de su verdadera conveniencia y de sus incontestables derechos. Si habían soportado una dilatada y sangrienta guerra, si habían vencido a los invasores a fuerza de constancia y de sacrificios, fue con el objeto de anular los golpes de estado del presidente Arce, con el objeto de restablecer las autoridades federales y del Estado de Guatemala y legítimamente destituidas y con el objeto en fin de evitar nuevas violaciones de la Constitución y nuevas hostilidades y vejaciones a los pueblos de cuya seguridad y bienestar eran responsables. Aceptar un arreglo de paz sancionando el despojo de las autoridades destituidas y humilladas, sin exigir ninguna reparación de los daños causados, y sin garantizarse para lo porvenir, habría sido cometer el mayor de los desaciertos. Aunque en la guerra del 27 y del 28 no estuvieron exentos de faltas los salvadoreños y hondureños, no fueron impecables, empero, es preciso reconocer que los antecedentes, la lógica, los fines y los derechos de su causa, demandaban legítimamente para un arreglo de paz la dejación del poder de los nobles y de los frailes de Guatemala. Pero raciocinios tan evidentes se escaparon, no a la penetración, sino a la argumentación de los escritores conservadores. Estos llegan a ser hasta ergotistas sutiles, cuando abogan por su causa aunque presenten argumentos traídos por los cabellos. Más cuando se trata de la causa de sus contrarios, se escapan por la tangente, la verdadera lógica no es lógica, las consecuencias más legítimas son desaciertos sin precedentes, los daños recibidos son nimiedades exageradas y aun los actos de benevolencia, de civilización y de generosidad, son dictados por la necesidad, por intención aviesa, por desapoderada ambición, por fríos y mezquinos cálculos o por refinado y criminal egoísmo. Para los escritores conservadores, salvo algunas excepciones, solo ellos tienen razón; solo ellos quieren el orden, solo ellos quieren la legalidad y solo ellos quieren la suprema felicidad, don dogmatical de los pueblos. Si sus contrarios les hacen concesiones generosas se ríen de ellos a carcajada tendida, tratándolos de estúpidos criminales o de idealistas ridículos. Si sus contrarios son severos, lógicos, e inflexibles, se presentan como víctimas con las palmas del martirio, y gimen como una Magdalena, y maldicen como energúmeno, y entregan el nombre de sus enemigos a la condenación de la posteridad y de la Historia. Por fortuna, el verdadero criterio histórico ha empezado a poner las cosas en su lugar, a señalar el puesto de los tramoyistas de la política y de la prensa, y al abrir tiene ancho cauce para que pasen sin enturbiarse de manera regular, sin caídas y sin estrépito, los tiempos corrientes de las ideas de justicia, de lógica y de elevada civilización.

A maravilla prestábase la situación política de Guatemala para que el Gral. Morazán hiciese su invasión con muchas probabilidades de buen éxito. El poder federal en manos de Beltranena era casi nulo, era, si se quiere, una sombra de gobierno. El Jefe de Estado, Aycinena, estaba desprestigiado por los continuos reveses del ejército que en nuestros pueblos, aunque no haya razón, son siempre causas de descréditos para el Gobernante. Pero había en el régimen interior del Estado mayores y más justificados motivos de desprestigio. El Jefe de Aycinena, hombre enérgico y de virtudes privadas pero extraviado por exaltadísimo fanatismo religioso, mandaba en Guatemala a usanza de la edad media. Hizo proscribir y poner fuera de la ley a muchos ciudadanos, entre ellos algunos notables como el Dr. Don Pedro Molina y Don Antonio Rivera

Cabezas; hizo organizar y funcionar tribunales o comisiones militares para que reprodujesen, con algún aparato, asesinatos políticos como los del dominicano Coronel Pierson y del artesano Velásquez; hizo que los frailes, particularmente los dominicos emprendiesen con santas embusterías y místicos arrebatos de pasiones patriotas una gran propaganda de guerra y exterminio; hizo por decreto que fuesen quemados los libros prohibidos por la autoridad eclesiástica, rogando a esta que procediese contra los contumaces. Aquello parecía una tosca copia de algunas escenas del siglo X, llamado de la ignorancia, en que, inspirándose en la errónea idea de Cristo, se veía venir el fin del mundo y reinaban los despotismos y los terrores religiosos. Tanta exageración y tanto fanatismo estudiadamente aprovechado para que influyese en las masas, llegaron a ser repulsiones hasta a los conservadores de buen sentido y de alguna ilustración. El mismo Coronel Montúfar, adorador de Aycinena, dice que sus providencias poco filosóficas y fueron tomadas sin miramiento al siglo en que vivimos. Si la parte de la sociedad algo ilustrada era adversa a Aycinena, por su absolutismo político y religioso, no lo era menos la parte propietaria y contribuyente. Con rigorosos apremios se exigía y se obtenía dinero de los capitalistas: los Dávila, los Aguirre y los Asturias, de las familias más notables de Guatemala, tornáronse en opositores, abrumados por el peso de duras y frecuentes exacciones; y por esto, a juicio de Aycinena, usando de lenguaje canónico, pasaron la plaza de vitandos y a juicio del Coronel Montúfar han pasado la plaza como los demás opositores de hijos indignos y espurios de Guatemala. El Coronel Montúfar y los suyos miden el patriotismo por el rasero de la localidad y por el alcance de las ideas, de las familias que nobiliza el Padre Juarros y por el compás que apunta los principios de oscurantismo de la edad media.

El malestar social y hasta doméstico que experimentaban las clases principales de Guatemala, como era natural, se hizo sentir en las masas del pueblo. En 20 de Octubre de 28, la Asamblea conocedora de las aflictivas circunstancias del Estado, llevando en mira un arreglo pacífico, decretó la renovación de todos los poderes de Guatemala. Empero, esta medida no dió resultado, tanto porque bajo la presión militar y frailesa, fueron reelectos Aycinena y sus principales amigos, como porque aunque no lo hubieran sido, era ya muy tarde para contener con una renovación local la riada poderosa e incontrastable de las ideas revolucionarias. Los principios del siglo estaban frente a frente de la teocracia, que en mejores días, hubiera podido alcanzar favorables transacciones. El espíritu del siglo debía acabar con la teocracia sacándola de todas sus atrinchamientos. A tal espíritu revolucionario lo secundó la acción de los pueblos. En 5 de Noviembre hubo una revolución. En 22 de Enero de 29 la Antigua Guatemala se pronunció contra las mismas autoridades. El ilustre Dr. Don Mariano Gálvez y sus adictos fueron el alma de aquella rebelión: fue sofocado el pronunciamiento, pero los antigüeños quedaron dispuestos para ser el sostén de los revolucionarios y de la invasión de los Estados. Aycinena, pues, contaba con el desprestigio y el Gral. Morazán contaba con la mayoría de la opinión pública que lo proclamaba restaurador de las leyes y libertador de pueblos hermanos que gemían bajo el peso del militarismo, del nepotismo nobiliario y de la teocracia, poderes cuyo consorcio ha formado siempre el absolutismo más despiadado, las más negras tinieblas para la inteligencia de los pueblos y para las naciones las más durables y degradantes infortunios(3).

El autor tuvo la intención de hacer acotaciones y por ello numeró del 1 al 5 las mismas, pero es posible que hubiere cambiado de opinión y reunió todo lo relativo a dichos numerales, en lo que denominó "APUNTAMIENTOS PARA EL CAPITULO VI" y estos son:

## APUNTAMIENTOS PARA EL CAPÍTULO VI

En 20 de Octubre de 28 la Asamblea de Guatemala decreta la total renovación de todos los poderes del Estado. Se trataba de un arreglo pacífico. En 5 de noviembre del mismo año estalló en Quezaltenango una revolución contra las autoridades del Estado. Se tomó el cuartel; pero los revolucionarios se dispersaron. En 6 de Dicbre., del mismo año, Aycinena manda sean quemados los libros prohibidos por la autoridad eclesiástica y ruega y encarga a esta proceda contra los contumaces.

El 22 de enero de 29 la Antigua se pronunció contra las autoridades del Estado. Gálvez fué el inspirador. El pronunciamiento fué sofocado, pero precipitó la invasión de Guatemala. El 5 de febrero, Morazán con 200 hombres dió principio al asedio de Guatemala por el lado de la garita del Golfo. Jonama fué rechazado. El 11 de febrero se reinstaló en la

Antigua el Consejo Representativo disuelto el 26. Don Mariano Centeno se hizo cargo del Gobierno. El 18 de febrero es derrotada una división de Morazán en Mixco. Se dió a este pueblo el título de Villa de la Victoria. El 6 de Marzo las tropas de Guatemala fueron derrotadas en San Miguelito por fuerzas de Morazán que estaban en la Antigua. Se dio a este pueblo el título de San Miguel Morazán. El 15 de marzo fueron derrotados los guatemaltecos en las Charcas, su Jefe el Coronel Prado. Se aceleró la rendición de la plaza. El 27 de marzo se celebraron conferencias en Ballesteros para terminar la guerra. No tuvieron efecto como un año antes las de Aguachapán. Fué mediador el Ministerio de Holanda Gral. Verveer. Rectificaciones a Montúfar y García Granados. El 1º. de abril Costa Rica reasume la plenitud de su soberanía el restablecimiento de las autoridades federales. Ley aprilla derogada en 31. El 12 de Abril capitularon los guatemaltecos después de más de dos meses de sitio y de tres días de combate en la Capital. Así terminó la revolución del 26 al 29. Morazán ocupó la plaza el 13. Empezó la época llamada de la restauración porque fueron restablecidas las autoridades en Quezaltenango. El 19 de Abril, Morazán captura en el Palacio a los funcionarios de la Federación y del Estado y otras personas notables. Fueron conducidos a la Universidad, Edificio del Congreso, en donde estuvieron hasta el 9 de Julio en que la mayor parte fué deportada. Consideraciones sobre esta Medida. El 20 de Abril fue anulada la capitulación por Morazán. Consideraciones sobre esta medida. El 21 de Abril se reinstaló la Asamblea Legislativa disuelto en Obre. de 26 Presidente Nicolás Espinoza que lo fué en San Martín Xilotepeque el 26 de Sete. de 26. Abril 28 contribución única en Honduras derogada en 21 de Abril de 31. Abril 30 La Asamblea del Estado condecora a Morazán con una medalla de oro, le dá el dictado de Benemérito y manda a sacar su retrato para colocarlo en el Salón de sesiones. Este acuerdo no tuvo efecto. Junio 22 se reinstaló el Congreso Federal disuelto en Octubre de 26 de Junio 25, José Barrundia Presidente de la República, senador más antiguo llamado por el Congreso. De hecho habrá ejercido el poder el Gral. Morazán Julio 9. Se reinstaló el Senado disuelto en Septiembre de 26 —Cuestión sobre la legitimidad, de la restauración—, julio 10 a la medianoche expulsión del Arzobispo, Dominicos, Franciscanos y Recoletos. Medida de Morazán de acuerdo con el Presidente y Jefe del

Estado. Fue aprobada por el Congreso. Julio 28 la Asamblea declara la extinción de todos los establecimientos monásticos, con excepción de Hospitalarios Belenitas. Prohíbe profesiones y votos de Monjas y apropia al Estado temporalidades de conventos. El 7 de Septiembre siguiente, el Congreso aprobó medidas declarando que la Nación no admitía en su seno orden alguna. Declaratoria aceptada por todos los Estados 22 Agosto Congreso decretó nulos actos de autoridades federales desde 6 de septiembre de 26 hasta 12 de Abril de 29. Expatrió Presidente y Vicepresidente y Secretario, Jefe de Guatemala Ministro y otros funcionarios de Federación y Estado. Obligados a devolver sueldos percibidos responsables con el tercio de sus bienes para indemnización de Guerra. Este Decreto amplificó el de 4de Julio de la Asamblea. No fueron cumplidos con todo rigor—Juicio sobre tales medidas, juicio sobre la política de Morazán y Rectificaciones.

Después del Triunfo de la Trinidad, Morazán se hizo cargo del Poder Ejecutivo de Honduras —Pacificación del Estado— Primera Expedición sobre El Salvador —Batalla de Gualcho—Morazán en San Miguel— Segunda Expedición sobre El Salvador— Morazán hace capitular a Aycinena en San Antonio. El Sitio de Mejicanos se levanta—Llegada a Morazán al Salvador y sus aprestos para la guerra contra Guatemala— Invasión de Prem — Morazán en la Antigua — Acciones de Mixco y San Miguelito— Batalla de las Charcas — Sitio y Capitulación de Guatemala—Entrada triunfal de Morazán — Ruptura de la capitulación — Restauración de las autoridades del Estado de Guatemala y de la Federación —Situación de los liberales — Medidas contra los vencidos y las comunidades religiosas — Honores al Gral. Morazán — Juicio sobre la conducta de las autoridades restauradas y del General Morazán — Don José Fran—cisco Barrundia Encargado de la Presidencia de Centro América, sus ideas y sus trabajos. Regreso del Gral. Morazán a Honduras.

El Espíritu revolucionario de Guatemala y los sucesos de la Antigua contribuyeron a precipitar algún tanto las operaciones militares del Gral. Morazán. Tan pronto como pudo dar aluna disciplina al ejército, mandó una división al Mando del Coronel Colombiano Prem para que obrase sobre el Departamento de Chiquimula, destruyese las fuerzas enemigas que se opusiesen a su paso y se situase en la Hacienda de Aceituno, distante una legua y media de la capital de Guatemala. Prem cumplió las órdenes recibidas: el ya conocido Coronel Domínguez estaba en la fuerte posición de "La Arada", pero el atendido Jefe invasor dejó a un lado la posición enemiga, y después de un pequeño combate obligó a Domínguez a retirarse en derrota. Si en 1852 el ejército aliado del Salvador y Honduras hubiera evitado batirse asaltando las fuertes posiciones de "La Arada" y marchado para Chiquimula para encaminarse a tomar la retaguardia de Carrera u obligada a dar batalla en punto ventajoso para los invasores, no se habría consolidado el régimen teocrático de los treinta años, ni los pseudo liberales se aprovecharían hoy del sistema de servilismo, y de dictadura militar, y de terror fundado por Carrera y corregido y aumentado por los que hoy tienen el cinismo de llamarse los hombres de la República y de las instituciones. Prem no pudo continuar su marcha porque quedó enfermo en Chiquimula, pero la siguió su segundo, Coronel Enrique Torrelonge, que disolvió las fuerzas enemigas en el callejón de Guastaloya y que prosiguió su marcha hasta situarse en Aceituno.

Entre tanto Morazán, a fines de 1828 con la mayor parte del ejército, marchó sobre Guatemala, sin encontrar obstáculos, para ocupar el pueblo de Pinula, distante dos leguas de la capital. La ocupación de Pinula, debía coincidir con la de la división que debía situarse en Aceituno: los cálculos de Morazán fueron cumplidos y tomadas dos posiciones dominantes y cercanas que ponían en gravísimo conflicto a las fuerzas de Guatemala, situadas en el valle que ocupa la capital. Durante la marcha de Morazán, en la hacienda "Corral de Piedra" a doce leguas de Guatemala, se le unió un escuadrón de patriotas antigüeños, bajo las órdenes del Gral. Isidoro Saget, fuerza que fue mucho provecho durante el curso de la campaña.

El Jefe Aycinena, no obstante su energía, y la prédica de los frailes, a duras penas, pudo reunir dos mil hombres; pero faltábale un jefe para dirigir las operaciones militares. El Gral. Arce estaba despojado de la Presidencia por el mismo Aycinena, por Beltranena y por los suyos y no inspiraba confianza ni el ejército ni a los hombres adueñados del poder. El Gral. Cáscaras, que antes gozara de buen concepto viéndose objeto de desconfianza renunció el mando del ejército. El Brigadier Arzú, lleno de desaliento estaba en pleno desprestigio y el Coronel Montúfar, rendido en Mexicanos continuaba preso con sus oficiales en la Capital del

Salvador. En tal situación después de varios consejos de jefes y oficiales, que no tuvieron resultado alguno, se vino a parar en que el jefe Aycinena, reasumiera el mando del ejército; más como solo era entendido en materia de devoción y no en asuntos de la guerra el mando efectivo de las fuerzas llegó a tenerlo en concepto de Mayor General, el Coronel Prado, militar de tercer orden, sin notables antecedentes sin prestigio y sin experiencia y genio para el difícil arte de la guerra.

Al llegar a Pinula el ejército de Morazán, las fuerzas de Aycinena se concentraron en la plaza de la Capital, que según dice García Granados y otros escritores contemporáneos estaba fortificada con una triple línea defensiva "La primera o exterior comprendía por el Sur lo que era conocido con el nombre de "Lomas de Buenavida", extendiéndose por el Oeste hasta la Barranca del incienso y por el Este hasta más allá de la Barranquilla. Del lado del Norte, la línea se trazó sobre las garitas del Golfo y de Chinautla, formando así un perímetro como de legua y media de Nor—Nodeste a Sur—Sureste, y de tres cuartos de legua de Este a Oeste; pero por estos dos últimos rumbos de ataque no era fácil, porque la ciudad se halla defendida por barrancos de difícil paso. En cuanto a las dos líneas interiores, de las cuales solo la cercana a la plaza quedó concluida, consistía en un cordón de barricadas o parapetos (llamados aquí impropiamente trincheras) sistema defectuosísimo, pues que esos parapetos quedan dominados por las casas en que se apoyan; resultando de aquí, que la defensa se tiene que hacer propiamente en las manzanas de los costados, porque una vez que el enemigo ha penetrado en ellas, los parapetos son indefendibles y no pueden sostenerse. "Admitidos estos relatos y juicios, que me parecen exactos, debe agregarse que la fuerza guatemalteca estaba dividida en cuatro batallones, tres escuadrones y un pequeño cuerpo de artilleros (4).

Morazán que, en la división de Prem había ocupado a Aceituno, que con el grueso de su ejército había ocupado a Pinula y que, con una de sus divisiones ocupó el pueblo de México, seguía un plan militar bien combinado, digno de un general experto y previsor. Con su cuartel general en Pinula tenía una posición dominante y casi inexpugnable y con facilidades para el mantenimiento de su fuerza: con su división ventajosa que impedía moverse a grueso del ejército de los guatemaltecos y que garantizaba algunos departamentos de Oriente que habían sido dominados: con su división situada en México impedía a los guatemaltecos la entrada del agua y de gran parte de los víveres que necesitaban, y además, estaba en fáciles relaciones con la Antigua Guatemala y los pueblos de los Altos, propicios a la causa de la revolución. Por otra parte, las posiciones tomadas permitían a Morazán estar en expeditas comunicaciones con El Salvador, de donde recibía hombres y recursos. El plan del Gral. no podía ser más atinado: trataba de rodear a los guatemaltecos quitándoles toda clase de recursos, de estrechar un sitio ventajoso y de obligarlos, o a rendirse, o a presentar batalla en puntos ventajosos para el ejército aliado. A la vez, Morazán calculó que tenía cubierta su retaguardia o factible la retirada de sus divisiones: por el lado de Chiquimula, porque la división de Prem la había dejado libre de enemigos, por el lado de la Antigua, porque esta población desguarnecida pertenecía a la causa de los invasores, y por el camino al Salvador, por donde había venido al grueso del ejército, porque estaba completamente libre de fuerzas enemigas y porque era muy conocido para los invasores.

A pesar de lo certero, de lo exacto y de lo previsor del plan militar de Morazán, el Coronel Montúfar, García Granados repitiéndolo, y otros muchos, han dicho que fue un plan absurdo. Se han fundado para ello en que Morazán dividió sus fuerzas las que aseguran que podían ser batidas y destruidas separadamente. Esta es una crítica de los vencidos que para decir algo en su abono critican sin fundamento. Morazán trataba de sitiar a Guatemala y para esto debió dividir sus fuerzas: la división de estas la hizo acertadamente, puesto que distribuyó divisiones respetables que por su número y sus elementos podían batirse con las fuerzas guatemaltecas: Morazán sabía por datos exactos de los revolucionarios de Guatemala, que Aycinena solo contaba con dos mil hombres desalentados por las derrotas, indisciplinados por la falta de un buen jefe militar y encargados de atender, ante todo, al ciudadano de las extensas fortificaciones de la Capital: Morazán conocía perfectamente que dejando casi indefensas las fortificaciones principales, Aycinena solo podía hacer salir de la plaza 800 a 1000 hombres, fuerza que podía batir con ventaja cualquiera delas divisiones victoriosas del ejército aliado que se apoderaba de excelentes posiciones militares. Si Aycinena hubiera tenido un grande ejército en todo superior al enemigo, disciplinado, aguerrido y con buenos jefes, y si Morazán, ignorado la situación de sus contrarios, que estaban en anarquía y que no sabían ni quien debía mandarlos, estarían muy en regla las críticas del Coronel Montúfar, del Gral. García Granados y de sus partidarios. Debe agregarse además, que un ejército de tres mil hombres, y más en aquella época era dificilísimo que marchase unido por no ser expeditas las vías de comunicación por tener que ser muy embarazosas sus marchas, por falta de vehículos, y por falta de víveres y demás recursos para su sostenimiento. Hoy mismo, se necesita de un general muy enérgico, experto y previsor para que marche unido un ejército de dos mil hombres. Dadas las circunstancias expuestas, que no podrán contestarse con fundamento, puede preguntarse ¿a qué queda reducida la crítica de los planes militares del General Morazán? Queda reducida al valor de la impotencia que se llama errores a las previsiones del cálculo, que llama absurdos a las combinaciones de la inteligencia y que, encastillado en su egoísmo, en sus preocupaciones, y en sus odios, dice como los ultramontanos, Ocedoquia, absurduim, para protestar, a los ojos cerrados, contra los fueron del saber, de la justicia y de la razón que es inmortal.

Establecido el cuartel general en Pinula, el Gral. Morazán trato de asegurar el éxito de su plan tomando en la política y en lo militar, todas las medidas y preocupaciones convenientes. Aycinena había mandado con una pequeña fuerza a los Departamentos de los Altos al Coronel Don José Antonio de Irisarri con el encargo principal de levantar y disciplinar tropas que fuesen auxiliares de las de Capital. Morazán comprendió, que aunque libres los Departamentos de Oriente, debido a las operaciones de la división de Prem, Irisarri podía organizar en los altos alguna fuerza que hostigase a los sitiadores por la retaguardia, obligándolos a distraerse del asedio de la Capital. Para prevenir esta dificultad y al mismo tiempo aprovecharse de los Departamentos de los Altos, el Gral. mandó su primera división bajo las órdenes del Coronel Jonama con la instrucción de seguir a Irisarri, de batir su fuerza y de inutilizar toda la acción que podía ejercer en los Departamentos que recorría. Además, Morazán salió del cuartel general de Pinula, con alguna fuerza, para constituir el Gobierno del Estado. El Jefe destituido en 1826, Don Juan Barrundia, estaba en el destierro, y en su reemplazo se hizo cargo del gobierno provisional el consejero Don Mariano Centeno. Morazán no solo trató de restaurar el gobierno del Estado, sino también de tener en la Antigua una autoridad constituida, capaz de facilitarle hombres y recursos.

Hasta la fecha en que se restauró el Gobierno del Estado los planes militares y políticos de Morazán se cumplían con toda regularidad y prometía los más felices resultados pero Morazán cometió un error gravísimo que estuvo a punto de hacer fracasar todos sus planes. Partiendo de informes, y no de un conocimiento personal confió la división, situada en México, de 880 hombres al Coronel Cerda, dándole instrucciones para que se fortificase, tuviese una suma vigilancia y cortase el agua a los guatemaltecos de la Capital. Cerda no cumplió con sus instrucciones, y los guatemaltecos, aprovechándose de la salida de Morazán del cuartel general de Pinula, el 15 de febrero por la noche mandaron a las órdenes del Coronel Pacheco, mil y tantos hombres para que sorprendiesen a Cerda, quien fue completamente derrotado y despojado de sus elementos de guerra. Allí fueron asesinados los aliados salvadoreños y hondureños que cayeron en poder de los soldados de Aycinena. No fueron tratados como lo fueron los guatemaltecos, vencidos en "La Trinidad", en "Gualcho", en "San Antonio" y en "Mexicanos".

Morazán debió pagar a muy caro precio el error que cometió por una de esas equivocaciones que algunas veces, en los momentos más críticos tienen los hombres de mayor experiencia y perspicacia. Un Gral., y más un General de la talla de Morazán, no debe fiarse de informes favorables para confiar a un jefe la defensiva de un punto de capital importancia. Un general de primer orden debía partir de antecedentes reconocidos y de observaciones personales para confiar a un hombre la suerte de las operaciones de una Campaña. Si Morazán hubiera encargado la defensa de México al experimentado Coronel Don José María Gutiérrez, a otros de sus jefes : de iguales aptitudes, habría sido segura la derrota de los guatemaltecos, se habrían economizado mucha sangre y muchos sacrificios y el desenlace de la guerra habría sido más pronto y glorioso.

Por fortuna para los aliados, el error de Morazán fue compensado por otro error, todavía más censurable de los jefes guatemaltecos. El cuartel general de Pinula estaba debilitado por la falta de Morázán que con parte de la fuerza permanecía en la Antigua. Los guatemaltecos, conocedores de tales circunstancias y alentados por el triunfo, pudieron hacer un esfuerzo supremo y probablemente apoderarse del Cuartel General. Entonces Morazán habría quedado irremisiblemente perdido, puesto que no contaba más que con una pequeña división en la Antigua, con la división disminuida de Aceituno y con la primera división que no podía auxiliarlo porque obraba en los Departamentos de los Altos. Pero los jefes guatemaltecos, después de su victoria, en vez de dar un golpe de audacia que tal vez habría salvado su causa, volvieron con su división Vencedora a concentrarse en la plaza de la capital, para cuidar pésimamente el perímetro de sus extensas e imperfectas fortificaciones. Estos juicios podrá creerse que tienen mucho de contradictorio con mis juicios anteriores y que confirman las ideas de Montúfar y de García Granados, relativos al absurdo de que Morazán dividiese sus fuerzas. Empero, no hay contradicción favorable a los conceptos de dichos escritores. El fracaso de México no fué debido a desacertada división de fuerzas: fue debido a la mala elección de un jefe y a la indisciplina, imprevisión, y cobardía de tal jefe. 800 hondureños y salvadoreños, disciplinados y aguerridos, dueños de posiciones ventajosas y fortificadas, habrían podido no solo resistir, sino derrotar a todas las fuerzas de Aycinena, que no podían prolongar su ataque porque habrían sido batidas por los flancos o por la retaguardia, por las demás fuerzas del ejército aliado. Cierto es que los aliados fueron sorprendidos y deshechos, pero no es la tropa quien debe evitar las sorpresas ni asegurar sus posiciones: su jefe es el único responsable de su seguridad, de sus operaciones, y del éxito del combate. Por desgracia era un Cerda y no un Gutiérrez, un Premo un Terrelonge, el jefe defensor de México.

Al saber Morazán el gran revés sufrido en México, comprendió lo grave de su situación y consideró que debía cambiar, por algún tiempo, el plan de sus operaciones. Para sitiar la capital de Guatemala pudo y debió dividir su ejército en divisiones respetables; pero perdida la división, de México y muy distante en los Haltos la primera división, cuyo cometido era de alta importancia, el ejército aliado estaba reducido a la mitad. Con poco más de mil quinientos hombres, Morazán no podía ya subdividir sus fuerzas para continuar ocupando las posiciones de Pinula, de México y de Aceituno. En tal situación regresó a toda prisa de la Antigua al Cuartel General (5) y dispuso hacer un movimiento de concentración de todas sus fuerzas y marchó con ellas a la Antigua para reponer las bajas y pedir recursos al gobierno recientemente establecido. La restauración del gobierno destituido en el año de 26 fue para Morazán un punto de apoyo en sus difíciles circunstancias. En la Antigua se unió Raúl a Morazán. Raúl era ya muy conocido en la República y desde el tiempo de Arce había sido objeto del apoyo y de los aplausos de unos y de la persecución y vituperios de otros. Morazán tuvo el acierto de nombrarlo Mayor Gral. del Ejército. Con relación a Raúl, guiado por un espíritu. de justicia, y sin dar cabida a pueril vanagloria, dice Morazán en sus Memorias: "El General Nicolás Raúl, antiguo veterano del ejército de Napoleón, que hoy ocupa un lugar distinguido en el ejército francés, entró al servicio en concepto de jefe de Estado Mayor. A la experiencia y conocimientos militares de este jefe (el más instruido que ha venido a Centro América), de los que siempre he hecho uso en lo que ha estado a mi alcance, debo en gran parte no haber sido nunca sorprendido, ni sufrido jamás una derrota, en trece años de guerra casi continua provocada por los desafectos a la República". Justos son estos conceptos. No entra en los fines de este libro defender a Raúl de los ataques de los conservadores, que lo llamaron ingrato, inconsecuente, mercenario, cruel y hasta vil instrumento. No obstante, tales epítetos, nadie puede poner en duda las aptitudes y el saber militar de Raúl. Cuando regresó a Francia, su patria, ocupó un puesto importante como jefe de una de las principales provincias, y el ingrato y vil mercenario hizo ante la culta y poderosa Francia el elogio más cumplido de las virtudes y del valor de los soldados Centroamericanos. Ingratos mercenarios como Raúl, yo los deseara a centenares en mi país; pero mercenarios de la diplomacia como Chatfield, amigo de los conservadores, que dio de palos a los Centro Americanos, que usurpó nuestros territorios, y que nos dió precedentes y complicaciones, que aún hoy en día nos comprometen y nos humillan, a tales mercenarios endiosados por la camarilla conservadora, yo los detesto y los maldigo en nombre de mi conciencia y en nombre de mi patria. Singular pero explicable fenómeno histórico. Los conservadores aliados a Chatfield que representó el egoísmo mercantilista de Inglaterra, nación que nos despojó de Belice, que pretendió despojarnos de las Islas de la Bahía en Honduras, que en el Sur y en el Norte trató de adueñarse de nuestros mejores puertos y que aún hoy en día mantiene un protectorado tan ridículo como atentatorio en la reserva de la Mosquitia de Nicaragua: los liberales simpáticos a los Estados Unidos que aunque de manera irregular se pusieron bajo su protectorado para resistir la anexión al imperio mexicano, que acogieron a Mr. Squier, ilustre americanista y diplomático que nos ha dejado no el recuerdo de vejaciones y conquistas sino escritos luminosos en pro de nuestras vías de comunicación y que han dado a conocer nuestros países en el extranjero: los conservadores, aliados con Domínguez y los españolistas, que tremolaron el año de 32 la bandera de Fernando VII en el Castillo de Omoa y afectísimos al Gral. Flores que aspiró a la reconquista de nuestros países por los Borbones, países que, si bien han sido y son presa de demagogias o de despotismo transitorios, nunca podrán ser el patrimonio de monarcas de derecho divino, que solo cuentan con apolilladas tradiciones, que después de la independencia se deshacen y se evaporan al pretender pasar el Océano para implantarse en la tierra de lo porvenir y de la libertad: Los liberales admiradores de las revoluciones francesas y a quienes el rey ciudadano Luis Felipe tendió una mano amiga, reconociendo su independencia, su libertad y sus derechos, sin pretensiones de conquistas de territorios y de dominación y privilegios absolutistas. Que de contrastes y que de revelaciones proporciona el estudio imparcial de nuestra Historia.

*RAMÓN ROSA*

# ASEDIO Y RENDICIÓN DE LA PLAZA DE GUATEMALA

El propio general Morazán describe en sus Memorias escritas por él mismo en David (Colombia) en 1840 la marcha sobre el Estado de Guatemala, el sitio que le puso a la plaza fuerte de la Capital y la rendición de ésta, en los términos siguientes:

"De la hacienda de San Antonio me dirigí a la ciudad de San Salvador. Pasé en seguida a la villa de Ahuachapán, para organizar allí el ejército que debía marchar sobre el Estado de Guatemala.

Pocos días después de haber llegado a aquella villa, recibió el jefe político del Departamento, C. Juan Manuel Rodríguez, orden del ministro para hacer salir del Estado al presidente Arce, que, despojado ya del Gobierno, hallábase en la ciudad de Santa Ana, porque su permanencia en ella era perjudicial al orden público.

Una persona, afecta al Presidente Arce, me suplicó evitase a este jefe el disgusto de ser conducido hasta el río de Paz por una partida de soldados, que tenía ya preparada el jefe político.

No quise perder la ocasión de acreditar a Arce que había olvidado ya la memoria que hizo de mí, en la lista que dirigió al coronel Milla, para que, en unión de otros, me remitiese preso a Guatemala, a pesar del salvoconducto que me dio este jefe. Con aquel objeto, mandé al coronel Gutiérrez que comunicase al presidente la orden del Gobierno, y le expresase mis deseos de evitarle el compromiso, en que podía colocarlo, su permanencia por más tiempo en Santa Ana.

Pero este hecho lo tuvo Arce por un agravio, según se expresa en sus Memorias, aunque yo lo consideraba como un servicio puesto que le suplicaba lo que podía mandarle con el mismo derecho con que él quiso se me condujese preso a Guatemala. Con el mismo derecho digo, porque él usó de la fuerza para obrar contra mí, no estando autorizado por la ley, y yo podía haber usado también de esta fuerza en justa represalia, cuando me tocaba. a mi vez.

Luego que el ejército recibió alguna disciplina, marché sobre la ciudad de Guatemala, y di orden al general Prem, que obraba ya en el departamento de Chiquimula con una división, que ocupase la hacienda de Aceituno, distante una legua de aquella ciudad, el mismo día que yo

461

debía situarme a dos leguas de ella, en el pueblo de Pinula. Mi orden fue cumplida por el coronel Enrique Terrelong, que había sucedido en el mando a aquel jefe, que permanecía enfermo en Chiquimula.

En la hacienda de Corral de Piedra se nos unió un escuadrón de patriotas antigüeños, al mando del general Isidoro Saget, que fue de mucha utilidad en la campaña. En Pinula supe que la fuerza del Estado se había concentrado toda en la ciudad.

Para evitar la introducción de víveres y agua en la plaza, mandé situar una división en el pueblo de México, al mando del coronel Cerda, con orden de fortificarse inmediatamente. Pero este jefe, a quien solo conocía por la buena recomendación que de él se me había hecho, se confió en un valor de que carecía. No quiso fortificarse, ni tuvo la presencia de ánimo y arrojo que se necesita para defender un puesto, que es sorprendido por el enemigo.

Cerda acreditó con esta derrota su ineptitud y cobardía, y el enemigo su crueldad con el asesinato de los vencidos. En lugar de marchar inmediatamente sobre el cuartel general de Pinula, aprovechándose de mi permanencia sobre la antigua Guatemala, a donde había ido con el fin de organizar un Gobierno provisional, volvió a entrarse a sus trincheras, y yo regresé a Pinula.

Al día siguiente concentré todas las fuerzas en este pueblo, y marché con ellas a la antigua Guatemala para reponer las bajas y pedir recursos al nuevo gobierno.

El general Nicolás Raúl, antiguo veterano del ejército de Napoleón, que hoy ocupa un lugar distinguido en el ejército francés, entró al servicio en concepto de jefe de Estado mayor.

A la experiencia y conocimientos militares de este jefe (el más instruido que ha venido a Centro América) de los que siempre he hecho uso en lo que ha estado a mi alcance, debo en gran parte no haber sido nunca sorprendido, ni sufrido jamás una derrota, en trece años de guerra casi continua, provocada por los desafectos a la República.

El enemigo envalentonado con el triunfo de Mixco, salió segunda vez de sus trincheras para atacarme en aquella ciudad.

Yo marché inmediatamente a su encuentro; pero las noticias de los espías me persuadieron que no los encontraría en el camino que yo llevaba. Me regresé, por esto, a la ciudad, dejando a las órdenes del coronel Torrelong un batallón y un escuadrón para que explorase el campo.

En San Miguelito, una legua distante de la ciudad, se encontró este jefe con el enemigo, y se batió con tal ardor, que la infantería que había sido rodeada por aquel, y se defendía a la bayoneta, de tal modo que se confundió con los contrarios, que se le consideraba ya muerta o prisionera.

En este momento, usando de su arrojo acostumbrado, el teniente coronel Corzo, comandante del escuadrón, cargó con cuarenta dragones sobre el enemigo con tal buen éxito, que llegó a tiempo de salvar nuestra infantería, que todavía peleaba sin quererse rendir. Aquel retrocedió asombrado, y una segunda carga completó su derrota.

Cuando recibí el parte de que el coronel Terrelong se hallaba frente del enemigo, marché con el resto del ejército. Las descargas seguidas que se oían en el camino me acreditaban que aquel jefe se había comprometido en una acción con tan poca tropa; pero todos mis esfuerzos por tener parte en ella, fueron inútiles.

Solo llegué al campo de batalla para premiar el valor, socorrer a los heridos y proteger a los prisioneros. Perseguí los restos del enemigo hacia Sumpago, y pasé al día siguiente al pueblo de Mixco, en donde permanecí algún tiempo.

Allí me manifestaron, por medio del ciudadano J. Antonio Alvarado, los deseos que tenía de mediar en nuestras desavenencias el ministro de los Países Bajos y de tener, a este fin, una conferencia conmigo. Esta tuvo lugar, a los pocos días, en la hacienda de Castañaza, aunque sin ningún resultado por entonces.

De Mixco marché a situarme a la hacienda de Aceituno. Antes de llegar a la de las Charcas, se me aseguró que el enemigo se aproximaba a la misma hacienda. Cuando llegué a ella, observé que venía en marcha, a distancia de un cuarto de legua.

Entonces conocí que quería aprovechar para atacarme el momento en que se había disminuido el ejército, con la marcha de la primera división sobre el departamento de los Altos, al mando del teniente coronel Jonama, con el objeto de perseguir una fuerza enemiga, que obraba sobre aquellos pueblos, a las órdenes del coronel Irisarri.

Al momento formé la fuerza para guardar al enemigo, que en triple número se presentaba en la llanura. Todo el valle s veía cubierto de caballería, que se aumentaba a la vista con una multitud de espectadores. Esta caballería se formó fuera de los tiros de nuestra artillería ligera. El de fusil, no alcanzaba al grueso de la infantería. Solo una parte de esta, en número de 500 soldados, se aproximó, formada en batalla a menor distancia, y rompió el fuego al mismo tiempo que las guerrillas de cazadores que hizo desplegar. Los nuestros lo contestaron a pie firme. Cansado de aguardar que se aproximase el resto de la infantería y toda la caballería enemiga, que continuaba guardando la distancia en que se había colocado al principio, hice marchar dos compañías de cazadores por el flanco derecho, y tirar algunas bombas. Estas causaron mucho estrago en la caballería, y a las primeras descargas que aquellas hicieran, avanzando siempre sobre el enemigo que peleaba, éste huyó, y el resto siguió su ejemplo, sin haber hecho un solo tiro. La caballería lo imitó volviendo caras, y la nuestra, aunque en pequeño número, cargó sobre esta confusa masa de hombres que huían sin motivo, haciendo un terrible estragó en todo el valle, y centenares de prisioneros.

Los que no lo fueron entraron en la plaza en gran desorden; y no hice un esfuerzo para ocuparla aquel día, por aguardar que se me incorporase la división que obraba en los Altos.

Al día siguiente marché de la hacienda de las Charcas a la de Aceituno en donde permanecí hasta la llegada de la tropa que se hallaba en Quezaltenango, de la que se reorganizaba en la antigua Guatemala, y reclutaba en el Estado del Salvador.

Pocos días después me dio parte el coronel Jonama, haberse echado el pueblo del Barrio sobre los enemigos, y entregándole prisioneros a los principales jefes. Pero a esta noticia, que no podía ser más satisfactoria, añadía otras sumamente desagradables. Me aseguraba que el teniente coronel Menéndez había sublevado, contra él, la división, a pretexto de obrar de acuerdo con los enemigos, por el buen trato que diera, en cumplimiento de mis instrucciones, al coronel Irisarri y demás prisioneros; y que la viruela maligna, que había comenzado a propagarse en los soldados, le obligaba a regresar al cuartel general.

Temiendo que muy pronto cundiese esta epidemia en el ejército, tomé varias precauciones para evitarlo, aunque no quedé satisfecho por no haber encontrado la vacuna.

Con la mediación del ministro de los Países—Bajos, de que ya he hablado, se reunieron en el sitio de Ballesteros para tratar de la paz, los ciudadanos Arbeu, por el Vicepresidente de la República, y Pavón por el Gobierno del Estado de Guatemala, el general Espinosa por el del Salvador, y yo por los de Honduras y Nicaragua. Las proposiciones que por una y otra parte se hicieron fueron desechadas; y los comisionados se retiraron.

Pero mis deseos de una transacción eran tan vivos, como fundados los temores que tenía de que se disolviese el ejército por la epidemia de viruelas. Volví, por esto, a excitar al general Vérver, ministro de los Países—Bajos, para una nueva conferencia, a la que concurrieron los mismos comisionados. El General Espinoza y yo les presentamos la proposición siguiente:

1. Que se estableciera un Gobierno provisional en el Estado de Guatemala, compuesto del mismo jefe C. Mariano Aycinena, del C. Mariano Prado y yo.

2. Que los dos ejércitos debían reducirse al número de mil hombres, y componerse en iguales partes, de salvadoreños y guatemaltecos.

3. Que el Gobierno provisorio debía instalarse en Pinula, y entrar después a Guatemala con aquella fuerza, destinada a dar respetabilidad al mismo Gobierno y a mantener el orden en el Estado.

4. Un olvido general por el pasado.

Tan satisfecho estaba yo que sería admitida, sin discutirse, esta proposición, porque conocía la debilidad a que se hallaba reducida la plaza, como grande fue mi admiración al verla desechada.

Si el enemigo ignoraba la causa de tanta generosidad, sabía muy bien que no era acreedor a ella, por su conducta observada con los gobiernos y pueblos del Salvador y Honduras, en circunstancias menos difíciles para estos. Sabía, además, que ni su posición actual, la más desventajosa en que pudo colocarse, ni sus futuras esperanzas, puesto que no aguardaba ningún auxilio, ni la moral de su tropa, conocida ya en la acción de las Charcas, pudieron hacerle esperar un mejor desenlace.

Pero todavía aparece más ventajosa esta proposición, si se compara con las que hicieron a los salvadoreños para que rindiesen la plaza, tan fuerte entonces, que lejos de alcanzar la menor ventaja, concluyeron los sitiadores por rendirse a los sitiados.

Y siempre merecerá el nombre de generosa, porque se hizo en la seguridad de que la plaza de Guatemala se rendiría con poca resistencia, como sucedió diez días después, que fue entregada bajo las condiciones que le impusiera el vencedor.

La plaza fue ocupada al siguiente día de la capitulación y yo me alojé en la casa de Gobierno. Pasados algunos minutos se me presentó el ministro de relaciones del Gobierno Federal y me entregó una nota del Vicepresidente de la República C. Mariano Beltranena, en la que me preguntaba si debería continuar en el ejercicio del Poder Ejecutivo. Los que recuerdan que el Vicepresidente, apoyado en el ejército del Estado de Guatemala, había usurpado el mando al Presidente de la República, burlándose de los repetidos reclamos que este le hizo para obtenerlo: que era uno de los más poderosos motivos de la guerra, que se llevó hasta la capital de la República, a nombre de la mayoría de los gobiernos de los Estados que componen la federación se persuadirán fácilmente que mi contestación fue por la negativa.

En el mismo día mandé reducir a prisión al Presidente y Vicepresidente de la República, a los ministros de éste, de Hacienda y de Relaciones, y al jefe de Estado de Guatemala.

Esta medida, ejecutada en cumplimiento de las órdenes que había recibido de los gobiernos de los Estados, estaba en consonancia con mi opinión, de reducir el número de los presos al menor posible; y tenía también por objeto poner en absoluta incapacidad de obrar a los principales jefes que habían llevado a la guerra a los Estados.

Cuando se exigió, en cumplimiento de la capitulación, la entrega de todos los objetos de guerra, apareció menor una cantidad considerable de fusiles. La reclamé por medio del Señor Manuel Pavón, demostrándole aquella falta con el estado del armamento entregado, y el que se encontró en la comandancia de los enemigos, hecho tres días antes de haberse rendido la plaza. Pavón me dio una contestación evasiva, y yo le aseguré que, si la capitulación no se cumplía por parte de ellos, no me consideraba en la obligación de respetarla por la mía.

Aunque entonces no creía que se obraba de mala fe, vino luego a sacarme de mi error la orden del día mismo en que se ocupó la plaza, autorizada por el secretario del Gobierno del Estado de Guatemala en concepto de jefe de Estado mayor. En ella se permitía salir a los soldados de la plaza, contrariando el artículo 4°. de la capitulación, en el que se ofrecía que continuarían en sus cuarteles; para que de este modo pudiese tener efecto el artículo 5°. de la misma capitulación.

Muchos de los soldados que salieron en virtud de aquella orden, llevaron sus fusiles, y los excesos que cometieron en algunos pueblos inmediatos, tal vez exagerados por los que querían acreditarse con los vencedores, produjo temores de una reacción en el ánimo de los cobardes, y dio un nuevo y fundado motivo para creer lo poco que respetaban los vencidos de sus compromisos.

No habiendo tenido más reclamos, de que se observase la capitulación, ningún resultado favorable, expedí un decreto, en el que manifestaba los motivos que tenía para no cumplirla por mi parte.

El señor Arce ha querido inculparme por este hecho en sus Memorias: en ellas pretende demostrar con los mismos estados que yo cito, el no haber habido ninguna falta de parte de los vencidos.

Si en dichos dos estados aparece un número de armamento casi igual, es porque en el uno se comprendieron las armas inútiles que había en el almacén, en tanto que en el otro solo figuraban los fusiles útiles que se hallaban en manos del ejército enemigo.

Varias pruebas podrían aducir para poner en un punto de vista más claro el hecho a que me refiero, si el tiempo, que todo lo descubre, no hubiera venido a justificar la conducta que observé en aquella vez, presentando como una prueba irrefragable, el armamento que de las bóvedas de la catedral de Guatemala sacó Carrera a la vista de todos; el mismo que, en el año de 829 fue el objeto de mis reclamos, y la causa porque se anuló la capitulación. Mis hechos posteriores acreditan que no tuve otras miras.

Por el artículo 60. de dicha capitulación se garantiza la vida y propiedades de todos los individuos que existían dentro de la plaza. Esta era la única seguridad que se les daba. A nadie se castigó con la pena de muerte, ni se le exigió por mi parte ninguna clase de contribución. La capitulación fue religiosamente cumplida, aun después de haberse derogado. La obligación cedió entonces su lugar a la generosidad, y no tuvo de que arrepentirse. Y no se diga que faltaba sangre que vengar, agravios que castigar y reparaciones que exigir. Entre otras muchas víctimas sacrificadas los generales Pierzón y Merino fusilados, el uno sin ninguna forma judicial, y arrancado el otro de un buque extranjero para asesinarlo en la ciudad de San Miguel pedía entonces venganza, así como los incendios y saqueos de los pueblos del Salvador y Honduras demandaban una justa reparación.

Si el Gobierno de Guatemala señaló, para sostener el ejército contribuciones forzosas a los propietarios que pertenecían al partido vencido, además de que estaba en sus facultades esta medida, la necesidad de pagar sus haberes al soldado vencedor lo exigía y la política demandaba, no sacar estos fondos de los que nos habían prestado buenos servicios. Además, la capitulación celebrada, en uso de las facultades que me daban las leyes militares, no podían comprometer del mismo modo al Gobierno del Estado de Guatemala, que si se hubiera ajustado el tratado propuesto en Ballesteros en cumplimiento de las instrucciones que se me habían conferido al efecto.

A pesar de que en mi opinión el número de los presos debía ser el menor posible, como lo había acreditado reduciéndolo a cinco individuos de los más notables, la de los pueblos, así como la de los gobiernos de los Estados, y la del ejército, era enteramente contraria. El gobierno del Estado del Salvador por medio de sus comisiones ciudadanos José María Silva y Nicolás Espinosa y el de Honduras y Nicaragua, por las exposiciones que se publicaron entonces por la prensa, pedían el castigo de todos los culpables; y yo que no desconocía la justicia de estos reclamos, y que debía cumplir las órdenes de los jefes que habían depositado en mí su confianza, me vi obligado a reducirlos a prisión".

# CAPITULACIÓN DEL GOBIERNO DEL ESTADO DE GUATEMALA (Texto)

Con lo expresado por el general Morazán en sus Memorias acerca de la ocupación de la plaza de Guatemala está dicho todo, y solo resta dar a conocer el texto de la Capitulación que dice:

"1º.—Desde esta fecha habrá suspensión de armas, y tanto el ejército del General Morazán como el que se halla en la plaza, recogerán sus partidas a los puntos que ocupan, evitando todo acto de hostilidad.

2º.—Mañana a las diez del día entrará el ejército sitiador a la plaza principal de esta ciudad.

3º.—Las tropas sitiadas se replegarán antes de este acto a sus cuarteles y se depositarán en la sala de armas todas las existentes en la plaza mayor.

4º.—El General Morazán, si lo tuviere por conveniente, incorporará a su ejército los individuos de las fuerzas capituladas que no quieran ser licenciados, ya sean de las milicias del Estado, o de la fuerza federal que existe unida a ellas.

5º.—Cuatro comisiones del ejército sitiador pasarán mañana a las ocho del día a la plaza, para asegurarse del cumplimiento del artículo 3º. y luego que se hayan recibido todos los elementos de guerra y armas que existan en la plaza, darán aviso de ello, para la ocupación de la misma plaza.

6º.—El General Morazán garantiza la vida y propiedades de todos los individuos que existan en la plaza.

7º.—Les dará pasaporte, si lo tuviere por conveniente, para que salgan a cualquier punto de la República o fuera de ella.

8º.—El General Morazán, y los comisionados a nombre del jefe que representan, ofrecen bajo su palabra de honor, cumplir esta capitulación en la parte que les toca.

Firmado en Guatemala, a 12 de abril de 1829.

Francisco Morazán. — Manuel Arzú.— Manuel Francisco Pavón.

Dice el quezaltenango Jorge Jiménez Solís en su biografía "Morazan, su vida y su obra":

"Firmada la Capitulación que ponía fin a la sangrienta lucha, toda la tarde del día 12 de abril los aliados se ocuparon de organizar lo mejor posible su entrada en la ciudad.

La noche de ese día fue de descanso general.

Amaneció el día 13, y como estaba estipulado en el artículo 2°. de la Capitulación que el ejército aliado ocuparía la plaza principal a las diez de la mañana, el general Morazán ordenó al coronel Gregorio Villaseñor que ocupara la plaza con su tropa y que se pusiera a la orden de Aycinena para que este dispusiera la sofocación del tumulto que habían provocado unos comerciantes españoles, para impedir los arreglos del día anterior, que repartían mercaderías a la tropa con el pretexto de que al entrar los salvadoreños harían un saqueo general.

Aycinena se había alojado en el palacio episcopal y cuando Villaseñor quiso hablarle, se encontró con un jefe hermético, que no quería participar en los asuntos públicos. Avisado Morazán de tal actitud, se preparó para hacer su entrada en la Capital, arengó a su ejército y le recomendó el mayor orden y el mejor comportamiento.

La mañana era despejada y clara. Los habitantes de la ciudad esperaban ansiosos la entrada de aquel predestinado que venía sembrando libertad y haciendo florecer la democracia. La nobleza también quería conocer a su vencedor y aunque con caras arrugadas por el orgullo y por el odio, espiaban tras las cortinas, tratando de contener su nerviosidad.

A las diez de la mañana aparece la figura arrogante del militar más aguerrido de la época. Montaba un hermoso caballo que marchaba garboso y tascaba el potente freno. El ejército le seguía con su paso acompasado y las bandas tocaban alegres dianas; los clarines y los tambores daban al viento sus alentadoras marchas triunfales. Ni un solo disparo de fusil se oyó en aquel desfile".

Así fue la entrada del general Francisco Morazán a la cabeza del Ejército Aliado Protector de la Ley a la ciudad de Guatemala, capital de la República Federal de Centro América, el día 13 de abril de 1829.

# EL EJÉRCITO ALIADO PROTECTOR DE LA LEY

Si se recuerda con simpatía al jefe, al general Morazán, en el momento de la rendición de la ciudad de Guatemala, capital de la República Federal, también es justo que se recuerde al soldado que dio tantas pruebas de entusiasmo, sacrificio, valentía y heroísmo, al Ejército Protector de la Ley, que fue el de la operación suprema.

Aquel ejército estaba compuesto por hombres de Honduras, Nicaragua, El Salvador y, antes de tomar la capital, de la misma Guatemala. Por lo común, dichos hombres eran artesanos de Tegucigalpa, León, San Salvador, la Antigua Guatemala y mineros sin trabajo de Honduras, Nicaragua y El Salvador, especialmente del Real de Minas de Tegucigalpa y muy particularmente de los minerales cercanos al pueblo de Texiguat, centro revolucionario de primer orden.

Aquellos hombres, aunque con inteligencia de masa, vivían en medio del entusiasmo que transmitían los años de la independencia de América y sabían que las grandes revoluciones le habían dado a los pueblos la soberanía popular paralelamente con los derechos del hombre y del ciudadano. Se consideraban otros, muy arriba de los esclavos y de los siervos de la gleba. Muchos de ellos cantaban La Marsellesa en las marchas interminables y aun en el fragor de los combates.

Por lo mismo entendían que el golpe de Estado que dio el Presidente Arce en Guatemala el 6 de septiembre de 1826, seguido de invasiones al Salvador y Honduras, tenía por objeto anular la soberanía popular y los derechos del hombre y el ciudadano contenidos en la Constitución de la República Federal de Centro América para rehabilitar los privilegios de la aristocracia conservadora de Guatemala que deseaba la reinstalación de la colonia sujeta a España y si no a Inglaterra. Esto lo sabían perfectamente, con radiosa claridad, los soldados del Ejército Aliado Protector de la Ley más qué nosotros que nos hallamos a considerable distancia en el tiempo.

Hay más, como durante la Capitanía General, la provincia de Gua—temala gozó del privilegio de metrópoli de las demás provincias centro—americanas, debiéndole éstas obediencia y tributo porque así estaba establecido en la organización que diera el rey a sus dominios de Indias, organización que siguió inalterable después de la Constitución de Cádiz de 1812, y la Constitución Federal de Centro América anuló aquel privilegio al transformar las provincias en cinco Estados iguales en derechos, el golpe de Estado del 6 de septiembre del 26 tenía en mira restablecer la desigualdad provincial de los tiempos de la Capitanía General con el nombre de centralismo republicano. De esa manera, el Ejército Aliado Protector de la Ley se alzó de los Estados, antes sometidos en su condición de provincias, para mantener la igualdad constitucional de los mismos.

En cuanto a los jefes del ejército, nacionales y extranjeros, todos procedían de las luchas de la independencia americana y no pocos de las revoluciones y de las guerras de Europa. Díaz Zelaya, Morazán, Gutiérrez, Márquez, Cabañas, Espinoza, Prem, Torrelonge, Saget, Raoul y otros llevaban en la mente la idea de realizar una "revolución francesa" en Centro América que no se había realizado en ninguna otra parte del Continente por haberse gastado las fuerzas populares en las luchas de la separación de España, y de México en el caso centroamericano, quedando por lo mismo sin emprender la segunda parte de la lucha de liberación consistente en fundar la República democrático—burguesa.

Por lo dicho se comprende la ideología de los jefes del Ejército Aliado Protector de la Ley, así como la estrategia y la táctica que aplicaban, la cual era de una guerra revolucionaria; y si se quiere más precisión en el caso, de sobra estaban convencidos ellos que más que una guerra estaba haciendo una revolución en Centro América.

En cuanto al jefe supremo del Ejército Aliado Protector de la Ley, en cuanto al general Francisco Morazán, años después vuelto a Francia y nuevamente incorporado al ejército francés, dijo el general Nicolás Raoul:

"Napoleón hizo su carrera militar en el mejor colegio de su época, bajo la dirección de los mejores jefes. Morazán no tuvo instrucción ninguna en el arte militar, ni quiso tomarla prácticamente en los cuarteles, ni tuvo jefes a quienes imitar, pero sus planes de guerra y de combates dejan tanto que admirar como los de Napoleón. Napoleón aprovechó los elementos de la civilización, la cultura y el prestigio de Francia. Morazán vivió en otro medio: reinaban en Centro América las tradiciones de la Edad Media. Sin su genio iniciador y reformista nada se habría hecho.

Napoleón aprovechaba las cosas existentes. Morazán las creaba, porque nada existía capaz de entrar en el plan del porvenir. Napoleón buscaba su propio engrandecimiento y el de Francia. Morazán exclusivamente el de su Patria. Napoleón solo tiene fe en la fuerza. Morazán solo reconoce la fuerza: del derecho y el ejército le sirve para afianzar las instituciones. En materia de virtudes, Napoleón no puede sostener el parangón con Morazán".

# MORAZÁN ANULA LA CAPITULACIÓN

Como Mariano de Aycinena se comprometió en el artículo 3º. de la capitulación a depositar el armamento en la sala de armas y las ocultó, como más tarde se supo, en las bóvedas de la catedral de Guatemala, Morazán convencido del engaño, mandó seguir una información sobre si se había infringido dicho artículo, y como resultara cierto, dictó la siguiente ordenanza:

En la ciudad de Guatemala, a veinte de abril de mil ochocientos veintinueve. Vista la información sumaria mandada instruir con el objeto de averiguar la conducta que observó el Jefe de las fuerzas enemigas que se hallaba en la plaza mayor de esta capital, el día 12 del corriente, después que esta se rindió a los ejércitos aliados por la capitulación celebrada en el mismo día; deduciéndole por el mérito de lo actuado que varios jefes y oficiales influyeron activamente, a vista de su General, para que los soldados se retirasen con sus armas a los pueblos de Los Altos: considerando que las disposiciones de los testigos intachables que han declarado, son confirmadas por el hecho de no haberse entregado más que cuatrocientos treinta y un fusil, de los mil quinientos que existían entonces en manos de los que se hallaban en la plaza, como lo acreditan los estados del día 8 de este mes, advirtiendo también que esto lo hacen más indudable las actuales vejaciones que experimentan los que transitan los caminos de estas inmediaciones, en donde varias partidas de caballería e infantería se hallan asesinando y robando: estando al mismo tiempo demostrada la ocultación de armas por haberse entregado al Jefe de Estado Mayor un número considerable de ellas después de reducidos a prisión los jefes que existían en esta plaza, sin haberse podido lograr antes a pesar del bando publicado el 13 del corriente; y observando, por último, que fueron inútiles las diferentes reconvenciones que con este objeto se hicieron a varios sujetos que tenían interés en que se cumpliese la capitulación, he tenido a bien decretar y decreto:

1°.—La capitulación celebrada con los comisionados del Jefe Aycinena en concepto de Comandante de Armas de esta plaza, es en todas sus partes nula y de ningún valor y efecto.

2°.—Que en consecuencia se haga publicar y circular esta declaratoria para los efectos convenientes.

*Francisco Morazán.*

# MORAZÁN ASUME, PROVISIONALMENTE, EL PODER FEDERAL

Morazán debía completar la victoria con el acto sencillo pero significativo e indispensable de instalar la jefatura· del Ejército Aliado Protector de la Ley en el palacio del Gobierno Federal, desde donde atendió en orden sucesivo: el premio que debía darle a sus tropas por el heroísmo demostrado y los sacrificios sufridos en tres años de guerra; la reinstalación de las autoridades constitucionales despojadas de su poder legítimo por el gobierno conservador de Manuel José Arce; el castigo ejemplar de los responsables de la guerra civil de 1826—1829; la pacificación total de las áreas afectadas por la guerra, más otras medidas impuestas por la emergencia.

Para atender la oportuna gratificación de sus tropas, Morazán dirigió el oficio siguiente:

Comandancia General de los Ejércitos Aliados Protectores de la Ley. Al Ministro de Guerra del Gobierno de este Estado.

A pesar de los triunfos conseguidos en San Miguelito y las Charcas, experimenté una deserción escandalosa en Aceituno, y después de agotados sin fruto varios recursos para evitarla, ofrecí a los sargentos, cabos y soldados del Ejército un mes de sueldo luego que fuera ocupada esta ciudad. Ha llegado este caso, los soldados reclaman, y sus relevantes servicios a la causa de Centro América, son acreedores a esta pequeña gratificación. Yo me hallo comprometido a darla, y no hay dinero en la Tesorería. Si retarda algunos días esta gratificación, muchos soldados entrarán en desconfianza, y la deserción será el resultado de ella, en circunstancias que necesitamos del Ejército para acabar de afianzar los intereses de la República.

Sírvase Usted manifestar a su Gobierno para que mande poner a disposición del Tesorero la cantidad de dinero necesaria con este objeto, y aceptar Usted las consideraciones de mo. aprecio. D.U.L. Guatemala abril 17 de 1829. F. Morazán.

*\*\**

Al terminar la guerra, el Gobierno provisional establecido en la Antigua Guatemala fue trasladado a la nueva y allí tomó posesión el jefe legítimo del Gobierno del Estado, Ciudadano Juan Barrundia.

Las notas siguientes dan fe de este hecho:

Comandancia General de los Ejércitos Aliados Protectores de la Ley. Al Ministro General del Gobierno de este Estado.

Quedo enterado de su estimable nota de ayer en la que se sirve manifestarme que se ha separado de su destino el Ciudadano Consejero Mariano Centeno, por haberlo ocupado el Ciudadano Juan Barrundia.

La pureza con que se ha comportado el C. Mariano Centeno en el tiempo que ha servido la Jefatura, y los relevantes servicios que ha prestado a la causa pública, su entereza y valor en las desgracias, lo hacen acreedor a que los hijos de este Estado recuerden con placer el tiempo de su administración, y que yo le dé las más expresivas gracias a nombre de los gobiernos del Salvador y Honduras por los particulares servicios que ha dispensado al ejército que pusieron aquellos a mis órdenes.

Sírvase Usted manifestarlo así al C. Centeno, protestando las consideraciones de mi distinguido aprecio. D.U.L. Guatemala, mayo 1°. de 1829. F. Morazán.

El Cuerpo Legislativo del Estado, disuelto por el Gobierno de Arce y perseguidos o encarcelados sus miembros, logró reunirse para participar en la organización del nuevo gobierno del Estado a partir de la segunda quincena de abril de 1829. Entre sus primeras diligencias se halló la de reinstalar en su puesto de jefe del gobierno del Estado de Guatemala al Ciudadano Juan Barrundia, quien fue el primero en volver a los dictados de la Constitución Federal de Centro América, Notificado del caso el general Morazán, contestó con el siguiente oficio:

Comandancia General de los Ejércitos Aliados Protectores de la Ley. Al C. Ministro General del Gobierno de este Estado

He leído con el mayor placer su estimable nota de ayer en la que me manifiesta que el C. Juan Barrundia ha tomado asiento de orden del Cuerpo Legislativo, porque en ello veo logrados los deseos de los amigos de la Constitución y terminados felizmente los males que afligían a este Estado.

Sírvase Usted felicitar a su gobierno por este suceso, y manifestarle que por mi parte encontrará toda la deferencia necesaria para que obtengan el buen éxito que se proponga.

Al contestar a Usted su nota ya citada, me cabe la satisfacción de renovarle las consideraciones de mi aprecio. D.U.L. Guatemala mayo 1o. de 1829. F. Morazán.

***

Había Vuelto el orden legal al Estado de Guatemala.

Entre tanto, Morazán, jefe de los Ejércitos Aliados, representaba el Poder Ejecutivo Federal, mientras se reunía el Congreso Federal de Centro América, encargado de dictar todas las medidas encaminadas a restablecer la normalidad legal en la Nación.

# EL GOBIERNO RESTABLECIDO PIDE ARMAS AL JEFE DE LOS EJÉRCITOS ALIADOS

República Federal de Centro América.

Comandancia General de los Ejércitos Aliados Protectores de la Ley. Guatemala 10 de mayo de 1829. Al Ministro General del Gobierno Supremo de este Estado. He recibido la estimable nota de usted del 16 del presente en la que al manifestarme que por falta de armas no se levantan ni disciplinan algunos Cuerpos de tropa en el Estado; me dice que su Gobierno desea en vista de esta necesidad que yo ponga a su disposición un número de fusiles y capas para cubrirlos, y que si no los hay en estado de servicio sería un arbitrio oportuno disponer la reposición, indicando al mismo tiempo que el Gobierno desearía contar con un número competente de lanzas al menos para un escuadrón.

En consecuencia sírvase manifestar a ese Jefe Supremo: que he pedido el estado general de las armas desocupadas para ver el número que puedo poner a su disposición: que respecto a las lanzas están prontas las necesarias para armar un escuadrón: que debe estar entendido que en Chiquimula existe una cantidad considerable de fusiles y que en poder de los jefes departamentales de Totonicapán y Quesalo hay también más de 300 disponibles.

Al contestar a Usted, C. Ministro, reitero los sentimientos del aprecio y estimación que se merece. D.U.L. F. Morazán.

# LISTA DE LOS PRESOS POLÍTICOS EN EL EDIFICIO DE BELÉN, CIUDAD DE GUATEMALA

República Federal de Centro América.

Comandancia General de los Ejércitos Aliados Protectores de la Ley. Guatemala 26 de mayo de 1829.

Al Ministro General del Gobierno del Estado de Guatemala.

Es adjunta la lista general de los sujetos que hasta la fecha entraron presos en el edificio del Belén que se sirve pedirme orden de su Gobierno en nota del 24 del presente que contesto.

Al hacerlo, renuevo a Usted las seguridades del aprecio que me merece. D.U.L.

F. Morazán.

Lista de los sujetos que se hallan presos en el Ed. de Belén.

Miguel González Saravia, Jorge Ubico, Juan Chavarría, Antonio Villar, Juan Emeterio Echeverría, Luis Pedro Aguirre, José Piloña, Juan Ignacio Irigoyen, José Petit, José Velázco, Francisco Solivera, Pedro Menocal, Juan Monge, Blas García, Ángel Trevillas, José Bernardo

477

Sagaceta, Mateo Subieda, Rafael García Sirtiaga, Miguel Nistal, José Vicente G. Granados, Juan del Valle, Agustín Prado, Luis Basagostia, Domingo Payes, Ramón Pacheco, Juan Francisco Lanruaga, Francisco Quevedo, Manuel Arzú, Antonio Batres, Asturias, Juan Piñol, Antonio Batres Nájera, José María Beltranena, Francisco Arrivilla, Cayetano Arrivillaga, Ignacio Larrazával, José Francisco Valdez, Pedro Aycineta, Manuel Pavón, Juan Pavón, Luis Batres, Manuel Beteta, Francisco Vigil, Juan Ernesto Milla, José Santos Milla, José Justo Milla, Mariano Córdova, Francisco Beteta, Manuel Zea, Fernando Prado, Francisco Cáscaras, José Antonio López, Manuel Meza, Manuel Vargas, Ignacio Barly, Manuel Gonzáles, Mariano Asturias, José Antonio Ariza, Juan de Dios Castro, Manuel Ramírez, Basilio Porras, Pedro González, Pedro Arrasola, Calixto Sánchez.

Guatemala mayo 26 de 1829 Morazán.

Según las Memorias de Morazán los primeros apresados fueron el Presidente y Vicepresidente de la República, los Ministros de Hacienda y de Relaciones y el Jefe del Estado de Guatemala. Es decir, Manuel José Arce, Mariano Beltranena, el Marquéz de Aycinena, y dos personajes más que desempeñaban carteras ministeriales. No estamos seguros de si estos sujetos fueron recluidos y custodiados en el edificio de la Universidad.

***

Morazán conocía los nexos de algunos de estos personajes con ciertas potencias extranjeras interesadas en una nueva colonización de Centro América. Así es que bien pudo ensayar la guillotina en una semana de terror por lo menos. No lo hizo, y más tarde Morazán debe haber la— mentado en su fuero interno el olvido que tuvo de Robespierre en aquel instante estelar.

# REUNIDOS EL CONGRESO Y EL SENADO FEDERALES

El poder militar establecido sugirió a los diputados secretarios presentes en la ciudad de Guatemala que convocaran a los representantes del Congreso y a los miembros del Senado para que reiniciaran sus labores legislativas en razón de haber terminado la guerra civil y continuar las actividades pendientes antes de que fuera alterado el orden constitucional.

El Congreso Federal se reunió el 25 de junio de 1829, y casi al mismo tiempo lo hizo de igual modo el Senado.

El propio día de su reunión ambos organismos eligieron al ciudadano José Francisco Barrundia Presidente de la República Federal de Centro América, por ser miembro que tenía más años de funcionar como senador.

Con la elección de Barrundia como Presidente Federal, cesaba el poder dictatorial de Morazán, quien pasaba a ser simplemente jefe de los Ejércitos Aliados Protectores de la Ley, listo para aplastar la contra—revolución cuyos movimientos ya se advertían por el lado de México, en la costa atlántica y en El Salvador.

Barrundia dijo al tomar posesión de su alto cargo:

"Vosotros me habéis distinguido altamente nombrándome para ejercer la primera magistratura de la República. Yo me halló incapaz de este cargo, y expuse además consideraciones de gran peso que absolutamente me retraían de admitirlo. He visto en esta misma silla al instalarlos al vencedor que dio libertad a mi patria; y yo simple ciudadano elevado únicamente por vuestro decreto: me he llenado de rubor al contemplarme en puesto tan eminente; pero vosotros me habéis compelido; nada ha sido bastante para persuadiros de mi ineptitud, y yo solo vengo a obedecer, a sacrificaros mis sentimientos públicos y particulares, y a prestar el juramento sagrado y terrible de conservar y ejecutar la Constitución y las leyes. Este juramento está en mi corazón.

Tengo la gloria de haber tenido alguna parte en ese código sagrado que hace poco estaba en el polvo, hollado por los tiranos; y ahora está ya en el altar de mi patria y en el trono de la legislación.

¡Honor a los valientes que lo restablecieron con su sangre, y a los pueblos que alzaron el brazo contra sus opresores! Yo juro sostener la libertad conquistada a tanto precio, y a seguir a la letra el texto sagrado de los derechos del pueblo".

El discurso sigue en el examen de las dificultades administrativas en aquel momento, por falta de fondo fiscales, por abandono de las funciones y los empleos públicos y por otras causas de diversa índole, pero ocupando lugar preferente la destrucción que había ocasionado la guerra civil en personas y bienes en largos tres años, y luego el esfuerzo que significaba la restauración de tan vasto destrozo.

El ciudadano Barrundia fue escuchado con deleite y respeto en aquel 26 de junio porque según el historiador Alejandro Marure, "José Francisco Barrundia ha sido siempre el alma y el oráculo de su partido por el alto concepto que se tiene formado de sus talentos; y ha tenido una intervención poderosa en los negocios de su patria desde que ésta se hizo independiente. Él lo había sido desde el año de 1811, e invariable en sus opiniones ha sostenido constantemente la causa de la libertad".

Sobre este punto, dice don David Vela en su obra titulada Barrundia ante el espejo de su tiempo y con información recogida del periódico llamado La Antorcha Centroamericana, No. 5, Guatemala, 27 de agosto de 1829, que, en su respuesta, el presidente del Congreso Afirmó que, al designarlo, la representación nacional "consultaba el interés general cifrado en la administración de los antiguos republicanos. El Congreso descansa en la seguridad que tiene por vuestros constantes testimonios de amor a la ley, y a los principios, de que en vuestras manos renacerá el orden y la confianza nacional".

El 28 de julio de 1829 clausuró sus sesiones la Asamblea del Estado de Guatemala, la misma que fuera disuelta por Arce en 1826; la Antorcha Centroamericana encomiaba su conducta: "1°. Que no ha influido en el ánimo de los representantes ningún sentimiento vil de venganza; 2°. Que siendo casi todos sus miembros personas de poca fortuna, no ha tenido en ellos el menor poder el interés, y que han tenido la firmeza para decretar contra personas pudientes que no habrán escaseado las seductivas tentaciones de la plata y el oro. El Consejo representativo dio su sanción a muchos de los decretos dados por la legislatura del Estado de 15 de febrero a 26 de septiembre de 1826, entre otros algunos innovadores y avanzados que causaron el descontento del clero, y los que se dictaron contra Arce, para defender al gobierno y a las instituciones del Estado; al resucitar la Asamblea dio nuevos decretos sobre hacienda, para restaurar las rentas fiscales, y resolvió otros asuntos urgentes planteados por la reorganización del país.

El Congreso federal, por su parte, decretó el 18 de agosto de ese año la reorganización de los poderes disueltos por Arce y convocó a elecciones: Guatemala 17 diputados, El Salvador 9, Honduras y Nicaragua 6, respectivamente, y Costa Rica 2; cada Estado nombraría 2 senadores y un suplente; todos sufragarían en proporción para elegir presidente y vicepresidente federales; y se elegirían a la vez magistrados, fiscales y suplentes de la Corte de Justicia.

Agrega don David Vela en su importante libro, del que nos valemos por carecer nosotros de documentación original. Con motivo de la conspiración descubierta el 8 de julio, se dieron poderes discrecionales a Barrundia del 9 al 27 de ese mes. Entre sus disposiciones, las principales en cumplimiento de decretos legislativos, algunas revelan su entusiasmo por el progreso, como el acuerdo de 16 de febrero de 1830, que crea una cátedra de matemáticas en el propio palacio, el restablecimiento de la Sociedad Económica de Amigos del país; la creación en las capitales de Estado de una Junta económica, por haberse suprimido los consulados mercantiles, "cuyos estatutos eran en contradicción con la ley fundamental; o el decreto que establecía una agencia de comercio en Izabal; otras son testimonio de patriotismo, como el decreto del 11 de septiembre de 1829, por el cual no recibía el presidente dotación alguna, como pasaba ese día "en tanto que duran las urgencias del erario", dando el ejemplo para rebajar los sueldos de funcionarios y empleados. Con lo dicho basta para comprender que. el liberalismo había conquistado el Poder.

# DECRETO QUE CASTIGA A LOS RESPONSABLES DE LA REVOLUCIÓN DE 1826—1829

## DECRETO NÚMERO...

El Congreso Federal de la República de Centro América, restablecido especialmente para acordar las leyes represivas y preventivas que exige la seguridad y el bien de la Nación; y considerando:

1°. Que en la guerra civil que acaba ésta de sufrir, el objeto del Gobierno federal no fue otro que el de abolir la Constitución jurada por el mismo y proclamada por los pueblos.

2°. Que en todo sistema político que respete sus derechos, tienen el de resistir la opresión de sus gobiernos.

3°. Que cuando los mismos gobiernos se sobreponen a las leyes,sus actos administrativos no pueden ser reconocidos.

4°. Que si son dignos de consideración los derechos sagrados de los pueblos, los que maquinan para sofocarlos son dignos de castigo.

5°. Que el que en tal concepto merecen los autores y cómplices de la guerra es el de muerte, con arreglo a las leyes que la imponen a todo el que se rebela contra el pacto fundamental, y conforme el artículo 152 de la Constitución, que reservando para los delitos atroces el uso de esta pena, la decreta respecto de los que atenten directamente contra el orden público.

6°. Que sin embargo, el gobierno ha propuesto se indulte de ella a todos los que debieran sufrirla; que ha hecho esta propuesta, considerándose en el caso en que la permite e artículo 118 de la Ley fundamental; y que la ha apoyado en razones de conveniencia general, bastante sólidas y dignas de atención.

7°. Que además de las que expone el gobierno, la multitud de personas complicadas en la guerra; las circunstancias de ser puramente políticas sus causas; la indulgencia con que en otras naciones se han visto las de esta especie en casos semejantes, y a la cual no pocas veces se han debido muy saludables efectos; y las luces mismas del siglo, que han sugerido ya ideas más filosóficas y humanas en todas las materias de legislación criminal, ofrecerían hoy nuevos y poderosos motivos contra las ejecuciones capitales; que en fuerza de todo puede muy bien otorgarse el indulto de ellas, y que el Congreso por el párrafo 24, artículo 69 de la Constitución está autorizado para concederla.

8º. Que dispensándose esta gracia, ella, sin embargo, no puede pasar de una conmutación de pena, por ser justo que todos sufran la que corresponde, y que a cada uno se le imponga en proporción a su mayor o menor culpa.

9º. Que a esta imposición en lo general no es menester que proceda formal juicio, por cuanto se trata de hechos cuya criminalidad es bien pública y notoria, y de personas que abiertamente se rebelaron contra el pacto fundamental de la sociedad.

10º. Que, no obstante, a los que puedan tener las excusas y excepciones calificadas en este decreto, la razón, la equidad y la justicia dictan se les dé lugar a producirlas, y que en caso de que justifiquen su conducta se les modere o remita la pena.

11º. Que después de señalarse las que deben sufrir los autores y cómplices de la guerra, es todavía muy debido obligarles al resarcimiento de los daños que causaron, sin desatender por otra parte la subsistencia de aquellos individuos ni la de sus familias.

12º. Que para afianzar el acierto en las medidas y providencias relativas a este asunto, conviene, las tome el Gobierno de acuerdo con el Senado.

Y finalmente: que dada en estos términos la resolución general del Congreso, deben quedar subsistentes, en cuanto no la contraríen, así las de las autoridades particulares de los Estados, como los juicios fallados en sus tribunales.

## RESUELVE Y DECRETA LO SIGUIENTE:

1º. Se declara injusta la guerra que el gobierno de la Federación hizo a los Estados que la componen desde fines del año de 1826 hasta principios del de 1829; y legítimo el uso que los mismos Estados hicieron del derecho inherente a los pueblos libres de resistencia a la opresión.

2º. Son nulos todos los actos emanados del Gobierno federal, desde el día 6 de septiembre de 1826 hasta el 12 de abril del corriente año; y quedan sujetos a la revisión del Poder Ejecutivo, o la del Ejecutivo legítimo, según su naturaleza respectiva.

3º. Se concede indulto general de la pena de muerte a todos los habitantes de la República que le mereciesen conforme a la ley por haber sido autores o cómplices de la guerra civil que acaba de experimentar la Nación.

4º. Serán expatriados perpetuamente y confinados fuera de la República, al país que designe el Gobierno de acuerdo con el Senado:

Primero: El expresidente y exvicepresidente de la República Manuel José Arce y Mariano de Beltranena.

Segundo: Los ex secretarios de Estado y del despacho de Relaciones, Juan Francisco de Sosa, y de Guerra, Manuel de Arzú.

Tercero: Los jefes de Sección que funcionaron como secretarios en los mismos ramos, Francisco María Beteta y Manuel Zea.

Cuarto: Los primeros y segundos jefes del Ejército Federal que sirvió a disposición del gobierno durante la revolución, Francisco Cáscara, Manuel Montúfar y José Justo Milla, pues los demás quedan incluidos en este artículo bajo otros respectos.

Quinto: El que se tituló jefe del Estado de Guatemala, Mariano de Aycinena.

Sexto: Los que le sirvieron en calidad de secretarios, Agustín Prado, José Francisco de Córdoba, Antonio José de Irisarri, José de Velasco, Vicente Domínguez y Vicente del Piélago.

Séptimo: El comandante general que fue de las armas de la Federación y del Estado, Antonio del Villar.

Octavo: Todos los jefes militares desde sargentos mayores inclusive que, no siendo originarios de América, hayan servido en el ejército de la Federación o en el del Estado durante la guerra.

Noveno: Los españoles no naturalizados que hubiesen tomado armas en favor del gobierno intruso, a menos que acrediten haber sido forzados a este servicio.

Décimo: Los individuos del Consejo Militar creado en el Estado de Guatemala en el año de 1827, que como tales hubiesen votado pena capital en causas políticas; y los magistrados de la Corte Superior de Justicia del mismo Estado que hubiesen confirmado las sentencias del Consejo en que se imponía esta pena.

5º. Serán expatriados temporalmente y confinados fuera de la República, al país que designe el gobierno de acuerdo con el Senado:

Primero: Los diputados que abandonaron sus asientos y desacreditaron al Congreso ante el gobierno del Estado de El Salvador, y que de uno u otro modo influyeron en la disolución de la representación nacional en el año de 1826.

Segundo: Los senadores que por haberse retirado en el citado año de 1826 de sus respectivos asientos ocasionaron la falta del Senado.

Tercero: Los jefes militares originarios de América, desde tenientes coroneles inclusive, que hayan servido en el Ejército de la Federación o del Estado, durante la guerra.

Cuarto: Los españoles naturalizados que hubieren igualmente servido en el ejército desde alférez inclusive, a menos que acrediten haber sido forzados al servicio.

Quinto: Los españoles naturalizados que voluntariamente hayan servido como sargentos, cabos, o soldados, si no habiendo sido casados con americana, no tuvieren mujer o hijos, pues en caso de haber lo uno o lo otro, no serán expatriados: a menos que el gobierno, de acuerdo con el senado, juzgue peligrosa la residencia de alguno de ellos en el territorio de la República.

Sexto: Los diputados elegidos para la asamblea del Estado de Guatemala después del 6 de septiembre de 1826, que hubiesen servido en ella en cualquier período del corrido hasta que cesó la guerra.

Séptimo: Los individuos elegidos desde igual fecha para el consejo representativo del Estado, que hubiesen servido en él en cualquier período del que expresa el párrafo anterior.

Octavo: Los jefes departamentales que hubiesen funcionado en el mismo tiempo.

Noveno: los prefectos de policía.

Décimo: Los que, a juicio del gobierno, de acuerdo con el Senado, hayan hecho servicios positivos, y acreditados durante la revolución, contra la justa causa de la República o los Estados.

6º. El máximum de la expatriación, respecto de las que deben ser temporales, será de ocho años, y el mínimum de dos, según la mayor o menor culpabilidad de cada individuo, y su mayor o menor influencia en el pueblo.

7º. Serán exceptuados de la expatriación:

Primero: Los diputados y senadores que se retiraron del Congreso Federal y del Senado y que por este mismo motivo impidieron la continuación de uno y otro Cuerpo en 1826, si después de su retiro y durante la revolución acreditaron adhesión al sistema constitucional, y no recibieron de las autoridades ilegítimas empleo, comisión ni oficio de ninguna clase; dando sobre uno y otro punto pruebas plenas a juicio del gobierno, de acuerdo con el senado. Pero aun en este caso, quedan en virtud del presente artículo, declarados indignos de la confianza pública, y esta pena durará hasta que, dando plenas pruebas de patriotismo, o de haber hecho posteriormente servicios importantes a la causa pública, el congreso los rehabilite en vista de ellas.

Segunda: Los diputados, senadores, magistrados o funcionarios legítimos, que comprueben plenamente a juicio del gobierno, de acuerdo con el senado, haber hecho en el ejercicio de sus destino y oficios, o fuera de ellos, servicios importantes a la causa de la nación o de los Estados.

Tercero: Los diputados, consejeros, y demás funcionarios elegidos o nombrados ilegalmente durante la revolución, que acrediten plena mente a juicio del gobierno, de acuerdo con el senado, los dos puntos siguientes: 1) Haber renunciado el cargo, destino u oficio a que se les llamaba, y que a pesar de su renuncia fueron obligados a admitirlo; 2) No haber hecho en el servicio de su cargo, oficio o destino, acto alguno hostil o directamente contrario a la causa de la Nación o de los Estados.

Cuarto: Todos los que presenten pruebas plenas a juicio del gobierno de acuerdo con el senado de haber prestado servicios importantes o de los Estados; cuya excepción comprende así a los funcionarios y empleados, como a simples particulares; y tendrá lugar aun cuando los primeros no hayan hecho la renuncia de que habla el párrafo 3)., y sea que hayan prestado los servicios en el ejercicio de sus destinos, o fuera de ellos.

8º. Los comprendidos en este decreto que tengan impedimento físico, no saldrán de la República mientras dure el impedimento.

9º. Los ancianos mayores de sesenta años, que, a juicio del gobierno de acuerdo con el senado, no pudieren salir de la República sin peligro de su vida, serán destinados al lugar de la misma República que parezca conveniente al gobierno, de acuerdo también con el senado.

10°. Los que deben salir expatriados dejarán apoderado que rinda las cuentas de los empleos que hayan servido.

11°. Los funcionarios ilegítimos que según los artículos anteriores deban sufrir la expatriación, devolverán los sueldos que hubieren percibido.

12°. Los funcionarios legítimos que también deban sufrir la misma pena, devolverán igualmente lo que hubiesen devengado y percibido durante la revolución.

13°. Los diputados del congreso y los individuos del senado por cuya causa no pudo uno y otro Cuerpo continuar sus sesiones, devolverán también las dietas que hubieren devengado y percibido después que abandonaron sus sillas.

14°. Los expatriados perpetua o temporalmente son responsables a la indemnización de gastos o daños ocasionados por su causa a la Nación o los Estados; y para cubrirlos en parte, se les hará exhibir el tercio de su capital o propiedad, y se hará el entero con la cuenta y razón correspondiente.

15°. A consecuencia de lo dispuesto en el artículo anterior, el gobierno dictará las medidas que estima más justas y prudentes para averiguar el capital efectivo de los expatriados; y del que resulte tener cada uno de ellos se mandará exigir la tercera parte.

16°. Esta tercera parte no se podrá compensar con sueldos o dietas que hayan devengado los expatriados.

17°. Tampoco será compensable con suplementos pecuniarios hechos al gobierno ilegítimo durante la revolución; lo será solamente con los que se hayan hecho antes de ésta, entendiéndose en la parte que designa el artículo 2°., del decreto de la Asamblea Nacional de 16 de noviembre de 1824; y podrá ser compensada en el todo con los suplementos hechos para auxiliar a la justa causa de la Nación o los Estados.

18°. La comprensión, en los casos en que haya lugar según los artículos anteriores, solo podrá declararse respecto de los créditos activos personales del mismo interesado que la pidiere.

19°. En caso de justificarse que los expatriados han ocultado bienes o supuesto crédito imaginarios el gobierno les hará exhibir los dos tercios de su capital.

20°. En el mismo caso se dará, por vía de gratificación, la décima parte de las dos que debe exhibir el culpado, al denunciante que haya descubierto la ocultación de bienes o la suposición y falsedad de los créditos imaginarios.

21°. El gobierno hará también exigir el duplo del crédito imaginario: 1°. Al que se finja acreedor del que ha de sufrir la pena pecuniaria. 2°. Al escribano que a sabiendas otorgue la escritura pública en que se suponga la deuda o se atrase la verdadera fecha de su otorgamiento. 3°. A los testigos que, teniendo noticia cierta del fraude, firme el documento privado en que se finja. Y estas penas serán sin perjuicio de las que por juez competente se deban imponer, con presencia de las circunstancias del caso, y con arreglo a las leyes.

22°. Pero si ocurriesen acreedores efectivos alegando prelación a la Hacienda Pública, el Gobierno tendrá presente las leyes, y deberá arreglarse a lo dispuesto en ellas.

23°. Quedan inhabilitados para continuar su servicio en el ejército, los oficiales militares desde capitanes inclusive que lo hubieren prestado al gobierno ilegítimo; pero si durante la revolución los hubiesen hecho importantes a la causa de la Nación o los Estados, serán restablecidos en las plazas o destinos que obtenían.

24°. Aquellos que debiendo ser expatriados según este decreto, no se presentaren para su cumplimiento dentro de treinta días, contados desde su publicación en la capital de cada Estado, quedarán fuera de la ley.

25°. Quedarán igualmente fuera de la ley todos los que, contraviniendo a este decreto, volvieren al territorio de la República después de haber salido de ella.

26°. El gobierno dispondrá que la salida del territorio de la República; de los que deben ser expatriados de ella conforme a este decreto, se verifique a la mayor brevedad posible y con la seguridad correspondiente; que se haga a expensas de los que pudieran costearla, y por cuenta de la Hacienda pública la de aquellos que no pudieren erogar los gastos de su expulsión. Encargará especialmente a los comandantes de los puertos el cumplimiento del artículo 25, y celará y hará se castigue conforme a derecho toda correspondencia sospechosa.

27°. Quedan en su vigor y fuerza los decretos que acerca de esta materia hayan expedido las asambleas de los Estados, en todo lo que no se opongan al presente.

28°. Los que con arreglo a la asamblea de este Estado de 4 de junio último hayan sido juzgados como autores y cómplices de la revolución, y tengan ya fenecidos sus juicios, quedarán sujetos a las sentencias pronunciados en ellos.

29°. Lo quedarán a las disposiciones contenidas en este decreto, aquellos que aún no hayan sido juzgados conforme al de dicha legislatura, o cuyas causas no estén fenecidas o hayan sido declaradas nulas por tribunal competente.

30°. Los individuos respecto de quienes haya habido resolución particular de la asamblea o del gobierno de este Estado, quedarán sometidos a ella, si no fuere contraria a alguno de los artículos del presente decreto.

31°. Al circularlo, el gobierno le hará le acompañe una lista de todos los comprendidos en él, con expresión de sus condenas respectivas.

32°. Oportunamente dará también cuenta o razón individual de su cumplimiento, y lo mandará imprimir, publicar y circular.

Pase al Senado. Dada en Guatemala a 22 de agosto de 1829. Mariano Gálvez, diputado presidente. Simón Vasconcelos, diputado secretario. Francisco Flores, diputado secretario.

Sala del Senado. Guatemala 5 de septiembre de 1829.

Al Poder Ejecutivo. José Antonio Alcayaga. José Miguel Álvarez, secretario.

Por tanto, ejecútese. Palacio Nacional de Guatemala a 7 de septiembre de 1829. José Barrundia. Al secretario de Estado y del despacho de Relaciones, Justicia y Negocios Eclesiásticos.

# EXPULSIÓN DEL ARZOBISPO CASSAUS Y RELIGIOSOS REGULARES

Anteriormente habíamos dicho que los jesuitas salieron del reino de Guatemala el 10. de julio de 1767 en la fragata "Shetis" que les condujo a Europa. La real orden de expulsión emanó del rey Carlos III para ver la manera de iniciar la modernización de la América española.

Regresaron a América y desde luego a Guatemala por consentimiento del sucesor Carlos IV, quien empezó a reinar en 1788, para que contrarrestaran la influencia de las revoluciones.

Los religiosos de San Ignacio de Loyola, políticos en esencia para oponerse a toda reforma que menoscabe el poder de la Iglesia, vieron que era inevitable la independencia por lo que con tiempo trataron de acomodarla a sus intereses; ayudaron en la anexión a México; al caer la monarquía mexicana cooperaron en la fundación de una República aristocrática ,basada en una Constitución que permitía la coexistencia de las instituciones políticas y eclesiásticas en un solo Estado; y, finalmente apoyaron al Gobierno en la guerra civil del 6 de septiembre de 1826 al 13 de abril de 1829.

Cuando los Ejércitos Aliados Protectores de la Ley, conducidos por Morazán, tomaron la ciudad de Guatemala, los jesuitas y los demás clérigos encabezados por el Arzobispo Ramón Cassaus y Torres empezaron a preparar la contrarrevolución.

El Arzobispo Cassaus se valió de dos monjas adiestradas al efecto para iniciar la conspiración, de Santa Teresa de Jesús de Aycinena, hermana de Mariano de Aycinena, y de María de Jesús Prado. La primera decía mantener correspondencia con el Ser Supremo y mostraba las cartas que le mandaba Dios, con mala caligrafía y llena de errores ortográficos, en las que le informaba que le daría la gloria al fiel que suprimiera la vida de Morazán. La otra monja comunicaba en cartas circulares a los partidarios de la conspiración de la ciudad de Guatemala y los Estados las noticias celestiales y otros milagros de Santa Teresa de Jesús Aycinena. El objeto era preparar la cruzada que recuperaría los santos lugares.

Bajo recomendaciones precisas del Arzobispo Cassaus los monjes de las distintas órdenes se afanaban en la misma propaganda subversiva.

Pero agrega el doctor Lorenzo Montúfar: "A la media noche del 10 al 11 de julio fueron sorprendidos, el Arzobispo en su palacio y los frailes de Santo Domingo, San Francisco y la Recolección en sus respectivos conventos. A todos se les condujo por la garita del Golfo con dirección a Gualán y de allí a Omoa, donde se embarcaron para la Habana. Los frailes de la Merced no fueron desterrados. Eran pocos y no se habían marcado abiertamente contra la causa liberal. Tampoco fueron desterrados los hospitalarios de Belén, que se dedicaban únicamente a la enseñanza y al restablecimiento de los heridos".

El coronel Raoul fue el encargado de conducir aquella tropa clerical hasta la orilla del mar.

La expulsión del Arzobispo Cassaus y los frailes de Guatemala lleno de rabia a los sacerdotes criollos, y el escritor de ellos, el Padre José Trinidad Reyes, en Tegucigalpa, Estado de Honduras, escribió una homilía contra el Gobierno que había restablecido el orden constitucional, des bordante de odio y de calumnia.

Muchos escritores dieron respuesta a la publicación del Padre Re—yes. Sobresalió sin embargo la del General Morazán, respaldada con el nombre de Un militar, según don Cruz Lozano, Coronel del Ejército y Secretario Particular del Jefe del Ejército Aliado.

La respuesta es larga, pero vale la pena darla a conocer íntegra para que se conozcan las ideas del triunfador de las Charcas, dice:

## LA EXPULSIÓN DE LOS REGULARES
## DE CENTROAMÉRICA

> Se ha dado al público un papel escrito
> por el Padre Reyes con motivo de
> habérsele interceptado una carta.

No me comprometo contestarlo en todos sus conceptos, porque me expondría a incurrir en mismas faltas que vitupero. Pero los justamente resentidos: los funcionarios agraviados en lo más sensible, que es el honor, no aprobarán con su silencio las calumniosas imputaciones de su detractor, así como el mío no acreditará de injusta la expulsión de los Regulares, ni la utilidad que les atribuye el Padre Reyes. Voy a justificar las providencias que se han dictado contra ellos, y a presentar con imparcialidad la conducta que han observado en todos los tiempos, la que ha causado su exterminio en otras partes, y la que los ha hecho acreedores a su expatriación de Centro América, para que la censure el pueblo imparcial.

No es ya una cuestión si esta familia (dice el Padre Reyes hablando de Regulares) fue o no criminal, como el genio de la calumnia pretendía hacer creer. Bien notorio es en Tegucigalpa que fue preciso recurrir a un horrendo perjurio para dar algún colorido al crimen de su expulsión injusta y cruel. Voy a demostrar lo contrario.

Cuando la filosofía había roto las cadenas con que fue uncida la Europa muchos siglos al carro de la ignorancia y la superstición religiosa, los americanos daban las gracias a sus opresores, porque les compraban su libertad a cambio de mortajas usadas y de sandalias rotas. Pero una pequeña ráfaga de luz penetró el mar de Colón, y vino a sacarlos de las tinieblas en que se hallaban sepultados: y desde entonces pudieron conocer sus opresores y descubrir al otro lado del océano, la mano del tirano, que había fijado sus tristes destinos, y el primer eslabón de la cadena que arrastraron por más de tres siglos atado al trono de los Borbones y sostenido por los Regulares que venían de España en lugar de soldados, y por los desnaturalizados que entre nosotros, haciendo con ellos causa común, se iniciaban en los misterios del engaño.

Este feliz descubrimiento llenó de horror e indignación a los americanos, y de un terror pánico que estaban encargados de mantenerlos en la ignorancia de sus derechos. Aquellos comenzaron a trabajar en mejorar su suerte con la Independencia, y éstos pusieron en ejercicio sus abundantes recursos para evitarlo. Ellos negaron la absolución a los penitentes que manifestaban su deseo de ser libres y los denunciaron revelando el secreto de la confesión. Ellos los cargaron de maldiciones en el púlpito, como conspiradores contra el Gobierno español, y les fulminaron anatemas como enemigos de la religión: ellos en fin, nada omitieron que les pudiese hacer odioso ante el sencillo pueblo; y en nuestra República llegó el atrevimiento hasta el grado de preparar la apoteosis de una fingida santa (cuyos hechos callo por pudor) que, engañando a los incautos con sus falsos milagros prevenía la opinión en favor de los enemigos de la Independencia. Por ésta se juró, y el

Arzobispo y los Regulares cubrieron de luto. La opinión general declarada de un modo fuerte e irresistible les impuso un mudo silencio, y sus gritos fueron ahogados por entonces en lo más oculto de sus claustros y en lo interior de las bóvedas subterráneas de sus templos. Ellos vieron en la Independencia la ruina del Soberano con quien habían identificado sus intereses, y en las consecuencias de este suceso la propagación de la filosofía y la destrucción de los abusos. ¿Qué resorte han dejado de tocar para minar este grandioso edificio que veían elevarse sobre sus mismas ruinas? ¿No han conmovido la Nación y la han llenado de cadáveres? ¿No han abierto los infiernos y mandado allí a los amigos de la libertad? ¿No les han cerrado las puertas de los cielos? Pero por fortuna americanos, estos esfuerzos solo han servido para precipitar su caída.

Si la Independencia puso en tanta consternación al Arzobispo y Regulares, la Constitución les descubrió el abismo en que iban a sepultarse sus fueros y derechos, sus gastos y placeres..., y creyéndose perdidos se olvidaron de las armas del disimulo, de su aparente moderación, y se presentaron en la arena a combatirla, resistiéndose a prestar el juramento que se les exigía. Pero las autoridades, apoyadas en los pueblos que sostenían esta sagrada Carta, los hicieron entrar en su deber, y esos mismos esfuerzos que sirvieron para justificar su oposición, los denunciaron ante la opinión pública. En Guatemala fue necesaria la fuerza para hacerlos prestar el juramento. En Nicaragua se burlaron algunos de las bayonetas. . ., y el Padre Reyes, prelado de los Recoletos, fue ex—pulsado de la República.

Si los Regulares que ofrecieron en público guardar la Constitución juraron su destrucción en secreto, ¿Qué protestas harían los que dieron en su resistencia la mejor garantía de su desaprobación...? La Constitución fue por algún tiempo el objeto de sus más profundas meditaciones y el fallo de muerte fue la obra de su cálculo. Era necesario comenzar por desacreditarla y acabar por destruirla; pero la opinión puso baluarte inexpugnable a sus miras, hasta que hallaron en la ambición de un gobernante, y de una nobleza resentida, el mejor apoyo de sus ideas y el instrumento a propósito para poner en práctica sus planes. No contentos con hacer uso de todos los recursos de su hábito para obligar al pueblo con sus consejos que fuese a morir al campo de batalla, le

493

dieron también ejemplo con sus obras, alistándose como soldados, y tomando las armas para sacrificar a los amigos de la libertad; y esta conducta dio a la guerra un carácter religioso y produjo la violación de todos los derechos que ha establecido la ilustración. Muchos de los excesos que se cometieron en las guerras sagradas de la Edad Media, se repitieron entre nosotros en el siglo XIX, y los empolvados altares del fanatismo abandonados y proscritos tanto tiempo por la filosofía, han sido lavados con la sangre de mil víctimas inocentes.

La ocupación de la ciudad de Guatemala por las armas de los Esta— dos aliados, puso término a estos males, y el Arzobispo y todos los Regulares recibieron de sus vencedores el tratamiento que no merecían. Pero esta conducta solo sirvió para alentarlos a cometer nuevas faltas, que acercaron el día de su expulsión.

¿Quiénes habrán recurrido a un perjurio: los Regulares que han jurado la Independencia y la Constitución con una mano, para destruirla con la otra; o los que; cansados de sufrir semejante conducta, ¿han decretado su expatriación?

Dice en otra parte el Padre Reyes "que ha visto renovarse los tiempos de Nabucodonosor y del impío Ativéo, en el uso que se ha hecho de las alhajas que pertenecen a los Regulares... Que las temporalidades de éstos han sido adquiridas por su trabajo y por las voluntarias oblaciones de los fieles... y que podían cederlas a quien les diese su gana".

Voy a justificar la falsedad de esta aserción.

En los primeros tiempos del Monacato, cuando los prelados San Serapio de Arcione y San Pacomio, contaban 60.000 monjes en los áridos desiertos del Egipto y de Palestina, separados de las poblaciones, entregados a una vida contemplativa, alimentándose con el trabajo de sus manos, sin molestar a los fieles con excesivas limosnas; en tiempo que fueron tratados los Entiques y Masalienses como herejes, por haber querido suplicar con la oración el trabajo de sus manos, según San Cipriano, los monjes no podían ser perjudiciales a la sociedad, y sus pequeñas posesiones eran bien adquiridas. Pero después que predicaron que la religión no podía existir sin sacrificios, y que esta necesidad exigía ante todas las cosas el de los bienes y riquezas; que esta máxima proclamada por los oráculos del pueblo y recibida por la ignorancia y la superstición de un siglo bárbaro como la ley del cielo, conmovió hasta el corazón de los mismos Reyes, que les entregaron lo que habían usurpado a los pueblos: que las ofrendas y donaciones que produjo su publicación fueron luego acogidas como contribuciones necesarias para lavar los pecados del alma, y llegaron a ser por este artificioso medio los mayores propietarios de Europa, las sociedades sintieron en la miseria todo el mal que les había causado su imprudente condescendencia, y los Monarcas mismos temblaron por su existencia y trataron del remedio conciliando la pobreza de sus Estados, y la escasez de sus rentas, con el interés de conservar a los Regulares que sostenían sus tronos, en posición que no pudiesen llegar a ser con el tiempo sus usurpadores; y acordaron disminuir su número y despojarlos de sus riquezas. El emperador Justianiano fue el primero que dictó reglas con este objeto, las que fueron aprobadas por San Benito y el papa San Gregorio, y Carlomagno siguió el mismo ejemplo. En el año 1592 fueron reformados en un solo día los monasterios de los canónigos de Cataluña, y sus bienes aplicados a otros destinos. Los reyes don Fernando VI y don Carlos III conocieron la necesidad de seguir este ejemplo, y dictaron las pragmáticas que se leen como leyes en el título 27, libro 1º. de la Novísima Recopilación, y la misma Potestad Eclesiástica quiso poner término a este abuso escandaloso. Las disposiciones de San Basilio: las del Concilio agatense del año 506 celebrado en tiempo de Alarico II y las de Inocencio III escritas en el Concilio Lateranense del año 1215 son una prueba de esta verdad. Pero a pesar de tantas prohibiciones desde este tiempo hasta el en que se celebró el Concilio Tridentino que pasaron 200 años, aparecieron 24 institutos nuevos y un excesivo aumento en el número y riquezas de los antiguos; y las Cortes Españolas desde el año de 1523 hasta el de 1649 se ocuparon en acordar los medios de suprimirlos, despojándolos de los grandes caudales que habían acumulado.

Las religiones de América son idénticas en todo a las de la Península Española, y a las de toda Europa, y sus riquezas han sido adquiridas del mismo modo. ¿Será, pues, justa su adquisición? ¿No tendrán igual derecho los gobiernos de América a hacer de ellas el uso que los Reyes de otras naciones? Es, acaso, lo mismo que la propiedad de un particular la de un cuerpo moral, que se ha enriquecido por los medios que todos saben: ¿que existe en una Nación por un consentimiento y que deja de existir cuando ésta lo cree nocivo y perjudicial a los intereses generales?

Y podrán negarse a dar sus tesoros, cuando la nación tiene un derecho de exigírselos, y se halla en necesidad de tomárselos, los que han renunciado por Jesucristo no solo cuanto tienen, ¿sino cuanto pueden tener? Las doctrinas de diferentes publicistas que dan este derecho a la Nación y a las autoridades que la representan, han justificado el uso que se ha hecho de las temporalidades de los Regulares en Centro América.

Continúa el Padre Reyes "que las comunidades religiosas han sido útiles a las naciones: que han liberado de su total ruina las ciencias, y que no han hecho igual servicio los filósofos, y cita a Mr. Bergier en su apoyo. Voy a dar una de lo que se les debe.

Las comunidades religiosas, bajo las reglas que han estado hasta hoy son en todos conceptos perjudiciales, principalmente en una sociedad de hombres libres en donde no se conoce más ley que la razón ni más equidad que la justicia. Ellas perjudican en lo económico, en lo político y en lo religioso. En lo económico, perjudican a la agricultura privándola de tantos brazos útiles: a los propietarios acumulando en uno solo las riquezas de muchos: a la población con un celibatismo a veces temerario: a las artes y a la industria, oponiendo trabas insuperables a estas fuentes de la riqueza pública. En lo político, esas grandes corporaciones, esas verdaderas monarquías, cuyas leyes se escriben en los Cielos, que tienen tanto poder e influjo en el orden civil y religioso, incorporadas en las sociedades, son capaces de muchos males, y los han causado aun en las monarquías que tiene un interés en sostener. ¿Qué será pues en la República, que en lugar de encontrar apoyo y exenciones y privilegios desaparecen a presencia de la igualdad legal? Esas grandes disputas de la antigüedad sostenidas por muchos siglos que han arruinado los Estados, y han comprometido la Iglesia: que han confundido la doctrina, obscureciendo las luces, ocupado los entendimientos con ideas abstractas: han sido sostenidas la mayor parte por los monjes, como los Enriquianos, los Nestorianos, los Monotelitas, los Patripacianos y otras tantas sectas que no pudieron sostenerse tanto tiempo si no es por un espíritu de corporación. En el orden religioso: según los principios de la Teología mística, para perfección de las virtudes no puede hallarse en la multitud porque lo perfecto es siempre lo más raro, y la Escritura dice: que son muy pocos los que andan por este camino tan estrecho como justo, cuya verdad ha acreditado el tiempo, y confirmado la experiencia que se tiene de los muchos vicios que se han refugiado en esas grandes comunidades religiosas que ha creado la superstición.

No han sido menos perjudiciales los Regulares a la ilustración por un principio de interés personal. Hechos a vivir de la ignorancia, han tenido especial cuidado de conservarla en los pueblos: acostumbrados a sacar las mayores ventajas de la superstición, la han sostenido por muchos siglos, contra los ataques de la filosofía a costa de millares de víctimas. Este monstruo hijo de la ignorancia ha privado al mundo de los mejores sabios, persiguiéndolos o asesinándolos. Sócrates fue sacrificado en Atenas, Demetrio Falerio desterrado, y encadenado Anaxagoras. Bacon fue perseguido en Inglaterra, y Servet fue acusado en Francia, como mágico. Pero la superstición ha sido proscrita, y la Religión, que por muchos siglos había sido desacreditada, y manchada por el fanatismo con la sangre de un millón de pueblos sacrificados a su furor ha vuelto a ser como en su primitivo origen, el iris de la paz y el más firme apoyo de las virtudes.

Sin embargo, se puede decir con justicia: que desde el siglo V hasta el XIV, que las letras casi desaparecieron de la patria de los Sénecas, de los Lucanos, de los Trajanos, de la de Racine, Newton, Cervantes y otros, y se vio poblada de hombres que se hicieron llamar Héroes, y escribir con sangre las proezas de sus expediciones militares: cuando Roma fue ocupada y saqueada por los Godos, Vándalos, Lombardos y soldados de Belisario, incendiados en Constantinopla los más bellos monumentos literarios de la antigüedad, y destruida la famosa biblioteca de Alejandría por el Califa Omar, cuyo hecho bárbaro fue disculpado en parte por Aarón Alraschid, que restableció las ciencias en el Oriente. En tiempo que los esfuerzos del genio sublime de Carlomagno, y del gran Alfredo, no pudieron lograrlo en el Occidente, las letras hallaron acogida en los monjes, de las que hicieron muy pocos un uso generoso, que fue en muchas partes inútil, por el tráfico vergonzoso que de ellas hicieron los otros. Pero los nombres de los Regulares que vinieron de España a América, no se hallan inscriptos en los primeros, y son muy raros los que no están comprendidos en el número de los segundos.

Yo no sé, pues, cuáles son las ciencias que han trasmitido las órdenes religiosas en España y en América. Si se deben tener por tales las que éstos conservaron hasta la Edad Media, cuando el Clero secular iba a la guerra con sus Obispos, y bastaba saber para ordenarse latina riter cantare, ¿Cómo podrán comprenderse los males que han causado a la humanidad con la conservación de esta elegante algarabía que se pudo haber encomendado a los papagayos?

Me reasumo: no es ya, pues, una cuestión, siguiendo la alocución del Padre Reyes, si los Regulares de Centro América han sido expatriados injustamente, como el genio de la calumnia pretendía hacer creer, ni si carecían de facultades los que decretaron su expulsión, y ocuparon sus temporalidades, después de haber demostrado la mala conducta que observaron los unos, y el derecho de que hicieron uso los otros. Ni los grandes males que los frailes han causado a la humanidad son un problema, desde que el buen sentido ha podido penetrar el denso velo de la superstición que ocultaba sus misterios a los ojos del sencillo pueblo. La pequeñez de la Imprenta, y mis deseos de dejar una materia que solo he tocado por necesidad, no me ha permitido dar toda la extensión a mis ideas. Si soy excitado para ello, a pesar de mi aversión, las desarrollaré a presencia del público apoyándolas con los mejores eclesiásticos y en los más acreditados publicistas: citaré infinitos hechos particulares en que abunda la historia, que pondrán al descubierto lo que la multitud ha ignorado hasta ahora.

Pero haría una injusticia a los verdaderos religiosos si no concluyese con su apología. Esos pocos que han conservado hasta hoy intactas las buenas costumbres en medio de la corrupción, y ocultado en su corazón los sentimientos más puros de la sana moral; que ha resistido a los atractivos de la licencia, al mal ejemplo de sus prelados y a las más fuertes excitaciones de sus compañeros: debían existir en los lugares que han merecido aquellos que teniendo acaso menos obstáculos que combatir, la fortuna y sus méritos han colocado en medio de los Santos.

*** 

En el artículo publicado, refutando al Padre José Trinidad Reyes, de Tegucigalpa, Morazán se revela un gran escritor, ilustrado con la ilustración de su tiempo recogida en la Enciclopedia de Diderot, D'Alembert, D' Holbach, etcétera, y no en las Universidades del Concilio Tridentino. Es notorio que, en los períodos revolucionarios, la ciencia y la filosofía se salen de las universidades y andan en las calles, en los cuartos humildes, en los sótanos, en los campos. Las universidades son entonces cascarones vacíos. La ventaja que tenía Morazán sobre sus coetáneos consistía en el hecho de haberse instruido en los círculos revolucionarios de la Ilustración, que daban más saber moderno que las universidades pontificias. En aquellos círculos eran leídos los libros que condenaban los clérigos y que liberaban la mente de los dogmas y de los prejuicios escolásticos.

En el artículo transcripto se ve que Morazán sabía distinguir entre religión y superstición, y que el nuevo orden democrático instituido no expulsó a hombres que se dedicaban de buena fe a la religión sino a los fanáticos de la superstición, que eso eran el Arzobispo Casaus y los Regulares.

$$***$$

Complétese la presente información con lo dicho por el doctor Lorenzo Montúfar en su libro polémico "Francisco Morazán" respecto al fanatismo de Casaus y de los clérigos en relación con los milagros de una monja y lo que mandó el Papa Pío VII al respecto. Dice:

"Al fin del capítulo IV tomo I de la Reseña Histórica se encuentra litografiada una carta que firman los ángeles.

La carta citada prueba que en el cielo no se conocía la ortografía en aquel tiempo.

La expresada carta se tacharía como falsa si no estuviera autenticada por el ilustrísimo Fray Ramón Casaus y Torres, obispo de Rosén y Arzobispo de Guatemala.

Al reverso de la misma carta se halla esta nota de autenticidad:

"En 25 de septiembre de 1816, después de darle la comunión a la hermana María Teresa de la Santísima Trinidad, le puse a un lado en las tablas de la cama medio pliego de papel limpio. Cuando volví de decir misa aún estaba sin escribirse nada. Se escribió pues, estando en la celda junto a la cama con el padre capellán, madre priora y hermana María Francisca de San José. Cuando la leí nos retiramos hacia la puerta; y a pocos minutos, como cinco, ya nos avisó que los ángeles le habían dado el alimento. La hallé mascando y sentí el olor como de panes de hostia recientes; según ella dijo eran los que le suministraron en tres bocados en forma de cruz, y así lo repitió en éxtasis, delante de los dichos que percibieron el olor. Es la pura verdad en Dios y conciencia".

Hay una firma que dice: Fray Ramón, Arzobispo de Guatemala. Esta nota de autenticidad se halla litografiada en la página sin numerar, entre los folios 38 y 39, tomo I de la Reseña.

Allí está también autenticado otro documento relativo a estos, milagros.

Parece increíble que el engaño haya llegado a tan alto grado; pero es aún más increíble que la Inquisición haya manifestado más rectitud que el arzobispo y los frailes de Guatemala.

La juventud ilustrada que ha leído la historia de la Inquisición, y palpado sus crímenes de lesa humanidad, no podrá comprenderlo y se lo voy a demostrar.

El presbítero doctor don Bernardo Martínez era el principal inquisidor de Guatemala.

El señor Martínez entró en pugna con el arzobispo y con los frailes que lo protegían en la maniobra de los milagros, y dio cuenta a Roma pidiendo el castigo de los culpables.

El arzobispo remitió también un voluminoso expediente que con— tenía todas las maravillas que se operaban en el convento de Santa Teresa.

El Papa Pío VII dictó la resolución que sigue:

"Al venerable hermano Ramón Francisco, Arzobispo de Guatemala.

Venerable hermano, salud y bendición apostólica.

La relación que nos has hecho en tu carta, de los singulares dones de la hermana María Teresa de la Santísima Trinidad, sometimos a una congregación particular, a fin de que la examinase con toda aquella diligencia y cuidado que exigía la gravedad del negocio. Oída la opinión y dictamen, la consideramos y pesamos atentamente con los documentos que la acompañaban, y especialmente los lienzos de imágenes y figuras pintadas con sangre, y las cartas que se afirma escritas por manos de los ángeles. Teníamos a la vista la monición de nuestro predecesor, de feliz memoria, Benedicto XIV al obispo de Augusta, sobre otra monja semejante, a saber: "que una multitud de experiencias manifestaban, que se predican y divulgan sobre vanas y fantasmas de santidad, apoya das aun por los mismos directores de las almas por sus fines particulares, y con objetos menos rectos, (Constitución que comienza Solicitudini nostros, del año 1745).

Vimos con sorpresa, que es tal la multitud que referís, y la fuerza de sus dones, de sus éxtasis, de sus llagas, de sus cartas e imágenes he chas de un modo sobrenatural, que no se leen en los fastos de la iglesia, notados en algún otro de los bienaventurados, que con luces brillantes de la perfección cristiana, veneramos en los altares. Pero reflexionamos también que es tal el cúmulo de hechos, tal la naturaleza de las cartas y escritos, tales los modos de obrar, tal, finalmente, el deseo de la gloria humana contra el ejemplo de los santos, que con el mayor cuidado pro— curaban ocultar las gracias del cielo, que, partiendo de unos argumentos indudables y causas muy ciertas, hemos reconocido y reputado como ilusa a María Teresa, y mandado: que sea tenido como tal. En esta virtud ordenamos: que se traslade a otro monasterio, si la condición de los lugares y las personas lo permitieren, y que, para la dirección espiritual de María Teresa, se elija un sacerdote que haya sobresalido entre los demás por su piedad y prudencia, que no sea de los que se han manifestado más inclinados a aprobar sus hechos prodigiosos. Pero han de procurar con empeño: que todas estas cosas se practiquen con reserva y sin celebridad alguna, sofocando y disipando, inmediatamente, cualesquiera rumores. Además, con el mayor cuidado y eficacia por la caridad de Jesucristo, que nos estrecha con urgencia a procurar la salvación de las almas, "se ha de sacar a esta infeliz mujer del error, en que por fraude del demonio. se halla": se le han de manifestar las acechanzas de este artificioso y astuto enemigo: se han de cortar sus lazos infernales, y finalmente, se ha de mostrar a la misma monja el camino de la justicia y la senda del juicio. Para que todo esto se ejecute bien y rectamente, juzgamos oportuno dirigirte la instrucción que acompaña a estas nuestras letras, a que deseamos te arregles escrupulosamente. Por lo demás, seguramente entiendes, venerable hermano, cuanta circunspección, industria y reflexión necesita este negocio, para ser evacuado felizmente. Porque como la fe católica, que estriba única y firmísimamente en la verdad, desprecia y detesta toda sospecha de mentira y falsedad, nada sería más contrario a la santidad de ella, y nada redundaría en su daño, como admitir una quimérica recomendación de virtud por hechos de esta clase, que no siendo de Dios, darían a nuestros contrarios ocasión de vituperar los más santos dogmas de nuestra Religión.

Te está patente y manifiesto, venerable hermano, nuestro corazón en asuntos de tanta gravedad: no se ha de tener aceptación de persona alguna: la verdad únicamente se ha de pesar, se ha de indagar: se ha de buscar con suma diligencia. No se ha de dar a estos hechos un ascenso temerario, ni se han de creer con nimia facilidad, sin que proceda a este fin la industria en ejecutar la prontitud en hacer, y el consejo en prever lo futuro. Recomendamos una y muchas veces estas cosas a tu prudencia. Así lo esperamos con la mayor confianza de tu fraternidad, que con tanta veneración a la silla apostólica pidió ser instruido por Nos del modo con que te has de manejar en este negocio, a quien como prenda de auxilio divino damos con el mayor amor la bendición apostólica.

Dado en Roma, en Santa María la Mayor, día 19 de junio de 1819, año 20 de nuestro pontificado.

PÍO PAPA VII

Así está en el libro en que se copian las cartas de nuestro Santísimo Padre. Por el señor Mazio, secretario de cartas latinas Pablo Polidory.

* * *

Debían salir de Centro América, sin pérdida de tiempo, aquellos propagadores de tinieblas medievales. Y Morazán, con entereza, los expulsó del territorio nacional.

# JOSÉ FRANCISCO BARRUNDIA, PRESIDENTE FEDERAL DE CENTRO AMÉRICA

Don David Vela, notable escritor guatemalteco, vino a ser el relator natural de la vida pública del prócer José Francisco Barrundia, y a él tenemos que remitirnos cuando el grande hombre por su condición de senador de más años es elegido por el Congreso Federal Presidente de la República de Centro América, y empieza a desempeñar estas altas funciones el 26 de junio de 1829, permaneciendo en ellas hasta el 15 de septiembre de 1830.

Dice el biógrafo de Barrundia que una de las preocupaciones, en el orden internacional para el gobierno del prócer, era el secreto a voces de que España preparaba una invasión de América para reducir de nuevo a sus pueblos; el periódico oficial reaccionaba desde su primer número vivamente; los americanos debían escarmentar a la Península de una vez, en caso de realizar tan temerario proyecto:

> "que se arme la América entera para
> destruir el nombre español, y libertar
> a Cuba y Puerto Rico al mismo tiempo
> que hagan su infame tentativa,
> para que de una vez acabe la dominación
> española su imperio en esta tierra;
> que no debieron pisar los hijos de Pelayo".

En la sección de "Noticias extranjeras", se transcribe una comunicación oficial al gobernador del Estado de Chiapas, sobre un mensaje procedente de Jalapa, Veracruz, que "sienta como inevitable la próxima invasión de los españoles", aunque no es la primera vez que se hacen conjeturas sobre dicho intento. En la misma fecha, 13 de junio de 1829, el presidente mexicano Vicente Guerrero envía un mensaje a nuestro ministro de relaciones Juan de Dios Mayorga, en respuesta a su misiva del 18 de mayo y declara aquél que ha "tenido la indecible satisfacción de saber que la justicia y la libertad triunfaron de la aristocracia en esa Nación Federal, de que me he gloriado siempre ser el último ciudadano". Al 13 de agosto, La Antorcha Centroamericana informa que los españoles expelidos de México agitan en La Habana desde enero para llevar a efecto la reconquista de la Nueva España, y que en Cuba se esperan refuerzos para la expedición que se propone establecer el Infante D. Francisco de Paula como emperador, conforme al viejo proyecto de Laborda; más adelante se atribuye conexión entre el regreso subrepticio del coronel Beneski a México, donde fue capturado, y la "verdadera y próxima expedición desastroza".

Se publicó después la "proclama del héroe del septentrión el inmortal Guerrero", anunciando que los españoles bajo las órdenes del brigadier Barradas habían desembarcado en Cabo Rojo la vanguardia de sus tropas expedicionarias; hace un llamamiento a sus compatriotas y está seguro de que México tiene fuerzas superiores a las del enemigo para defender su independencia. En comunicaciones anteriores, celebrando "que se hayan cumplido los votos públicos y patrióticos" de los centro— americanos, pide a Mayorga que comunique al presidente Barrundia que México auxiliaría a Guatemala (Centro América), "si el enemigo común osa invadirla, pues la causa de la América es general", y en una postdata avisa que frente a Tampico se han avistado 12 buques de guerra españoles, más el invasor se verá escarmentado; y a las dos de la tarde, se supo en la capital que ocho naves habían fondeado en la ensenada de la Aguada y una fuerza expedicionaria había desembarcado en Cabo Rojo, donde se dio la primera acción por las tropas mexicanas; el 3 de julio, se había despachado de México un correo extraordinario "para que nos pongamos en contacto, y estrechemos nuestras relaciones a fin de rechazarnos la indicada agresión".

La Antorcha sigue al día las informaciones de México, desde que el general Santa Ana sale el 11 de agosto contra los invasores. Guerrero escribe a nuestro ministro de Estado en 29 de agosto, asegurando que jamás los españoles podrán asumir a las repúblicas americanas por segunda vez en la esclavitud "así por la importancia de su nación, como porque el interés de esas repúblicas debe ser general para mantener recíprocamente su independencia y libertad". A 25 de agosto Barradas solicitaba una entrevista en el Humo con Antonio López de Santa Ana, y el 22 de septiembre comunicaba Guerrero a su pueblo el triunfo de las armas mexicanas, y la seguridad de la Independencia; a Guatemala llegó el 14 de octubre la noticia confirmada de la rendición de los españoles, ante la intimación dirigida por Santa Ana a Barradas, quien dijo haber cumplido con honor la misión de su Soberano, pero estaba dispuesto a evacuar el país para evitar más derramamiento de sangre; en efecto, enfiló sus naves hacia Nueva Orleans. En comunicación de 17 de octubre, el presidente Guerrero ratifica a nuestro gobierno "el vergonzoso fin que tuvieron los 4 mil esclavos del tirano español" ante la bravura de los mexicanos, "que, habiendo jurado nuestra santa independencia y libertad, la sabremos sostener o dejaremos de existir". Rumores procedentes de Nueva Orleans mantienen, sin embargo, cierta intranquilidad en Guatemala, cuyo gobierno responde al de México el día 18, felicitando al pueblo y gobierno por su triunfo, que es de toda América. También tuvo aquí resonancia el grito centralista de Campeche y Jalapa, que culminó con la dimisión del Presidente Guerrero, calificándose en Guatemala de "aberración" la declaratoria de la cámara del senado que imposibilitaba moralmente a Guerrero para gobernar. Todavía a 18 de marzo de 1830, ante renovados rumores de otro intento de reconquista, el gobierno de Centro—América, se dirige al ministro de relaciones de México, Lucas Alamán, comentando que "ya no cabe duda que se prepara una nueva y fuerte expedición contra esta América", a favor de nuestras desavenencias internas: se propone en el caso la unión de los recursos de ambas repúblicas; la nuestra se resiente aun por la guerra civil, pero la pacificación de Nicaragua, la reducción de Opoteca y el restablecimiento del orden en Olancho, nos ponen "en aptitud de reunir nuestras fuerzas a las de esa república para sostener su cara independencia". Finalmente, la Asamblea del Estado, considerando que la causa defendida por México con tanta heroicidad "es la de América en general, y la de esta república en especial. . . asegura la independencia del Nuevo Mundo y ·de Centro—América que es una de sus hermosas secciones", decretó que el Gobierno del Estado expresará su gratitud al de los Estados Unidos de México.

* * *

También se dirigió Barrundia al gobierno de los Estados Unidos de Norte—América, país que siempre ponía como ejemplo de civismo y de libertad organizadas; y el ministro M. Van Buren respondió demostrando interés por la prosperidad de Centro América, en paz y abundancia, en el goce de las instituciones libres, cultivando las artes útiles y disfrutando de las ventajas del mutuo comercio y de la amistad; observaba que "la república de Centro América ha participado por desgracia en mucha abundancia de los sufrimientos y privaciones inevitable en el gran cambio que hizo en su condición política. Consistirá en la moderación y sabiduría con que obre en lo futuro, el que las calamidades que ha padecido se miren como sacrificios inútiles, o sea recuerden por sus hijos con orgullo y exaltación como el precio de sus libertades"; comunica, además, la intención del presidente de nombrar representantes diplomáticos.

\*\*\*

Barrundia urge al Senado, en comunicación del 22 de febrero de 1830, inquieto porque se acerca el nuevo período constitucional, debiendo instalarse las nuevas autoridades federales, y aun no se ha reunido el congreso, observando: "la permanencia fuera del período constitucional siempre debe considerarse como una usurpación, o como un suceso sumamente peligroso para las libertades públicas del cual no de—be darse nunca un ejemplo, porque la ambición podría sacar de él un título en lo sucesivo para retener indebidamente el mando".

\*\*\*

Con perdón del escritor guatemalteco don David Vela cuya opinión respetamos por saber que es verdadera, elocuente y erudita sobre la personalidad del prócer José Francisco Barrundia, nosotros consideramos que la historia tiene sus eslabones propios que de repente da a conocer o hacer recordar, para que la lección brille con más esplendor. Del fondo de los cerros aparece Morazán cuando más lo necesitaba la República para curarle las heridas que le ocasionaron quienes ignoraban que en Centro América se estaba edificando una hermosa patria americana, y de las callejas de la Guatemala colonial surge el personaje distinguido que ocuparía. la Presidencia del Gobierno provisional que debía restablecer y guardar el orden que requería la Nación para reanudar su marcha normal. Se ve que Centro América había recuperado su buena suerte al encontrar un gobernante provisional como José Francisco Barrundia.

* * *

En tiempo de Barrundia —anota el historiador hondureño doctor Eduardo Martínez López— el general Mariano Mantilla, jefe civil y militar de Magdalena, Colombia, le comunicó al jefe de Estado de Nicaragua, el 8 de enero de 1829. la invasión que sobre México estaba preparando el gobierno de España, y el jefe nicaragüense trasladó al general Morazán el informe recibido. Con este aviso Morazán reunió las milicias de Gracias, Santa Barbara, valle de Sula, Yoro, Sulaco y Olancho para reforzar los puertos de Omoa y Trujillo, por donde desembarcaría parte de las fuerzas españolas que por este lado invadirían a México.

De España salieron 4.000 hombres a las órdenes del brigadier Isidoro Barradas, trayendo como jefe de la escuadra al Almirante Laborde, que recogió en La Habana otros 1.000 hombres más, zarpando en 13 buques, y dirigiéndose a las costas orientales de México, desembarcaron veinte; leguas al sur de Tampico, y quienes al salir para el interior, fueron atacados valerosamente por 300 mexicanos, protegidos por una pieza de artillería en una emboscada que les tenían preparada, entorpeciendo así la marcha del formidable ejército español que, aunque siguió avanzando, ya las fuerzas mexicanas del interior se habían preparado, saliendo al encuentro de los invasores, siendo éstos completamente derrotados y obligados a rendirse ante el heroísmo nunca desmentido del valeroso pueblo mexicano.

El general Morazán al fortificar los puestos más importantes de Centro América dio aviso al ministro de relaciones exteriores de México, don Lucas Alamán, dándole parte de las noticias que sobre la invasión a México por parte de España se preparaba, y ofreciéndole como general en jefe de las fuerzas centroamericanas, todos los recursos y ejércitos de Centro América para que unidas a las mexicanas defendieran su

Independencia adquirida a fuerza de tantos sacrificios. He aquí el oficio del general Morazán:

\*\*\*

Guatemala, 18 de marzo de 1830

Al Excelentísimo señor don Lucas Alamán,
Secretario de Estado en el Despacho de Relaciones Exteriores de los Estados Unidos Mexicanos.

No cabe ya ninguna duda que se prepara una nueva y fuerte expedición contra la América, alentados sus enemigos seguramente, por las tristes desavenencias que han trastornado su orden interior. Ellos calcularon su primera tentativa sobre la división en que creyeron encontrar esa República; y aunque el fracaso debió habérselos conocer que, cuando se trata de defender su Independencia comprada a costa de sangre y dolorosos sacrificios, los mexicanos, olvidando todo sentimiento, no tienen otra pasión que la libertad de su patria, sus enemigos son incapaces de penetrarse de esa verdad, aunque la han palpado muy a su costa.

Persuadido, pues, mi Gobierno de que la unión entre las dos repúblicas las hará inaccesibles a la fuerza española, ofrece desde luego, al de esa nación, en el caso de ser atacada, todos los auxilios de que puedan ser susceptibles los recursos de Centro América y aunque resentida todavía por la guerra civil que acaba de sufrir y la que hizo retroceder en su marcha política, mi Gobierno está en aptitud de reunir sus fuerzas a las de esa República para sostener su cara independencia.

Sírvase: aceptar las consideraciones más distinguidas que me merece y con que soy de Ud. su atento servidor.

F. Morazán.

\*\*\*

La nota anterior encontrada en la ciudad de México por el doctor Ricardo D. Alduvín, hondureño, y divulgada por el mismo profesional, es el gran antecedente que une a los movimientos progresistas de liberación nacional de Centro América, cuando ésta era una República Federal, y México.

Si es verdad que, en 1826, algunas naciones americanas recién independizadas, a exigencias de Bolívar, se reunieron en congreso en Panamá para celebrar un tratado de unidad defensivo ofensivo de la América de habla castellana, la palabra del general Morazán dirigida al ministro de relaciones Alamán, avivó la conciencia unitaria de América y el fuego libertador de sus hijos.